HUNYIN JIATING FALÜ CIDIAN

婚姻家庭法律辞典

吕淑琴 编著

上海辞书出版社

凡　例

1. 本辞典为婚姻家庭法律方面的专科辞典，收词约500条，包括婚姻家庭法概论、婚姻的成立及效力、家庭关系、收养、亲属关系、婚姻的终止等类别的名词术语、短语、法律文件。

2. 本辞典正文按分类编排。正文前设分类词目表，正文后附词目笔画索引。本辞典所作分类仅从便于查检考虑，不代表某种学科体系。

3. 本辞典相关类别交叉的条目，由一个类别收列，其他类别只收词目，并注明“释文见××页”。

4. 需要参见的条目在本页码外的，括注页码。

5. 条目中的法律名称，如《中华人民共和国民法典》《中华人民共和国民事诉讼法》等，为从简，一般写作“我国民法典”“民法典”“我国民事诉讼法”等。

6. 本辞典所用资料，截至2021年12月底。

目　　录

分类词目表

家庭关系

收　养

亲属关系

婚姻的终止

婚姻家庭法概论

婚姻 “婚姻”一词，常在两种意义上使用。一是作为结婚的同义词，认为婚姻是设立夫妻关系的行为，婚姻即结婚。我国古代《诗经》里就已有男女婚姻的描述，东汉郑玄注“婚姻之道，谓嫁娶之礼”。古时“婚”亦作“昏”。《礼记·昏义》中称：“昏礼者，将合二姓之好，上以事宗庙，而下以继后世也。”《现代汉语词典》将婚姻首先解释为“结婚的事”。二是指通过结婚所形成的夫妻关系。《礼记·经解》中解释“婿曰昏，妻曰姻”，荀子在《富国》中也认为婚姻是“男女之合，夫妇之分”。婚姻是为一定的社会制度所认可的，以男女两性结合为基础而形成的特定的社会关系。(1)婚姻是以男女两性结合为基础的社会关系。在所有的社会关系中，以异性结合为产生前提的只有婚姻关系。婚姻的产生源于人类繁衍后代、延续种族的需要。这是婚姻关系的自然属性。(2)婚姻是男女二人以永久共同生活为目的建立的关系。婚姻关系在不同的时代、不同的社会制度下有着不同的特点，结婚的男女二人也有着各种不同的动机，但男女二人通过婚姻形式而永久地共同生活的目的是一致的。法律意义的共同生活，包含着非常丰富的内容，如精神生活方面，男女二人价值观、信仰、情趣、境界等的相互吸引，彼此信任、依赖和相亲相爱的精神满足等，这是两人携手共度日月、患难与共的重要保证；性生活方面，男女二人性的吸引、性的满足，是夫妻共同生活中的重要内容；经济生活方面，结为夫妻的男女二人携手建立家庭，既要面对柴米油盐、衣食住行的日常，也要承受生老病死、意外事件等的考验，要孕育、抚养、教育自己的子女，还要赡养、扶助双方的父母。社会中男女两性的关系复杂、多样，有的表现为只是性的关系，如通奸、一夜情，有的也在一起共同生活，如同居、婚外异性同居、姘居等，但不是以永久共同生活为目的，因而也不是夫妻的共同生活。(3)婚姻是为一定社会制度所认可的男女两性关系。男女两性的生理差别和人类固有的性的本能，是婚姻的自然基础；人种繁衍和血缘联系，是婚姻的生物学上的功能。尽管生理学、生物学领域内的许多自然规律在人类的婚姻中同样存在，但人类毕竟是与其他高等动物不同的生命存在。人类在从事物质资料的生产和人种繁衍的过程中，形成了各种各样的社会关系，也逐渐形成了许多被人们认可并自觉遵守的伦理、道德、宗教、法律等行为规范，约束着人们的行为，调整着包括婚姻关系在内的各种社会关系。人类原始群落中的异性配偶，仅具有婚姻的自然形式，不具备婚姻的社会形态。一定社会制度的认可，才使婚姻具有了社会意义。婚姻关系是被一定社会制度所认可的社会关系。任何一种社会制度在规范婚姻关系时，都不能无视婚姻的自然属性，如婚姻得是男女两性的结合、男女成年后具有了繁衍后代的能力才能结婚、近亲婚配得受限制等。但婚姻毕竟是一种社会形态，男女两性结合后产生家庭，生育后代、养老育幼，不是结婚男女二人的私事，应当接受社会规范的约束，这就是婚姻所具有的社会属性。没有社会制度的制约，任由结婚男女二人为所欲为，必将带来后代健康水平下降、后代无人抚育、感情受到伤害等一系列社会问题，进而造成人类社会的混乱与动荡。因为男女二人的结合，得到了社会制度的认可，赋予结婚了的男女以夫妻的法定身份和基于夫妻身份所享有的权利与义务。因此，婚姻是一个法律概念，而非事实概念。即使男女两性事实上已经结合，但如果不为当时的社会制度包括宗教、法律所承认，也不会产生婚姻的实质效力。(4)婚姻与家庭关系紧密。婚姻是家庭产生的前提，家庭是婚姻缔结的结果。家庭与婚姻一样，都是由具有特定身份的人组成的社会关系。婚姻缔结，产生了夫妻的配偶关系，这是最初的家庭。随着子女出生，产生父母子女关系、兄弟姐妹关系、祖父母外祖父母与孙子女外孙子女关系等。家庭成员要共同生活，子女需要抚养，老人需要赡养，都需要相应的物质基础。因此，在家庭中还有财产关系的存在。婚姻关系是家庭关系产生的前提，夫妻关系是家庭关系的核心。婚姻稳定是家庭稳定的保证，夫妻感情的好坏决定着家庭质量的高低，而家庭作为社会机体的最小细胞，其质量优良、健康有活力，对整个社会的健康、稳定、和谐与发展具有重要意义。

家庭 “家庭”一词起源古老。我国古代的甲骨文、金文就有“家”字。西汉许慎的《说文解字》中说：“宀为屋也”，“豕为猪也”，两字合写为“家”字。最初我们的祖先在树上“架木为巢”，后转到地上盖木房子为屋，并开始驯养野兽为家畜。为防止外来侵袭，房子的结构一般是上下两层，上层住人，下面养猪。凡是有“猪圈”的地方，一定也住着人，也就是有“人家”的标志。经过演变，“家”字中“猪圈”这一本义消失了，“人的住所”这个含义保留了下来。随着社会的发展，“家”的内涵也越来越丰富。周代以男为家，以女为室，有家（夫）有室（妇），叫作“成家”。家庭，作为一种社会现象，不同的时代有不同的理解。在现代，家庭是由具有婚姻、血缘或拟制血亲关系的人，以共同经济为纽带结合而成的亲属共同生活的基本社会单位。首先，家庭是社会中最小、最具凝聚力的共同生活单位。在人类社会中，每一个社会成员都有自己的家庭，都作为一个成员从属于某一家庭，与其他家庭成员一起共同生活。家庭生活的内容丰富，既有柴米油盐、衣食住行等物质生活，也有政治、文化、教育、娱乐、宗教等精神生活。家庭成员的共同生活、共同居住、共同财产、共同消费，使家庭成员间具有了最密切、最稳定且又不可替代的人际联系，这是任何其他社会关系都不可能具有的特点。其次，家庭是由具有婚姻、血缘或拟制血亲关系的亲属组成的共同生活单位。《中华人民共和国民法典》第 1045 条规定：配偶、父母、子女、兄弟姐妹、祖父母、外祖父母、孙子女、外孙子女为近亲属。配偶、父母、子女和其他共同生活的近亲属为家庭成员。可见，家庭成员之间存在着一定的亲属关系，因为婚姻的缔结而形成的夫妻关系，因为血缘而形成的父母子女关系、兄弟姐妹关系、祖父母外祖父母与孙子女外孙子女关系，因为法律的拟制而形成的养父母与养子女、继父母与受其抚养教育的继子女的关系等。没有这些亲属关系，即使一起共同生活，也不能称之为家庭。家庭作为社会中共同生活的组织形式，承担着性爱、生育、供养、教育、消费及生产等各种职能。

婚姻家庭制度　一定社会所确认的关于婚姻和家庭的成立、解除条件及程序，调整婚姻家庭关系的道德规范、法律规范、宗教规范及风俗习惯等行为规范，并由保证上述规范得以遵守、施行的一系列机构等运行机制的总和。婚姻家庭制度不是人类固有的，是随着人类社会的进步、发展逐渐产生并发展起来的。人类婚姻家庭制度的历史表明，婚姻家庭制度由一定社会的经济基础决定，并随经济基础的变化而变化，在不同的社会发展阶段，都有着与其经济基础相适应的婚姻家庭制度。群婚制和对偶婚制的婚姻家庭制度，是在原始公有制的经济基础上产生的，阶级社会的婚姻家庭制度是与私有制结伴而来的。社会经济基础对婚姻家庭制度的要求与作用，是通过社会上层建筑、意识形态表现出来的，在上层建筑、意识形态领域，婚姻家庭观是其重要内容，一定社会的政治、法律、道德、宗教等也都会对婚姻家庭制度产生重要影响。同时社会经济基础决定的婚姻家庭制度，也会对社会经济基础起能动的反作用，对社会生产力的发展起促进或者阻碍的作用。脱离社会的政治、法律、宗教、道德等意识形态，仅仅简单地从社会经济基础出发去研究一个国家的婚姻家庭制度，其结论一定是不科学的。这也就是同样是以私有制为经济基础的社会，奴隶社会、封建社会、资本主义社会却有着不同的婚姻家庭制度，同样是资本主义社会，不同国家却有着各具特色的婚姻家庭制度的原因。在人类发展的漫长历史中，婚姻家庭方面的行为规范，由最初的道德、习惯，逐渐发展为由国家通过一定的程序确定、并由国家强制力量保证实施的法律制度。现代国家的婚姻家庭制度，其核心或者是集中表现都是其关于婚姻家庭的法律制度。中华人民共和国的第一部婚姻法是在总结新民主主义革命时期革命根据地婚姻家庭制度经验的基础上，于1950年4月13日中央人民政府委员会第七次会议上通过，并于同年5月1日起施行。1980年9月10日第五届全国人民代表大会第三次会议通过新的《中华人民共和国婚姻法》，次年1月1日起施行；2001年4月28日第九届全国人民代表大会常务委员会第二十一次会议对该法作了修正；2021年该法废止。2020年5月28日第十三届全国人民代表大会第三次会议通过《中华人民共和国民法典》，其第五编为“婚姻家庭”。民法典明确规定，我国“实行婚姻自由、一夫一妻、男女平等的婚姻制度”。

婚姻家庭制度的历史类型

婚姻家庭制度在不同历史时期所表现出的形态。婚姻家庭制度是社会制度的重要组成部分。从历史上看，在不同的社会发展阶段，产生出不同的婚姻家庭制度，而这些婚姻家庭制度的不同形态，无不与人类社会发展、进步的不同社会形态相适应。在原始社会的缓慢发展中，人类从最初的毫无约束的两性关系中逐渐演变出群婚制、对偶婚制，群婚制又有血缘群婚制与亚血缘群婚制两个阶段。在原始社会的崩溃过程中，产生了阶级社会，并逐渐发展出奴隶社会、封建社会和资本主义社会等不同形态。与阶级社会相适应，产生出“一夫一妻制”婚姻家庭制度，但这种所谓的“一夫一妻制”，与现代社会的一夫一妻制又有许多不同。社会主义社会的一夫一妻制，与前述社会的“一夫一妻制”也有本质的不同。随着生产力的发展和社会的进步，人类的婚姻家庭制度也必然会从低级向高级发展，产生出真正符合婚姻家庭本质的婚姻家庭制度。参见“群婚制”、“对偶婚制”（6 页）。

群婚制 原始社会中一定范围的一群男子与一群女子互为配偶的婚姻制度。人类社会最早的婚姻家庭形式。早在远古时代，人类为在极恶劣的环境下生存，不得不结为群体，共同劳动，抵御外敌侵害、应付恶劣环境，集体生存。此时的人类，没有血缘概念，两性关系杂乱无章，没有禁忌，这种血亲之间的杂交，造成了后代的发育不全、寿命很短。马克思称当时的人类是“无婚姻可言”的原始蒙昧人。长期的生活实践和自然选择规律，使原始人开始在习惯上对杂乱的两性关系有了某种限制，血亲杂交缓慢地演进为群婚制，人类开启了婚姻家庭制度的历史。随着人类社会的进步，群婚制也出现了血缘群婚制和亚血缘群婚制两个不同阶段。血缘群婚制是指在同一个原始群体内，辈份相同的男女可以婚配，这是群婚制的低级形态。在血缘群婚制下，直系血亲之间的两性关系已被排除，不同辈份的祖先与子孙之间、双亲与其子女之间不能婚配。一对配偶的子孙中的每一代可以互为兄弟姐妹，也可以互为夫妻。与血缘群婚制相适应的血缘大家庭，实质上是一个低级的有纵向直系血亲间两性禁忌的群婚原始群体。血缘大家庭的出现，成为后来氏族出现的社会基础。亚血缘群婚制又称“普那路亚群婚制”，是群婚制的高级形态。在亚血缘群婚制下，仍然是同辈的男女成员的婚姻，但最初排除了同胞兄弟姐妹间的婚配，后来又排除了血缘较远的兄弟姐妹间的婚配。一群男子与一群女子的通婚中，前者不能有其兄弟，后者不能有其姐妹。这种婚姻禁忌使亚血缘群婚必然是两个氏族间的通婚，即这一氏族的一群男子只能与另一氏族的一群女子通婚，反之亦然。两个氏族之间同一辈份的男女群婚，所生子女知其母而不知其父，导致了母系氏族的出现，子女属于母系氏族的成员，妇女在氏族中受到普遍尊敬，成为氏族的中心。亚血缘群婚制下的氏族，实际上是一母系大家庭，氏族组织是后世家庭的原始形式，具有家庭的某些职能。

血缘群婚制 群婚制的低级形态。详“群婚制”。

亚血缘群婚制 群婚制的高级形态。详“群婚制”(5 页)。

普那路亚群婚制 亦称“亚血缘群婚制”。“普那路亚”系夏威夷语 punalua 的音译,意为“亲密的朋友”或“亲密的伙伴”。原始社会实行氏族外群婚的男子彼此不称兄弟,女子彼此也不称姐妹,而称“普那路亚”。由普那路亚群婚制产生的血缘家庭称“普那路亚家庭”。是母系氏族社会时期的一种婚姻家庭形式。“普那路亚家庭”(The punalua family),由美国民族学家摩尔根(Lewis Henry Morgan, 1818—1881)命名,并把它作为群婚家庭的典型(学界对于这一提法至今仍有不同看法)。详“群婚制”(5 页)。

对偶婚制 成对男女在或长或短的时期内相对稳定的偶居生活的婚姻制度。人类社会第二种典型的婚姻家庭形式。产生于原始社会蒙昧时代和野蛮时代的交替时期,即母系氏族社会的后期。人类从群婚制向单偶婚制的过渡形式。原始社会的人类在狩猎、农耕的劳作中发明了弓箭等工具,畜牧业与农耕进一步发展,人类有了固定的居所。当人类的生存不再需要大规模的集体行动时,对于两性关系也就有了稳定的要求。同时,人们对后代繁衍的认识也在进一步提高,没有血缘关系的氏族之间通婚,繁衍出的后代体力、智力上都更为强健,排斥血缘亲属结婚成为必然。人们婚配的范围越来越小,成对偶居的现象则越来越多,群婚制逐渐被对偶婚制所取代。对偶婚并不排除一妻多夫或者一夫多妻,一个男子往往有许多妻子,其中一个为主妻,一个女子也往往有许多丈夫,其中一个丈夫为主夫,主妻与主夫在一定的时期内过着相对稳定的两性同居生活。对偶婚制与群婚制相比,性交关系更稳定,最后集中在一对配偶之间。当然,这种稳定是相对的,或者说是不牢固的,很容易被打破。妻子离开丈夫,或者丈夫离开妻子,也无须办理什么手续。对偶婚制仍以女子为中心,女子定居在本氏族,丈夫则来自其他氏族,实行女娶男嫁、夫从妇居的婚姻制度。对偶婚是群婚向单偶婚转变的过渡形式,有着群婚的某些特点,又开始具有了一夫一妻的雏形。对偶婚虽没有脱离氏族,但它导致了氏族组织凝聚力的减弱,使人类社会出现氏族社会之外的一种新的社会单位——家庭成为可能。因为对偶家庭中子女、财产的相对稳定,使对偶家庭成为成对男女的经济联盟。尽管对偶家庭并未脱离氏族社会,此时的经济基础依然是氏族公有制经济,其社会的经济主体还是以母权制为中心的氏族,对偶家庭还不是今天意义上的家庭，但因为性交关系的相对固定，子女辨别父亲成为可能。随着男子在生产中地位的提高，母系氏族社会为父系氏族社会及“一夫一妻制”个体家庭的产生准备了条件。

单偶婚制 亦称“个体婚制”。一男一女结为夫妻的婚姻制度。产生于原始社会母系氏族末期，随着原始社会的崩溃和私有制的出现而不断演化而来。相对人类社会之前的群婚制、对偶婚制，因为是一男一女结为稳定的夫妻关系，因此又被称作“一夫一妻制”。单偶婚制是私有制的必然产物。在原始社会母系氏族末期，生产力有了较大发展，人们的劳动产品有了剩余，这些剩余产品归氏族公有。男子逐渐成为财富的主要创造者和掌管者，在生产、生活中显示出远比女子更重要的作用。因为男女婚姻关系的相对固定，子女在知道其母亲的同时也知道了其父亲。随着男子在社会生活中地位的增强，使得男子有了要求其在家庭中的支配地位和改变以往的继承制度以有利于自己子女的需要，从而使以男子为中心的父系氏族的建立及其相应的婚姻制度的改变成为必然。母系氏族被逐渐取代后，女子在丈夫的氏族生活，子女的血统从父计并可以继承父亲的财产。随着社会生产力的进一步发展，畜牧业、农业、手工业等社会分工进一步扩大，剩余产品也日益增多。氏族首领凭借自己在氏族中的权力将这些剩余产品据为己有，私有财产出现，在氏族内部形成了以男子为中心的单偶婚制，以保证妻子生出血统纯正的后代，保证自己掌握的财富能由自己的后代继承。单偶婚制的婚姻关系相对稳固，夫妻之间有了独占的同居，男子要求女性严守贞操，实行男娶女嫁、妻从夫居。在母系氏族社会向父系氏族社会过渡的过程中，私有制出现、阶级形成，以男子为中心的、以一定私有财产为基础的单偶家庭诞生，促使了氏族社会的最终崩溃，人类社会步入了阶级社会形成的文明时代。单偶家庭的出现，不是男女性爱、自然规律作用的结果，而是私有制产生、阶级形成的必然选择。以私有制为基础的单偶婚制是人类婚姻家庭历史上的一个重要发展阶段，这种婚姻制度所具有的婚姻不自由、男尊女卑、夫权统治等共同特征，在人类的原始公有制社会崩溃之后经历的以私有制为基础的奴隶社会、封建社会、资本主义社会的阶级社会中都有不同体现。只有在实行以生产资料公有制为基础的社会主义社会里，婚姻自由、男女平等、一夫一妻的理想婚姻制度才会成为现实。

个体婚制 即“单偶婚制”。

一夫一妻制 见“单偶婚制”（7页）。

三纲五常 我国儒家教化社会的重要思想。“三纲”指君为臣纲、父为子纲、夫为妻纲，要求为臣、为子、为妻的必须绝对服从于君、父、夫，同时也要求君、父、夫为臣、子、妻作出表率。反映了封建社会中君臣、父子、夫妇之间的一种特殊的道德关系。“五常”指仁、义、礼、智、信，是用以调整、规范君臣、父子、兄弟、夫妇、朋友等人伦关系的行为准则。“三纲五常”是儒家政治思想的重要组成部分，通过上定名分来教化天下，以维护社会的伦理纲常、政治制度，在漫长的封建社会中起到了极为重要的作用。

婚姻家庭法 规定婚姻、家庭等一定范围的亲属身份关系的发生、变更和终止及基于上述亲属身份关系而产生的权利义务的法律规范的总称。在人类社会中，因为婚姻、家庭的重要地位，婚姻家庭法在不同时代虽有内容、表现形式的诸多区别，但其在法律制度中的重要地位是显而易见的。在我国古代，调整婚姻家庭的规范长期并存在其他的法典、礼制之中，没有形成相对独立的法律领域，对婚姻、家庭来讲，礼制、伦理、宗教和习惯等比法律的作用要大得多。在奴隶社会，统治阶级为巩固宗法等级家族制度，设立了名目繁多的礼，在《礼记》《仪礼》《周礼》等典籍中有系统记载。在这些婚礼、家礼中所体现的婚姻、家庭生活中的行为准则，完全是为统治者“家国一体”的政治理念和伦理观念服务的。统治者利用血缘为纽带，以“上以事宗庙，下以继后世”为婚姻宗旨，以孝、悌为家庭成员准则，以血缘的亲疏、远近和尊卑、长幼等来维持、巩固家庭、宗族乃至整个社会的宗法统治秩序。奴隶制时代的婚礼、家礼，如婚娶方面的“六礼”，婚姻离异方面的“七出”“三不去”，以及服制、立嫡、宗祧继承等调整婚姻、家庭关系的规则，是古代婚姻家庭法的重要渊源。在漫长的封建社会，调整婚姻、家庭关系的规范是礼、法并用。统治者除继承了延续下来的礼，并不断加以改造、补充使之适合统治需要之外，还通过不同时期的立法，将婚姻家庭规范规定在律、令之中。如秦律中有“家罪”之名，汉律中有“户律”一章，隋代《开皇律》将户、婚合二为一称“户婚律”。至唐代，《永徽律疏》以“户婚”为一章，对订婚、重婚、婚姻限制、婚姻离异等都作了规定，总计有46条，是我国封建时代婚姻家庭立法的鼎盛时期，甚至对周边国家都产生了影响。但是，即使在封建社会，利用法律规范婚姻家庭关系依然不是统治者的主要手段，法律中关于户、婚的规范多与刑有关，规定的是违反了法律之后如何以刑制裁，调整婚姻、家庭关系主要还是依靠礼。在外国，奴隶制时代的婚姻家庭关系主要由习惯法调整，随着国家权力的加强，才逐渐兴起成文法典的形式。在政教合一的国家里，宗教经典实际上起着法典的作用。古巴比伦王国的《汉穆拉比法典》是早期婚姻家庭法的代表，对婚约、聘礼、夫妻及亲子关系、收养、继承等都有详细规定。罗马亲属法的发展也经历了较长时期，在罗马系统编纂的《查士丁尼民法大全》中，亲属法占据重要地位。在许多国家还是民、刑不分的时候，罗马法已有公法、私法的区分。其私法有“人法”“物法”和“诉讼法”三大部分，而亲属法列入“人法”的范围。罗马亲属法的许多原理和具体规定，被欧洲中世纪的国家、地区所效法。即使在罗马帝国灭亡之后，罗马亲属法在欧洲许多国家和地区仍然有着重要影响。到了资本主义时代，随着法制的建立与完善，婚姻、家庭的立法也都发生了重大变化。大陆法系国家一般都将亲属法编入民法典中，英美法系国家则由一系列单行法构成亲属法的内容，虽没有统一编纂的民法典，但都认同亲属法是民法的组成部分。资产阶级革命时期的平等、自由等原则在婚姻家庭规范中已经有了明显的体现。如1804年的《法国民法典》中，亲属法是其独立的一编，其中有关婚姻、家庭、亲属、收养、监护等制度的规定已经具有系统性。虽然法律上确立了“未经合意不得成立婚姻”的原则，但在其具体规定中，仍有如“妻应顺从夫”“已婚妇女的行为能力和财产权利须受夫权限制”“非婚生子女的地位低于婚生子女”等封建社会法律的残余。到了现代，随着科学技术的进步、经济发展水平的提高，人类社会的生产、生活条件都已发生了巨大变化，尤其是第二次世界大战之后，资本主义国家的婚姻家庭制度也发生了变革。封建残余被清除，夫妻地位趋于平等，婚姻自由、禁止滥用亲权、非婚生子女地位与婚生子女相同等，都在婚姻家庭的立法中得以承认。我国近现代的婚姻立法在经历了新民主主义革命时期的各革命根据地的区域立法之后，在中华人民共和国成立的第二年中央人民政府委员会即颁行了《中华人民共和国婚姻法》，明确规定“废除包办婚姻、男尊女卑、漠视子女利益的封建婚姻制度。实行男女婚姻自由、一夫一妻、男女权利平等、保护妇女和子女合法利益的新民主主义婚姻制度”。1980年9月10日第五届全国人民代表大会第三次会议通过新的《中华人民共和国婚姻法》，这是在1950年婚姻法的基础上，针对社会发展出现的新问题、新情况制定的。后社会经过二十多年的发展，尤其是经历对内改革、对外开放的二十多年，社会经济结构、人们思想观念都发生了深刻变化，也直接影响了人们的社会生活包括家庭生活。1980年的婚姻法明显滞后于时代，在婚姻家庭生活的调整上出现一些空白。为适应社会发展的需要，2001年4月28日第九届全国人民代表大会常务委员会第二十一次会议对1980年婚姻法作出修正。修正后的婚姻法增加了禁止有配偶与他人同居、禁止家庭暴力的规定，增设了婚姻无效和可撤销婚姻制度，完善了夫妻法定财产制，规范了夫妻的财产约定制，在离婚的理由上采取列举加原则规定的办法，细化了夫妻感情破裂的具体表现，在离婚后子女抚养和财产分割上规定了探视权、经济补偿等制度，在因为夫妻一方的法定过错导致离婚时，规定了无过错一方的离婚损害赔偿制度等。为了婚姻家庭法律制度的完善，国家还制定、修订了关于婚姻、家庭的一系列法律、法规。如1985年4月10日第六届全国人民代表大会第三次会议通过《中华人民共和国继承法》；1990年12月28日第七届全国人民代表大会常务委员会第十七次会议通过《中华人民共和国残疾人保障法》，后经2008年4月24日第十一届全国人民代表大会常务委员会第二次会议修订；1991年12月29日第七届全国人民代表大会常务委员会第二十三次会议通过《中华人民共和国收养法》，后经1998年11月4日第九届全国人民代表大会常务委员会第五次会议修正；1996年8月29日第八届全国人民代表大会常务委员会第二十一次会议通过《中华人民共和国老年人权益保障法》，后经2009年8月27日第十一届全国人民代表大会常务委员会第十次会议修正，2012年12月28日第十一届全国人民代表大会常务委员会第三十次会议修订，又于2015年4月24日第十二届全国人民代表大会常务委员会第十四次会议、2018年12月29日第十三届全国人民代表大会常务委员会第七次会议分别修正；2003年7月30日国务院第十六次常务会议通过《婚姻登记条例》；1992年4月3日第七届全国人民代表大会第五次会议通过《中华人民共和国妇女权益保障法》，后经2005年8月28日第十届全国人民代表大会常务委员会第十七次会议、2018年10月26日第十三届全国人民代表大会常务委员会第六次会议分别修正；

2015年12月27日第十二届全国人民代表大会常务委员会第十八次会议通过《中华人民共和国反家庭暴力法》。为了婚姻法的精准有效实施，最高人民法院则出台了一系列司法解释。2020年5月28日第十三届全国人民代表大会第三次会议通过的《中华人民共和国民法典》，将“婚姻家庭”作为该法典的第五编，在原婚姻法、收养法的基础上，对我国的婚姻家庭制度包括一般规定、结婚、家庭关系、离婚、收养等进行了系统规定，这是我国婚姻家庭法制建设中的具有里程碑意义的大事件。依民法典规定，从2021年1月1日起民法典施行，原《中华人民共和国婚姻法》《中华人民共和国收养法》等法律废止。民法典的实施，必将对建立和维护和谐的婚姻家庭关系，促进社会文明和进步，推进依法治国发挥更大的作用。

中华人民共和国婚姻法 (1)指1950年婚姻法。1950年4月13日中央人民政府委员会第七次会议通过，同年5月1日起施行。共8章27条。包括：原则，结婚，夫妻间的权利和义务，父母子女间的关系，离婚，离婚后子女的抚养和教育，离婚后的财产和生活，附则。该法于1981年1月1日废止。(2)指1980年婚姻法。1980年9月10日第五届全国人民代表大会第三次会议通过，同日公布，自1981年1月1日起施行。2001年4月28日第九届全国人民代表大会常务委员会第二十一次会议修正。共6章51条。包括：总则，结婚，家庭关系，离婚，救助措施与法律责任，附则。该法于2021年1月1日废止。参见“婚姻家庭法”(8页)、“中华人民共和国民法典”。

1950年婚姻法 见“中华人民共和国婚姻法”。

1980年婚姻法 见“中华人民共和国婚姻法”。

中华人民共和国民法典 2020年5月28日第十三届全国人民代表大会第三次会议通过，同日公布，自2021年1月1日起施行。共七编和附则，计1 260条。包括：第一编 总则，第二编 物权，第三编 合同，第四编 人格权，第五编 婚姻家庭，第六编 继承，第七编 侵权责任，附则。民法典自2021年1月1日起施行，《中华人民共和国婚姻法》《中华人民共和国继承法》《中华人民共和国民法通则》《中华人民共和国收养法》《中华人民共和国担保法》《中华人民共和国合同法》《中华人民共和国物权法》《中华人民共和国侵权责任法》《中华人民共和国民法总则》同时废止。

婚姻家庭法的调整对象 婚姻家庭法所调整的婚姻家庭关系。

婚姻家庭关系是平等主体间的含有人身与财产内容的民事法律关系，但因为婚姻家庭关系的特殊性，使其具有一般民事法律关系所不具备的特点：(1)婚姻家庭中既有婚姻关系，又有家庭关系。婚姻关系因男女结婚而产生，又因一方死亡或者双方离婚而终止。因此，婚姻家庭法要规范诸如结婚的条件和程序、夫妻间的权利和义务、离婚的条件和程序及离婚后的子女抚养、财产分割等问题。家庭关系基于结婚、出生和法律拟制等原因发生，又因夫妻离婚、家庭成员死亡、拟制血亲关系解除等原因终止。因而婚姻家庭法还要规范诸如确认家庭成员之间的亲属身份、家庭成员之间的权利义务及家庭成员间关系的发生、变更及终止等问题。(2)婚姻家庭关系既有自然属性，又有社会属性。婚姻家庭关系中的夫妻关系，是以人类固有的性的本能和男女两性生理差别为前提条件成立的。家庭成员间的血缘关系，是通过生育产生的。这些都以一定的自然条件为基础，受自然规律的制约。但婚姻家庭关系又不是纯粹的自然关系，而是人类的自然属性与社会属性，人类的个体生存本能与社会存在、发展之间既矛盾又必须调和的特殊社会关系。作为人类社会成员的每一个个体都与他人一起生活在社会中，不能将自己个人的需求凌驾于他人利益之上，必须遵守人类共同的规则，才能保证在社会秩序正常有序的前提下获得个人行为的最大自由，最大限度地满足个体的需要。那些无视婚姻家庭中的自然属性的立法是不科学的，而忽视婚姻家庭中的社会属性的立法同样也是不可行的。婚姻家庭法在婚姻家庭的自然属性和社会属性中寻求最佳平衡，科学、合情、合理地确定婚姻家庭中人与人的权利享有和利益负担，才是婚姻家庭立法的理想选择。(3)婚姻家庭关系既有人身关系，又有财产关系。无论是夫妻的婚姻关系，还是其他家庭成员间的关系，都是基于特定身份而在特定人之间发生的社会关系。婚姻、家庭的权利义务关系，首先都具有鲜明的人身属性，如夫妻间的同居义务、相互忠实义务、生育权等，父母对子女的监护权、亲权等。这些权利与义务只属于具有特定身份的特定的人，而且只能由其本人享有，不能转让、不能继承，甚至在不具备法定条件的时候也不能放弃。其次，因为家庭成员之间的共同生活，家庭成员间的供养、抚养或者赡养，需以一定的物质条件为基础，婚姻家庭关系中必然存在着财产关系。因此，国家通过一定程序产生的婚姻家庭法，既要调整婚姻家庭中的人身关系，也要调整婚姻家庭中的财产关系，用法律规范约束男女的两性关系、家庭成员的血缘关系、家庭中的财产关系等，并求得全社会成员的一体遵行。违反了这些法律规范，必须受到法律的制裁。其实，每个自然人虽然都是社会中的人，都基于平等的社会地位而享有生命、身体、健康、姓名、名誉等人格权利，但无论他的性别、年龄、健康与否或其他任何原因，他也一定是婚姻家庭关系中的人，一定是在具体的婚姻家庭关系中具有特定身份的人，如夫与妻，父母与子女，有扶养关系的祖父母与孙子女、外祖父母与外孙子女，他们基于这些特定的身份而依法享有身份权。婚姻家庭法对于这些身份关系的形成、变更、终止应当作出确定的规范，以期获得社会成员的认同与遵循，使得这些基于婚姻、血缘、法律拟制等而产生的最普遍的人身关系符合其相对稳定的特点，进而使得整个社会和谐稳定。在婚姻家庭中又不可避免地发生财产关系，如夫妻基于配偶身份产生的在财产方面的权利义务，父母基于子女出生而发生的对未成年子女的抚养义务，成年子女对年老父母等的赡养义务，配偶、父母子女间的财产继承关系，都是以夫妻、父母子女等身份为依据的。虽然婚姻家庭中的财产关系也是具有直接财产内容的社会关系，但这种财产关系是家庭成员之间在共同生活的过程中为实现家庭职能而存在的，必须以特定的人身关系为前提，不可以脱离这些人身关系而独立存在，这与以交换为目的的商品关系有着本质的不同，自然也不能以市场经济中的价值规律来约束。因此，婚姻家庭领域的财产关系，需要婚姻家庭法从实现家庭职能的角度加以规范。

婚姻家庭法的内容 婚姻家庭法所要规范的范围，是婚姻家庭法的调整对象在法律上的表现。《中华人民共和国民法典》第五编“婚姻家庭”第 1040 条规定：“本编调整因婚姻家庭产生的民事关系。”婚姻家庭法主要规范：(1)亲属身份关系的发生、变更和消灭。人与人因为婚姻、血缘、收养等事实而产生的身份关系，涉及自然人身份权的享有与消灭及与之紧密相连的权利享有与义务负担，是必须由法律加以明确规范的重要事项。具体如：婚姻的成立、终止的条件与程序，婚姻的无效、撤销，离婚的条件与程序，婚生子女与父母身份的确定，非婚生子女的认领与准正，收养成立的条件与程序，收养关系的解除等。(2)亲属之间的法律关系。亲属关系是通过婚姻、血缘、收养等而将人与人联系在一起的社会关系，是社会关系中最基本、最普遍的关系。亲属之间的权利与义务，既涉及人身关系，也涉及财产关系。自从有了婚姻、家庭，维护亲属关系的既有人伦、道德规范，也有法律规范，其规范的重心因为社会的发展与进步而发生着巨大变化。农耕社会自给自足的自然经济决定了人们得依靠家族生存，家长在家族中掌握着绝对的权力。具有家长地位的人，不仅掌握着本家族所有人的命运，同时还往往是这个区域的行政、军事长官。在当时的婚姻家庭关系中，身份关系永远是第一位的，财产关系只是辅助身份的存在，是为身份服务的。随着科学技术的进步、社会分工的产生和逐步精细，个人的力量在社会生活中的地位日渐突出，个人的人格独立、平等、自由的要求也必然反映到包括婚姻家庭法在内的所有法律规范中来，原来家长的支配特权、森严的等级观念等属于身份的权力已经不能适合近现代社会的发展要求。“家本位”的农业社会在逐步由“人本位”的市民社会取代的过程中，人类社会经历着从“身份到契约”的转变。婚姻家庭领域中关于亲属身份法的内容不断减少，而关于亲属财产法的内容则占有越来越重要的地位。现代各国的婚姻家庭立法关于亲属间的法律关系的规范，都包括如夫妻财产制，亲属间的扶养、继承等。当然，这些财产关系中的权利、义务还是与家庭中的亲属身份密不可分的。(3)对弱者的倾斜、保护。婚姻家庭中的弱者，主要是指儿童、妇女、老人、身心残障者等人。儿童需要父母或他人的抚养，否则将无法生存。因为家庭经济结构、收入来源、男女分工、甚至是男女体力上的巨人差异，使得妇女在家庭中成为需要特别保护的弱者。老人在他们为子女成长、家庭幸福贡献出全部体力、精力之后因为年老丧失劳动能力而成为需要其他家庭成员赡养、扶助的人。因身心残障、事故、患病等原因生活不能自理的人，虽然属于成年人，但他们或者不能表达自己的意思，需要法律规定的其他家庭成员监督、保护，或者意思表达没有问题，但生活需要其家庭成员的帮助。对于这些人，虽然也有相应的社会保障的法律法规等予以保护，但其生活中的照顾、扶助、关爱、精神慰藉等却是社会保障系统无法满足的，需要与之最亲近的家庭成员来完成。这也是家庭的重要职能之一。因此，国家在法律法规中对家庭的养老、育幼等作出规范，要求家庭成员承担与其权利相适应的义务，对于不履行法定义务的家庭成员作出对其不利益的规定，甚至是相应的法律惩戒。其实，法律尤其是婚姻家庭法在家庭内部亲属间对弱者保护的这些强制性规定，的确是国家权力对婚姻、家庭这个典型的私权领域的干预。我国婚姻家庭法中对未成年人的亲权、监护制度的规定，对于精神障碍者的监护制度的规定，对于亲属间如父母对未成年子女的抚养、成年子女对年老父母的赡养、夫妻之间的相互扶养、有负担能力的兄姐对未成年弟妹的扶养等的规定，对于女方在怀孕期间、分娩后的一定期间离婚限制的规定，夫妻离婚后子女抚养有争议的，法院需要根据有利于子女利益的原则作出判决的规定，离婚时夫妻共同财产的分割应当从照顾子女和女方权益的原则出发作出判决的规定，离婚时对生活困难一方的适当帮助的规定等，都充分体现了对弱者的倾斜与保护。

婚姻家庭法的特征 婚姻家庭法独有的特点。婚姻家庭法性质上虽属民事法律范畴，但与主要调整市场经济关系的民法相较，因其调整对象与范围是婚姻家庭关系，又表现出诸多不同：(1)内容上具有强烈的伦理性。伦理是人与人相处的道德规范与基本准则。婚姻家庭关系既是人与人之间的社会关系，又是现实的伦理关系。在人类社会的漫长发展进程中，形成了许多为人们所认可的善与恶、是与非的标准及人与人相处的规则。这些规则首先被道德、宗教、政治、文化、风俗、习惯等认可，重要的则被上升为法律规范，通过国家强制力量保证社会成员的一体遵行。在婚姻家庭领域，因为涉及男女两性的结合、后代的抚养教育、前辈的赡养扶助等，所以有着更为浓烈的伦理色彩。如须一男一女方能结为夫妻、破坏他人家庭的通奸行为可耻、直系血亲不能结婚、一定范围的旁系血亲不能结婚、父母要抚养教育子女、子女要赡养扶助年老的父母等。伦理规范意味着需要人们内心的认可，由本人的内疚、悔恨，他人的鄙视、谴责等形成的氛围、舆论等力量来加以督促、执行。法律规范则意味着需要国家通过一定的程序加以明确、公布，由监狱、警察、法庭等国家机器强制其执行。婚姻家庭领域的许多伦理规范与法律规范是一致的，上升为法律规范的伦理，直接通过国家的强制力量而获得一体遵行的效力。婚姻家庭的立法不仅将某些伦理规范上升为法律规范，充分反映伦理的要求，还注意伦理规范对法律的补充、引导作用，如《中华人民共和国民法典》第1043条“家庭应当树立优良家风，弘扬家庭美德，重视家庭文明建设。夫妻应当互相忠实，互相尊重，互相关爱；家庭成员应当敬老爱幼，互相帮助，维护平等、和睦、文明的婚姻家庭关系”的规定，就是一个倡导性、宣示性的条款，为新型家庭关系提出了伦理道德准则，反映了婚姻家庭法的价值取向。(2)适用上具有极大的普遍性。婚姻家庭法的适用具有极大的普遍性。作为自然人，一定生活在某个家庭中，都要参与到婚姻家庭法律关系中，都会受到婚姻家庭法的调整。婚姻家庭法是婚姻、家庭关系的“根本大法”，是适用所有社会成员的法律。当然，这并不是说婚姻家庭法中没有对特殊社会成员的特别规定，如军人婚姻、涉外婚姻的特殊规定等。但这些特别规定在婚姻家庭法中所占的比例不大，适用的对象也不广泛，不影响婚姻家庭法适用上的普遍性特点。(3)绝大部分为强制性规范。婚姻家庭法是民法的一部分，性质上无疑为私法，但它却不具备私法上的意思自治为基本准则，以意思自由、契约自由、遗嘱自由为行为前提的任意性规范为主的特点，而多为强制性规范，如结婚的条件与程序，离婚的条件与程序，结婚、离婚的效力，父母对未成年子女的抚养教育义务，成年子女对年老父母的赡养扶助义务等。这些强制性规范是国家公权对婚姻家庭这一私权领域的干预，而且这种适当的干预是必要的。婚姻虽然是夫妻二人的私事，家庭也是婚姻缔结的必然结果，当然也是一个家庭的私事，但婚姻家庭还是涉及后代的健康成长、民族的强大或弱小、无生活能力人的公平保护、家庭安定与和谐及社会繁荣稳定的大事，绝不可能放任婚姻当事人为所欲为。婚姻家庭法必须通过对结婚、离婚、家庭关系等作出明确的强制性规定，以表明国家对处理婚姻、家庭关系的原则与态度。这无疑为所有社会成员处理婚姻、家庭关系作出了正确指引，为在婚姻家庭领域的对与错、是与非划出了明确界线。强制性规范，意味着必须严格遵照执行，否则就要依法承担对其不利的法律后果。当然，在婚姻家庭法中也有任意性规范，如夫妻婚前财产的约定、夫妻共同财产的约定、离婚协议的订立、收养协议的订立等，法律给予了当事人一定的协商空间，但要注意的是，其协商也要在法律允许的框架内进行，违反法律强制性规范的约定，即使当事人双方自己完全自愿，也是不受法律保护的。

婚姻家庭法的基本原则 贯穿于整个婚姻家庭立法始终的指导思想，对各项婚姻家庭制度和全部婚姻家庭规范起统率作用的基本准则。因为婚姻家庭法的基本原则的作用，才使众多的婚姻家庭法律规范成为一个有机整体。婚姻家庭法的基本原则对婚姻家庭法律的完善有重要的制度意义，是立法机关、司法机关解释婚姻家庭法的重要依据。在面对错综复杂的各类婚姻家庭纠纷又缺乏具体的婚姻家庭法律规范时，司法机关可以依据基本原则的精神进行处理。《中华人民共和国民法典》确定的婚姻家庭法的基本原则有婚姻自由原则，一夫一妻原则，男女平等原则，保护妇女、未成年人、老年人、残疾人的合法权益原则。

婚姻自由原则　婚姻当事人所享有的自主地决定自己婚姻、不受任何人强制或干涉的自由的原则。我国婚姻家庭法的基本原则之一。婚姻自由是我国宪法及法律赋予公民的一项权利。《中华人民共和国宪法》第 49 条第 4 款规定“禁止破坏婚姻自由”。《中华人民共和国民法典》第 1041 条第 2 款规定，实行婚姻自由的婚姻制度。第 1042 条第 1 款规定：“禁止包办、买卖婚姻和其他干涉婚姻自由的行为。”第 1046 条规定：“结婚应当男女双方完全自愿，禁止任何一方对另一方加以强迫，禁止任何组织或者个人加以干涉。”从上述规定可以看出，婚姻自由是公民的一项重要权利。婚姻自由的内容包括结婚自由和离婚自由两个方面。从结婚自由的角度来看，当事人是否结婚、与谁结婚、何时结婚等，都是当事人的权利。任何组织或者个人包括当事人双方的父母都不允许干涉。至于包办婚姻、买卖婚姻甚至暴力干涉他人的婚姻自由，都是严重的违法行为，应当受到法律的制裁。从离婚自由的角度来看，夫妻有依法解除婚姻关系的自由。符合结婚法定条件的男女认为他们之间有感情，希望结为夫妻一辈子共同生活，他们就可以按照法律规定的程序结婚。已经结为夫妻的男女二人，认为他们之间没有了感情，一起生活是件痛苦的事情，可以按照法律规定的程序办理离婚手续，解除婚姻。结婚、离婚都是当事人出于自愿的选择。法律保护公民的婚姻自由，是为了建立起以爱情为基础的新型婚姻关系，使男女能够在相互爱慕、信任的基础上组织家庭、幸福地生活。这不仅关乎婚姻当事人的个人和家庭的幸福、子女的健康成长，还关乎整个社会的稳定与安宁。当然，法律赋予公民以婚姻自由，但这种自由是相对的，不能滥用，要受到法律的规范和制约。婚姻家庭法对结婚、离婚都有严格的条件与程序的规定。只有依照法律的规定去做，婚姻自由才能得到保障。

一夫一妻原则　一男一女才能结为夫妻的原则。我国婚姻家庭法的基本原则之一。这一原则意味着一男一女才能结婚，有配偶的人在配偶死亡前或与配偶离婚前不得再行结婚，任何人不得同时有两个或者两个以上的配偶，一切公开的、隐蔽的一夫多妻或一妻多夫都是非法的。《中华人民共和国民法典》第1041条第2款规定，实行一夫一妻的婚姻制度。一夫一妻的婚姻制度符合婚姻的本质，是人类社会迄今为止最文明、最进步的婚姻制度。婚姻满足了人的性的需求，承担着人类种的繁衍的使命。性爱按其本性是排他的。只有以爱情为基础的一男一女的个体婚姻，才能健康地完成婚姻的使命，才能保证婚姻、家庭生活的幸福。一夫一妻的婚姻制度符合人类男女性别比例的自然要求。在长期的进化、选择过程中，人类男女两性的自然比例，除因发生战争、瘟疫、严重自然灾害等特殊情况外基本是平衡的。在原始公有制时代，人类的婚姻从群婚到对偶婚，当私有财产出现、私有制产生，掌握较多社会财富、权力的男性，凭借自己的财产、权势，开始过上一夫多妻、一夫一妻多妾的生活。即使在法律明文规定一夫一妻婚姻制度的社会中，也有秘密多妻、多夫及卖淫、嫖娼等丑恶社会现象的存在。这些势必会造成一部分男性没有机会寻得配偶，这是危害婚姻持久、家庭幸福及社会稳定与和谐的极大隐患。只有一夫一妻的婚姻制度，才能保证每一个公民都有寻找配偶、组建家庭的均等机会。在一夫多妻、一夫一妻多妾的婚姻制度下，一个家庭中，丈夫只有一个，拥有至高无上的权力，妻、妾与他不可能拥有平等的地位。为争取丈夫的宠爱、对家庭财产的支配、子女的利益等，妻与妻或者妻与妾之间必然用尽心机、争斗不断，何况妻、妾的地位本来就不平等，妻生的子女为嫡子，妾生的子女为庶出，他们在家庭中享有的权利是完全不同的。只有一夫一妻的婚姻制度，才能保证夫妻法律地位的平等，真正提高妇女的家庭与社会地位。为实现一夫一妻的婚姻制度，《中华人民共和国民法典》第1042条第2款规定："禁止重婚。禁止有配偶者与他人同居。"有配偶者还与人结婚的，或者明知对方有配偶还与之结婚的，不仅婚姻无效，构成重婚犯罪的，还要被科以刑罚处罚。

男女平等原则　男女两性在婚姻、家庭生活中拥有平等的法律地位，享有平等的权利，承担平等的义务的原则。我国婚姻家庭法的基本原则之一。《中华人民共和国民法典》第1041条第2款规定，实行男女平等的婚姻制度。夫妻在婚姻、家庭生活中是平等关系，还是主从关系，说到底是由社会制度决定的。

在我国，作为公民，不论其性别、种族、民族、财产、受教育程度、社会地位高低等，都拥有平等的法律地位，都同等享有宪法和法律赋予的权利，履行宪法和法律规定的义务，在婚姻家庭关系中也没有例外。婚姻家庭法所规定的结婚、离婚的条件与程序不因性别而差别对待；夫妻在婚姻、家庭中地位平等，结婚之后，男女两性都有各自完整、独立的人格权利与自由，在处理夫妻的人身关系与财产关系时享有平等的权利，也承担平等的义务；在处理父母子女的关系上，父亲与母亲对待子女的权利义务关系也完全平等，父亲与母亲平等地承担子女的抚养费用，父母与子女平等地享有相互继承遗产的权利，子女对父母有赡养义务等。

保护妇女、未成年人、老年人、残疾人合法权益原则 家庭中妇女、未成年人、老年人、残疾人的权益受法律保护的原则。我国婚姻家庭法的基本原则之一。法律特别规定保护妇女的权益，是因为妇女与男性的生理差异，不同的社会角色及长期重男轻女的历史、文化原因，造成现实生活中女性还没有与男性获得完全的平等。因此，我国婚姻家庭法在坚持男女平等原则的同时特别规定了保护妇女权益原则。《中华人民共和国民法典》第 1050 条规定："登记结婚后，按照男女双方约定，女方可以成为男方家庭的成员，男方可以成为女方家庭的成员。"第 1056 条规定："夫妻双方都有各自使用自己姓名的权利。"第 1057 条规定："夫妻双方都有参加生产、工作、学习和社会活动的自由，一方不得对另一方加以限制或者干涉。"这都是根据我国婚姻家庭生活的实际，针对女性权益特别规定的。至于如婚姻关系存续期间的财产为法定的夫妻共同财产的规定，女方在怀孕期间、分娩后一年内或者终止妊娠后六个月内，男方不得提出离婚的规定，离婚时，如果一方生活困难，有负担能力的另一方应当给予适当帮助的规定，夫妻一方因抚育子女、照料老年人、协助另一方工作等负担较多义务的，离婚时有权向另一方请求补偿的规定，又是从女性从事家务劳动、女性抚育子女等现实出发作出的。保护未成年人、老年人的合法权益，同样是婚姻家庭法的重要内容。未成年人是指未满十八周岁的自然人，其身体、心智都在发育、成长过程之中。老年人是指六十周岁以上的自然人，他们为子女的健康成长、为社会作出了自己毕生的贡献，随着年龄的增长，将逐渐丧失劳动能力和生活能力，需要社会及家人的关注与照顾。家庭是未成年人、老年人生活的最重要场所。我国婚姻家庭法坚持保护未成年人、老年人权益的原则，是孩子健康成长、老人安度晚年、社会和谐和幸福的需要。《中华人民共和国民法典》对此作出了一系列规定，如第1068条规定："父母有教育、保护未成年人的权利和义务。"第1067条规定："父母不履行抚养义务的，未成年子女或者不能独立生活的成年子女，有要求父母给付抚养费的权利。成年子女不履行赡养义务的，缺乏劳动能力或者生活困难的父母，有要求成年子女给付赡养费的权利。"第1070条规定："父母和子女有相互继承遗产的权利。"第1071条规定："非婚生子女享有与婚生子女同等的权利，任何组织或者个人不得加以危害和歧视。不直接抚养非婚生子女的生父或者生母，应当负担未成年子女或者不能独立生活的成年子女的抚养费。"第1084条规定："父母与子女间的关系，不因父母离婚而消除。离婚后，子女无论由父或者母直接抚养，仍是父母双方的子女。离婚后，父母对于子女仍有抚养、教育、保护的权利和义务。离婚后，不满两周岁的子女，以由母亲直接抚养为原则。已满两周岁的子女，父母双方对抚养问题协议不成的，由人民法院根据双方的具体情况，按照最有利于未成年子女的原则判决。"第1085条规定："离婚后，子女由一方直接抚养的，另一方应当负担部分或者全部抚养费。"第1069条规定："子女应当尊重父母的婚姻权利，不得干涉父母离婚、再婚以及婚后的生活。子女对父母的赡养义务，不因父母的婚姻关系变化而终止。"第1042条第3款规定："禁止家庭暴力。禁止家庭成员间的虐待和遗弃。"这些规定都体现了在家庭中保护未成年人、老年人合法权益的精神。残疾人是指在心理、生理、人体结构上，某种组织、功能丧失或者不正常，全部或者部分丧失以正常方式从事某种活动能力的人，包括视力残疾、听力残疾、言语残疾、肢体残疾、智力残疾、精神残疾、多重残疾和其他残疾的人。因为身有残疾，不仅为残疾人的日常生活与工作带来极大的不便，也使残疾人在参与国家管理、社会生活等受到不公正的待遇，成为社会必须予以关注的弱势群体。我国宪法和法律历来坚持残疾人在政治、经济、文化、社会和家庭生活等方面享有同其他公民平等的权利，残疾人的公民权利和人格尊严受法律保护，禁止基于残疾的歧视，禁止侮辱、侵害残疾人，禁止通过大众传播媒介或者其他方式贬低损害残疾人人格。经修订自2008年7月1日起施行的《中华人民共和国残疾人保障法》，对残疾人的康复、教育、劳动就业、文化生活、社会保障等作了系统规定；而《中华人民共和国民法典》在第五编“婚姻家庭”中又特别增加了保护残疾人权益原则的规定，这对于维护残疾人权益，保障残疾人平等、充分地参与社会生活，共享社会物质文化成果具有重要意义。

道德准则 处理婚姻、家庭关系并为社会所认可的道德要求和准则。我国婚姻家庭法的一项专门的原则性规范。《中华人民共和国民法典》第1043条规定：“家庭应当树立优良家风，弘扬家庭美德，重视家庭文明建设。夫妻应当互相忠实，互相尊重，互相关爱；家庭成员应当敬老爱幼，互相帮助，维护平等、和睦、文明的婚姻家庭关系。”此条规定，郑重表明我国婚姻家庭法的价值取向，以法律形式告知公众，我国提倡什么样的婚姻家庭关系。因为此条属倡导性、宣示性的规范，不是禁止性的规范，也不是明确的强制性义务，当事人仅以此条规定为依据提起诉讼的，人民法院不予受理。

婚姻家庭法的地位 婚姻家庭法在整个法律体系中的位置及与其他部门法的关系。一个国家的法律体系，都是在根本法即宪法的统领下，各部门法之间相互渗透、相互联系、交互作用的有机整体。没有宪法，整个法律体系没有总纲、没有灵魂，法律体系建立不起来。各部门法因为有自己特有的调整对象和调整方法而与其他部门法相区别，但各部门法之间又不是孤立存在的，必然与其他部门法有交集、渗透，为完成法律体系的统一使命而相互配合。婚姻家庭法作为宪法统领下的部门法，是民法的组成部分，是规范民事主体在婚姻家庭中权利与义务的实体法。因为涉及婚姻登记、收养登记、户籍登记等行政事项，因为夫妻离婚分割财产，家庭成员间因扶养、抚养、赡养等发生纠纷，需要行政部门依行政规范解决等，所以又与行政法有着密不可分的联系。因为离婚、扶养、继承等发生纠纷，需要通过诉讼程序解决，又要适用民事诉讼法。因为违反婚姻家庭法的行为构成犯罪的，还得依据刑法追究行为人的刑事责任，又与刑法有关。在现实生活中，每一社会成员都会生活在一定的家庭中，也都要参与社会生活，一定会与家庭成员、社会公众发生这样那样的社会关系，这些关系也会因为某种原因而交织在一起。婚姻家庭问题会渗透到其他的法律中间，其他的法律也会因为自己的调整对象而不可避免地涉及婚姻家庭方面的问题需要作出规范。

婚姻家庭法与宪法 婚姻家庭法与宪法之间的关系。宪法是规定国家制度、国家机构设置、国家机构活动原则、公民基本权利义务等的根本法。宪法是国家的总章程，具有最高的法律地位和效力，其他一切法律、法规等都必须以宪法作为立法的基础，不能与宪法相抵触。宪法是“母法”，其他法律包括婚姻家庭法都是“子法”。在婚姻家庭法方面，宪法所具有的最高效力表现在：(1)制定婚姻家庭法律、法规必须以宪法为依据。婚姻家庭法要将宪法中关于婚姻家庭的基本原则和精神转化为具体的规范，保证宪法得以贯彻、实施。《中华人民共和国宪法》第48条规定：“中华人民共和国妇女在政治的、经济的、文化的、社会的和家庭的生活等各方面享有同男子平等的权利。”第49条规定：“婚姻、家庭、母亲和儿童受国家的保护。……父母有抚养教育未成年子女的义务，成年子女有赡养扶助父母的义务。禁止破坏婚姻自由，禁止虐待老人、妇女和儿童。”婚姻家庭法的基本原则、结婚制度、离婚制度、家庭成员的权利与义务等规定，都是以宪法为依据，贯彻宪法关于我国婚姻家庭制度的上述规定。(2)解释婚姻家庭法的时候，不能违背宪法所确立的基本原则。法律都需要经过解释才能适用。成文法的特点之一是法律规范是通过语言文字表达的，而语言文字本身就具有一定程度的不确定性，必须通过解释来确定其含义。同时，法律规范本身是在归纳、总结复杂纷繁社会现象的基础上作出的一般、抽象的规定。法官在依据法律规范解决具体案件的时候，必须根据案件事实和自己对法律规范的理解作出自己的解释，以使法律得以适用。在解释婚姻家庭法律规范的时候，必须以宪法为其基本依据，不能与宪法的规定相抵触。(3)在法律规范存在漏洞、甚至没有规定的时候，宪法具有直接适用的效力。任何立法包括婚姻家庭法的制定，都无法保证万无一失，总有疏漏与不足，何况生活本身又总是在发展变化。经过一定立法程序制定的法律，跟不上社会发展的节奏，落后于现实生活就在所难免。当现实生活中发生的纠纷没有具体的法律规范可以适用时，可以直接适用宪法的规定处理。对此，我国最高人民法院已有司法先例。

婚姻家庭法与民法 婚姻家庭法与民法之间的关系。民法是调整平等主体的自然人、法人和非法人组织之间的人身关系和财产关系的法律规范的总称。所谓平等主体，是指参与民事活动的当事人在法律上居于平等地位。自然人之间、法人之间、非法人组织之间以及三者相互之间，在社会生活中存在不同的法律关系，每种法律关系都有着不同的调整依据、原则与方法。无论民事主体是何人，彼此间存在何种其他法律关系，在民事法律关系中，其法律地位都是平等的。这也意味着在民事法律关系中，任何一方都不存在任何特权，民事法律关系的设立、变更及终止，都应当是行为主体的真实意志，任何人都无权将自己的意志强加于对方。任何人在民事法律关系中都平等地适用法律规则，平等地享有权利、承担义务，任何一方的权益受到对方或第三人侵犯，都会受到平等的法律保护。民法调整平等主体间的人身关系，这里的“人”是指人的资格，即人格，“身”是指人的身份。民法调整的人身关系，是平等主体间与特定的人身密切相连且无直接财产内容的社会关系，包括人格关系和身份关系，在民法上表现为人格权和身份权。这些人身权或者基于人的出生，或者基于特定的身份等而产生，永远属于该主体所专有。人身权利保护的是主体的人格和身份利益，体现的是作为法律上的“人”的地位、尊严和自由。人身权虽不直接体现财产利益，不能直接用金钱来衡量，但民事主体的人格、身份等精神利益是其作为民事主体存在的前提，没有法律上的主体资格，就不能参与民事活动，其财产利益的取得就是空话。民法调整的财产关系，是平等主体之间因为财产的归属、流转而形成的具有财产内容的社会关系，包括民事主体在占有、使用、收益和处分财产过程中所产生的社会关系，在财产转移过程中所产生的社会关系。前者在民法上表现为物权，后者表现为债权。民事法律规范在调整财产关系时，一是依赖以所有权为核心的物权制度，一是依赖以合同为核心的债权制度，而这两大制度正是民事法律制度的核心内容，是支撑市场经济的两大法律基石。可见，民法是市场经济的基本法，民法所规范的主体制度、民事法律行为制度、代理制度、物权制度、债权及合同制度、继承权制度等都是调整民事关系的基本制度。婚姻家庭关系也是平等主体间的含有人身、财产内容的社会关系，无疑应当属于民法调整的范围。但要注意的是，婚姻家庭关系毕竟不同于一般的民事法律关系，具有自己的特殊性。这些特殊性主要表现在婚姻家庭关系虽然也是个人与个人之间的关系，但这些个人都是与其他家庭成员共同生活在一个家庭中的人。家庭这个人类社会最基本的组织形式，所有社会成员作为个体都是在自己的家庭中获得性的满足、感情抚慰、教育扶养、生活支持等各种生产、生活需要的。因为家庭中每一成员的身份不同，产生不同的身份法律关系，享有与自己的特定身份相适应的身份权利，也承担与此权利相适应的义务，而且婚姻家庭关系中的财产关系，也一定与婚姻家庭关系中的特定身份相联系，基于特定身份的效力而发生。如丈夫与妻子享有基于夫妻身份而产生的配偶权，同时也要承担忠实、性生活、生育、相互扶养、相互继承等义务；父母对于自己的未成年子女享有的亲权，是基于父母的身份产生，承担相应的抚养、管教、监督、保护未成年子女的义务。这些权利与义务有着强烈的伦理色彩和道德要求。因此，在家庭关系中，不可能完全以个人为本位，必须充分考虑其他家庭成员的利益及家庭的整体利益，更不能完全适用调整市场交易的如等价有偿、诚实信用、公平竞争等方法与原则。所以，婚姻家庭法虽是私法，是民法的组成部分，但婚姻家庭的特殊性还是需要由专门的婚姻家庭法来体现。《中华人民共和国民法典》对婚姻家庭部分用专编的立法形式来加以规范，即体现了婚姻家庭法的特殊性。凡婚姻家庭法有特别规定的，在适用上应当排除民法的一般规定。

婚姻家庭法与行政法 婚姻家庭法与行政法之间的关系。行政法是调整国家行政管理机关在实现其管理职能的过程中所发生的社会关系的法律规范的总称。婚姻家庭领域有许多事项由国家行政管理机关管理，受行政法约束。如自然人的结婚、离婚、复婚、撤销婚姻登记等，收养的成立、解除等登记，自然人的出生、死亡和因结婚、离婚、收养等引起的身份变化等的户籍登记，都需要依照相应的行政管理法规如《婚姻登记条例》《中华人民共和国收养法》《中国公民收养子女登记办法》等办理。对于违反婚姻家庭法尚未构成犯罪的行为，如殴打家庭成员、故意伤害家庭成员身体、虐待家庭成员、遗弃没有独立生活能力的被扶养人等，应当由公安机关按照《中华人民共和国治安管理处罚法》的规定给予行政处罚。可见，婚姻家庭法的贯彻实施，离不开相应行政管理手段的支持，而有些行政管理法规如《婚姻登记条例》本身就是婚姻家庭法的重要组成部分。

婚姻家庭法与诉讼法 婚姻家庭法与诉讼法之间的关系。诉讼法是国家规定的法院处理案件的程序的法律规范的总称，是法院处理纠纷案件的“操作”规程。根据案件性质，相应的有民事诉讼法、刑事诉讼法和行政诉讼法。与婚姻家庭关系有关的案件，也有民事案件、刑事案件和行政案件，与这些诉讼法都会发生关系。(1)民事诉讼法是调整法院、当事人和其他诉讼参与人的诉讼活动的法律规范的总称，是处理民事纠纷的程序法，它不仅是法院审理民事案件的操作规程，也是民事主体进行诉讼、行使诉讼权利的有力保障。《中华人民共和国民事诉讼法》第2条规定："中华人民共和国民事诉讼法的任务，是保护当事人行使诉讼权利，保证人民法院查明事实，分清是非，正确适用法律，及时审理民事案件，确认民事权利义务关系，制裁民事违法行为，保护当事人的合法权益，教育公民自觉遵守法律，维护社会秩序、经济秩序，保障社会主义建设事业顺利进行。"第3条规定："人民法院受理公民之间、法人之间、其他组织之间以及他们相互之间因财产关系和人身关系提起的民事诉讼，适用本法的规定。"婚姻家庭法与民事诉讼法是实体法与程序法的关系。处理婚姻家庭纠纷案件，如离婚、宣告婚姻无效、撤销婚姻、解除收养关系、离婚后子女抚养、离婚时的财产分割等纠纷，实体问题适用婚姻家庭法的有关规定，程序问题适用民事诉讼法的有关规定。（2）刑事诉讼法是调整刑事诉讼活动的法律规范的总称。刑事诉讼法的调整对象是公安机关、检察院、法院在当事人和其他诉讼参与人的参加下，揭露、证实、惩罚犯罪的活动，包括公安机关、检察院、法院在刑事诉讼中的职权和相互关系，当事人及其他诉讼参与人的权利和义务，以及如何进行刑事诉讼的具体程序等。《中华人民共和国刑事诉讼法》第2条规定："中华人民共和国刑事诉讼法的任务，是保证准确、及时地查明犯罪事实，正确应用法律，惩罚犯罪分子，保障无罪的人不受刑事追究，教育公民自觉遵守法律，积极同犯罪行为作斗争，维护社会主义法制，尊重和保障人权，保护公民的人身权利、财产权利、民主权利和其他权利，保障社会主义建设事业的顺利进行。"第3条规定："对刑事案件的侦查、拘留、执行逮捕、预审，由公安机关负责。检察、批准逮捕、检察机关直接受理的案件的侦查、提起公诉，由人民检察院负责。审判由人民法院负责。除法律特别规定的以外，其他任何机关、团体和个人都无权行使这些权力。"在婚姻家庭领域，违反婚姻家庭法的规定，妨碍婚姻家庭且严重危害社会的行为，构成犯罪的，也要被追究刑事责任。婚姻家庭领域的犯罪行为主要有：以暴力干涉他人婚姻自由的；有配偶而重婚的，或者明知他人有配偶而与之结婚的；明知是现役军人的配偶而与之同居或者结婚的；利用职权、从属关系，以胁迫手段奸淫现役军人的妻子的；虐待家庭成员，情节恶劣的；对于年老、年幼、患病或者其他没有独立生活能力的人，负有扶养义务而拒绝扶养，情节恶劣的；拐骗不满十四周岁的未成年人，脱离家庭或者监护人的；实施家庭暴力致人死亡、重伤的等。在惩治婚姻家庭领域的犯罪行为的时候，实体问题适用刑法的规定，程序问题适用刑事诉讼法的规定。(3)行政诉讼法是为保证法院公正、及时审理行政案件，解决行政争议，保护公民、法人和其他组织的合法权益，监督行政机关依法行使职权的法律规范的总称。公民、法人或者其他组织认为行政机关和行政机关工作人员的行政行为侵犯其合法权益，有权向法院提起行政诉讼。法院应当保障公民、法人和其他组织的起诉权利，对应当受理的行政案件依法受理。被诉行政机关负责人应当出庭应诉，不能出庭的，应当委托行政机关相应的工作人员出庭。行政机关及其工作人员不得干预、阻碍法院受理行政案件。我国人民法院设行政审判庭，审理行政案件。人民法院依法对行政案件独立行使审判权，不受行政机关、社会团体和个人的干涉。在婚姻家庭领域，有许多涉及国家行政管理机构的行政行为，如结婚登记、离婚登记、收养登记、户籍登记等。对于违反婚姻家庭法规定但尚未构成犯罪的行为，如实施家庭暴力造成轻微伤害的，虐待家庭成员，被虐待人要求处理的，由公安机关按照《中华人民共和国治安管理处罚法》的规定给予行政处罚。因为国家行政机关的行政行为、行政处罚发生争议或不服的，当事人可以向人民法院提起行政诉讼。人民法院在处理行政诉讼案件时，依据的程序法是行政诉讼法。

婚姻家庭法的法律渊源 婚姻家庭法借以存在和表现的形式。在我国，根据立法体系、层级等，婚姻家庭法的渊源主要有以下几种：(1)宪法。宪法是国家的根本法，在法律体系中居于统领的地位，效力高于其他任何法律。因此，宪法是一切法律包括婚姻家庭法的立法依据和法律渊源，调整婚姻家庭关系的法律、行政法规等，均不得与宪法相冲突。(2)法律。法律是全国人民代表大会和全国人民代表大会常务委员会依其立法权所制定的规范性文件。法律作为婚姻家庭法的渊源，主要有：①全国人民代表大会制定和修改的如刑法、民法典、行政法、诉讼法等构成独立法律部门的基本法律。这些基本法律中有关调整婚姻家庭关系的规定，均为婚姻家庭法的法律渊源。②全国人民代表大会和全国人民代表大会常务委员会依其立法权所制定的专门调整婚姻家庭关系的法律。如婚姻法、收养法、反家庭暴力法、继承法、人民调解法等。这是婚姻家庭法的主要法律渊源。③全国人民代表大会和全国人民代表大会常务委员会依其立法权所制定的专门保护社会特殊群体权益的法律规范。如妇女权益保障法、未成年人保护法、老年人权益保障法、残疾人保障法、母婴保健法等。其中涉及婚姻家庭关系的规定,也是婚姻家庭法的法律渊源。(3)行政法规和部门规章。国务院和相关直属部门为执行法律的规定,或者根据宪法规定的其行政管理职权的事项而专门制定的规范性文件。行政法规必须以宪法和法律为依据,涉及调整婚姻家庭关系及与婚姻家庭关系相关的行政法规也是婚姻家庭法的渊源。如《婚姻登记条例》《中国公民收养子女登记办法》《家庭寄养管理办法》《社会救助暂行办法》《伤残抚恤管理办法》等。(4)地方性法规。省、自治区、直辖市的人民代表大会及其常务委员会根据本行政区域的具体情况和实际需要,在不与宪法、法律、行政法规和部门规章相抵触的前提下制定的只在本地区范围内生效适用的规范性文件。民族自治地方的人民代表大会依照当地民族的政治、经济和文化的特点,制定自治条例和单行条例,也是地方性法规。地方性法规中涉及调整婚姻家庭关系的规范,也是婚姻家庭法的渊源。(5)最高人民法院有关婚姻家庭法的司法解释。包括关于适用婚姻法的解释,也包括以“批复”“通知”等形式下达的对具体案件或者法律规定的内涵的理解的文件。这些司法解释都是最高人民法院根据宪法和婚姻家庭法的基本原则,在总结司法审判实践经验基础上所作出的,对于各级人民法院的民事审判工作具有普遍的约束力,对人民法院在处理类似案件时具有适用上的效力,也是婚姻家庭法的重要法律渊源。

婚姻的成立及效力

结婚　亦称“婚姻的缔结”。男女双方依照法律规定的条件和程序确立夫妻关系的民事法律行为。结婚作为重要的民事法律行为，具有以下特点：(1)结婚行为的主体只能是异性男女。婚姻关系是具有自然和社会双重属性的民事法律关系，其自然属性的重要表现在于婚姻必须是男女两性的结合。人类性的本能和男女间性的吸引，是婚姻关系成立的自然前提。只有男女两性的结合才能生育后代，完成人种繁衍的自然使命。(2)结婚是符合法律规定的条件与程序的行为。已经达成结婚合意的男女，首先必须符合结婚的实质要件，再依照法律规定的结婚程序完成相应的手续。这是国家权力为了家庭和社会秩序的稳定与和谐，对结婚这一私行为的干预。在我国，男女要结为夫妻，互为配偶，必须进行结婚登记，领取结婚证。只有履行了婚姻登记手续的男女，婚姻关系才正式缔结，才能产生结婚的法律效力。(3)结婚行为是具有法律效力的行为。结婚行为的法律后果是男女二人的婚姻关系建立，双方的配偶身份明确，家庭产生，基于夫妻身份所产生的人身关系和财产关系得以确立，配偶双方要共同承担孕育后代、抚养子女、赡养老人及夫妻相互扶助等家庭职能。婚姻关系依法成立之后，除夫妻一方死亡、夫妻双方离婚以外，任何一方都不得擅自终止这一民事法律关系。为此，法律对于夫妻关系规定了相应的权利和义务。在婚姻关系存续期间，因为夫妻关系而享有的权利，受法律的保护，任何人包括夫妻一方都不能侵犯。因为夫妻关系而承担的义务，双方也都必须认真履行，不履行义务的要受到法律的强制约束，以维护正常的婚姻秩序。

婚姻的缔结　即“结婚”。

结婚的要件　法律规定的男女双方结婚必须具备的条件。这一要件体现的是国家公权对于结婚这一私行为的必要干预。男女结婚，的确是自然人为追求终身幸福所为的民事法律行为，从当事人角度属私事，但结婚行为事关孕育后代、抚养子女、赡养老人等家庭职能的实现和社会的发展、进步、稳定与和谐，因此，各国法律都对结婚规定了各种条件，符合条件的结婚才受到法律的保护。结婚的要件，从不同的角度有不同的分类：从结婚必须具备的实体或者和程序的角度，分为实质要件和形式要件，实质要件又分为必备条件和禁止条件；从结婚必备的条件是与私益还是与公益有关，分为私益要件和公益要件。

结婚的实质要件 亦称“结婚的实体要件”。法律规定的男女双方结婚必须符合的条件。包括结婚的必备条件和禁止条件。这是国家通过法律规定的男女二人结为夫妻必须具备的要件，表达的是国家对于婚姻这种社会关系成立的态度。符合条件的婚姻得到国家的肯定，受国家法律的保护。不符合条件的婚姻，则被法律否定，不能得到国家的认可，面临的是被宣告无效或者被撤销的后果。

结婚的实体要件 即“结婚的实质要件”。

结婚的必备条件 亦称“结婚的积极要件”。法律规定的男女双方结婚必须具备的条件。《中华人民共和国民法典》第1041条第2款规定：“实行婚姻自由、一夫一妻、男女平等的婚姻制度。”第1046条规定：“结婚应当男女双方完全自愿，禁止任何一方对另一方加以强迫，禁止任何组织或者个人加以干涉。”第1047条规定：“结婚年龄，男不得早于二十二周岁，女不得早于二十周岁。”根据这些规定，我国结婚的必备条件有三：一是男女双方对于结婚完全自愿，二是结婚的男女达到法定婚龄，三是符合一夫一妻的婚姻原则。

结婚的积极要件 即“结婚的必备条件”。

结婚合意 当事人对双方建立婚姻关系的真实一致的意思表示。结婚的必备条件之一。基于自然人的人格独立、意思自由，法律要求男女双方结婚必须具有结婚合意这一必备条件。男女二人的结合是人的自然属性与社会属性的统一，感情是婚姻的基础。男女双方是否有感情只有当事人自己清楚。结婚是男女双方确立夫妻关系、建立家庭的民事法律行为。男女结婚之后成立家庭、生育子女，肩负着养老、育幼的诸多责任，婚姻不仅关系着男女双方的终身幸福，还关乎社会稳定、人类未来。国家的婚姻家庭法对夫妻之间、父母子女之间及其他家庭成员之间的权利、义务都有诸多强制性的规范，唯有对结婚这一行为的建立完全交给了当事人自己，即在法律规定的范围内，是否结婚、与谁结婚、何时结婚等，完全由结婚的男女自己来决定。结婚合意应符合以下要点：(1)合意人必须适格。结婚合意是由具有结婚的行为能力且没有婚姻障碍的人自己作出的。没有民事行为能力的人、未达法定婚龄的人或者具有如自己有配偶、具有法律禁止结婚的血亲关系等结婚障碍的人，或者因为其没有能力知道结婚的法律后果，没有能力准确表达自己的内心意思，对结婚所作出的合意同样不能代表其真实意愿，其表达的结婚意思是没有效力的。(2)是男女双方真实、自愿的意思表示。即男女双方结为夫妻是双方的自愿，不是任何一方的一厢情愿；是当事人本人的自愿，而不是包括双方父母在内的第三方的意愿；是完全的自愿，不是勉强的同意。不允许任何一方通过威吓、胁迫、暴力等手段强迫对方与自己结为夫妻。(3)是双方当事人的意思表示一致。结婚男女的双方父母、亲友等其他人可以对他们的结婚提出建议、意见，但是否接受，完全由结婚的当事人自己决定。

法定婚龄 法律规定的允许男女结婚的最低年龄。结婚的必备条件之一。具有结婚合意的男女必须达到法定婚龄才能结婚。只有具备了一定年龄的自然人，有了一定的生活阅历和理解能力，才能清楚自己行为的后果，才会理智、审慎地处理相关事务，包括决定自己的婚姻大事。婚姻立法确定法定婚龄不是盲目的，有其对自然、社会等多种因素的考量和科学依据。在不同国家、地区生活的不同民族、种族，人的身体和心理的生长发育成熟的年龄是不同的。法律在确定法定婚龄的时候，不能无视这些自然因素对人的成长、发育的影响，也不能不考虑当事人求学、就业等社会因素。只有人的身体发育健全、思想成熟、收入独立且稳定，才能承担起婚姻关系建立之后的所有义务与责任。法定婚龄定得太低，不仅有损当事人的身心健康，而且结为夫妻的男女也没有能力承担孕育后代、养老育幼等的家庭职能。法定婚龄定得太高，限制身体发育成熟的人结婚，也有悖于人的生理需要，带来如未婚同居、未婚先孕、未婚生子等一系列的社会问题，影响社会稳定。《中华人民共和国民法典》第1047条规定：“结婚年龄，男不得早于二十二周岁，女不得早于二十周岁。”法定婚龄具有如下特征：(1)强制性。非经立法程序，任何机构、单位都无权提高或降低法定婚龄。即使基于对民族、宗教、风俗习惯等特殊原因的考虑，国家可能对个别地区、民族的法定婚龄作变通规定，也需要有法律的特别授权，并遵照法律规定的程序才能生效。(2)普适性。法定婚龄的规定,适用于所有的中国公民和在中国结婚的华侨、港澳台同胞及外国人、无国籍人。(3)是自然人取得结婚的权利能力的时间。民事法律赋予每一自然人平等一致的民事权利能力,从出生时享有,到死亡时终止,与年龄、健康状况等无关。但结婚的权利能力,则属特别的权利能力,必须达到一定的年龄才能享有。(4)是允许结婚的最低年龄,但不等于实际婚龄,更不是必须结婚的年龄。而且达到法定婚龄,只是年龄上达到了法律规定的结婚的生理条件,不意味着是最佳的结婚年龄。一个人具备了结婚的生理条件,还应具备结婚的心理条件和组织家庭必要的物质条件,才能在结婚后承担起家庭的义务与责任。

结婚的禁止条件 亦称“结婚的消极要件”。法律规定的结婚必须排除的条件,即当事人结婚时不得有法律规定的结婚障碍的存在。《中华人民共和国民法典》第1042条明确“禁止重婚”。第1048条规定:“直系血亲或者三代以内的旁系血亲禁止结婚。”可见,我国法律规定的禁止结婚的条件有二:一是有配偶者不得结婚,二是直系血亲或者三代以内的旁系血亲禁止结婚。

结婚的消极要件 即“结婚的禁止条件”。

结婚障碍 法律规定的阻碍结婚的事由。详“结婚的禁止条件”。

有配偶者 处于有效婚姻状态的人。结婚的禁止条件之一。有配偶者,包括已经进行婚姻登记、领取了结婚证的人;提出离婚申请但还未完成离婚登记手续的人;提起离婚、撤销婚姻、确认无效婚姻的诉讼,案件正在审理之中,甚至是已经作出离婚、撤销婚姻或者确认婚姻无效的判决但该判决还未生效的人;虽未进行婚姻登记,但具有法律承认的事实婚姻关系的人。为维护一夫一妻的婚姻制度,有配偶者应当注意:(1)不能再结婚。《中华人民共和国民法典》明确“禁止重婚”。有配偶者结婚的,构成重婚,重婚者要被追究刑事责任。(2)不能与他人同居。有配偶者与他人虽没有以夫妻名义,但持续、稳定地同居生活,是对自己婚姻的漠视、对其配偶权利的侵犯,也是对一夫一妻婚姻制度的违反,为法律所不允许。有配偶者与他人同居,在离婚诉讼中,是法官判断夫妻感情破裂、准予离婚的重要原因之一。有配偶者与他人同居而导致夫妻离婚的,无过错方有权据此请求过错方损害赔偿。《中华人民共和国民法典》第1042条明确“禁止有配偶者与他人同居”。

禁婚亲 法律禁止结婚的亲属。结婚的禁止条件之一。《中华人民共和国民法典》第 1048 条明确规定:“直系血亲或者三代以内的旁系血亲禁止结婚。”血缘太近的人结婚,容易将一方或双方生理和精神上的缺陷、疾病遗传给下一代。这是人类在进化过程中认识到,且被遗传学、医学等科学证明了的。禁止近亲结婚,不仅是关乎民族健康、人口质量和人类发展的大事,也有伦理、道德上的考量。为确保人种繁衍和两性关系的社会秩序,人类在自己漫长的进化过程中,逐渐确立了婚姻关系上的一系列禁忌,如直系亲属不能结婚,一定范围的近亲属不能结婚等,要求社会成员一体遵行,否则即属有违伦常。禁止直系亲属结婚,是各国婚姻立法的通例。禁止结婚的近亲属,则由于经济、文化、宗教、习惯、传统等的不同,各国法律规定的范围有差异,而且不同时期范围也不相同。我国古代礼制在很长的时间内实行“同宗不婚”“同姓不婚”,违者将科以刑罚。近现代以来,随着科学知识的普及、文化的进步及技术的发展,亲属共同生活体逐渐变小,禁婚亲的范围也在变窄,人们更加相信医学、遗传学上的科学根据。按照我国民法典的规定,禁婚亲的范围是直系血亲或者三代以内的旁系血亲:(1)直系血亲,包括生育自己和自己所生育的上下各代所有的直系血亲,没有世代的限制,都属禁婚亲。(2)三代以内的旁系血亲,包括同父同母的全血缘的兄弟姐妹和同父异母、同母异父的半血缘的兄弟姐妹,叔、伯、姑与侄子、侄女,舅、姨与外甥、外甥女,堂兄弟姐妹、姑表兄弟姐妹、舅表兄弟姐妹、姨表兄弟姐妹,也属于禁婚亲。对于拟制血亲之间是否可以结婚,许多国家禁止养父母与养子女结婚。我国法律虽未有明确规定,但按照现行法律规定,养父母与养子女、继父母与受其抚养教育的继子女之间的权利义务,与亲生父母子女之间的权利义务相同。也就是说,法律有关直系血亲禁止结婚的规定,也应当适用拟制直系血亲,无论这种拟制血亲关系是否解除。拟制旁系血亲间的通婚,只要没有禁止结婚的正当理由,应当认为不在禁婚亲范围之内。

结婚的形式要件 亦称“结婚的程序要件”。结婚须具备法律规定的形式,或者结婚必须经过法律规定的程序。对于婚姻成立的形式,立法上基本上有事实婚主义和形式婚主义两种主张,后者又有法律婚和仪式婚之分。我国实行的是形式婚中的法律婚,即符合结婚实质要件的当事人,履行法律规定的程序之后确立婚姻关系。这是婚姻取得国家和社会认可、获得法律保护的必备条件。《中华人民共和国民法典》第1049条规定:“要求结婚的男女双方必须亲自到婚姻登记机关申请结婚登记。符合本法规定的,予以登记,发给结婚证。完成结婚登记,即确立婚姻关系。”

结婚的程序要件 即“结婚的形式要件”。

事实婚主义 婚姻关系得以成立的一种主张。当事人双方具有共同生活的意愿,并且事实上已经以夫妻名义共同生活的,婚姻即为有效成立。事实婚主义的婚姻成立,优点是婚姻的形式与婚姻的事实相符,不足是其婚姻的成立缺少公示属性,给他人对其身份关系的确认造成困难。在现代,采用这种理论成立婚姻关系的国家很少。

形式婚主义 婚姻关系得以成立的一种主张。婚姻缔结在具备实质要件后还须具备法律规定的一定形式才能有效,即只要具备了法律规定的形式,婚姻即告成立,而不论夫妻之间是否具有夫妻生活的事实。形式婚主义要求婚姻的成立必须采取规定的形式。这种形式要件的要求,使婚姻关系具有了公示性和稳定性的特征,既能有效保障婚姻当事人的私益,又能维护法律认可的婚姻秩序和社会公共利益。世界上绝大多数国家的婚姻立法都采取形式婚主义,至于采取何种婚姻成立的程序,却因文化、宗教信仰及习惯的不同而有所区别,主要的结婚形式有仪式婚和登记婚两种。

仪式婚 结婚必须采取一定的仪式,以使不特定的社会公众知晓男女双方的婚姻关系即可获得法律承认与保护的婚姻缔结制度。形式婚的一种。采用仪式制结婚不须履行任何登记手续。结婚仪式有世俗式和宗教式两种。世俗式是指按照社会习惯认可的结婚仪式结婚,即发生婚姻缔结的效力。宗教式是指结婚必须在教堂进行,由神职人员主持,当事人在神职人员面前宣誓,即发生婚姻缔结的效力。我国民间也很重视结婚仪式,男女双方结婚一定要举行婚礼、办喜酒、发喜糖,以取得广而告之的公示效果。但因为我国采取的是登记制婚姻缔结制度,结婚仪式没有婚姻成立的效力。

登记婚 结婚必须进行结婚登记,其婚姻才能获得法律的承认与保护的婚姻缔结制度。形式婚的一种。登记婚制度具有以下法律意义:(1)使国家公权介入婚姻关系的成立。婚姻登记机关代表国家对男女是否具备结婚的实质要件进行审查,对当事人婚姻的合法性直接进行监督,及时制止不符合婚姻家庭法规定的如早婚、重婚、包办婚姻、买卖婚姻等无效婚姻、可撤销婚姻的产生。(2)能有效保证婚姻当事人的利益。男女双方亲自到婚姻登记机关进行婚姻登记,领取结婚证,确立婚姻关系,能有效保障婚姻当事人的利益,避免仪式婚公示效力欠缺,发生如子女抚养、婚姻当事人与他人同居、破坏婚姻等纠纷不易举证的困难。(3)具有最强的公示效力。婚姻登记机关的结婚登记,能留下最准确的婚姻缔结的资料,婚姻当事人、第三人都可通过婚姻登记簿,迅速、准确地了解其婚姻状况,避免重婚等违法婚姻的发生。因为登记婚对贯彻婚姻家庭法律的重要作用,为世界上绝大多数国家法律所认可。我国即采用登记婚制度,结婚登记是我国婚姻有效成立的唯一形式要件。男女完成结婚登记、领取结婚证即建立婚姻关系,彼此具有配偶身份,受法律保护,与当事人是否举行婚礼、是否同居生活无关。如果一方或双方结婚登记后反悔的,解除婚姻关系的途径是按法定程序办理离婚登记或者通过诉讼离婚。

婚姻登记 婚姻登记机关依法对自然人结婚、离婚、复婚等婚姻事项进行的登记。在我国,结婚必须进行结婚登记,这是婚姻关系得以有效成立的必经程序。离婚当事人双方取得离婚合意的也可通过离婚登记,使婚姻关系得以解除。离婚了的男女自愿恢复婚姻关系的,应当到婚姻登记机关办理复婚登记,恢复婚姻关系。婚姻登记制度是我国婚姻制度的重要组成部分。国家通过婚姻登记对婚姻的缔结、解除、恢复及家庭关系进行监督和管理,预防、制止违法婚姻的产生,保障婚姻自由、一夫一妻、男女平等的婚姻制度的实现,保护婚姻当事人的合法权益。我国有专门的规范婚姻登记的行政法规《婚姻登记条例》。该条例于2003年7月30日由国务院第十六次常务会议通过,同年10月1日起施行。全文22条,规定了总则、结婚登记、离婚登记、婚姻登记档案和婚姻登记证、罚则、附则等事项。

婚姻登记机关 依法履行婚姻登记行政职能的国家机关。我国国务院发布的《婚姻登记条例》第2条规定:"内地居民办理婚姻登记的机关是县级人民政府民政部门或者乡(镇)人民政府,省、自治区、直辖市人民政府可以按照便民原则确定农村居民办理婚姻登记的具体机关。中国公民同外国人,内地居民同香港特别行政区居民(以下简称香港居民)、澳门特别行政区居民(以下简称澳门居民)、台湾地区居民(以下简称台湾居民)、华侨办理婚姻登记的机关是省、自治区、直辖市人民政府民政部门或者省、自治区、直辖市人民政府民政部门确定的机关。”婚姻登记机关的职责:(1)办理婚姻登记;(2)补发婚姻登记证;(3)撤销受胁迫的婚姻;(4)建立和管理婚姻登记档案;(5)宣传婚姻家庭法律法规,倡导文明婚俗。

婚姻登记的管辖 婚姻登记机关受理婚姻登记的权限分工。婚姻登记的当事人只能到有管辖权的婚姻登记机关办理婚姻登记,婚姻登记机关也不得违反婚姻登记管辖的规定办理婚姻登记。按照我国民政部《婚姻登记工作规范》的规定,婚姻登记管辖按照行政区域划分。(1)县、不设区的市、市辖区人民政府民政部门办理双方或者一方常住户口在本行政区域内的内地居民之间的婚姻登记。省级人民政府可以根据实际情况,规定乡(镇)人民政府办理双方或者一方常住户口在本乡(镇)的内地居民之间的婚姻登记。(2)省级人民政府民政部门或者其确定的民政部门,办理一方常住户口在辖区内的涉外和涉香港、澳门、台湾居民以及华侨的婚姻登记。办理经济技术开发区、高新技术开发区等特别区域内居民婚姻登记的机关由省级人民政府民政部门提出意见报同级人民政府确定。(3)现役军人由部队驻地、入伍前常住户口所在地或另一方当事人常住户口所在地婚姻登记机关办理婚姻登记。

结婚登记 要求结婚的男女双方亲自到国家婚姻登记机关办理的结婚登记手续。我国婚姻关系成立的法定程序。符合法律规定的结婚实质要件的男女双方亲自到婚姻登记机关进行结婚登记,领取结婚证。完成结婚登记,婚姻关系成立。结婚登记的时间即为结婚时间。至于当事人是否举行婚礼、是否同居生活,与婚姻关系的成立没有关系。结婚登记必须符合下列条件:(1)结婚登记手续,必须是男女双方亲自到婚姻登记机关办理,不能由他人代理、代办。(2)结婚登记必须在有婚姻登记管辖权的登记机关办理。在我国,内地居民结婚,男女双方应当共同到一方当事人常住户口所在地的婚姻登记机关办理结婚登记。中国公民同外国人在中国内地结婚的,内地居民同香港居民、澳门居民、台湾居民、华侨在中国内地结婚的,男女双方应当共同到内地居民常住户口所在地的婚姻登记机关办理结婚登记。双方均为外国人,要求在内地办理结婚登记的,如果当事人能够出具《婚姻登记条例》规定的相应证件和证明材料以及当事人本国承认其居民在国外办理结婚登记效力的证明,当事人工作或生活所在地具有办理涉外婚姻登记权限的登记机关应予受理。一方为外国人、另一方为港澳台居民或华侨，或者双方均为港澳台居民或华侨，要求在内地办理结婚登记的，如果当事人能够出具《婚姻登记条例》规定的相应证件和证明材料，当事人工作或生活所在地具有相应办理婚姻登记权限的登记机关应予受理。一方为出国人员、另一方为外国人或港澳台居民，或双方均为出国人员，要求在内地办理结婚登记的，如果当事人能够出具《婚姻登记条例》规定的相应证件和证明材料，出国人员出国前户口所在地具有相应办理婚姻登记权限的登记机关应予受理。办理服刑人员婚姻登记的可以是一方当事人常住户口所在地或服刑监狱所在地的婚姻登记机关。(3)结婚登记必须提交《婚姻登记条例》规定的证明文件。

结婚登记的程序 办理结婚登记的步骤顺序。在我国，结婚登记需经过申请、审查和登记步骤。(1)申请。要求结婚并符合婚姻家庭法规定的结婚条件的男女，应当共同向有管辖权的婚姻登记机关提出结婚申请。申请时，除双方都应当提交法律、法规规定的身份证明等资料外，还要提交3张2寸双方近期半身免冠合影照片。(2)审查。婚姻登记机关受理结婚登记申请后，婚姻登记员应当询问当事人的结婚意愿，查验申请人提交的相应证件和材料，自愿结婚的双方各填写一份《申请结婚登记声明书》。在审查中发现结婚登记的当事人有下列情形之一的不予登记：未到法定结婚年龄的；非双方自愿的；一方或者双方已有配偶的；属于直系血亲或者三代以内旁系血亲的。(3)登记、发证。婚姻登记员对当事人提交的证件、证明、声明进行审查，符合结婚条件的，填写《结婚登记审查处理表》，在"审查意见"一栏中填写"符合结婚条件，准予登记"字样。在结婚登记日期上填写日期，结婚登记日期与结婚证的日期一致。婚姻登记员在完成结婚证填写后，应当进行认真核对、检查。婚姻登记员应当在当事人双方均在场时向当事人双方核对姓名、询问结婚意愿；告知当事人双方领取结婚证后的法律效力以及夫妻权利、义务；见证当事人本人亲自在《结婚登记审查处理表》上的"当事人领证签名并按指纹"一栏中签名并按指纹；"当事人领证签名并按指纹"一栏不得空白，不得由他人代为填写、代按指纹。然后将结婚证分别颁发给结婚登记当事人双方，向双方当事人宣布：取得结婚证，确立夫妻关系。

复婚 离婚了的男女再次登记结婚、恢复婚姻关系的行为。《中华人民共和民法典》第1083条规定："离婚后，男女双方自愿恢复婚姻关系的，应当到婚姻登记机关重新进行结婚登记。”复婚自由是婚姻自由原则的重要内容。已经离婚了的男女又自愿恢复婚姻关系的，双方应当亲自到婚姻登记机关重新进行结婚登记，其程序与结婚登记相同。

复婚登记 已经离婚了的男女双方自愿恢复婚姻关系所办理的登记手续。婚姻登记的一种。在我国，当事人申请复婚登记的，需要填写《申请结婚登记声明书》，婚姻登记机关按照结婚登记的程序办理。办理完复婚登记，婚姻登记机关收回双方当事人的离婚证，重新发给结婚证。

申请结婚登记声明书 当事人向婚姻登记机关提出结婚申请时，声明本人和对方基本情况，本人与对方均无配偶、没有直系血亲或者三代以内的旁系血亲关系，了解对方的身体健康状况，并表示自愿结为夫妻时所使用的法律文件。声明书中“声明人”一栏的签名必须由声明人在监誓人面前完成并按指纹。当事人填写该文件时，应当完全、准确、清楚，并应对上述声明内容的真实、准确承担责任。

结婚登记需要提交的证明资料 申请结婚的当事人必须向婚姻登记机关提交的相关证明文件。在我国，因为当事人国籍、身份等的不同，办理结婚登记时需要提交的文件也有差异。(1)内地居民办理结婚登记的，应当提交本人有效的居民身份证和户口簿。当事人不能提交身份证的，可以出具有效的临时身份证。当事人无法出具居民户口簿的，婚姻登记机关可凭公安部门或有关户籍管理机构出具的加盖印章的户籍证明办理婚姻登记；当事人属于集体户口的，婚姻登记机关可凭集体户口簿内本人的户口卡片或加盖单位印章的记载其户籍情况的户口簿复印件办理结婚登记。当事人未办理落户手续的，户口迁出地或另一方当事人户口所在地的婚姻登记机关可凭公安部门或有关户籍管理机构出具的证明材料办理结婚登记。居民身份证与户口簿上的姓名、性别、出生日期、公民身份号码应当一致；不一致的，当事人应当先到有关部门更正。户口簿上的婚姻状况应当与当事人声明一致；不一致的，当事人应当向婚姻登记机关提供能够证明其声明真实性的人民法院生效司法文书、配偶居民死亡医学证明（推断）书等材料；不一致且无法提供相关材料的，当事人应当先到有关部门更正。当事人声明的婚姻状况与婚姻登记档案记载不一致的，当事人应当向婚姻登记机关提供能够证明其声明真实性的人民法院生效司法文书、配偶居民死亡医学证明（推断）书等材料。

当事人声明的婚姻状况与户口簿“婚姻状况”内容不一致的，婚姻登记机关对当事人婚姻状况的审查主要依据其本人书面声明。服刑人员申请办理结婚登记，应当亲自到婚姻登记机关提出申请并出具有效的身份证件；无法出具身份证件的，可由监狱管理部门出具有关证明材料。(2)出国人员办理结婚登记应根据其出具的证件情况分别处理：当事人出具身份证、户口簿作为身份证件的，按内地居民婚姻登记规定办理；当事人出具中国护照作为身份证件的，按华侨婚姻登记规定办理。当事人以中国护照作为身份证件，在内地居住满一年、无法取得有关国家或我国驻外使领馆出具的婚姻状况证明的，婚姻登记机关可根据当事人本人的相关情况声明及两个近亲属出具的有关当事人婚姻状况的证明办理结婚登记。(3)香港居民办理结婚登记的，应当提交港澳居民来往内地通行证或者港澳同胞回乡证；香港居民身份证；经香港委托公证人公证的本人无配偶以及与对方当事人没有直系血亲和三代以内旁系血亲关系的声明。(4)澳门居民办理结婚登记的，应当提交港澳居民来往内地通行证或者港澳同胞回乡证；澳门居民身份证；经澳门公证机构公证的本人无配偶以及与对方当事人没有直系血亲和三代以内旁系血亲关系的声明。(5)台湾居民办理结婚登记的，应当提交台湾居民来往大陆通行证或者其他有效旅行证件；本人在台湾地区居住的有效身份证；经台湾公证机构公证的本人无配偶以及与对方当事人没有直系血亲和三代以内旁系血亲关系的声明。(6)华侨办理结婚登记的，应当提交本人的有效护照；居住国公证机构或者有权机关出具的、经中华人民共和国驻该国使(领)馆认证的本人无配偶以及与对方当事人没有直系血亲和三代以内旁系血亲关系的证明，或者中华人民共和国驻该国使(领)馆出具的本人无配偶以及与对方当事人没有直系血亲和三代以内旁系血亲关系的证明。与中国无外交关系的国家出具的有关证明，应当经与该国及中国均有外交关系的第三国驻该国使(领)馆和中国驻第三国使(领)馆认证，或者经第三国驻华使(领)馆认证。(7)外国人办理结婚登记的，应当提交本人的有效护照或者其他有效的国际旅行证件；所在国公证机构或者有权机关出具的、经中华人民共和国驻该国使(领)馆认证或者该国驻华使(领)馆认证的本人无配偶的证明，或者所在国驻华使(领)馆出具的本人无配偶证明。与中国无外交关系的国家出具的有关证明，应当经与该国及中国均有外交关系的第三国驻该国使(领)馆和中国驻第三国使(领)馆认证,或者经第三国驻华使(领)馆认证。

婚姻登记员 我国婚姻登记机关配备的专职从事婚姻登记工作的人员。主要职责:(1)负责对当事人有关婚姻状况声明的监督;(2)审查当事人是否具备结婚、离婚、补发婚姻登记证、撤销受胁迫婚姻的条件;(3)办理婚姻登记手续,签发婚姻登记证;(4)建立婚姻登记档案。一般应具有大学专科以上学历。应当由设区的市级以上人民政府民政部门进行业务培训,经考核合格,取得婚姻登记员培训考核合格证明,方可从事婚姻登记工作。应当熟练掌握相关法律法规,熟练使用婚姻登记信息系统,文明执法,热情服务。

结婚证 婚姻登记机关签发的证明婚姻关系有效成立的法律文件。在我国,当事人在办理结婚登记时经审查符合结婚条件的,当场予以登记,并发给结婚证。结婚证上记载着结婚证字号,婚姻当事人姓名、性别、出生日期、身份证件号、国籍,登记日期等重要事项,并且与婚姻登记机关《结婚登记审查处理表》中相应项目完全一致。

结婚证的补发 已经依法登记结婚并持续存在夫妻关系的当事人遗失、损毁结婚证的,按规定向婚姻登记机关申请补领,经婚姻登记机关查审,符合规定的,予以补发。在我国,当事人遗失、损毁结婚证的,可以按规定向原办理婚姻登记的机关或者一方常住户口所在地的婚姻登记机关申请补办领取。有条件的省份,可以允许本省居民向本辖区内负责内地居民婚姻登记的机关申请补领结婚证。补领结婚证,当事人须亲自到婚姻登记处提出申请,填写《申请补领婚姻登记证声明书》。当事人因故不能到婚姻登记处申请补领结婚证的,有档案可查且档案信息与身份信息一致的,可以委托他人办理。委托办理应当提交当事人的户口簿、身份证和经公证机关公证的授权委托书。委托书应当写明当事人姓名、身份证件号码、办理婚姻登记的时间及承办机关、目前的婚姻状况、委托事由、受委托人的姓名和身份证件号码。受委托人应当同时提交本人的身份证件。当事人结婚登记档案查找不到的,当事人应当提供充分证据证明婚姻关系。婚姻登记机关经过严格审查,确认当事人存在合法婚姻关系的,可以为其补发结婚证。当事人办理结婚登记时未达到法定婚龄,通过非法手段骗取婚姻登记,其在申请补领结婚证时仍未达法定婚龄的,婚姻登记机关不得补发结婚证;其在申请补领结婚证时已达法定婚龄的，当事人应对结婚登记情况作出书面说明，婚姻登记机关补发的结婚证登记日期为当事人达到法定婚龄之日。当事人办理过结婚登记，申请补领时的婚姻状况因离婚、丧偶或者复婚发生改变的，不予补发结婚证，可由婚姻登记机关出具婚姻登记记录证明。

结婚登记的补办 结婚时没有办理结婚登记的男女按规定向婚姻登记机关申请补办结婚登记手续。按照《中华人民共和国民法典》第1049条规定，“未办理结婚登记的，应当补办登记”。结婚登记是婚姻成立的必经程序。没有办理结婚登记的，除法律、法规另有规定的以外，男女二人无论一起生活多少时间，是否生育子女，都是同居关系，而不是合法的夫妻关系。解除同居关系的，不能适用离婚的法律、法规。补办结婚登记不是补领结婚证。补办结婚登记是从未办理过结婚登记手续的男女，依法到婚姻登记机关补办的结婚登记手续；而补领结婚证是已经办理过结婚登记手续的合法夫妻因为遗失或者损毁了结婚证才申请补领，婚姻登记机关按规定补发。补办结婚登记的男女，首先要符合法律规定的结婚条件，补办结婚登记时，当事人应当填写《申请补办结婚登记声明书》，婚姻登记机关按照与结婚登记相同的程序办理。男女双方依法补办结婚登记的，婚姻关系的效力从双方均符合婚姻家庭法所规定的结婚实质要件时起算。

掠夺婚 俗称“抢婚”。男子以暴力手段劫来女子成立婚姻的结婚形式。在人类社会从对偶婚向单偶婚过渡过程中的一种结婚形式。原始社会末期，战争中的俘虏，通常男子被杀掉，女子则沦为他人的妻子。古印度的法律允许男子用打、砍、劈等手段把女子从家中抢走，成为自己的妻子。罗马法允许抢劫邻族女子，经过一年的占有后，可以承认为正式的婚姻。掠夺婚是一种极野蛮的求妻方式，女子被当作物件被谁抢走占有，就成为谁的妻子，对女子极不公平，且这种婚姻关系也极不稳定。随着社会的进步，掠夺婚逐步演变为男子迎娶女子的一种形式，而不再使用暴力手段。在我国，一些少数民族仍然存在着抢婚的习俗，即达成结婚合意的男女，在结婚仪式中采用抢婚的形式完成婚姻的缔结。在极个别穷困落后的地方，违背妇女意志的抢婚现象还有存在，这无疑是暴力干涉婚姻自由的行为，是法律所不允许的。暴力干涉婚姻自由的，要被依法追究刑事责任。

抢婚 “掠夺婚”的俗称。

有偿婚 男方以向女方家庭支

付一定的财、物或劳役为代价而缔结的婚姻。有偿婚形式很多，以男方支付的代价的不同，分为买卖婚、交换婚、劳役婚等。

买卖婚 男方以向女方家庭支付金钱或其他财物为成婚条件的婚姻。有偿婚的一种。这种婚姻是把女子作为商品，可以用财物来交换，男方付出的财物多少，就是女子的身价。有公开的买卖婚，也有变相的买卖婚，是古代一种常见的婚姻缔结形式。我国古籍文献中就有“俪皮为礼”的记载，即用两块鹿皮当作聘礼。在以狩猎为主要生产手段的时代，人们聘娶妻室必须用“俪皮”作为对价以获得婚姻的成立。到周代，生产已经从狩猎发展到农耕，出现了农业、畜牧业、手工业等分工，产生了货币，有了简单的交换，“俪皮为礼”也转为“纳币成婚”。《礼记·曲礼》有“非受币，不交不亲”之说，即不以货币为聘金，就不能完成婚姻。这种“纳币”也叫“纳徵”。《礼记·昏义》说：“纳徵者，纳聘财也……”封建社会的婚姻，尤其讲究门当户对，法律就明文规定“良贱不婚”。即使在统治阶级内部高官贵族之间，为了互攀高门，嫁女要高价，娶媳出高价，故而在赵翼的《廿二史札记·财婚》中就有“凡婚嫁，无不以财币为事，争多竞少，恬不为怪也”的记载。进入资本主义时代，婚姻的建立不再是明码标价的买卖，家庭中也没有封建社会那么强烈的人身依附，但在资本已渗透到社会各个角落的制度下，婚姻的缔结同样是带有清楚利害关系的金钱和美色、财产和权势的“交易”，所不同的是封建社会的人身特权变成了财产特权。我国婚姻家庭法虽明确规定禁止包办、买卖婚姻，但在婚姻家庭领域，由于两千多年的封建思想的影响，借婚姻索取财物似乎还是理所当然的。在许多经济落后的地区，高价索要彩礼等买卖婚姻，换亲、转亲、童养媳等变相的买卖婚姻仍有存在，因为买卖婚姻、变相买卖婚姻引发的纠纷也时常发生。这些都是与婚姻家庭法规定的婚姻自由原则相悖的。包办婚姻与买卖婚姻是有区别的，包办婚姻未必就是买卖婚姻，而买卖婚姻大多是包办的。按照我国法律、法规的有关规定，借婚姻索取财物并为取得这些财物而在婚姻缔结时使用了胁迫手段的，属于可撤销婚姻，受胁迫的一方可以向人民法院请求撤销其婚姻。受胁迫的一方提出撤销婚姻的请求，应当自胁迫行为终止之日起一年内提出。对买卖婚姻的行为人，应当进行严肃的批评教育，必要时视其情节，予以必要的法律制裁。至于订婚时女方向男方索要彩礼男方同意支付的，或者男方主动赠送彩礼给女方的，只要没有影响到婚姻缔结时双方的自由意志，没有破坏婚姻自由原则，就不应按照买卖婚姻处理。

交换婚 亦称“互易婚”。以自家女儿许配对方儿子为妻作为条件换取对方女儿与自家儿子结婚的行为。有偿婚的一种。交换婚是以交换妇女为特征的婚姻。我国一些地区仍然存在换亲、转亲形式的交换婚。一些经济贫困的农村，有儿子的家庭因拿不出女方索要的财礼，或者儿子条件差娶不到媳妇，家里还有待嫁女儿的，会与类似的家庭以女儿换媳妇的方法解决两家的婚姻难题。这种两家之间的对调为“换亲”，多家之间的对调为“转亲”。换亲、转亲的形式，看似没有财、物的交换，实则还是有偿婚，是将女子作为商品在交换，是变相的买卖婚，而且绝大多数换亲、转亲，牺牲的都是女子的利益，违反的是结婚双方的自由意志。结婚的男女没有感情，只是为了满足家庭的需要才听任父母的安排。没有感情基础的男女结婚，勉强一起生活，牺牲的是婚姻双方的终身幸福，而且婚姻关系也极不稳定。这是与婚姻家庭法规定的婚姻自由原则相悖的违法婚姻，如果违背当事人的意愿，还使用了胁迫手段的，受胁迫的当事人可以请求撤销这一婚姻。如果在换亲、转亲过程中，使用了暴力手段构成暴力干涉婚姻自由犯罪的，行为人还要被追究刑事责任。

换亲 见“交换婚”。

转亲 见“交换婚”。

互易婚 即“交换婚”。

劳役婚 男方于婚前或婚后以为女方家服一定时期的劳役为代价而缔结的婚姻。有偿婚的一种。这种婚姻中的男方，没有钱财，出不起娶妻的财物，只好用自己的劳役来换取女方家庭同意将女儿许配自己为妻，实质还是变相的买卖婚。劳役婚出现在人类社会早期的嫁娶中，现已少见，但在我国某些少数民族中，仍可看到劳役婚的一些习俗。

赐婚 古时皇帝指定的婚姻。赐婚的对象，历代有所不同，多是皇子、公主、功臣之后、世家大族子弟等。皇帝指定的姻缘，是一种极大的恩宠，故称“赐婚”。皇帝赐婚的目的往往是为了维持统治、巩固联盟等政治需要，并不会考虑男女双方是否有感情，婚后当事人是否幸福。一般来讲，皇帝赐婚，被赐婚的对象只有感恩戴德，拒绝的很少。

赠与婚 由父母、尊长将其女儿或卑幼赠与他人为妻，并不索取代价的婚姻。旧时婚姻成立的一种。在我国古代，子女的婚姻由父母作主，子女没有权利决定自己的婚姻。

父母将女儿赠与他人为妻，似乎没有索要财物，但其实是出于交换、攀附、报恩等目的，还是变相的有偿婚。皇帝赐婚，也是赠与婚的一种。

入赘婚 男女结婚后，男方到女方家落户，成为女方家庭成员的婚姻。结婚形式的一种。入赘婚中的男方往往家境贫寒，出不起聘礼，便以自身入女家为婿。也有的是女家无男丁，为传宗接代招婿上门。在入赘婚中，男方地位不高，且所生子女随母姓，赘婿颇受鄙视。古代的婚姻形式通常都是妻从夫居，男到女家入赘，则被视为反常，俗称“倒插门”。我国入赘婚出现得很早，战国时期较为普遍。秦始皇灭六国后，沿承了秦国对待入赘婚的态度，将赘婿贬为低人一等的贱民。汉代以后，赘婿的地位逐渐提高。到唐代，男子到女家入赘成婚的事例很多。元代的赘婿又称“招女婿”。中华人民共和国成立后，提倡男女平等、一夫一妻的婚姻原则。婚后，女方可以成为男方家庭的成员，男方也可以成为女方家庭的成员，所生育的子女可以随父姓，也可以随母姓。传统意义上的“倒插门”已渐渐淡化。在民间，女方招女婿上门的习俗还在。尤其是在农村，因为女方家里只有女儿，家境也还可以，如果女儿嫁入他人家中为媳，父母年老无人照护，招上门女婿就成为解决困难的方法之一。可见，这时已不是传统意义的入赘，婚后生育的子女可随父姓或随母姓。

养媳 俗称“童养媳”，亦称“待年媳”。由婆家养育女婴、幼女，待成年后与自家儿子结婚。结婚形式的一种。旧时社会贫穷落后，因家境贫寒娶不起媳妇的家庭不少。为将来能给儿子娶到媳妇，一些父母抱养一个女孩来作童养媳，待长到十四五岁时，让女孩同儿子成婚。中华人民共和国成立后颁布了婚姻法，主张男女自由恋爱、结婚，抱养童养媳，违反了婚姻法的规定，童养媳现象也基本绝迹。

童养媳 “养媳”的俗称。

待年媳 即“养媳”。

招夫 亦称“坐门招夫”。丈夫死后，寡妇无力养家，招一后夫共同生活。结婚形式的一种。在我国古代，招夫婚俗早已存在，宋代最为流行。当时称招夫为“接脚”或“接脚夫”。宋代法律规定，夫亡子幼，无人主家，可以招接脚夫。被招之夫一般不改原姓，而且有自己的财产，同寡妇仅是同居关系。明清时期，除夫死招夫外，也有因本夫患病无力养活家小，妻子经丈夫同意再招一夫的，民间称作“拉帮套”，顾名思义，是请后夫帮忙的。中华人民共和国成立后，对于丈夫死亡的，婚姻关系终止，寡妇可以依法再婚，“招夫”一词也就没有了意义。

坐门招夫 即“招夫”。

典妻 丈夫将自己的妻子典给他人为妻，自己获得一定钱物回报的行为。旧时一种临时婚姻成立的方式。出典人为丈夫，承典人即典夫，是夫妻以外的第三人，而出典人的妻子则成为典物。典妻有期限，通常是三五年不等。约定的期限到来，妻子仍回到丈夫身边。典妻是有偿的，承典人要支付一定的典价给出典人。典价依出典妇女的年龄大小、典期时间的长短等而定。典妻要订立典契，主要写明典妻的时间、典价及其他事宜。承典人对自己所要典的女人的要求，如必须具备生育能力，出典期间不得与原来的丈夫同居，更不能回家照看自己的孩子等，也要写入典契之中。出典妻子所生的孩子归典夫所有。典妻虽然是一种临时性的婚姻，但也要经过媒证、订约、下聘、迎娶等环节。在我国，典妻现象在清代最为盛行，在江浙地区发生较多。通常都因贫困无法生活，急需用钱，被迫典妻。有钱人家的妇女不能生育，也会向穷汉典妻，以解决传宗接代问题。至于通过典妻来玩弄女性，更是有钱人的权力。典妻充分反映了旧社会妇女没有任何地位，已婚妇女更是一切听命于丈夫，自己根本不能主宰自己的命运。典契对于被出典的妇女来说无疑是卖身契。中华人民共和国成立后颁布了婚姻法，典妻被禁止。

包办婚姻 婚姻当事人以外的第三方，包括但不限于男女双方的父母，强迫、包办他人结婚的行为。这是一种无视婚姻当事人意愿由第三方决定的婚姻，是违背婚姻自由的行为。包办婚姻随着私有制和一夫一妻制的确立而产生。在奴隶社会，婚姻家庭制度带有专横、野蛮的原始习俗的痕迹，包办强迫婚、掠夺婚盛行，到后期才有了聘娶婚。奴隶主及自由民按照身份实行公开的多妻制。当然，为维护嫡长子继承制度，在妻妾中只能有一人是正妻，嫡庶有别，不能僭越。奴隶们的婚姻则全凭主人的意思，因为主人需要身体更强壮的奴隶后代，也有的奴隶终身没有配偶。在家庭中，家长对于其家庭中的一切拥有绝对的权力，家庭成员不得不依赖于家长，子女的婚姻当然是由家长来决定。印度《摩奴法典》规定，妻、子和奴隶不得拥有财产，他们的一切所得均归其主人所有。《摩奴法典》虽规定了不同的结婚方式，但依哪一种方式结婚取决于家长的意志。罗马法规定处于家父权下的子女，订婚必须出于家父之命，否则不能成立。日耳曼法规定结婚必须取得父母、监护人的同意。我国奴隶制时代的婚姻关系完全从属于宗法家族制度，家长权、父权和夫权三位一体，包办婚姻、买卖婚姻盛行。古代的礼和法，都把包办子女、卑幼的婚事作为父母、尊长的特权，“父母之命”“媒妁之言”是婚姻缔结的必备条件。封建社会的婚姻家庭制度与奴隶社会的婚姻家庭制度一脉相承，等级观念更森严，人身依附更甚。婚姻讲究门当户对，娶妻需尊“六礼”程序，明媒正娶。男方向女方缴纳聘财后，双方才正式订婚，不能反悔。纳妾则可以不拘礼数。历代封建王朝的法律都有关于主婚权的规定。《唐律疏议·户婚》规定以父母和其他法定尊长为子女、卑幼的主婚人。唐律明确规定，“娶妻无媒不可”，“违律嫁娶”时须对主婚人“依律科刑”。《大明令》规定：“凡嫁娶皆由祖父母、父母主婚。祖父母、父母俱无者，从余亲主婚。”门当户对和财富多寡，是成就婚事的主要条件，也是父母下命和媒妁传言的依据。封建法律中都有良贱不婚的规定，士庶之间、名门与寒门之间是不能通婚的。即使发展到了半殖民地半封建社会，结婚程序上延续的是古已有之的“六礼”，只是有所简化，法律还是要求以成立婚书和收受聘财为订婚要件。这些制度的共同本质是在维护宗法家族制度，满足宗族传宗接代的需要，完全漠视婚姻当事人的意志，更不考虑婚姻当事人是否有感情、婚后是否幸福，酿就了无数婚姻悲剧。在我国，从新民主主义革命时期各革命根据地的婚姻立法，到中华人民共和国成立后颁行的婚姻法，一贯保护婚姻自由。中国共产党领导的革命根据地的婚姻立法，都有男女结婚须双方自主、自愿，任何人不得强迫的规定。1950 年婚姻法第 1 条就规定：“废除包办强迫、男尊女卑、漠视子女利益的封建主义婚姻制度。实行男女婚姻自由、一夫一妻、男女权利平等、保护妇女和子女合法权益的新民主主义婚姻制度。”1980 年婚姻法第 3 条规定：“禁止包办、买卖婚姻和其他干涉婚姻自由的行为。”第 4 条规定：“结婚必须男女双方完全自愿，不许任何一方对他方加以强迫或任何第三者加以干涉。”2021 年 1 月 1 日起施行的《中华人民共和国民法典》第 1041 条规定，我国“实行婚姻自由”的婚姻制度；第 1042 条进一步规定，“禁止包办、买卖婚姻和其他干涉婚姻自由的行为”。结婚是符合法律规定条件的男女建立婚姻关系的民事法律行为。民事法律行为的重要特征之一就是居于平等地位的当事人自主、自愿地表达其真实意思，违反其真实意思的行为，是无效或者可撤销的。结婚行为与一般民事法律行为还有不同,结婚行为的成立,最重要的法律效力之一是在当事人之间建立夫妻的身份关系。结婚之后成为夫妻的两人,要建立自己的家庭、生育抚养子女、赡养老人,要共同生活一辈子。这样重要的法律行为,尤其应当平等、自愿,才能保证婚姻的质量、家庭的幸福,进而保证社会的和谐与稳定。包办婚姻的各种形式,包括娶童养媳、包办寡妇婚姻、转亲、换亲等都是违法的。自主婚姻和包办婚姻的界限,以结婚是否出于当事人的真实意愿为根据。那些虽系父母代为相亲、订婚,但双方是自愿结婚的,应当认为是自主婚姻。按照我国法律、法规的有关规定,包办他人婚姻并且使用了胁迫手段的,属于可撤销婚姻,受胁迫的一方可以向人民法院请求撤销其婚姻。受胁迫的一方撤销婚姻的请求,应当自胁迫行为终止之日起一年内提出。被非法限制人身自由的当事人请求撤销婚姻的,应当自恢复人身自由之日起一年内提出。对包办他人婚姻和其他干涉婚姻自由的行为人,应当进行严肃的批评教育,必要时视其情节、后果等,予以行政处分或法律制裁。

暴力干涉婚姻自由罪 以暴力干涉他人婚姻自由的犯罪行为。暴力干涉他人婚姻自由的表现不同,如强迫被害人与某人结婚、离婚,不准被害人与某人结婚、离婚,强迫被害人不许改嫁等。暴力干涉他人婚姻自由的,有父母、兄弟姐妹、族人,以及奸夫、情妇、被害人所在单位的领导等;其干涉的动机有各种,父母、亲族攀权附势、贪图钱财暴力干涉的,奸夫、情妇为维持不正当关系暴力干涉的,被害人所在单位的领导以权谋私暴力干涉的,子女恐父母财产被他人夺走暴力阻挠父母再婚的等。暴力干涉他人婚姻自由的,无论出于何种动机,其主观上一定具有暴力干涉他人婚姻自由的故意。采取的暴力手段也有各种,如拳打脚踢、捆绑、软禁、抢亲等。这种暴力手段是持续的,且对被害人的身体、精神造成的折磨、压力、损害,达到了干涉婚姻自由的严重后果。暴力干涉他人婚姻自由构成犯罪的要依刑法予以制裁。按照《中华人民共和国刑法》第 257 条的规定,以暴力干涉他人婚姻自由的,处二年以下有期徒刑或者拘役。犯此罪的,须告诉的才处理。即需要被害人去人民法院起诉嫌疑人,人民法院才能处理。如果以暴力干涉他人婚姻自由,致使被害人死亡的,则是公诉案件,不须被害人或者其近亲属起诉,人民检察院会代表国家提起公诉。人民法院可以根据案件事实在二年以上七年以下有期徒刑中作出裁量,追究行为人的刑事责任。

其他干涉婚姻自由的行为 包办、买卖婚姻以外的违反婚姻自由，干涉、阻挠他人婚姻的行为。是违背婚姻自由的行为。包括父母干涉子女婚姻，子女阻挠父母再婚，干涉非近亲的同姓亲属结婚，阻碍、胁迫他人离婚或复婚等。

彩礼 亦称“财礼”“聘礼”。结婚时男方给女方的钱或物。我国西周时确立并为历朝所沿袭的“六礼”婚姻制度，是“彩礼”习俗的来源，在法律制度上，一直延续到民国时期。男方在婚姻约定初步达成时向女方赠送的聘金、聘礼，俗称“彩礼”。有的地方称“彩礼”为“纳徵”，“徵”是成功的意思，即彩礼送出、女方接受之后，婚约正式缔结，一般不得反悔。如果女方反悔，彩礼要退还男方；若男方反悔，彩礼一般不退。在买卖婚姻中，彩礼表示的是女子的身价，有的地方直接称为“身价礼”。我国很多地方至今仍存在着把订婚作为结婚的前置程序，男方家向女方家赠送彩礼的习俗，一旦双方最终不能缔结婚姻，则彩礼的处置问题往往引发纠纷，甚至诉诸人民法院。我国婚姻家庭法既不承认婚约的效力，也反对买卖婚姻和借婚姻索取财物的行为。因为赠送彩礼引发的诉讼纠纷，人民法院是按照“婚约财产纠纷”来处理的。司法实践中，当事人请求返还按照习俗给付的彩礼的，如果查明属于以下情形，人民法院应当予以支持：(1)双方未办理结婚登记手续的；(2)双方办理结婚登记手续但确未共同生活的；(3)婚前给付并导致给付人生活困难的。适用前述第(2)(3)项的规定，应当以双方离婚为条件。

财礼 即“彩礼”。

聘礼 即“彩礼”。

婚约 男女双方以将来结婚为目的所作出的约定。订立婚约的行为被称作“订婚”或“定婚”。在我国及其他国家，都有很长的承认婚约的历史，订婚是结婚的必经程序，没有婚约，婚姻不能成立。婚约订立之后，男女双方作为未婚夫妻，承担着准夫妻的权利义务。无正当理由悔婚的一方，要承担对自己不利的后果。如女方悔约，不但要返还接受的聘金，还要支付一定数额的罚金；男方悔约的，支付给女方的聘金不能要求返还。悔约的一方还要承担不守信用的舆论谴责。近现代以来，婚姻立法坚持男女自愿、婚姻自由原则，婚约的制度已经被取消了，只是在我国的许多地方还保留着订婚的习俗。但要注意的是：(1)婚约不是结婚的必经程序。当事人是否在结婚前订立婚约，完全由当事人自己选择，婚约没有约束当事人的法律效力，也不能强制履行。结婚以结婚登记为标志，与是否订有婚约无关。(2)妥善处理婚约解除带来的纠纷。在一些保留婚约习俗的地方，双方为了表示结婚的诚意都有一定的付出，如双方互赠礼品、男方给女方彩礼等。一旦婚约解除，双方不再可能结婚，往往发生财物纠纷。对于当事人请求返还按照习俗给付的彩礼的，人民法院查明双方虽有婚约但未办理结婚登记手续等事实的，会支持当事人的返还请求。参见“彩礼”(47页)。

六礼 从议婚至完婚过程中的六种礼节，即纳采、问名、纳吉、纳徵、请期、亲迎。我国古代婚礼的重要内容。纳采，即男方家请媒人去女方家提亲，女方家答应议婚后，男方家备礼前去求婚。问名，即男方家请媒人问女方的名字和出生年月日。纳吉，即男方家将女方的名字、八字取回后，在祖庙进行占卜，得吉兆后，备礼通知女方家，决定缔结婚姻。纳徵，亦称“纳币”，即男方家将聘礼送给女方家，女方一旦接受聘礼，婚姻即告订立。请期，即男方家择定婚期，备礼告知女方家，求其同意。亲迎，即男方亲至女方家迎娶。“六礼”始于西周，是我国古时礼法规定的结婚程序。

结婚的私益要件 “结婚的公益要件”的对称。国外一些法学家对结婚要件的分类。结婚的私益要件，是指在结婚的实质要件中，仅与要结婚的男女双方当事人个人及其亲属有关的要件，如结婚必须男女双方自愿等。结婚的公益要件，是指在结婚的实质要件中，除与结婚的男女双方当事人个人及其亲属有关的要件外，还与社会公益相联系的要件，如结婚的男女必须没有配偶、禁止近亲结婚、必须达到法定婚龄等。这种分类为我国许多学者否认，理由是我们的婚姻是个人、集体、国家利益的有机统一，没必要区分公益要件和私益要件。但也有学者认为这种分类是有必要的，因为结婚首先是个人的私事，所以法律才要求结婚的男女必须完全自愿，然后才是事关后代孕育、抚养、教育及父母赡养、社会安定和谐的公事。正因为有了这一分类，才有了可撤销婚姻和无效婚姻的区分。不具备私益要件的婚姻，法律将其定位为可撤销的婚姻，即将这一婚姻是否继续的权利交给婚姻当事人自己。如果当事人不愿意维持这一婚姻，可以在规定的期限内行使撤销权，请求法院撤销这一婚姻。否则，这一婚姻就是有效的。不具备公益要件的婚姻，因为事关他人及社会公益，其婚姻的效力就不能完全由婚姻当事人自己决定，而要由法律来评判。法律将不符合结婚公益要件的婚姻规定为无效婚姻，不论当事人自己如何认为，其婚姻的效力都是法律所不承认的，应当宣告其无效，以维持婚姻制度的统一，这才符合国家干预婚姻这一社会关系的初衷。

结婚的公益要件 “结婚的私益要件”的对称。国外一些法学家对结婚要件的分类。详“结婚的私益要件”(48 页)。

现役军人的结婚条件与程序 法律特别规定的现役军人的结婚条件与步骤。在我国，现役军人指正在中国人民解放军和其他武装部队服现役、具有军籍的人员。依据2021年1月1日起施行的《军队人员婚姻管理若干规定》，现役军人结婚年龄，男不得早于二十二周岁，女不得早于二十周岁。义务兵服现役期间不得申请结婚，军队院校生长学员本科、专科在校学习期间不得申请结婚。军队人员的结婚对象，应当政治可靠、思想进步、品行端正，有下列情形之一的，军队人员不得与其结婚：(1)属于外国公民、无国籍人的；(2)取得国外永久居留资格、长期居留许可的；(3)不符合军队人员政治考核规定对配偶的相关政治要求的；(4)法律法规明确禁止结婚的其他情形。军队人员原则上不得与香港特别行政区、澳门特别行政区、台湾地区居民结婚。现役军人申请结婚，按照下列程序办理：(1)本人按照行政隶属关系，在拟办理结婚登记之日前至少30日，经所在党支部逐级向所在单位政治工作部门提出书面申请，并附《申请结婚报告表》等材料；(2)所在单位政治工作部门采取函调等方式，对其结婚对象进行政治考核；(3)所在单位政治工作部门审查同意后，按照规定权限呈报审批，并附《申请结婚报告表》《结婚函调报告表》等材料；(4)有审批权限的单位政治工作部门审批同意后，出具同意结婚的《军人婚姻登记证明》。现役军人申请结婚的审批权限，按照下列规定执行：(1)军士和少校以下军官，由团级以上单位政治工作部门审批；(2)中校至大校军官，由军级以上单位政治工作部门审批；(3)少将军官(不含军委直属的军级单位主要领导)、专业技术少将以上军官，由军委机关部门、战区、军兵种、军事科学院、国防大学、国防科技大学政治工作部门审批；(4)军委直属的军级单位主要领导、中将以上军官，由军委政治工作部审批。现役军人与结婚对象到婚姻登记机关办理结婚登记，应当出具下列证件和材料：(1)现役军人的军人证件、居民身份证；(2)现役军人所在团级以上单位政治工作部门出具的同意结婚的《军人婚姻登记证明》；(3)婚姻登记机关要求的其他证件和材料。现役军人办理结婚登记，可以在现役军人部队驻地或者入伍前常住户口所在地的婚姻登记机关，也可以在非现役军人一方常住户口所在地的婚姻登记机关。处级副职和专业技术九级以上岗位文职人员，以及在军级以上单位机关、核心涉密岗位工作的文职人员申请结婚，按照现役军人的有关规定报经审批；审批后到婚姻登记机关办理结婚登记，依照《婚姻登记条例》的规定执行。前述规定以外的文职人员申请结婚，依照《婚姻登记条例》的规定直接到婚姻登记机关办理结婚登记。办理结婚登记后 30 日内，应当以书面形式，经所在党支部报所在团级以上单位政治工作部门备案。

婚姻的成立与生效 婚姻的成立是指婚姻当事人结婚的意思表示一致，并具有社会公示性的事实状态。婚姻的生效是指业已成立了的婚姻符合法律规定的结婚要件而产生受到法律承认与保护的效力。一般来讲，依法成立的婚姻，从成立开始即生效。但也有形式上已经成立了的婚姻，因为某一项或某几项不符合法律规定的结婚条件而不能产生结婚的法律效力，或者被确认为无效，或者被依法撤销。由此，婚姻的成立与婚姻的生效是两个既有联系又有区别的概念。婚姻的成立与否，是某一婚姻是否存在的事实判断问题，婚姻的生效与否，则是指已经成立了的婚姻是否符合法律规定的条件，能否受到法律的承认与保护的价值判断问题。一个没有成立的婚姻，就是不存在的婚姻，更不存在衡量其是否产生婚姻法律效力的问题。例如同居关系，本身就不是一个婚姻关系，不管同居多久，都不产生婚姻的效力。只有成立了的婚姻，才可能需要按照法律规定的条件去判断该婚姻是有效、无效还是可撤销的问题。依照法律规定成立了的婚姻大多是可以生效的婚姻，但也有少数已经成立了的婚姻，因为不符合法律规定的生效条件，被依法宣告为无效婚姻或被依法撤销，而不能产生婚姻的法律效力。当然，被宣告无效的婚姻、被依法撤销的婚姻，依照法律的规定是从婚姻成立时起就是无效的，在没有被宣告为无效、被撤销前还是已经成立了的婚姻。

婚姻的效力 男女因结婚而产生的法律上的约束力。因婚姻关系的建立而发生，因婚姻关系的终止而消灭。有广义、狭义两种理解。广义的婚姻效力是指婚姻有效成立之后在所有法律部门所产生的效力。如在民法、刑法、民事诉讼法、刑事诉讼法、社会保障法、国籍法等法律中都有涉及婚姻效力的规定。狭义的婚姻效力仅指婚姻家庭法上的效力。从不同的角度,还可以将婚姻的效力分为直接效力和对外效力、身份上的效力和财产上的效力等。直接效力是指因婚姻所产生的存在于夫妻间的权利与义务;对外效力是指因婚姻所产生的对除夫妻以外的第三人的效力,如债权的行使和债务的负担,对子女的亲权、监护、抚养,姻亲关系等。身份上的效力,是指与夫妻身份关系相关的权利与义务;财产上的效力,是指因夫妻关系而产生的夫妻财产的归属、使用、收益及处分的权利与义务等。

无效婚姻 亦称“婚姻无效”。因欠缺法律规定的结婚实质要件而不具有法律效力的违法婚姻。在我国,无效婚姻具有以下特点:(1)该婚姻已经进行了结婚登记,当事人领取了结婚证,是已经成立了的婚姻。如果没有进行结婚登记,自然也没有宣告该婚姻无效的必要。(2)该婚姻不符合法律规定的结婚的实质要件。例如结婚了的男女一方有配偶,或者是禁止结婚的亲属,或者是未到法定婚龄。无效婚姻之所以被宣告无效,是因为该结婚行为缺乏合法性。(3)须由婚姻当事人或者其他利害关系人申请,人民法院依法宣告该婚姻无效。被宣告无效的婚姻自始没有法律约束力,即婚姻无效的宣告具有溯及力,不论何时宣告的婚姻无效,也不论婚姻的事实是否发生、时间长短,该婚姻都从婚姻登记之时即没有法律效力,当事人不具有夫妻的权利和义务。《中华人民共和国民法典》第1051条规定了无效婚姻的三种情形,第1054条规定了婚姻无效的后果。这是对婚姻无效制度的系统规定。合同也有无效制度,但合同反映的仅是财产交换关系。婚姻关系中既有人身关系,又有财产关系,既有夫妻之间的权利和义务,又有父母与子女间的权利和义务,导致婚姻无效的原因也很复杂,在确认婚姻无效后,不注意维护受害一方、无过错一方、弱势一方的利益,也会与国家婚姻家庭立法的初衷相悖。因此,无效婚姻的法律后果采取的是有限制地溯及既往的立法选择。民法典第1054条规定:“无效的或者被撤销的婚姻自始没有法律约束力,当事人不具有夫妻的权利和义务。同居期间所得的财产,由当事人协议处理;协议不成的,由人民法院根据照顾无过错方的原则判决。对重婚导致的无效婚姻的财产处理,不得侵害合法婚姻当事人的财产权益。当事人所生的子女,适用本法关于父母子女的规定。婚姻无效或者被撤销的,无过错方有权请求损害赔偿。”按照这一规定,婚姻被确认无效之后,该婚姻自成立之日起即没有法律约束力,意味着当事人之间的婚姻关系就不曾生效过，双方从未具有夫妻的权利和义务。但是，在处理财产分割的时候，可以进行协商；协商不成的，人民法院应当根据照顾无过错方的原则进行判决。因为重婚导致婚姻无效的，财产处理不得损害合法婚姻当事人的财产权益。在处理父母与子女关系时，适用该法典关于父母子女关系的规定，也就是说，即使父母的婚姻被确认无效，但在婚姻关系成立期间生育的子女仍是婚生子女，其抚养教育费用的承担、监护职责的承担等都依照父母与子女间权利义务的规定执行。婚姻被确认无效是因为一方的法定过错造成的，无过错的一方有权请求损害赔偿，过错方有义务赔偿。关于无效婚姻，还需要注意以下问题：(1)婚姻无效的后果是当然无效还是宣告无效。有人认为，既然是不符合婚姻家庭法规定的违法婚姻，应该毫无疑问的当然无效，不论婚姻当事人及其利害关系人对此是何态度，也不需任何法律程序来确认，该婚姻不受法律承认与保护的后果就存在。如果是宣告无效，就需要婚姻当事人或者利害关系人申请，由人民法院通过法律程序宣告其无效。没有经过法律程序宣告无效的婚姻就是有效婚姻，婚姻当事人还是应当接受婚姻的约束。认为婚姻无效是当然无效的，意味着已经登记结婚了的人等同于没有结婚，骗取了结婚登记的人重婚，也可以自己先前的结婚是欺骗了婚姻登记机关、是无效婚姻为由，为自己的重婚脱罪。这很荒谬。因此，婚姻的无效不是当然无效，需要有婚姻当事人或者利害关系人申请，由人民法院通过法律程序宣告该婚姻无效，被宣告无效的婚姻才是自始无效的婚姻。(2)婚姻登记机关是否可以宣告婚姻无效。我国 1994 年 2 月 1 日起施行的《婚姻登记管理条例》第 25 条规定："申请婚姻登记的当事人弄虚作假、骗取婚姻登记的，婚姻登记管理机关应当撤销婚姻登记，对结婚、复婚的当事人宣布其婚姻关系无效并收回结婚证；对离婚的当事人宣布其解除婚姻关系无效并收回离婚证，并对当事人处以 200 元以下的罚款。"同时还有婚姻登记管理机关向检察机关检举重婚、对弄虚作假的有关责任人员予以行政处分等的规定。第 26 条规定："有配偶的当事人重婚，其配偶不控告的，婚姻登记管理机关应当向检察机关检举。"第 27 条规定："单位或者组织为申请婚姻登记的当事人出具虚假证件和虚假证明的，婚姻登记管理机关应当予以没收，并建议该单位或者组织对直接责任人员给予批评教育或者行政处分。"按照上述规定，我国的婚姻登记管理机关有权“撤销”自己做出的婚姻登记。人民法院在审理案件的过程中，发现不符合法律规定的婚姻，也可以依法宣告该婚姻无效。在很长的一段时间里，对于确认婚姻无效，行政、司法两条线都有权进行。2001年4月婚姻法修正，规定了无效婚姻制度；2003年10月1日起《婚姻登记条例》施行，原《婚姻登记管理条例》废止。在新的条例里，没有了婚姻登记管理机关“撤销婚姻登记”的有关条文，只是在第18条里规定了婚姻登记机关及其婚姻登记员为不符合婚姻登记条件的当事人办理婚姻登记的，对直接负责的主管人员和其他直接责任人员依法给予行政处分。修正后的婚姻法虽规定了婚姻无效制度，但法律却没有规定婚姻无效的宣告程序。依照人们久已形成的观念，既然法律没有明确禁止婚姻登记机关“撤销婚姻登记”，婚姻登记机关还是可以“撤销婚姻登记”的。其实不然。第一，婚姻登记机关是国家行政机关，对于公权行使的重要法则之一就是“法无明文规定即禁止”。国家行政机关是代表国家行使行政权力的机构，其具备的任何一项权能和职责，都必须有法律的明确授权，否则其行政行为即为违法。从修正后的婚姻法的规定到婚姻登记法规的修改都充分表明，婚姻登记机关对于因为自己的失误所进行的违反婚姻家庭法规定的婚姻登记，没有得到法律明确的“撤销”授权，则无权“撤销”其已经进行了的婚姻登记。第二，国家公权的行使，需要相应的监督，不能损害公众、社会的利益。当婚姻登记机关作出了不符合婚姻家庭法规定的结婚登记，如果只是依靠婚姻登记机关自己来发现，再去撤销，便无法保证婚姻家庭法的真正贯彻实施。《婚姻登记条例》第16条明确规定：“婚姻登记机关收到人民法院宣告婚姻无效或者撤销婚姻的判决书副本后，应当将该判决书副本收入当事人的婚姻登记档案。”即不主张婚姻登记机关撤销自己已经作出的错误婚姻登记。第三，婚姻登记机关的婚姻登记，是对婚姻关系缔结这一环节是否符合婚姻家庭法的规定所作的审查，符合婚姻家庭法规定的，给予婚姻登记，否则不予登记。婚姻当事人之间已经缔结了的婚姻法律关系，是涉及婚姻当事人的人身、财产切身利益的重要民事法律关系。对于该婚姻效力的确定与否，不仅涉及婚姻当事人的切身利益，还涉及子女、父母、家庭与社会诸多方面的利益。对于这样一个重要的法律问题，交由仅仅负责婚姻成立环节进行审查的婚姻登记机关来把关，显然超出了其能承受的范围。何况对婚姻效力的有无，有时连婚姻当事人自己都有争议。因此，由审判机关来评判该婚姻效力的有无，才是实事求是的。除婚姻当事人等自己向人民法院提起诉讼，请求宣告婚姻无效之外，人民法院在处理重婚等刑事案件、离婚等民事案件的过程中也能发现婚姻无效的情形，可以直接宣告婚姻无效，并可以同时解决因为婚姻无效所带来的子女抚养、财产分割等问题，切实保障当事人各方的合法权益。如果由负责婚姻登记的行政机关宣告婚姻无效，当事人不服的，还是要起诉到人民法院，由人民法院作最后的裁决。即使婚姻登记机关宣告婚姻无效，因为婚姻无效所带来的子女抚养、财产分割等问题，还得通过诉讼程序由人民法院裁决。因此，由婚姻登记机关宣告婚姻无效，不仅浪费行政、司法资源，还会影响案件处理的效率。第四，从国外的婚姻立法看，对于婚姻效力的确认，多数都以诉讼的方式进行，由法院裁决。综上，宣告婚姻无效的权力，应当独属人民法院。

(3)申请宣告婚姻无效案件应为非讼案件，按照民事诉讼法规定的特别程序处理，其请求宣告婚姻无效引起的诉讼为确认之诉。婚姻当事人或者其利害关系人向人民法院申请宣告婚姻无效，目的是要求人民法院确认这个形式上已经“合法”存在的婚姻关系不具有合法性。婚姻成立的唯一标志是依法办理了婚姻登记。宣告婚姻无效制度，其实是法律设计的对于形式上已经成立了的却不符合法律规定结婚条件的“婚姻”的一种救济制度。按照民法典第 1051 条的规定，婚姻无效的情形包括：重婚；有禁止结婚的亲属关系；未到法定婚龄。有这些客观标准作依据，认定起来并不困难。因此，将宣告婚姻无效的案件作为非讼案件，适用我国民事诉讼法中的特别程序处理较为妥当。适用特别程序的案件都只有一方当事人，没有对方当事人的对抗，没有反诉，没有双方辩论，由审判员一人独任审判，实行一审终审制。如果判决生效之后出现新情况、新事实，或者发现判决认定事实或者适用法律有错误，也不适用审判监督程序，人民法院可以依照特别程序直接撤销原判决，作出新判决；审限时间也短，一般自立案之日起 30 天结案。因为涉及的不是当事人之间对某种民事权益的争议，而是涉及当事人以外的与社会公众利益密切相关的利益，如果任其模糊或者不稳定的状态持续下去，对于社会关系的正常发展不利。因此，对于非讼案件，各国的通例都是奉行“依职权干预原则”，即法院要代表国家对纠纷案件进行积极的干预，某种程度不受私权自治的限制，对当事人在诉讼过程中的权利也要予以一定程度的限制，如人民法院审理宣告婚姻无效案件，对婚姻效力的审理不适用调解，应当依法作出判决；有关婚姻效力的判决一经作出，即发生法律效力。人民法院受理申请宣告婚姻无效案件后，经审查确属无效婚姻的，应当依法作出宣告婚姻无效的判决。原告申请撤诉的，不予准许。

婚姻无效 即“无效婚姻”。

请求宣告婚姻无效的事由

已经登记成立了的婚姻，因不符合法律所规定的结婚必备条件中的公益要件，婚姻当事人及利害关系人申请宣告婚姻无效时的理由。按照《中华人民共和国民法典》第1051条的规定，有下列情形之一的，婚姻无效：(1)重婚。有配偶者又与他人结婚，或者明知他人有配偶，而与之结婚的，都为重婚。重婚破坏了一夫一妻的婚姻原则，是法律明令禁止的行为。重婚构成犯罪的，还要依法追究其刑事责任。因此，有配偶者又与他人结婚的，该婚姻为无效婚姻。在我国，婚姻成立的唯一标志是办理了结婚登记。已经办理了结婚登记，即使没有举行结婚仪式，甚至没有同居或发生性关系，该男女都是已经结婚了的人，如果再与他人办理结婚登记，即构成重婚。至于前一婚姻虽未办理结婚登记，但构成法律承认的事实婚姻，又与他人办理了结婚登记的，也构成重婚。另外，构成婚姻无效的重婚，并不要求男女二人都是重婚。如果一人有配偶，欺骗、隐瞒这一事实而与没有结过婚的对方登记结婚，被欺瞒的人不构成重婚，但二人的婚姻却因为重婚而成为无效婚姻。(2)有禁止结婚的亲属关系。男女双方为直系血亲关系，或者是三代以内的旁系血亲关系，不能结婚。如果结婚的，该婚姻为无效婚姻。(3)未到法定婚龄。法定婚龄是法律允许自然人结婚的最低年龄，没有达到法定婚龄的人结婚，该婚姻是无效婚姻。未到法定婚龄，包括双方都未达到法定婚龄，也包括一方没有达到法定婚龄。如果双方结婚登记时未达到法定婚龄，但在向人民法院请求确认婚姻无效时已达到法定婚龄，即法定的婚姻无效情形已经消失的，人民法院不予支持申请人婚姻无效的宣告请求。婚姻无效的事由是法定事由，任何人、任何组织都无权对其作扩大或者缩小的解释。当事人以法律规定以外的情形申请宣告婚姻无效的，人民法院应当驳回其申请。

申请宣告婚姻无效的主体

有资格向法院申请宣告婚姻无效的人。在我国，宣告婚姻无效是人民法院的权力。请求人民法院宣告婚姻无效的，须依法律规定的程序向人民法院提出诉讼请求，由人民法院查明事实后依法作出判决。人民法院在审查申请人的起诉时，首先应当审查起诉的人是否合格。主体不合格的起诉，人民法院不予受理。向人民法院就已办理结婚登记的婚姻申请宣告婚姻无效的主体，包括婚姻当事人及利害关系人。婚姻当事人即已经登记结婚的男女双方。他们中的任何一方发现自己的结婚登记不具备法律规定的结婚实质要件，是不受法律保护的违法婚姻，都有权向人民法院申请宣告自己的婚姻无效，以维护自己合法的婚姻权益。利害关系人是指因为婚姻当事人的结婚登记违法与自己的私利或者与社会公益有着利害关系的人。因为导致婚姻无效的情形各异，与该婚姻有利害关系的人也不同：(1)以重婚为由申请宣告婚姻无效的，申请人为婚姻当事人的近亲属或者基层组织。重婚是严重违反婚姻家庭法的行为，不仅侵害了与重婚者有配偶身份人的人身与财产权益，危害了因当事人的两次结婚所生育子女的权益，还严重破坏了国家法律确认的一夫一妻的婚姻制度。婚姻当事人的近亲属或者基层组织如居民委员会、村民委员会等，有权利也有义务向人民法院申请宣告重婚者的违法婚姻无效，以维护法律的尊严。(2)以有禁止结婚的亲属关系为由申请宣告婚姻无效的，申请人为当事人的近亲属。法律规定禁止直系血亲或者三代以内的旁系血亲的人结婚，立法的初衷除不违反伦理道德之外，更重要的是为了后代的健康、家庭的幸福及社会的利益。因此，婚姻当事人的近亲属有权向人民法院申请宣告该婚姻无效。(3)以未到法定婚龄为由申请宣告婚姻无效的，申请人为未到法定婚龄者的近亲属。未到法定婚龄人的结婚行为显然违反了法律的规定，而且未到法定婚龄的人结婚，尚不具备维持正常家庭生活，承担生育、抚养教育子女及赡养扶助老人责任的能力。这样的婚姻注定会为自己及家庭、亲人、社会带来沉重负担。因此，未到法定婚龄的人的近亲属可以作为申请人，向人民法院申请宣告该婚姻无效。婚姻关系的当事人申请婚姻无效的，申请人为婚姻的一方当事人，另一方为被申请人。利害关系人申请人民法院宣告婚姻无效的，利害关系人为申请人，婚姻关系当事人双方为被申请人，夫妻一方死亡的，生存一方为被申请人，夫妻双方均已死亡的，不列被申请人。对于应当宣告无效的违法婚姻，最高人民法院之所以还要对有权申请婚姻无效的利害关系人作出上述规定，是充分考虑了导致婚姻无效的不同情形对社会公益危害程度的区别。有观点认为，既然宣告婚姻无效是国家对违法婚姻的积极干预，不妨将利害关系人的范围定得大一些，更便于发现违法婚姻，而且主张只要有人申请宣告婚姻无效就启动诉讼程序，以利于制止无效婚姻。其实不然。一个已经成立了的婚姻被宣告无效，其后果是很严重的，不仅使婚姻当事人失去了法律保护的配偶身份和与配偶身份相联系的身份与财产利益，还直接影响到其子女的利益。而且婚姻毕竟是自然人的私事，对于他人的私生活，无利害关系的人不可能有清楚的了解，却要对他人的婚姻指手画脚，窥探他人的生活，这会严重干扰他人的生活，甚至侵犯他人隐私，对于维护和平、宁静的生活环境不利。因此，对于有权申请宣告他人婚姻无效的利害关系人，还是视不同的婚姻无效原因，控制在确实与其有利害关系的人的范围内为宜。

婚姻无效的宣告 法院根据婚姻当事人、利害关系人的申请，依法宣告已经成立了的婚姻无效的制度。在我国，婚姻无效的宣告制度，是为了纠正婚姻登记机关对不符合法律规定结婚条件的人所作的结婚登记的失误，以保证婚姻家庭法的严格贯彻施行，维持婚姻关系的缔结合法、有序。人民法院审理宣告婚姻无效案件，适用的是民事诉讼法规定的特别程序。对于婚姻效力的审理不适用调解，只能依法作出判决。有关婚姻效力的判决一经作出，即发生法律效力。婚姻被依法宣告无效后，该婚姻自始无效，即该婚姻自始不受法律保护。当然，当事人依据婚姻家庭法的规定向人民法院申请宣告婚姻无效的，应当以婚姻无效的情形还存在为前提。如果申请时，法定的无效婚姻情形已经消失的，如重婚已经解除，年龄已到法定婚龄，人民法院不会支持宣告婚姻无效的请求。在宣告婚姻无效的案件中，如果还涉及子女抚养、财产分割等问题的，应当将婚姻无效与财产分割、子女抚养等分别制作法律文书。因为对于婚姻是否有效，适用的是特别程序，不适用调解，不能上诉，且一经判决即发生法律效力，而对于因婚姻无效而产生的财产分割、子女抚养等，适用的是普通程序，可以调解。调解达成协议的，另行制作调解书；未达成协议的，人民法院才会作出判决。当事人对此判决不服的，还可以上诉。人民法院根据当事人的申请，依法宣告婚姻无效的，应当收缴双方的结婚证并将生效的判决书寄送当地的婚姻登记机关。婚姻登记机关收到人民法院宣告婚姻无效的判决书后，应当将判决书收入当事人的婚姻登记档案。参见“可撤销婚姻”(61页)。

因重婚导致的婚姻无效案件中其合法配偶的权利 在因重婚导致婚姻无效的案件中，合法配偶的诉讼地位和权益的问题。在我国，人民法院审理因重婚导致的婚姻无效案件时，涉及财产处理的，应当准许合法婚姻当事人作为有独立请求权的第三人参加诉讼。在因重婚而提起的婚姻无效案件中，申请人是婚姻当事人一方的，被申请人就是婚姻当事人的另一方；申请人是婚姻当事人的近亲属或者基层组织(如居民委员会、村民委员会等)的，被申请人是婚姻当事人。重婚中的合法婚姻的配偶，虽不是婚姻无效案件的当事人，但涉及财产处理的，可以作为有独立请求权的第三人参加诉讼，以独立实体权利人的资格，主张全部或者部分独立的请求权，以保护自己的合法权益。重婚中的合法婚姻的配偶以独立请求权的第三人参加诉讼，须有起诉行为发生。人民法院在审理因重婚导致的婚姻无效案件的过程中发现存在有独立请求权的第三人，应当通知其诉讼发生的情况，但不会主动追加其为第三人。该重婚案件中的合法婚姻的配偶，有权自己决定如何处分、行使自己的权利，即他有权决定参加他人已经开始的诉讼，也可以另行提起诉讼，还可以不主张任何权利，放弃自己的诉权，但他想作为第三人参加诉讼，维护自己的权益，就必须在该诉讼开始之后、案件审理终结以前向人民法院提起诉讼。如果该案件的判决或者调解已经生效，他就只能另行起诉，由人民法院另案处理。

离婚案件和婚姻无效案件的关系 我国人民法院在对离婚案件进行审理的过程中，发现该婚姻属无效婚姻时如何处理的问题。离婚与婚姻无效看似都在解除男女之间的婚姻关系，但离婚解除的是已经存在的合法婚姻关系，而婚姻无效所要确认的是男女之间存在的违法婚姻无效。离婚的原因是在婚姻关系成立之后的过程中，夫妻感情破裂，一方或者双方要求解除他们之间的婚姻关系。婚姻无效的原因则是该婚姻不符合法律规定的结婚条件，尽管也是在婚姻关系成立之后，但该婚姻的成立就违反了法律的规定，是违法婚姻。离婚自该婚姻关系解除之日起生效，在该日之前的婚姻是有效婚姻。婚姻无效的宣告作出之后，该婚姻自成立之日起无效，即婚姻无效的宣告有溯及既往的效力。离婚只能由婚姻当事人一方或者双方提出，并且婚姻的双方都在生存期间。婚姻无效的申请可以由婚姻当事人提出,也可以由与该婚姻有利害关系的人提出;可以是在无效婚姻的双方生存期间提出,也可以在婚姻当事人死亡之后提出。离婚可以通过行政程序,也可以通过诉讼程序。婚姻的无效只能通过诉讼程序,由人民法院宣告该婚姻无效。离婚在解除了双方的婚姻关系之后,还要处理如子女抚养、财产分割等法律问题。婚姻被宣告无效后,其婚姻无效的效力溯及至婚姻关系成立之时,即该婚姻是从成立时起就没有法律效力,不受法律的承认与保护。因此,被宣告婚姻无效的当事人间不具有夫妻间的权利和义务,当事人之间也仅是同居关系。同居期间所得的财产,由当事人协议处理;协议不成的,由人民法院根据照顾无过错方的原则判决。对重婚导致的无效婚姻的财产处理,不得侵害合法婚姻当事人的财产权益。无效婚姻当事人所生的子女,适用婚姻家庭法关于父母子女的规定。可见,离婚纠纷与婚姻无效是完全不同的两种诉讼,处理原则也不同。在司法实践中,既有婚姻当事人或者其利害关系人向人民法院起诉,要求确认当事人间的婚姻关系无效的案件,也有在人民法院受理的离婚案件中,经审查发现该婚姻属无效的情形。在后一种情况下,人民法院应当将婚姻无效的情形告知当事人。在这种情况下,可能的情形有二:一是当事人变更诉讼请求,即由离婚变更为申请宣告婚姻无效。人民法院可依法作出宣告婚姻无效的判决。二是当事人坚持原来的离婚诉讼请求,人民法院可依职权直接判决驳回当事人的诉请,并判决婚姻无效。对于婚姻无效的判决,是人民法院依职权按照特别程序作出的,一经作出即发生法律效力,当事人不能上诉。至于在婚姻无效案件中,当事人既提出确认婚姻无效的请求,又提出解决财产分割和子女抚养请求的,对于财产分割和子女抚养问题可以调解。调解达成协议的,另行制作调解书。调解未达成协议的,可以判决。对财产分割和子女抚养的判决不服的,当事人可以上诉。因为婚姻无效的判决与人民法院处理子女抚养和财产分割的判决不同,人民法院需要分别制作裁判文书。人民法院如果就同一婚姻关系分别受理了离婚和申请宣告婚姻无效案件的,对于离婚案件的审理,应当待宣告婚姻无效案件作出判决后进行。

夫妻已经死亡的是否可以确认婚姻无效 夫妻一方或双方已经死亡,生存一方或利害关系人是否可以向法院请求确认婚姻无效的问题。在我国司法实践中，夫妻一方或者双方死亡后一年内，生存一方或者利害关系人依据法律规定申请宣告婚姻无效的，人民法院应当受理。实际上，夫妻一方死亡或者双方都死亡的，确认其婚姻关系的有效与否有时是必要的。对于生存着的一方婚姻当事人及其双方的利害关系人，存在着独立的身份利益和财产利益。如一男子在有配偶的情况下又在异地与他人登记结婚，而后结婚的女子对于该男子的重婚并不知情。该男子在一次事故中身亡，而其周围的人只知道该男子与本地的女子是合法夫妻。在这种情况下，如果不允许该男子第一次结婚的配偶确认其第二次结婚无效，该男子与第一次结婚的配偶就失去了合法夫妻的身份，其合法婚姻的配偶与其子女即失去了法律规定的以第一顺序继承人的身份继承死者遗产的权利，而且因为这一违法婚姻的存在还破坏了法律确立的婚姻家庭制度。同时还要注意，自然人的死亡，在法律上包括自然死亡和宣告死亡。自然人被宣告死亡，虽然与自然死亡具有相同的法律后果，其婚姻关系终结，配偶可以再婚，其遗产可以依法被继承，但因宣告死亡是法律上的推定死亡，被宣告死亡的人有可能生还，其死亡宣告可能被撤销，其婚姻关系的有效无效，涉及的问题则更复杂。在被宣告死亡的人生还或者有人确知其下落的，其本人或者利害关系人可以向人民法院申请撤销其死亡宣告。死亡宣告被撤销后，其婚姻关系自撤销死亡宣告之日起自行恢复，但其配偶再婚或者向婚姻登记机关书面声明不愿意恢复的除外。对于撤销死亡宣告的自然人来说，其婚姻关系的有效与否，法律后果是不同的。如果被法院确认为无效婚姻，无论该人是自然死亡还是宣告死亡，其婚姻关系都是从建立之日起无效，不会受到法律的承认与保护。即使被宣告死亡的人重新出现，其婚姻关系自行恢复的效果也不会发生。原本以配偶身份分割的共同财产、继承的遗产都要重新分配。因此，夫妻一方或者双方死亡的，确认其婚姻关系是有效还是无效，决定了其配偶身份、子女地位及因为其身份所享有的身份利益和财产权益是否会得到法律的承认与保护，对于确认和保护各方的合法权益具有重要意义。因此，应当注意以下几点：(1)夫妻一方死亡的，生存一方或者利害关系人有权提出宣告婚姻无效的请求。如果夫妻双方都已死亡，有权提出宣告婚姻关系无效请求的就只有利害关系人。当然，因为婚姻无效的事由不同，提出确认婚姻无效的利害关系人的身份也得符合最高人民法院的司法解释的有关规定，否则其诉讼请求会被人民法院驳回。（2）婚姻当事人及利害关系人申请宣告婚姻无效的权利受法律预定时间的限制，即该请求权不是永远存在的权利。有权请求宣告婚姻无效的夫妻一方或者利害关系人，必须在夫妻一方或者双方死亡后一年内向人民法院申请宣告婚姻无效。这里"一年"时间的规定，属除斥期间，即法律规定的请求权的存续期间。一年期限届满，请求权人没有行使权利的，该请求权消灭。除斥期间不是诉讼时效，不会发生中止、中断及延长的法律后果。对于确认婚姻无效的请求权规定除斥期间的限制，是为了避免时间拖延得太久，相关人身份的明确及财产利益的归属长期处于不确定状态，给相关人等带来身份的不便和财产利益上的损失。（3）法律规定的请求确认婚姻无效的权利的一年除斥期间，从夫妻一方或者双方死亡之时开始计算。请求人民法院确认婚姻无效的权利，虽然这里使用了请求权一词，实际应为撤销权，即撤销已经成立了的婚姻关系的权利，该权利的性质应为形成权。权利人行使该权利的目的，是要撤销业已成立了的婚姻关系，而婚姻关系不仅涉及婚姻当事人、其生育的子女及其他利害关系人的利益，还关乎家庭关系与社会的安定与和谐。因此，国家权力对婚姻关系的干预比一般的民事法律关系要多。在一般的民事法律关系中，享有撤销权的人行使撤销权，如撤销代理权、撤销合同、撤销民事法律行为等，只要将其撤销的意思表示传达到对方，其撤销的后果即可产生，但撤销已经成立了的婚姻关系，则需要在具备法律规定的撤销事由的情形下，向人民法院提出申请，由人民法院依特别诉讼程序予以撤销。可见，请求确认婚姻无效的权利的行使，受到国家法律的限制。

可撤销婚姻　因意思表示不真实而成立的婚姻，拥有撤销权的一方当事人行使撤销权，致使已经生效的婚姻不再具有法律效力的婚姻。根据《中华人民共和国民法典》的规定，因胁迫结婚的，一方隐瞒重大疾病结婚的，都是可撤销婚姻。无效婚姻、可撤销婚姻，都属于已经登记成立了的但又不符合法律规定的结婚实质要件的违法婚姻。无效婚姻被宣告无效的，可撤销婚姻被撤销的，其法律后果相同，都是自始无效的婚姻，即无效婚姻被依法宣告无效或者可撤销婚姻被依法撤销的，才确定该婚姻自登记成立时起不受法律的保护。婚姻的可撤销制度与婚姻无效制度是两种不同的制度,在诸多方面存在着不同:(1)适用的事由不同。无效婚姻被宣告无效的事由有三种,即:重婚;有禁止结婚的亲属关系;未到法定婚龄。有上述三种情形之一的结婚,都是可以宣告无效的婚姻。对此无效的后果,无论婚姻当事人的主观意愿如何、结婚时间长短,甚至无论婚姻当事人是否死亡,该婚姻都是无效的。所以,只要属无效婚姻,婚姻当事人或者法律规定的利害关系人就有权向人民法院申请宣告婚姻无效。可撤销婚姻,包括因胁迫登记的婚姻、一方隐瞒其患有重大疾病而登记的婚姻,其婚姻的成立都没有反映结婚当事人的真实意思,受胁迫的一方或者被欺瞒的一方有权行使撤销权,请求人民法院撤销该婚姻。(2)请求人不同。有权请求宣告婚姻无效的,可以是婚姻当事人,也可以是婚姻当事人以外的利害关系人。即使婚姻当事人自己不去申请宣告婚姻无效,也不妨碍具有申请权的利害关系人向人民法院申请宣告该婚姻无效。可撤销婚姻,有权请求人民法院撤销自己婚姻的只能是受胁迫的一方或者被欺瞒的一方,都是婚姻当事人。如果其不行使撤销权,或者不在规定的时间内行使撤销权,视为对该婚姻的认可,从而使该婚姻合法。(3)时效限制不同。请求宣告婚姻无效的申请权行使没有时间的限制,在婚姻存续的任何时间都有权请求人民法院确认婚姻无效,即使无效婚姻的夫妻一方或者双方已经死亡的,在死亡后的一年内,生存一方或者符合法律规定的利害关系人,也有权向人民法院申请宣告该婚姻无效。可撤销婚姻的一方撤销婚姻的请求,必须在规定的时间内提出。因胁迫结婚的,应当自胁迫行为终止之日起一年内提出。被非法限制人身自由的当事人,因为其没有办法在规定的时间内提出撤销婚姻的请求,法律允许其在恢复人身自由之日起一年内提出。因一方隐瞒自己患有重大疾病的,另一方要求撤销婚姻的,应当自知道或者应当知道撤销事由之日起一年内提出。超过法律规定时间的,其撤销权消灭,该婚姻合法。法律之所以对撤销权的行使进行时间上的限制,是为了避免拥有撤销权的一方行使撤销权的不确定性,使双方的婚姻关系始终处在不稳定状态而给婚姻当事人及其子女等带来危害。该一年时间,为法律规定的除斥期间,即是不变期间,不适用诉讼时效的中止、中断、延长的规定。若权利人在这一年内不行使撤销权的,撤销权消灭。(4)适用的法律程序不同。按照《中华人民共和国民事诉讼法》的规定,人民法院审理宣告婚姻无效案件,适用民事诉讼的特别程序,经审理确属无效婚姻的,作出婚姻无效的判决。该判决一经作出,即发生法律效力,申请人不能上诉。即使发现该判决有错误,也不适用审判监督程序,而是由人民法院依照特别程序,直接作出新判决,即使原告申请撤诉,人民法院都不允许。因为该婚姻违反法律规定的结婚要件,涉及国家对婚姻秩序的规范,当事人无权对此作出处分。人民法院在审理离婚纠纷时,发现该婚姻为无效婚姻的,也会将婚姻无效的情形告知当事人,并依法作出宣告婚姻无效的判决。而人民法院审理请求撤销婚姻的案件,则适用简易程序或者普通程序。人民法院作出判决后,当事人不服的,可以依法提出上诉。只有在终审判决作出后才发生婚姻被撤销的法律效力。当事人对于终审判决不服的,还可以依审判监督程序提出再审请求。综上,无效婚姻与可撤销婚姻虽都是违法婚姻,但无效婚姻违反的结婚要件,都是事关他人、公众及社会的公益要件,不纠正将破坏国家通过法律建立起来的婚姻家庭制度,所以对于无效婚姻,国家权力给予强制干预,而不论婚姻当事人的意愿如何。而可撤销婚姻违反的法律规定的结婚要件,涉及婚姻当事人个人的私益要件,不涉及他人和社会公共利益。尽管结婚登记时一方受到了对方的胁迫,或者一方受到了对方的欺瞒,但结婚之后双方也有建立了感情的可能。何况男女二人的感情是绝对主观的,法律应当尊重婚姻当事人的感受,尊重既成的婚姻事实,切实维护妇女、儿童的合法权益,没有必要粗暴地解除当事人的婚姻关系。因此,对于该婚姻关系是撤销还是维持的决定权交由婚姻当事人自己。当事人不愿忍受与没有感情的人共同生活,可以行使撤销权,请求人民法院撤销自己的婚姻。如果被胁迫结婚或者被欺瞒的人还愿意与对方共同生活,可以放弃其撤销权,使该婚姻成为受法律承认与保护的有效婚姻。婚姻无效制度与可撤销制度体现的是国家权力的干预和婚姻当事人的自主意志的统一。

受胁迫的婚姻 因行为人胁迫而登记结婚的违法婚姻。可撤销婚姻的一种。《中华人民共和国民法典》第 1052 条第 1 款规定:“因胁迫结婚的,受胁迫的一方可以向人民法院请求撤销婚姻。”构成受胁迫的婚姻须符合以下条件:(1)行为人客观上实施了威胁、暴力、强迫等行为。如,行为人以给另一方当事人或者其近亲属的生命、身体健康、名誉、财产等造成损害为要挟,对其进行精神上的强制;以殴打、捆绑、冻饿、限制自由、让其陷入孤立无援的境地等危害其人身安全、人身自由的暴力行为，使其不敢反抗；利用收养关系、从属关系、权力地位等威逼利诱、恐吓、欺骗等，迫使其不得不接受行为人的强制；利用当事人患病、醉酒等状态，甚至是利用麻醉药物、迷药等迷倒女性而实施性侵、猥亵等行为，使被胁迫的受害人不敢、不能反抗；等等。这些行为可以是对受胁迫的当事人实施，也可能是对其亲属、朋友等实施，只要是足以达到胁迫对方与自己结婚的目的即构成胁迫。(2)行为人主观上有威胁、强迫的故意。行为人实施胁迫行为的目的是迫使对方与自己结婚，其主观上一定是故意的，过失不能构成。(3)胁迫行为与结婚行为之间有因果关系，即行为人的胁迫行为导致对方违背自己的真实意愿与胁迫行为人结婚。(4)实施胁迫行为的可以是婚姻当事人本人，也可以是与婚姻当事人有利害关系的人，如婚姻当事人的近亲属或者受婚姻当事人指使、教唆等的人。具备上述条件的婚姻为可撤销婚姻，被胁迫结婚的人有权请求人民法院撤销这一婚姻。要注意的是，申请人申请撤销婚姻的，必须在法律规定的期限内提出。民法典第 1052 条第 2 款规定："请求撤销婚姻的，应当自胁迫行为终止之日起一年内提出。"因威胁、强迫他人结婚的情形很多也很复杂，甚至有的还涉及贩卖人口、强奸、绑架等刑事犯罪，被胁迫与他人结婚的人在被解救前没有人身自由，当然也无法行使请求权。为此民法典第 1052 条第 3 款还特别规定："被非法限制人身自由的当事人请求撤销婚姻的，应当自恢复人身自由之日起一年内提出。"按照 2001 年修正后的婚姻法的规定，有权撤销婚姻的机构除人民法院外，还有婚姻登记机关。民法典则将撤销婚姻的权力规定为人民法院，婚姻登记机关不再承担撤销婚姻的职能。其实，一个成立了的婚姻被归为无效，对于婚姻当事人双方都是大事，何况撤销婚姻涉及对申请人主张的撤销事由的认定，还可能涉及刑事犯罪，而且在撤销婚姻后还涉及子女的抚养、同居期间的财产处理等，由人民法院统一处理是妥当的。

隐瞒重大疾病的婚姻 一方患有重大疾病没有告知对方结婚的，另一方有权撤销的婚姻。可撤销婚姻的一种。我国 2001 年修正后的婚姻法规定，患有医学上认为不应当结婚的疾病的，禁止结婚。影响结婚的疾病包括严重遗传性疾病、指定传染病和有关精神病。具体有，由于遗传因素先天形成，患者全部或者部分丧失自主生活能力，后代再现风险高的遗传性疾病，传染病防治法中规定的艾滋病、淋病、梅毒、麻风病以及医学上认为影响结婚和生育的其他传染病，精神分裂症、躁狂抑郁型精神病以及其他重型精神病。随着科学技术的进步，尤其是医学技术的发展，人们对疾病的认知也发生了巨大的变化。原来那些认为不应当结婚的疾病，有许多已经被人类解决。结婚是关乎人类幸福的大事，即使目前治愈还有难度的疾病，如果婚姻当事人自己愿意包容，法律非要硬性规定不允许结婚，也很不人道。为此，《中华人民共和国民法典》在结婚的禁止条件中去除了这一规定，而将保护当事人重大疾病知情权赋予了结婚当事人的双方，也使患有医学上认为不应当结婚的疾病的婚姻，从原来的无效婚姻变更为可撤销婚姻。民法典第 1053 条规定："一方患有重大疾病的，应当在结婚登记前如实告知另一方；不如实告知的，另一方可以向人民法院请求撤销婚姻。请求撤销婚姻的，应当自知道或者应当知道撤销事由之日起一年内提出。"构成隐瞒重大疾病的婚姻，须符合以下条件：(1)一方患有重大疾病。当事人患有的重大疾病，应当包括但不限于原来婚姻法规定的禁止结婚的疾病。至于具体的何为重大疾病，应以普通人的一般认知为标准。(2)该疾病是婚前患有的。如果是结婚之后患病的，无论该疾病是否重大，都构不成撤销婚姻的事由。(3)患病的一方在结婚登记前未如实告知对方。如果在结婚前已如实告知对方，两人是在知晓病情的情况下进行结婚登记的，表明该婚姻的缔结并未违背当事人的意思，不能撤销。(4)一方具有隐瞒疾病的故意。患有重大疾病的一方明知自己的病情却故意隐瞒，不让对方知晓。具备上述条件的婚姻，被欺瞒的一方有权请求撤销婚姻。撤销婚姻的请求，应当自知道或者应当知道撤销事由之日起一年内提出。超过这一期限的，撤销权消灭，该婚姻不能撤销。当事人坚持解除婚姻关系的，只能通过离婚的相关程序处理。民法典将隐瞒自己重大疾病与对方缔结的婚姻规定为可撤销婚姻，一方面是在强调保护当事人结婚意思表示的完全真实，保障当事人对缔结的婚姻完全自由，没有受任何人的影响，避免婚后因为一方患病给家庭带来的沉重负担，影响夫妻生活的和谐与幸福，防止骗婚的道德风险发生。另一方面，是将这类婚姻是否存续的权利交给了当事人自己。不愿意维护这一婚姻的，被欺瞒的一方有权在规定的时间内请求撤销。愿意接受对方患病的事实，可以放弃其撤销权的行使，让这一婚姻得以存续。

其实，婚姻本就是以感情为基础的，而结婚了的男女二人是否有感情，也只有他们自己清楚。将一方隐瞒患有重大疾病的事实而与对方缔结的婚姻规定为可撤销婚姻是实事求是的。

违法婚姻的法律后果 可撤销婚姻被撤销、无效婚姻被确认为无效后的法律效果。可撤销婚姻因为违反了结婚男女双方的真实意思，无效婚姻因为不符合法律规定的结婚要件，如重婚、具有法律规定的禁止结婚的血亲关系或者未到法定婚龄，都是违法婚姻。尽管都是已经成立了的婚姻，但被依法撤销，或者被确认为无效。无论哪种情形，其法律效果是一致的。《中华人民共和国民法典》第 1054 条第 1 款规定："无效的或者被撤销的婚姻自始没有法律约束力，当事人不具有夫妻的权利和义务。同居期间所得的财产，由当事人协议处理；协议不成的，由人民法院根据照顾无过错方的原则判决。对重婚导致的无效婚姻的财产处理，不得侵害合法婚姻当事人的财产权益。当事人所生的子女，适用本法有关父母子女的规定。"这里的"自始没有法律约束力"是指无效婚姻或者可撤销婚姻在依法被宣告无效或者被撤销时，才确定该婚姻自始不受法律保护，无论结构事实是否发生、夫妻共同生活时间长短，其不受法律承认与保护的效力都溯及婚姻成立之时。婚姻无效或者被撤销的效力与合同的无效或者被撤销不同。婚姻关系不似合同关系，仅仅反映当事人基于财产交换所发生的财产关系。婚姻成立之后在当事人间产生的既有身份关系又有财产关系。无效的或者被撤销的婚姻关系自始没有法律约束力，消灭了双方的夫妻身份关系，但双方所生育子女的身份及其抚养教育、双方财产的分割等问题还是需要解决的，同时还应当根据导致婚姻无效或者被撤销的原因，判断婚姻双方的过错有无，解决救济受害一方、保护弱者权益等问题。如果不分是非黑白、不保护子女、不救济无过错一方所受的损害等，不仅是对受害一方的不公，也是对造成违法婚姻一方的纵容，有违婚姻家庭立法的初衷。因此，法律对于婚姻无效后或者被撤销后自始无效的效力采取的是有限制的无效，具体有以下方面：(1)当事人的婚姻从成立时起无效，当事人不具有夫妻的权利和义务；(2)当事人所生育的子女，尽管他们父母的违法婚姻被确认为无效或者被撤销，但他们依然是婚生子女，他们同父母之间的关系仍适用婚姻家庭法关于父母子女权利义务的规定；(3)无效婚姻的存续期间为同居期间，同居期间所得的财产，不能按照夫妻共同财产对待，由当事人协议处理，协议不成的，由人民法院根据照顾无过错方的原则判决；(4)对重婚导致的无效婚姻的财产处理，不得侵害合法婚姻当事人的财产权益；(5)婚姻无效或者被撤销的，无过错方有权请求损害赔偿。

违法婚姻的损害赔偿 婚姻无效或者被撤销，无过错一方要求对方承担的损害赔偿责任。我国在2020年颁布《中华人民共和国民法典》之前的相关法律中只规定了离婚损害赔偿，对于无效婚姻、被撤销婚姻没有规定损害赔偿责任，而民法典则新规定了无效婚姻和被撤销婚姻的损害赔偿制度，弥补了我国立法上的不足。民法典第1054条第2款规定："婚姻无效或者被撤销的，无过错方有权请求损害赔偿。"按照该规定，行使违法婚姻损害赔偿请求权须注意以下几点：(1)违法婚姻损害赔偿请求权产生的前提是该婚姻被确认为无效或者被撤销。如果无效婚姻的情形虽存在过，但后来已经消失，如未到法定婚龄结婚的，但在当事人或者利害关系人申请确认该婚姻无效时已经达到了法定婚龄的，或者该婚姻具有法律规定的可撤销情形，但当事人没有在法律规定的期限内行使撤销权的，这都是有效婚姻。对于有效婚姻，即使是一方给对方造成了损害，受害一方也不能行使违法婚姻的损害赔偿请求权，要求对方承担损害赔偿责任。(2)损害赔偿请求权的主体是违法婚姻中的无过错一方。无论是无效的婚姻还是被撤销的婚姻，能够依法享有请求对方损害赔偿权利的是无过错的一方。相应的对违法婚姻的产生有过错的一方则是损害赔偿的义务主体，有义务赔偿对方的损失，以弥补因为婚姻无效或者被撤销而给对方带来的损害。(3)违法婚姻的损害赔偿责任是过错责任。违法婚姻的产生原因各异，例如，当事人结婚登记时并不知道二人之间存在着法律禁止的血亲关系，还如，结婚登记时受到了对方的欺骗，确实不知道对方是有配偶的人等，对于类似的在无效婚姻形成中没有过错的一方，自然没有损害赔偿义务。婚姻的建立有男女两性性的吸引与满足，有夫妻的彼此扶助包容、共同孕育抚养后代等内容，夫妻关系一旦建立，除非离婚或者一方死亡，否则不会终止。维系漫长的夫妻亲密关系的首先是感情，然后还有子女、责任等。因此，婚姻关系与其他民事法律关系有着许多不同，婚姻无效或者被撤销的损害赔偿责任也与一般侵权的损害赔偿责任不同。违法婚姻的损害赔偿责任没有无过错责任。如果婚姻当事人没有过错，即不会产生损害赔偿的责任。（4）违法婚姻的损害赔偿责任有财产责任，也有非财产责任，有财产损害赔偿，也有非财产的损害赔偿。无论因为婚姻无效或者被撤销，造成一方财产损害的，过错一方应当赔偿，而给受害一方造成的尊严损害、名誉损失、精神痛苦、心灵伤害等也应当予以赔偿。尽管财产赔偿无法恢复两人未建立婚姻关系之前的状态，但用过错一方的财产来抚慰受害一方的心灵伤害、减轻其痛苦，对惩戒过错一方、维护法律确认的婚姻制度等还是有积极作用的。民法典规定的违法婚姻的损害赔偿制度与离婚损害赔偿制度配合，对于制裁违法行为人，救济受害人，制止婚姻中的违法行为，保证人格尊严，弘扬公平、正义的法律理念有重要意义。

结婚登记瑕疵 婚姻登记机关已经作出的结婚登记具有不符合婚姻家庭法规定的问题。所谓不符合婚姻家庭法规定的问题，如，结婚登记时一方或者双方都未到场办理的结婚登记，借用或者冒用他人的身份证明办理的结婚登记，婚姻登记机关越权管辖进行的登记，当事人提交的婚姻证明材料等有瑕疵，结婚登记程序没有完成，等等。在我国，结婚登记是婚姻成立的必经程序，没有结婚登记的婚姻，除法律认可的事实婚姻之外都是没有法律效力的。但在办理结婚登记时，因为申请结婚登记人的故意或者过失，或者因为婚姻登记人员的审查失误等，结婚登记出现了瑕疵。在司法实践中，人民法院在处理离婚纠纷时，常有一方婚姻当事人以结婚登记有瑕疵为由，请求人民法院确认其婚姻无效。其实，结婚登记瑕疵与婚姻无效是完全不同的两个概念。婚姻无效是对于已经成立的婚姻予以否认的制度，从而达到预防和制裁违法婚姻的目的。被宣告无效的婚姻，是从婚姻登记时起即没有法律约束力，其法律后果十分严重，如，夫妻双方失去因为配偶身份而产生的特定人身与财产利益，所产生的财产不能按照夫妻共同财产分割，夫妻双方失去以配偶身份作为第一顺序继承人彼此继承遗产的权利，等等。为此，《中华人民共和国民法典》第 1051 条专门规定，重婚、有禁止结婚的亲属关系和未到法定婚龄的为可以宣告婚姻无效的情形。结婚登记中的瑕疵，主要发生在结婚登记的程序中，虽也存在着不合法的性质，但如果没有法律规定的婚姻无效、婚姻可撤销的情形，仅以结婚登记程序中的瑕疵否认婚姻成立的效力没有法律依据。因此，当事人以婚姻登记中存在瑕疵为由申请宣告婚姻无效的，人民法院应当驳回当事人的申请。因为结婚登记是婚姻成立的程序要件，负责结婚登记的国家行政机关代表国家对当事人的结婚申请进行审查，对符合法律规定的结婚条件的予以登记，发给结婚证，目的是确定婚姻关系的合法成立，保证已经成立了的婚姻关系受法律的承认和保护。婚姻登记机关的审查、登记，是国家行政机关所为的具体行政行为。对于结婚登记程序中的瑕疵予以救济的法律途径是通过行政复议程序予以纠正，或者向人民法院提起行政诉讼，请求人民法院依法撤销行政机关作出的不合法的结婚登记。撤销的结婚登记，等同于没有登记，双方当事人的婚姻关系也就不存在。因此，在当事人以结婚登记程序存在瑕疵为由提起民事诉讼，主张撤销结婚登记的，人民法院应当告知其可以依法申请行政复议或者提起行政诉讼。因为结婚登记瑕疵的情形各有不同，产生的原因及造成的后果也很复杂，甚至有的涉嫌重婚等刑事犯罪，应当具体案件具体分析，实事求是地予以解决。

他人代办或者冒名顶替进行的结婚登记 结婚登记瑕疵的一种情形。结婚行为是典型的人身性质的民事法律行为，这一行为的后果是在男女之间建立起婚姻关系，产生与夫妻身份相联系的一系列人身与财产上的权利与义务。结婚行为必须由要结婚的男女亲自为之，向结婚登记员亲口表达与对方结婚的意愿。结婚登记不能由他人代理、代办，更不能冒名顶替。结婚登记必须由本人亲自办理，是为了保证结婚是当事人的真实意愿。如果结婚当事人明知自己的结婚手续是他人代为办理或者是由他人冒名的却没有反对，还与对方举行婚礼，公开以夫妻的身份同居生活，与对方的亲属以姻亲关系走动来往，凭借结婚证申报子女户口等，都表明其与对方的结婚是其真实的意思表示，而后又以自己没有亲自办理结婚登记手续为由来否认自己婚姻成立的效力则没有说服力。如果虽本人没有亲自办理结婚登记手续，但二人结为夫妻确实是婚姻当事人的真实意思表示，并且有了真实的婚姻生活，不应当简单、粗暴地以结婚登记过程中的瑕疵来否认结婚登记的法律效力。如果一方当事人不愿与对方结婚，为使婚姻获得法律承认的效力而找人冒名顶替进行了结婚登记，领取了结婚证，则是严重的违法行为。冒名顶替的结婚登记，完全没有了婚姻一方进行意思表示的机会，不仅严重违反了法律关于结婚必须男女双方完全自愿的规定，违反了结婚程序，还严重侵犯了被顶替人的姓名、婚姻等权益。如果被顶替结婚的人对此不知情，再与他人结婚的话，还会构成重婚。对于这样的结婚登记瑕疵，被顶替的人可以向婚姻登记机关请求撤销结婚登记，也可以直接向人民法院提起行政诉讼，请求撤销这一结婚登记，人民法院应当支持。

借用他人身份证件进行的结婚登记　结婚登记瑕疵的一种情形。因一方未到法定婚龄而借用他人的身份证件办理结婚登记。这种登记的结果是结婚证上记载的姓名与实际生活中的人不符。结婚证是婚姻当事人已经履行了结婚登记程序，受法律保护的婚姻关系已经成立的证明文件，结婚证上载明的主体即是婚姻当事人。因为是借用他人的身份证件办理的结婚登记手续，结婚证上载明的婚姻当事人不是真正的婚姻当事人，通过诉讼程序由人民法院宣告该婚姻无效，它不符合法律规定的无效情形。通过诉讼程序离婚，结婚证上记载的主体根本就没有婚姻关系。即使真正的婚姻当事人向人民法院提起离婚诉讼，因为结婚证上的婚姻当事人与诉讼当事人不符，无法证明他们之间存在着合法有效的婚姻关系，这一起诉人民法院也不能受理。因此，对于这样的结婚登记瑕疵，真正的婚姻当事人、被借用身份证件的人都可以向婚姻登记机关提出请求撤销结婚登记，也可以直接向人民法院提起行政诉讼，请求撤销这一结婚登记。人民法院应当支持原告的诉请，以维护婚姻登记工作的正常有序。

一方使用虚假证件办理结婚登记　结婚登记瑕疵的一种情形。一方使用虚假证件与对方登记结婚，达到骗钱、骗人等目的后便消失的诈骗行为。这类结婚登记诈骗案件，嫌疑人常常下落不明，受害人与其领取的结婚证虽是嫌疑人利用虚假证件办理的，却是有法律效力的证明文件，所证明的受害人与诈骗犯罪嫌疑人的婚姻也是成立的有效婚姻。这一结婚登记上的瑕疵会严重影响受害人的生活。而要撤销这一结婚登记，首先要有证据证明对方与自己办理结婚登记使用的是伪造的身份证明文件。如果能够提供上述证据，即使使用伪造证明文件骗取结婚登记的人下落不明，也足以认定婚姻登记机关的这一结婚登记行为是违反法律规定的无效行政行为。被欺骗登记的一方有权请求婚姻登记机关撤销这一结婚登记。被欺骗登记的一方也有权直接向人民法院提起行政诉讼，要求确认该结婚登记行为无效。被撤销的结婚登记从登记之时起即没有法律效力。

结婚登记程序未完成　结婚登记瑕疵的一种情形。当事人在婚姻登记机关办理结婚登记手续，基本的程序是，男女双方提出结婚登记申请，提供有关证明文件供婚姻登记员审查，对符合结婚条件的发给结婚证。若申请人提供的文件不完整或有瑕疵等，则需要补交或补正后才发给结婚证。但有的申请人却没有补交或补正证明文件，也没有领取结婚证，却已公开举办了婚礼，开始了婚姻生活，或者委托熟人等，先领走结婚证，承诺事后补交或补正证明文件却未做到，致使婚姻登记的档案一直不完整。无论登记结婚的人是否领取了结婚证，其结婚登记程序实际上都未完成。实际生活中，也有因为婚姻登记机关的原因，没有当场发给结婚证。这种未完成登记手续的结婚登记，对于婚姻的成立是有严重瑕疵的。结婚证是婚姻关系有效成立的重要证明文件，当事人无论何种原因，没有领取结婚证的，婚姻关系都没有成立，不能受到法律的承认和保护。至于申请人领取了结婚证，却没有补交该提交的文件，其婚姻关系形式上是成立的，但如果其应当补交的文件关乎结婚的实质要件，因此导致该婚姻的成立违反法律规定的，其婚姻也面临被宣告无效或者被撤销的后果。

婚姻登记机关及其婚姻登记员的责任 婚姻登记机关及其工作人员对于其在执行职务过程中违反婚姻家庭法律及婚姻登记法规等有关规定的行为所承担的责任。在我国，婚姻登记机关是依法履行婚姻登记职能的行政机关，婚姻登记员则是由其所在的机关任命，负责对当事人的结婚、离婚申请进行审查，符合法律规定的予以签发结婚证、离婚证的工作人员。因为其工作关乎婚姻申请人的切身利益和国家对婚姻家庭制度的维护，国家对婚姻登记人员有非常明确的要求：一般应具有大学专科以上学历；应当熟练掌握相关法律法规，熟练使用婚姻登记信息系统，文明执法，热情服务；上岗应当佩戴标识并统一着装。婚姻登记员的婚姻登记行为，是以其所在的婚姻登记机关的名义实施的，实质上是代表国家对当事人的婚姻登记申请进行审查、予以登记并发放结婚证、离婚证，而不是其个人的行为。婚姻登记员依法执行职务的行为即给予申请人的婚姻登记申请是登记还是不予登记的决定等都具有法律效力。即使其婚姻登记行为有错误，在未被国家有权力的相关机关予以撤销前，都是有法律效力的。对于婚姻登记员的行为有异议的，婚姻登记申请人可以依法向国家有关机关提出申诉、复议或者向人民法院提起行政诉讼。如果婚姻登记员在执行职务的过程中，违反法律、法规的规定，或者不负责任、不尽心审查等侵害了婚姻登记申请人的权益，婚姻登记员并不直接对婚姻登记申请人承担责任，而是由婚姻登记机关承担责任，或者撤销婚姻登记员的登记行为，或者纠正婚姻登记中的错误。因此给婚姻登记申请人造成损害的，还应当由婚姻登记机关承担赔偿责任。婚姻登记机关有权因为婚姻登记员在执行职务中的违法、失职行为给予相应的行政处分。对于婚姻登记机关对受害的婚姻登记申请人承担了赔偿责任的，还可以内部向婚姻登记员追偿。民政部发布的2016年2月1日起实施的《婚姻登记工作规范》第72条规定："婚姻登记机关及其婚姻登记员有下列行为之一的，对直接负责的主管人员和其他直接责任人员依法给予行政处分：(一)为不符合婚姻登记条件的当事人办理婚姻登记的；(二)违反程序规定办理婚姻登记、发放婚姻登记证、撤销婚姻的；(三)要求当事人提交《婚姻登记条例》和本规范规定以外的证件材料的；(四)擅自提高收费标准或者增加收费项目的；(五)玩忽职守造成婚姻登记档案损毁的；(六)购买使用伪造婚姻证书的；(七)违反规定应用婚姻登记信息系统的。"第73条规定："婚姻登记员违反规定办理婚姻登记，给当事人造成严重后果的，应当由婚姻登记机关承担对当事人的赔偿责任，并对承办人员进行追偿。"

事实婚姻 "法律婚姻"的对称。没有配偶的男女，未经结婚登记，以夫妻名义同居生活的，周围人也认为是夫妻关系的状况。具有以下特点：(1)男女都没有配偶。如果有配偶者还以夫妻身份公开生活的，构成重婚。(2)当事人双方都有婚姻的目的和共同生活的事实。凡不具有婚姻目的和共同生活形式的，如姘居、同居等则是非法的两性关系，而不是事实婚姻。(3)男女具有公开的夫妻身份。事实婚姻的男女不仅具有共同生活的形式，而且是以夫妻身份公开生活的，并且这种夫妻身份得到周围人的认可。那些非法的两性关系，即使一起生活，甚至生育了子女，但不是以夫妻身份公开对待的，也构不成事实婚姻。(4)当事人没有履行结婚登记手续。即使办过结婚仪式，但没有进行结婚登记，依然不是合法婚姻。在我国，伴随着1950年5月1日第一部婚姻法实施，1980年9月10日重新颁布婚姻法、2001年4月28日修正，对待事实婚姻，经历了有条件的承认、逐步不承认、完全不承认几个阶段。我国对于未按婚姻法规定办理结婚登记而以夫妻名义共同生活的男女，予以区别对待：1994

年2月1日民政部《婚姻登记管理条例》公布实施以前，男女双方已经符合结婚实质要件的，按事实婚姻处理；1994年2月1日以后，男女双方符合结婚实质要件的，应当补办结婚登记，未补办结婚登记的，按同居关系对待。对于被认定为事实婚姻的，同居生活期间生育的子女为婚生子女，同居生活期间所得的财产适用婚姻家庭法对夫妻财产的规定。被认定为同居关系的，同居生活期间生育的子女为非婚生子女，同居生活期间以共同的劳动收入购置的财产，按共同共有财产处理。《中华人民共和国民法典》第1071条规定："非婚生子女享有与婚生子女同等的权利，任何组织或者个人不得加以危害和歧视。不直接抚养非婚生子女的生父或者生母，应当负担未成年子女或者不能独立生活的成年子女的抚养费。"无论是事实婚姻的双方离婚，还是同居生活的双方解除同居关系，在子女抚养问题上，必须严格遵守婚姻家庭法父母抚养子女的规定。

法律婚姻 "事实婚姻"的对称。依法履行了结婚登记手续，受法律承认和保护的婚姻。

同居 男女未办理结婚登记而一起共同生活的行为。广义的同居，有异性的同居，也有同性的同居；有公开的同居，也有隐蔽的同居；有未婚的同居，也有有配偶的同居。有的同居男女还育有子女。在现实社会中，一些适龄的男女，明明符合结婚的条件，但因为不想接受婚姻关系的义务与责任，不愿承担结婚后的生活压力，自愿选择同居生活。也有的男女结婚前先选择同居，彼此认为合适的再办理结婚手续。对于同居的态度，各国法律也不相同。有的国家对于同居的男女关系采格外宽容的态度，将同居关系认可为事实婚姻，使婚姻关系中的权利义务在同居关系中得以适用。也有的国家对符合法律规定的同居关系给予一定的承认与保护，如对达到一定期间的同居伴侣关系，给予相应的法律救济手段。也有对同居关系持否定态度的，如我国。我国法律历来重视婚姻关系的缔结，严格要求符合结婚条件的男女必须履行结婚登记手续才能成为夫妻。而且对于未履行结婚登记手续而同居生活的男女，在相当长的时间内，都称为"非法"同居。1989年12月13日公布的《最高人民法院关于人民法院审理未办结婚登记而以夫妻名义同居生活案件的若干意见》中曾明确："自民政部新的婚姻登记管理条例施行之日起，未办结婚登记即以夫妻名义同居生活，按非法同居关系对待。离婚后双方未再婚，未履行复婚登记手续，又以夫妻名义共同生活，一方起诉‘离婚’的，一般应解除其非法同居关系。”同时还规定：“人民法院审理未办结婚登记而以夫妻名义同居生活的案件，应首先向双方当事人严肃指出其行为的违法性和危害性，并视其违法情节给予批评教育或民事制裁。……未办结婚登记而以夫妻名义同居生活的男女，一方要求‘离婚’或解除同居关系，经查确属非法同居关系的，应一律判决予以解除。”同时也明确：“基于这类‘婚姻’关系形成的原因和案件的具体情况复杂，为保护妇女和儿童的合法权益，有利于婚姻家庭关系的稳定，维护安定团结，在一定时期内，有条件的承认其事实婚姻关系，是符合实际的。”事实是，在很长的一段时间内，人民法院处理同居纠纷案件，只要不符合事实婚姻条件的，开始是不予受理，后来虽然受理了，处理的也还是因为同居生活产生的财产分割、子女抚养问题，并不介入同居关系的处理。因为社会的发展，人们的思想观念也在变化，不办理结婚手续而在一起同居生活的现象增多，造成了单亲家庭及非婚男女带子女生活现象的大量存在，这对社会来说是不稳定的因素。但考虑我国法律的一贯立场，2001 年修正后的婚姻法中出现的“同居”概念，还是为维护合法的婚姻关系而存在的，如该法第 3 条“禁止有配偶者与他人同居”，即作为维护一夫一妻的婚姻原则而作的原则规定；第 32 条将“有配偶者与他人同居”，作为人民法院审理离婚纠纷案件判断夫妻感情破裂的事实之一来规定，即离婚纠纷案件中，凡有配偶者与他人同居离婚的，人民法院调解无效后应准予离婚；第 46 条将“有配偶者与他人同居”导致离婚的，作为无过错方享有离婚损害赔偿请求权的事实依据之一。对于“有配偶者与他人同居”，《最高人民法院关于适用〈中华人民共和国婚姻法〉若干问题的解释(一)》中解释为“是指有配偶者与婚外异性，不以夫妻名义，持续、稳定地共同居住”。从这一解释看，我国婚姻法意义上的同居，是采纳最狭义的理解，即得符合以下条件方为“有配偶者与他人同居”。第一，同居的得是有配偶的人与婚外异性，可以是同居的一方有配偶，也可以是双方都有配偶；同居对象必须是异性。第二，同居的双方不以夫妻名义。如果是以夫妻的名义公开同居生活，依法构成重婚。第三，同居的双方要持续、稳定地共同居住。婚姻法这一明令禁止的“有配偶者与他人同居”与所谓男女“一夜情”，偷偷摸摸的“被包养”“通奸”行为等不同。为此婚姻法及《最高人民法院关于适用〈中华人民共和国婚姻法〉若干问题的解释(一)》、《婚姻登记条例》中未使用“非法”二字,转而采用的是“同居”或者“同居关系”这一法律用语。其实,男女同居生活本就是私人的事情,是以婚姻关系还是以其他关系同居生活,是当事人自己的选择。私法奉行的准则是“法无禁止即可行”,法律没有规定禁止无配偶的男女同居生活,将这种同居行为指责为“非法”是没有法律依据的。对于符合结婚实质要件的男女,应当清楚没有办理结婚登记就以夫妻关系公开同居生活是不受法律保障的。因此,双方应当补办结婚登记手续。对于离婚后又在一起同居生活却未办理复婚登记的,同样是不受法律保护的同居关系,双方应当依法补办复婚登记。对于有配偶者与他人同居,或者明知对方有配偶还与之同居生活的,是破坏他人家庭的违法行为,构成重婚罪的,应依法承担刑事责任。因为同居关系不是合法的婚姻关系,同居的一方或双方仅仅以解除同居关系为由起诉至人民法院,人民法院不予受理,但当事人要求解除的是与有配偶者的同居关系,人民法院应当受理,并依法予以解除。当事人因同居期间财产分割、子女抚养纠纷提起诉讼的,人民法院应当受理。解除同居关系时,双方所生育的子女为非婚生子女。对于子女抚养,应当由父母双方协商;协商不成的,应根据子女利益和双方的具体情况作出判决。当事人同居期间双方所得的财产,按照共同共有处理,但有证据证明为一方所有的除外。同居期间为共同生活、生产形成的债权、债务,按共同债权、债务处理。同居期间一方死亡的,另一方要求以配偶身份主张继承权的,要区别对待:1994 年 2 月 1 日民政部《婚姻登记管理条例》公布实施以前,男女双方符合事实婚姻的,应当支持生存一方以死者的配偶身份继承遗产;1994 年 2 月 1 日以后,男女双方虽符合结婚的实质要件但未补办结婚登记手续的,也只是同居关系,生存一方不能以死者的配偶身份继承遗产。

家 庭 关 系

家庭关系 家庭成员间的权利义务关系。家庭是一定范围的亲属组成的生活共同体，是社会最小的细胞单位。家庭关系基于结婚、出生、法律拟制等原因产生，又因为离婚、死亡、拟制血亲关系解除等原因消灭。在不同时代，与家庭赖以存在的经济、政治、文化、传承等相适应，家庭的表现形式、家庭结构、家庭成员间的权利义务也不相同。在封建社会，家庭多为四世、五世同堂的宗族大家庭，由家长统领着数十、甚至数百口人共同生活。在这种联合式的家庭结构中，家庭成员等级分明，与等级相应的权利义务也复杂。到了资本主义社会，家庭相对变小，多为夫妻与未成年子女共同生活。在这种核心式家庭中，家庭成员间的权利义务关系也相对简单。我国现代城市中夫妻与未成年子女共同生活的家庭占多数，农村中父母、夫妻及其子女三代共同生活的家庭还有很多。我国的家庭关系中，占据基础与核心地位的是夫妻关系，夫妻有义务抚养教育子女、赡养扶助父母。因此，在家庭关系中首先是夫妻关系，其次是父母与子女的关系，祖父母、外祖父母与孙子女、外孙子女的关系，他们之间存在着法定的权利与义务。部分家庭成员中还有兄弟姐妹，在符合法律规定条件时，兄弟姐妹之间也存在着扶养与被扶养等权利义务关系。《中华人民共和国民法典》在第五编“婚姻家庭”第三章“家庭关系”中用两节 21 个条文规范了夫妻关系、父母子女关系和其他近亲属关系，是我国调整家庭关系的基本法律规范。

夫妻 丈夫与妻子的合称。男女双方通过合法婚姻组成的配偶。夫的配偶称妻，妻的配偶称夫，由此形成的社会关系为夫妻关系。夫妻关系作为法律关系，包括夫妻人身关系和夫妻财产关系。夫妻关系存续于整个婚姻关系期间，因离婚或一方死亡(包括宣告死亡)而终止。夫妻关系是家庭关系的核心，是血亲关系与姻亲关系的基础，但夫妻关系本身并非血亲关系和姻亲关系。

配偶 释文见201页。

夫妻关系 发生在配偶之间的具有特定生理、心理、伦理、经济、法律等内容的社会关系。婚姻关系建立后的重要法律效力之一是在特定的男女之间产生了夫妻关系。男女两性的结合，是人类繁衍的需要，是人类自身再生产的重要内容。自从有了人类，即有男女两性的结合，但作为具有相对稳定的共同生活并孕育、抚养子女的夫妻关系的确立，人类却经历了漫长的历史。人类的两性关系与文明的发展和进步相关联，经历了群婚制、对偶婚制及后来的单偶婚制，才有了今天的一夫一妻的个体家庭。无论在何种社会制度下，夫妻关系都事关人类的繁衍、家庭职能的实现和社会的稳定与发展。自有了国家以来，通过法律手段对夫妻关系予以规范和调整就成为必然。我国调整夫妻关系的法律集中表现在《中华人民共和国民法典》第五编“婚姻家庭”第三章“家庭关系”第一节“夫妻关系”中。夫妻关系虽也是社会关系的一种，却有着自己的特点：(1)夫妻是人为设定的关系。这是夫妻与自然血亲的重大区别。自然血亲，是通过血缘作为纽带自然联结的，而且具有不可消除的特性。夫妻的结合，不仅不需要这种自然联结，法律还要设置种种禁忌，以避免或减少这种血缘联系。同时夫妻的结合又不是一男一女的任性组合，需要符合法律规定的条件，履行法律规定的程序，以得到社会的认可和国家法律的保护。因此，按照法律规定的条件与程序缔结婚姻的男女才成为夫妻。通奸、姘居的两性关系，不是夫妻。(2)夫妻关系受自然属性与社会属性的双重制约。首先，夫妻是一男一女两性的结合，这是人类性的需求及孕育下一代的自然属性的必然要求。男女两性的性差别、性吸引、性本能是两性结合的原始动力，是夫妻关系得以成立的自然条件。即使在生殖技术已经非常成熟的现代，生儿育女，哺育、教养后代的职能还是需要在家庭中由夫妻共同来完成。尽管当今世界上有承认同性恋的国家，但这毕竟是极个别的。其次，男女结婚组成家庭，互相扶持，共同生活，完成家庭承担的育幼、养老及生产、消费等职能，是家庭的社会属性的要求。夫妻关系是一个家庭的基础、核心，是以共同生活为目的的终身结合，需要彼此的信赖与合作，以维持婚姻关系的稳定与持久。尤其是在当代，人们要求婚姻以爱情为基础，有感情的男女结婚才能够彼此信赖、包容、扶持，婚姻及家庭生活才能长久地幸福美满。因为家庭是社会的最小细胞，健康、稳定的家庭关系对于社会具有重要意义。因此，自从有了国家即有了国家对婚姻的干预，人的行为不能仅仅受本能的支配，不能将自己的利益凌驾于他人之上，不能破坏法律认可的婚姻秩序，成为夫妻的男女二人必须在法律允许的范围之内作为或不作为。法律认可的一夫一妻及婚姻自由、自愿、平等原则是处理婚姻关系尤其是处理夫妻关系的准则。重婚、通奸、家庭暴力、遗弃、虐待家庭成员等都是违法行为，应当受到法律的制裁。(3)夫妻关系有着身份、财产的双重内容。婚姻是符合结婚要件、受到法律认可的两性结合，合法婚姻才赋予了结婚男女以夫妻身份。不符合结婚要件的男女即使同居生活，也不是夫妻。具有夫妻身份的男女才享有法律规定的权利，承担法律规定的义务。夫妻间的权利和义务与婚姻的本质相联，具有人身、财产的双重内容，而且这些权利和义务在大多数国家都是由法律明确规定的，受国家法律的强制保护，不允许当事人的任意变更、免除，也不允许他人的侵犯与妨碍。我国民法典第五编第三章第一节中用 12 个条文规范了夫妻的人身关系和财产关系。

夫妻人身关系　具有合法婚姻关系的男女双方在家庭中因其夫妻的身份、地位所具有的权利义务关系。夫妻关系的重要内容。夫妻人身关系是夫妻关系的核心，夫妻财产关系尽管也十分重要，但也是依附于人身关系的存在。没有夫妻人身关系，夫妻财产关系也没有存在的必要。按照《中华人民共和国民法典》第 1055—1057 条的规定，夫妻人身关系的内容包括：夫妻在婚姻家庭中地位平等；夫妻双方都有各用自己姓名的权利；夫妻双方都有参加生产、工作、学习和社会活动的自由，一方不得对另一方加以限制或者干涉。

夫妻在婚姻家庭中地位平等

夫妻双方在婚姻家庭共同生活中平等地享有权利，平等地履行义务，共同承担婚姻家庭的责任。夫妻人身关系的重要内容。《中华人民共和国民法典》第 1055 条明确规定：“夫妻在婚姻家庭中地位平等。”夫妻人身关系的平等，是确定夫妻权利义务的前提和基础，也是处理夫妻关系的基本准则。无论夫妻二人文化水平、社会分工、社会地位、收入等有多么不同，但在夫妻相处中最重要的原则是平等。平等地尊重对方的独立人格，平等地享有权利，平等地承担义务，平等地处理家庭事务，尤其是禁止以强凌弱、家庭暴力、虐待、遗弃等违法行为。夫妻之间的平等，是指夫妻之间法律地位的平等，不是对家庭事务的平均分担。对于家庭事务应当平等协商处理，不能一人独断专行，对于抚养教育子女、赡养扶助老人及日常家务，应当合理分担。现实生活是复杂的，每个家庭面临的困难、难题也不相同，但都应当在坚持夫妻平等的原则下作出处理。人民法院在处理家庭纠纷、夫妻离婚等纠纷案件时，也应在夫妻平等这一原则指导下作出判断。

夫妻的姓名权 男女结婚之后，夫妻双方享有的各用自己姓名的权利。夫妻人身关系的重要内容。《中华人民共和国民法典》第1056条规定："夫妻双方都有各自使用自己姓名的权利。"姓名是自然人区别自己与他人的文字符号。每个人都有自己的姓名，姓名权是自然人依法享有的决定、使用、变更或者依法许可他人使用自己的姓名并排除他人干涉、滥用、假冒等的权利，是自然人拥有的重要人格权利。民法典第1012条规定："自然人享有姓名权，有权依法决定、使用、变更或者许可他人使用自己的姓名，但是不得违背公序良俗。"拥有独立的姓名权，意味着自然人拥有独立的人格。在古代父系家长制社会，女性是没有独立人格的。我国在封建社会对女性的要求是"在家从父，出嫁从夫，夫死从子"的"三从"，婚姻奉行的是"男娶女嫁"，女子婚后要在本姓之前冠夫姓，以标志已婚女性从属于丈夫的亲族，至于双方生育的子女无疑是随父姓的。一直到中华人民共和国成立后，1950年婚姻法才明确规定"夫妻有各用自己姓名的权利"。夫妻双方生育的子女，理论上可以随父姓，也可以随母姓，但实际生活中因此产生纠纷的也不在少数。对此，民法典第1015条作了规定："自然人应当随父姓或者母姓，但是有下列情形之一的，可以在父姓和母姓之外选取姓氏：(一)选取其他直系长辈血亲的姓氏；(二)因由法定扶养人以外的人扶养而选取扶养人姓氏；(三)有不违背公序良俗的其他正当理由。少数民族自然人的姓氏可以遵从本民族的文化传统和风俗习惯。"当然，生活中夫妻对于姓氏的使用也可以协商确定，如，是夫妻各用自己的姓氏，还是妻随夫姓、夫随妻姓，或者是相互冠以对方的姓氏，都可以协商决定。对此法律并未明文禁止。所要注意的是，结婚后的男女如要冠以对方姓氏，等于变更了自己的姓名。对此，民法典第1016条也有规定，自然人变更姓名，应当依法向有关机关办理登记手续；同时还规定，自然人变更姓名的，变更前实施的民事法律行为对其具有法律约束力。

夫妻的人身自由权 男女结婚之后，夫妻双方享有的参加生产、工作、学习和社会活动的自由的权利。夫妻人身关系的重要内容，夫妻法律地位平等的重要表现。在旧中国，女性结婚之后，只能在家里侍候丈夫、公婆，照顾子女，从事家务，已婚女性被严格限制在家庭之中。这不仅使女性丧失了人身自由，摧残了女性的成长与发展，也剥夺了女性为社会作出贡献的机会。中华人民共和国成立之后，法律赋予了女性与男性平等的法律地位。1950年婚姻法明确规定："夫妻双方均有选择职业、参加工作和参加社会活动的自由。"这在当时是巨大的社会进步。1980年婚姻法及2001年修正后的婚姻法将这一内容都保留了下来。2020年颁布的《中华人民共和国民法典》第1057条规定："夫妻双方都有参加生产、工作、学习和社会活动的自由，一方不得对另一方加以限制或者干涉。"法律的这一规定适用于夫妻双方。至于夫妻双方如何安排家庭生活与社会上的工作，应当平等协商。夫妻在家庭中无论如何分工，双方的法律地位都是平等的，任何一方对家庭享有平等权利的同时，也要履行自己的义务，任何一方都不能滥用自己的权利，限制、干涉另一方的人身自由。

夫妻抚养、教育和保护未成年子女的权利与义务　夫妻双方享有的抚养、教育和保护未成年子女的权利与义务。我国2001年修正后的婚姻法第21条规定，"父母对子女有抚养教育的义务"；第23条规定，"父母有保护和教育未成年子女的权利和义务。在未成年子女对国家、集体或他人造成损害时，父母有承担民事责任的义务"。2020年颁布的《中华人民共和国民法典》第1058条规定："夫妻双方平等享有对未成年子女抚养、教育和保护的权利，共同承担对未成年子女抚养、教育和保护的义务。"可见，民法典不仅整合了上述内容，将分别规定的两条内容合并为一条，还将上述权利与义务规定在夫妻关系中。这一规定，充分表达了法律对抚养、教育和保护未成年子女是夫妻当然享有的权利，也是夫妻必须履行义务的立场。夫妻平等地享有抚养、教育和保护未成年子女的权利，也平等地承担抚养、教育和保护未成年子女的义务，体现了夫妻平等这一重要原则。既然是法律规定的权利，则意味着受到法律的保护，不允许任何人包括夫或者妻侵犯，也不允许夫或者妻剥夺另一方的权利；既然是法律规定的义务，夫妻任何一方都须认真履行，不履行义务的都要受到法律的制裁。夫妻对其未成年子女的权利与义务从子女出生即产生。即使夫妻离婚，婚姻关系解除，父母对子女的权利与义务依然存在。法律禁止溺婴、弃婴和其他残害婴儿的行为，禁止虐待、遗弃子女，禁止家庭暴力，禁止歧视女性。侵害未成年子女情节、后果严重的，还要依据刑法追究夫妻的刑事责任。

夫妻的婚姻住所决定权 夫妻双方享有的选择、决定婚后共同生活住所的权利。夫妻人身关系的重要内容。对于夫妻婚后共同生活的住所的选择，也是关乎到夫妻地位的大事。我国在很长的历史中，婚后妻子从属于丈夫，“妻从夫居”成为当然。即使在资本主义国家的早期，婚后住所的选择也多规定为是丈夫的权利。现代婚姻家庭立法，奉行男女平等原则，将婚姻住所的决定权平等地赋予夫妻双方。《中华人民共和国民法典》第 1050 条规定：“登记结婚后，按照男女双方约定，女方可以成为男方家庭的成员，男方可以成为女方家庭的成员。”这一规定实际隐含着男女双方婚后住所的安排。夫妻平等地决定婚后住所，是妻到夫家生活，还是夫到妻家生活，抑或是夫妻双方在自己的住所独立生活，都看夫妻双方的意愿与现实条件。无论婚后住所决定在何处，都与夫妻地位的高低无关。至于女方成为男方家庭的成员，或者男方成为女方家庭的成员，是法律的一种表述。其实，夫或妻与对方其他家庭成员的关系如儿媳与公婆、女婿与岳父母等，还是姻亲关系，在没有法律特别规定的情形下，并不会产生法律上的权利与义务。

生育权 有广义、狭义的两种理解。狭义是指自然人享有的依法决定自己是否生育、何时生育、用何种方式生育和生育子女数量的权利与自由。广义除狭义理解外，还包括自然人享有的通过国家整个法律体系对生育权给予保护的权利。生育权概念最早在 19 世纪末期西方国家兴起的女权运动中提出，到 20 世纪 70 年代已经被国际社会接受。1974 年 8 月在罗马尼亚布加勒斯特召开的第三届世界人口会议通过的《世界人口行动计划》中，作为本计划建立的基础之一的生育权被正式提出，明确“所有夫妇和个人都有自由和负责任地决定生育孩子数量和生育间隔并为此而获得信息、教育和手段的基本权利”。这是对生育权的最经典表述。依照这一概念，生育权是自然人享有的基本人权。这一权利的内容主要包括：(1)生育决定权。自然人享有自主决定是否生育、何时生育、生育子女的数量及间隔的权利。生育权主体有生育的权利，也有不生育的自由。不生育子女不应受到歧视。(2)生育方式选择权。自然人有决定是自然受孕还是通过人工生殖技术孕育子女的权利,有选择自然分娩还是剖腹生产的权利。(3)生育健康权。自然人享有的保持自己生殖器官完整,生育能力健康、持续的权利。(4)生育保障权。自然人在进行生育的过程中,有获得与生育有关信息的权利,有获得国家生育保障的权利,如获得避孕和节育服务的权利,孕产期和哺乳期内不得离婚、不被解雇的权利,孕产期和哺乳期内特殊劳动保护的权利、医疗保健的权利,享受生育社会保险待遇的权利等。生育权是自然人所享有的权利,属人格权范畴,具备人格权的所有特点。但要注意:第一,生育作为人类繁衍的手段,首先是个体对社会和人类的义务。而且生育权利的行使,也意味着生育相对方的义务、下一代抚养教育的义务,甚至还关系到家庭伦理、社会道德的义务。所以,自然人不仅享有生育的权利,同时也得承担相应的义务。第二,生育权是男女双方共同行使的权利。生育权虽说是自然人个体享有的人格权,却不是可以独立行使的权利。生育权的实现依赖男女两性的相互配合。第三,生育权具有一定的身份特征。生育权是法律赋予自然人的一项基本权利,是自然人之所以成为法律上的"人"所固有的、必备的权利,因此,生育权当属人格权。至于没有配偶的人是否也有生育权,一直存有争论。理论上,生育权应当是人与生俱来的权利,与法律是否确认没有关系。但在有了国家、法律之后,生育就与婚姻联系在一起,婚姻是生育子女的前提,已根植在人们的观念中。随着人类的进步,尤其是人工生殖技术的发展,使不通过男女两性的自然结合也能孕育后代成为可能,传统的家庭观念被挑战,人们可以更自由地选择自己的生活方式,无配偶的人生育子女的现象便不再新鲜,再否认无配偶者的生育权,似乎已经不合时宜。《世界人口行动计划》也承认生育权是"所有夫妇和个人"都享有的权利。但在现代社会,人们的主流观念还是认为行使生育权的应当是具有夫妻身份的男女。这不仅仅是传统的观念使然,更多的还是从子女的健康成长、家庭的伦理秩序及社会的安定和谐出发考虑的。生育权行使的结果是生育子女,而子女的健康成长离不开父母双方的抚养、教育、保护和稳定、和谐的家庭环境。健康的后代才是民族兴旺、社会稳定发展的希望。所以,生育权虽是人格权,却带有夫妻身份的特征。整个人类社会都在进步,人们对生育权内涵的理解也在不断发展。《世界人口行动计划》认为"夫妇和个人在行使这种权利时,应考虑他们现在子女和未来子女的需要以及他们对社会的责任”，生育权的主体从夫妇扩大到所有夫妇和个人，生育权的内容也从人的基本权利自由发展到要求对子女、社会负责。1992年10月1日起施行的《中华人民共和国妇女权益保障法》第一次在立法中明确规定生育权：“妇女有按照国家有关规定生育子女的权利，也有不生育的自由。”2002年9月1日起施行的《中华人民共和国人口与计划生育法》第17条规定：“公民有生育的权利，也有依法实行计划生育的义务，夫妻双方在实行计划生育中负有共同的责任。”其他如《中华人民共和国宪法》《中华人民共和国母婴保健法》《中华人民共和国劳动法》《女职工劳动保护特别规定》等法律、法规中，对自然人生育权的保护也都从不同的角度作了规定。

生育权的冲突 男女双方在生育权行使时不能达成一致而产生的矛盾状态。生育权是男女双方平等享有的、受法律同等保护的权利，任何人都无权剥夺对方生育子女、繁衍后代的权利，同时这一权利也不应受任何人包括夫妻在内的强迫、干涉和侵犯。生育子女毕竟是男女双方的共同行为，因此男女双方在行使生育权的时候，应当协商一致。因为男女生理结构的差别，在生育子女时的分工与承受的压力是不同的，尤其男方行使生育权，如果未与女方协商一致，违背对方意志，必然要与女方的人身自由权、身体权、健康权甚至生命权产生矛盾或冲突。法律在解决权益冲突的时候，应当通过利益考量，选择最该保护的利益。当生育权与女性的自由、身体、健康、生命等权益发生碰撞时，应当优先保护女性的权益，女方应当拥有优于男方的决定权，这应该是人类社会的共识。(1)在生育子女的过程中，女性有着难以取代的特殊作用。从怀胎、分娩到哺乳，女性不仅会发生一系列的生理变化，身体负荷增加，而且要承受巨大的心理压力，严重的会产生抑郁等心理疾患甚至要付出生命的代价。这些都是男性无法替代而必须由女性独自承担的艰辛和风险。女性的生育过程也会直接影响胎儿的健康发育与安全，进而影响后代的体质与发展。女性在照顾、哺育子女方面也要履行更多的义务。法律如果无视女性在生育子女上所承担的风险与负担，在女方不愿生育而男方坚持要孩子的情形下，意味着丈夫要对妻子的身体和意志进行强制，这是对女性身心的摧残，是对女性人身自由、身体健康等权益的漠视，是现代文明和法律制度所不能容忍的。(2)任何违背对方意志的行为包括性行为都是违法的。法律赋予自然人生育的权利，同时也应当赋予自然人不生育的自由，这样这一权利才是完整的。同时，生育权的行使必须有男女双方的合作，而不生育的权利则是男女任何一方都可以独立行使的，无须对方的协助。既然是法律赋予的不生育的权利，在法律没有明文禁止的情形下，即使已经作出的同意生育的意思表示，也应当允许单方面撤回。(3)生育子女不是婚姻的必然结果，女性也不是生育的工具。如果男方对生育子女看得非常重，应当就此在结婚前与对方达成合意。即使婚前达成生育子女的合意，婚后女方反悔的，也完全可以与对方离婚，选择愿意与其生育子女的女性再婚，而不是通过侵犯女性的人身自由权、身体权等来实现。(4)在生育权保护上倾向对女性的保护，是在实现事实上的男女平等。在人类漫长的历史中，女性被看作是生育工具的历史有几千年。这点除了与人们对生育的认知不够有关，也是奴隶社会、封建社会制度的必然结果。我国奴隶社会和封建社会的礼制、宗法制度、嫡长子继承制度等，决定了女性在家庭与社会中没有任何政治地位，传宗接代才是家庭的头等大事，不能生育或者只生育女孩，当然是女性的罪过，会受到公婆、丈夫及其家族的歧视、虐待，甚至成为男性休妻的理由之一。这些陈腐观念直到今天都还残存在部分人的头脑中。因为不能生育子女或者未能生育男孩而遭受男家歧视、虐待，男方强迫妻子生育子女的现象并不鲜见，甚至有妻子自己决定终止妊娠，丈夫据此到人民法院以妻子侵犯其生育权为由起诉，要求妻子损害赔偿。可见，即使在当今社会，女性依然处于弱势。如果法律仅仅追求形式上对男女双方生育权的所谓平等保护，其实是以女性的人身权益被践踏作代价的，是在制造事实上的不平等。生育权是男女双方平等享有的人格权利，夫妻双方平等享有生育的权利，也平等拥有不生育的自由。任何人在行使自己权利的时候，都应当尊重对方的权利与自由，都必须在法律允许的范围之内。任何一方都不能将自己的意志强加给对方，不能因为行使自己的权利而侵犯对方的自由。丈夫以妻子擅自终止妊娠侵犯其生育权为由起诉到人民法院请求损害赔偿的，人民法院不应支持。即使是人权，那也是对出生了的“人”而言的，尚在母体中发育的胚胎，也只是母体的一部分，还不是具有法律上人格的“人”。因此女性终止妊娠是对自己身体的一种处分，是对自己“不生育”的一种自由选择，不构成对男性生育权的侵犯。

夫妻双方因是否生育发生纠纷，致使感情破裂，一方请求离婚的，人民法院经调解无效，应当依照婚姻家庭法的有关规定处理。

配偶权 具有合法婚姻关系的夫妻之间产生的互为配偶的身份利益，由权利人专属支配，并排除他人侵犯、干涉的权利。学界公认配偶权是由英美法系国家率先提出并使其日臻完善的法律概念。我国学者基于不同角度对配偶权的理解主要有几种观点：(1)陪伴说，认为配偶权是指配偶之间要求对方陪伴、钟爱和帮助的权利。(2)身份说，认为配偶权是夫对妻或妻对夫的身份权。(3)利益说，认为配偶权是指标志夫妻之间互为配偶的身份利益，由权利人专属支配的权利。(4)性权利说，认为配偶权是指夫妻互为配偶的性的权利。无论何种观点，配偶权的主体是配偶双方，配偶权的客体是夫妻互为配偶的身份利益，配偶权的权利内容是基于配偶身份所拥有的权利、义务，其核心毫无疑问是性的权利。配偶权是由基于配偶身份所拥有的配偶双方独占的民事权利，具有排他的属性。除配偶之外的人都是义务主体，承担不作为义务，即不得实施干涉、妨碍等侵犯配偶权的行为。基于配偶身份派生出的姓名权、住所决定权、家事代理权及同居义务、忠实义务等，应当是配偶权的内容。我国婚姻家庭立法一直没有采纳配偶权概念，在1980年婚姻法、2001年修正后的婚姻法和2020年颁布的《中华人民共和国民法典》中都规定了夫妻拥有的权利和自由。这种立法安排，虽也受到一些学者的非议，但在处理夫妻权利义务关系上取得了其应有的效果。

同居义务 男女婚后所具有的以配偶身份共同生活的义务。对于“同居”的理解，字面含义是在一个屋檐下共同生活。有人将此简称为“三同”，即同屋、同床、同桌。男女结婚之后，在同一个住所共同生活，包括夫妻之间的性生活，互相慰藉、扶助、照顾等，是男女结婚获得配偶身份后的基本义务，是夫妻这一特殊社会关系的固有要求。在规定同居义务的国家，法律也相应地规定了在何种情形下可以中止履行及不履行同居义务的法律后果。从婚姻的自然属性和社会属性出发，夫妻同居生活应是婚姻关系建立后的必然要求，没有正当理由长期不履行同居义务的，夫妻感情肯定出了问题。2001年修正后的婚姻法虽没有明文规定夫妻的同居义务，但在处理离婚纠纷时，将“因感情不和分居满二年”作为认定夫妻感情确已破裂，经调解无效，准予离婚的根据。2020年颁布的《中华人民共和国民法典》第 1079 条中，依然作了相同的规定。

忠实义务 夫妻具有的专一性生活的义务，或者不为婚外性行为的义务。夫妻互负忠实义务，是以感情为基础的婚姻关系的必然要求。男女有感情而结为夫妻，双方愿意终身一起生活，彼此陪伴、互相照顾扶助的感情是排他的。任何一方感情出轨，与他人发生性行为，都是对对方感情的背叛，会严重伤害对方的感情，破坏夫妻及家庭关系。当然，夫妻相互忠实，也是人类这种高级生物两性关系进步的标志。人是有理性、讲感情的生物，人应该懂得如何控制自己的欲望，约束自己的性行为，以维持婚姻关系的稳定。夫妻的相互忠实，既维持了夫妻之间的感情，也保证了子女血缘的纯正。而且多重性关系及不洁性行为还可能染上如艾滋病、性病等传染病，危害自己、配偶和子女，给家庭、社会带来灾难。可见，从保护配偶、子女身心健康的角度，夫妻相互忠实也是必要的。我国法律虽没有规定配偶权，但 2001 年修正后的婚姻法第 4 条规定了“夫妻应当互相忠实，互相尊重”。《中华人民共和国民法典》第 1079 条规定，重婚或者与他人同居的事实，是认定夫妻感情确已破裂，经调解无效，准予离婚的根据。第 1091 条还规定，因为重婚、与他人同居导致离婚的，无过错方有权要求另一方损害赔偿。

家事代理权 夫妻一方因家庭事务而与第三人为一定民事法律行为时所拥有的能以家庭名义实施该行为的权利，所为行为的法律后果由夫妻双方共同承担。男女结婚之后组成家庭共同生活，为满足生活需要，必然要解决家庭生活中的琐碎日常，需要与第三方进行各种民事活动。许多国家在婚姻家庭法中都规定夫妻在家事上互有代理权，规定配偶双方的任何一方，在共同生活期间，有代表家庭处理家庭日常事务的代理权。在我国，夫或妻以家庭的名义进行民事活动的时候，人们还是会以为行为人是代表了妻或夫的意思的。在实际生活中，因为家事代理引发家庭矛盾、带来债务纠纷也不少。事实证明，在法律上明确家事代理权，以保护夫妻、家庭及第三人的利益是有必要的。与一般的民事代理权相比，家事代理权有以下特点：(1)权利主体特定。家事代理权是具有夫妻身份的人当然享有的权利。夫或妻在行使这一权利的时候，不必像一般代理那样必须以被代理人的名义进行，也不需要对方的委托授权，而且一般代理所为行为的法律后果由被代理人承受，家事代理的法律后果则是由夫妻二人共同承受。只要是具有夫妻身份的人为满足家庭生活需要所为民事法律行为的时候都互为代理人。对此行为，无论对方是否知晓、是否追认，对该行为的法律后果都应当由夫妻承担连带责任。没有婚姻关系同居生活的男女没有这一权利。(2)代理范围特定。家事代理的范围，仅限于家事，即为了家庭日常生活必须所为的一切事务。家事代理的范围非常广泛，包括维系一个家庭所必需的衣食住行、医疗、教育、文化、娱乐、通讯、保险、抚养教育子女、赡养扶助老人等，但这一切都应立足在家庭日常生活的“必须”基础上。其实，是否为“必须”，应当以当时、当地人们的一般认知为标准。当然，不同生活水平的家庭所“必须”的日常又有不同，应当从夫妻二人的职业、收入、资产、兴趣等因素出发，结合当时当地的生活水平、习惯等，根据每一案件的实际情况作出判断。(3)家事代理权的存续与婚姻关系的期间相同。家事代理权是具有合法婚姻关系的夫妻具有的权利，此权利产生于婚姻关系建立之后、终止之前，即在整个婚姻关系存续期间，家事代理权一直存在。(4)夫妻之间可以对家事代理作特别的约定。夫妻享有的家事代理权，使得夫或者妻任何一方在为了家事需要与第三人所为民事法律行为的后果都由夫妻双方共同承受，并不意味着结婚后的男女失去了自己经济上的独立地位，也不意味着任何一方可以凭借家事代理权，任性地损害对方及家庭的利益，况且夫妻二人还有专业、能力、精力等的差别存在。法律允许夫妻双方在家庭的日常消费、夫妻二人家事代理的范围等作出自己的约定，如，限制家事代理的范围、某些行为必须与对方协商、不能擅自以家庭名义借债等。此种约定对夫妻双方是有约束力的，夫或妻任何一方违反约定的都是超越代理权或者滥用代理权的行为，应当为此承担责任。但这种约定毕竟是夫妻之间的事情，不能强行要求外人知晓。因此，《中华人民共和国民法典》第 1060 条第 2 款特别规定：“夫妻之间对一方可以实施的民事法律行为范围的限制，不得对抗善意相对人。”当然，家事代理行为的法律后果是对夫妻双方发生效力，这是法律的一般规定。如果所为行为的夫或者妻与相对人对此作出另外的约定，法律也承认这一约定的效力。民法典第 1060 条第 1 款规定：“夫妻一方因家庭日常生活需要而实施的民事法律行为，对夫妻双方发生效力，但是夫妻一方与相对人另有约定的除外。”

夫妻财产关系 具有合法婚姻关系的男女因为婚姻所产生的夫妻

财产归属、夫妻间的相互扶养、夫妻间的继承等财产方面的权利义务关系。男女结为夫妻，组成了家庭，涉及婚前、婚后财产的归属，家庭生活的负担，子女的抚养，老人的赡养，债务清偿，甚至婚姻关系终止之后财产的清算等。这些基于夫妻身份所产生的财产关系，是夫妻关系的重要内容，是实现家庭职能的物质基础。规范夫妻财产关系的法律制度为婚姻财产制，称“夫妻财产制”。

夫妻财产制 亦称“婚姻财产制”。关于夫妻婚前财产、婚后财产的归属，夫妻财产的管理、使用、收益、处分，家庭生活费用的负担，夫妻的债务清偿，婚姻终止时夫妻财产的清算、分割等法律制度的总称。夫妻财产制首先是基于夫妻身份而发生的财产关系，但其规范的内容又是夫妻财产所有权的法律表现，又属财产法的范畴，这一交织着身份法与财产法双重内容的法律制度，不能简单适用民法中的物权、债权制度。某一国家采取何种夫妻财产制，除了与当时的政治、经济等社会制度密不可分外，也与自身的立法传统、风俗习惯、文化传承等因素密切相关。古代各国多采夫妻一体主义，体现着男尊女卑的特点。如古罗马的前期及中世纪的欧洲国家，大多实行“吸收财产制”，即妻的财产因结婚而为夫所有。罗马时代妻子从娘家带进夫家的妆奁，完全属于丈夫所有。后来才发展到夫妻离婚时，有请求返还嫁资的权利。随着产业革命和资本主义制度的产生及发展，社会经济发生巨变，妇女地位逐渐提高，夫妻财产制也发生了变化，出现了统一财产制、共同财产制、联合财产制、分别财产制、延迟共有制等多种形式，从单一的法定财产制，又产生了约定财产制等。我国古代实行的是家族或者家庭共财制度，家庭财产权利集于家长一人，礼制和法律禁止妻妾、子女拥有私财，当然也没有独立的夫妻财产制。1930 年国民政府的民法亲属编效仿欧洲大陆法系国家的立法，确立了夫妻联合财产制为法定财产制。这是我国婚姻家庭法历史中最早的夫妻财产制。1949 年中华人民共和国成立后，婚姻家庭法规定的夫妻法定财产制是夫妻婚后所得共同制，同时又规定了约定财产制，约定财产制优先法定财产制的适用。

婚姻财产制 即“夫妻财产制”。

吸收财产制 见“夫妻财产制”。

法定财产制 “约定财产制”的对称。依法律规定直接适用的夫妻财产制。英美法系国家信奉夫妻财产制是一种契约，当事人可自行约定。如果没有约定，或者约定被撤销、无效的，应当遵守大多数人默示的合意即法律规定的财产制。大陆法系国家认为夫妻财产制是一种身份财产制度，法定财产制才是夫妻当然适用的财产制。只有在当事人认为法定财产制不适合他们夫妻时，允许用他们的合意排除法定财产制的适用，另行约定夫妻财产制。参见“我国的夫妻法定财产制”（91页）。

统一财产制 夫妻财产制的一种形式。妻的婚前财产估定价格后交夫统一享有，妻保留返还请求权。夫妻关系终止时，夫须将妻的财产或者是折价返还给妻，或者由妻的继承人继承。这种财产制保留了妻对其财产的部分权益，与吸收财产制相比有了巨大进步。但将妻的财产所有权转变为妻对夫的债权，对于妻的利益还是极为不利的。

共同财产制 夫妻财产制的一种形式。除夫妻特有财产外，夫妻的全部财产归双方共同所有。有多种模式，大体可以分为完全共同财产制、婚后所得共同制等。特点是夫妻对共同财产保有全部的所有权。夫妻双方的生活费用，夫妻双方为维持共同生活及子女抚养、教育所产生的债务，均由夫妻共同负担。

完全共同财产制 共同财产制的一种模式。夫妻双方的全部婚前财产、婚后所得的财产及债务，除法律特别规定的以外，都由夫妻双方共同享有和承担。只要有夫妻婚姻关系成立的事实，无须任何程序即会发生夫妻共同所有。这种财产制因为简单、方便，也反映了夫妻共同生活的需要，被巴西、葡萄牙、荷兰、南非等国家接受。

婚后所得共同制 共同财产制的一种模式。夫妻婚后所得的财产，除法律另有规定、夫妻另有约定的以外，归夫妻双方共同所有。这种财产制比较重视夫妻结婚之后身份与财产的一致性。他们虽有分工的不同，妻子照料家庭、子女，丈夫从事职业劳动，但他们对家庭贡献的价值是相同的，因而被许多国家如法国、意大利、西班牙、拉丁美洲国家和美国的一些州的立法接受。我国婚姻家庭法规定的夫妻法定财产制也是婚后所得共同制。

联合财产制 夫妻财产制的一种形式。除夫妻特有财产外，夫妻各保有其财产的所有权，但夫妻双方的财产要联合在一起，由夫统一管理，夫对妻的财产享有完整的占有、使用、收益甚至处分的权利。夫妻关系终止时，妻的财产由妻本人收回或者由妻的继承人继承。这种财产制曾在德国、日本等国家使用，后被修改。

分别财产制 夫妻财产制的一种形式。男女对其婚前、婚后的财产都由双方各自保有完整的所有权,夫妻分别对各自的债务负责。分别财产制看似夫妻保有财产上的各自独立,没有因为结婚而产生财产上的共同,但在实际生活中,男女两性的经济地位还是不一样的。结婚后,女性往往承担了更多的家庭义务,影响了就业和收入。这种财产制忽视了女性对家庭福利所作的贡献,实际上造成了男女事实上的不平等。一些原本规定分别财产制的国家,也在通过判例或立法予以修正。参见“我国的分别财产制”(106页)。

延迟共有制 亦称“净益共同制”“财产增值共同制”等。夫妻财产制的一种形式。对于夫妻个人所有的婚前财产和婚后所得的财产在婚姻关系存续期间由夫妻分别享有使用、管理、收益和有条件的处分权,在婚姻关系终止时,对于财产增值的差额归夫妻双方共有。这是一种兼具分别财产制和共同财产制特点的夫妻财产制。夫妻财产的分离,保证了夫妻个人的财产独立;因为婚姻关系存续期间财产分别所有、各自管理,债务也各自承担,避免了共同财产制下管理上的困扰和债务负担的复杂;因为财产增值的差额归夫妻双方共享,在婚姻关系终止时适用共同财产制,尊重了夫妻双方对家庭的贡献,体现了男女平等的原则。夫妻财产的延迟共有制,被德国、瑞士、瑞典等国家采纳。

净益共同制 即“延迟共有制”。

财产增值共同制 即“延迟共有制”。

约定财产制 “法定财产制”的对称。夫妻以契约形式约定夫妻财产关系的内容或者依法选择法律规定的夫妻财产制的类型的夫妻财产制。约定财产制在适用上具有优先于法定财产制的效力。因为男女结婚之后,婚后生活安排、习惯等有其特殊性,双方财产状况也不同,单一的法定财产制未必适用所有的夫妻,所以法律允许夫妻通过合意约定婚后财产的安排,承认约定财产制。约定财产制有自由式约定和选择式约定两种。自由式约定,只要不违反法律的一般禁止性规定,当事人可自由约定婚后双方财产的归属与管理。英国、日本等国家适用这种比较宽松的模式。选择式约定,夫妻财产的约定只能在法律规定的几种模式中作出选择,不能由当事人自由选择。如《法国民法典》规定,夫妻在不违背善良风俗和法律的规定时,可以订立他们认为适当的财产契约,以变更法定的共同财产制,但在夫妻财产契约中,只能在共同财产制、分别财产制、婚后所得共同制中作出选择。而每一种财产制的约定,也都有具体条款的限制，并且得在他们结婚时以一定的方式宣布。虽然自由式约定财产制比较自由，但可能会造成双方的不平等、对第三人利益的保护不周等。当然，法律可以通过契约成立的程序、对契约效力加以限制来弥补。选择式约定财产制，因为一直在法律规定的框架范围内，尽管夫妻双方约定的自由似乎受到些限制，但对于平等保护夫妻双方的利益、避免危害第三人的利益、维护社会交易安全还是有益的。参见“我国的夫妻约定财产制”(102 页)。

自由式约定财产制 见“约定财产制”(90 页)。

选择式约定财产制 见“约定财产制”(90 页)。

我国的夫妻财产制 我国婚姻家庭法规定的夫妻法定财产制和夫妻约定财产制的结合，构成我国夫妻婚姻关系存续期间的财产制度。

我国的夫妻法定财产制 我国婚姻家庭法规定的夫妻婚后所得共同制，即夫妻在婚姻关系存续期间所得的财产，除法律另有规定或者夫妻另有约定的以外，为夫妻的共同财产，归夫妻共同所有的制度。习称“夫妻共同财产制”。具有如下特点：(1)夫妻共同财产所有权的主体，是具有合法有效婚姻关系的夫妻。同居关系、无效婚姻、被撤销婚姻的男女，都不能成为夫妻共同财产所有权的主体。(2)实行夫妻法定财产制的时间只限于夫妻双方婚姻关系存续期间，即从婚姻关系有效成立开始，至婚姻关系消灭时止。实行夫妻法定财产制的财产所得，是指法律意义上的财产所有权取得时间，不以事实上的占有为要件。如继承是从被继承人死亡开始，即使没有分割遗产，继承人也是从被继承人死亡开始即取得了其该继承遗产的所有权。因此，一方在结婚前继承的遗产，虽未实际占有该财产，或者是结婚后才实际占有该财产的，这仍然是该方的婚前财产。夫妻婚姻关系消灭，夫妻法定财产制终止。生存配偶因离婚而消灭婚姻关系的，导致夫妻共同共有财产关系的终止。离婚时，需要按照协议或者人民法院判决分割共有财产。因配偶一方的死亡而消灭婚姻关系的，也导致夫妻共同共有财产关系的终止，需要分割夫妻共有财产。按照《中华人民共和国民法典》的规定，遗产分割时，除有约定的外，应当先将共同所有的财产的一半析出为配偶所有，另一半为死亡配偶的遗产，由配偶和其他继承人依法继承。(3)夫妻对共同所有的财产享有平等的处理权。夫妻共同所有的财产，在性质上属共同共有。夫妻的共同共有与一般财产的共同共有不同：前者是基于夫妻身份、夫妻的共同生活关系发生，后者更多地依赖共同投资、共同劳动和共同收益。夫妻共同共有的财产也需要共同投资、共同经营等，但夫妻之间基于婚姻关系、配偶身份而共同生活的特点，决定了无论夫妻之间有何分工，都可以推定夫妻二人对于夫妻共同财产的贡献是相同的。因此，我国民法典第1062条第2款明确规定："夫妻对共同财产，有平等的处理权。"司法实践中，对夫妻共同财产拥有平等的处理权的理解，是指夫或妻在处理夫妻共同财产上的权利是平等的。因日常生活需要而处理夫妻共同财产的，任何一方均有权决定。非因日常生活需要对夫妻共同财产作重要处理决定的，夫妻双方应当平等协商，取得一致意见。他人有理由相信其为夫妻双方共同意思表示的，另一方不得以不同意或不知道为由对抗善意第三人。(4)法律另有规定的，或者婚姻当事人另有约定的，不属夫妻共同财产的范围。按照民法典第1063条的规定，一方的婚前财产、一方因受到人身损害获得的赔偿或者补偿、遗嘱或者赠与合同中确定只归一方的财产、一方专用的生活用品及其他应当归一方的财产，为夫妻一方的个人财产。第1065条规定，男女双方可以约定婚姻关系存续期间所得的财产以及婚前财产归各自所有、共同所有或者部分各自所有、部分共同所有。没有约定或者约定不明确的，才适用法律规定的夫妻所得共同财产、夫妻个人特有财产的规定。从这些规定可以看出，我国的夫妻共同财产制是一种有限制的婚后所得共同财产制。我国法律选择婚后所得财产为夫妻共同财产制是有原因的：(1)符合我国大多数人对婚姻、家庭的理解。男女双方一旦结婚，组成了一个叫"家"的生活共同体，夫妻除具有了配偶的身份外，还有共同扶持、养老育幼、共度一生的心理预期。一家人，一辈子，财产自然也不分彼此。(2)符合我国大多数家庭的现状。丈夫在外挣钱养家，妻子在家料理家务、照顾子女和老人是大多数家庭的常态。即使现在的小家庭，夫妻二人都工作，往往在料理家务、照顾子女和老人方面，女性做得更多。婚后财产实行共同所有，有助于承认家务劳动的价值，不因收入的多寡而影响其在家庭中的地位，对于稳定家庭关系具有重要意义。(3)夫妻二人婚后所得的财产共同所有，能使家庭财产成为对外债务的整体担保，在购置房产、车辆及家庭对外投资等时增加对债权人的信用，促进交易安全。实践证明，我国法律规定的夫妻婚后所得共同制的夫妻财产制，对于维护婚姻当事人和家庭成员的利益、稳定婚姻关系、实现家庭职能有着重要作用。

夫妻共同财产制 见“我国的夫妻法定财产制”(91页)。

婚姻关系存续期间 从婚姻关系成立之日起至婚姻关系终止之日止的全部时间。我国婚姻家庭法中的一个重要概念。婚姻关系产生效力的时间是男女二人进行结婚登记、领取结婚证之日。婚姻关系的终止时间是配偶一方死亡之日,或者是二人进行离婚登记、领取离婚证之日,或者是二人的离婚判决生效之日。夫妻二人分居、闹离婚期间,因为没有进行离婚登记、取得离婚证,或者没有人民法院生效的离婚判决,他们仍然是合法夫妻,其婚姻关系仍在存续期间。男女二人订婚的时间、谈恋爱期间、办完结婚仪式后的时间,都不属婚姻关系存续期间。1994年2月1日《婚姻登记管理条例》施行前,虽未进行结婚登记,但以夫妻身份同居生活,符合法律规定的结婚实体条件,按照事实婚姻对待的,其婚姻关系的开始时间是二人的同居之日。1994年2月1日之后未办结婚登记即以夫妻身份同居生活的,按照《婚姻登记管理条例》的规定补办结婚登记的,其婚姻关系的效力可以追溯到双方具备结婚的法定条件之时。1994年2月1日之后未办结婚登记即以夫妻名义同居生活的,其所谓的婚姻关系不受法律保护,在此期间所得的财产也不能按照夫妻共同财产对待。

夫妻共同财产 夫妻共同所有的财产。在我国,是指除法律另有规定或者夫妻另有约定的以外,夫妻双方在婚姻关系存续期间所得的财产。夫妻对共同所有的财产拥有平等的处理权。

夫妻共同财产的范围 实行夫妻法定财产制的财产内容,即除法律另有规定或者夫妻另有约定的以外,夫妻双方或一方在婚姻关系存续期间所得的财产。《中华人民共和国民法典》第1062条规定:“夫妻在婚姻关系存续期间所得的下列财产,为夫妻的共同财产,归夫妻共同所有:(一)工资、奖金、劳务报酬;(二)生产、经营、投资的收益;(三)知识产权的收益;(四)继承或者受赠的财产,但是本法第一千零六十三条第三项规定的除外;(五)其他应当归共同所有的财产。夫妻对共同财产,有平等的处理权。”

工资、奖金、劳务报酬 夫妻共同财产的一种。夫妻双方或一方在婚姻关系存续期间参加工作,凭借自己的劳动获得的收入。这是我国大部分夫妻财产来源的主要部分。

生产、经营、投资的收益 夫妻共同财产的一种。夫妻一方或双方从事生产、经营的收入和投资所得。包括夫妻二人的劳动收入，股票、债券、投资基金份额等资本所得，都是夫妻共同所有的财产。

知识产权的收益 夫妻共同财产的一种。夫妻一方或双方因为知识产权的许可、转让等而获得的收益。知识产权是自然人、法人、非法人组织基于其智力活动创造的成果和经营管理活动中使用的经验、标识等而依法享有的民事权利。知识产权所保护的对象多是因为自然人的智力劳动所取得的成果，知识产权具有人身与财产的双重属性。知识产权所保护的发明、创造等，只能是具有思想的自然人才能创造出来。因此，知识产权中属于自然人所有的如发明人、创造人、设计人、作者的地位、资格等人身权利，永远属于自然人所有，既不能转让，也不能继承。知识产权保护对象所具有的新颖性、创造性和实用性，使得利用它的人在市场中获得巨大的竞争优势和宝贵财富。也正因为如此，知识产权具有了财产属性。对于这些创造性的智力劳动成果，知识产权人可以自己利用，也可以许可他人利用而权利人获得报酬。知识产权中的财产权利还可以转让、继承。其实，知识产权所具有的财产属性，才是知识产品得以被法律规范其权利归属、成果利用的根本原因。能够成为夫妻共同财产的知识产权收益，必须是在婚姻关系存续期间，实际取得或者已经明确可以取得的财产性收益。其中，“实际取得”的财产性收益，是指知识产权人已经获得的作品使用的稿酬、版税，许可他人使用专利技术、技术秘密、经营秘密等所取得的许可使用费，转让知识产权利用权所获得的转让费等。“已经明确可以取得”的财产性收益，是指如许可合同已经签订，使用人按照合同约定应该支付的许可使用费，作品已经与出版社签订了出版合同，约定有明确的稿酬或者版税。虽然使用人还未实际支付，但知识产权人依据合同获得的财产收益是肯定的。知识产权的保护期限是法律规定的，有的保护期还很长。如发明专利的保护期为从专利申请日起 10 年，著作权的保护期为作者终生加作者死亡后第 50 年的 12 月 31 日。因此，并不是知识产权所获得的收益都是夫妻共同所有，在婚姻关系终止之后，知识产权人获得的财产收益，不能计入夫妻共同财产。

继承或者受赠的财产 夫妻共同财产的一种。在婚姻关系存续期间，夫或者妻继承或者接受遗赠、赠与获得的财产，原则上应为夫妻共同所有，但在遗嘱或者赠与合同中确定只归夫或妻一方所有的财产除外。这种处理方法，既符合婚姻家庭法关于夫妻共同财产制的规定，又尊重了遗嘱人、赠与人处分自己财产的意思。

其他应当归夫妻共同所有的财产 夫妻共同财产的一种。在我国的司法实践中，婚姻关系存续期间的下列财产属于《中华人民共和国民法典》第1062条规定的“其他应当归共同所有的财产”：(1)一方以个人财产投资取得的收益。原则上讲，这种收益产生在婚姻关系存续期间，属于民法典第1062条规定的夫妻共同财产中的“生产、经营的收益”，应当归夫妻共同所有。司法实践中，夫妻一方个人财产在婚后产生的收益，除自然增值、孳息这些不需付出任何努力就能获得的收益外，应当认定为夫妻共同财产。夫妻个人财产在婚后产生的收益，主要包括财产的自然增值、孳息、投资生产经营的收益三部分。财产的自然增值是因为所有权人以外的因素产生的收益，如房子、收藏品的升值，并不需要所有人付出多少努力的，该收益不应计入夫妻共同财产。财产的孳息包括天然孳息和法定孳息。天然孳息是依照物的自然属性所取得的收益，例如果树所结的果实、母牛所生的小牛等。法定孳息是通过法律行为依照法律的相应规定所产生的收益，例如将钱存入银行所得到的利息、购买股票、债券所获得的收益。如果这些孳息不需要人的努力就能获得，应当为夫妻个人所有的财产。但是，如果果树所结的果实、母牛所生产的小牛，是夫妻二人共同的管理和经营的结果，否则该收益就不能获得的，这样的孳息应为夫妻共同所有。如果夫妻一方虽以个人财产所作的投资，因为夫妻二人的共同生产、经营产生的收益，应当为夫妻共同所有。(2)男女双方实际取得或者应当取得的住房补贴、住房公积金。住房补贴是依据1998年7月国务院发布的《关于进一步深化城镇住房制度改革加快住房建设的通知》中“停止住房无偿实物分配、逐步实行住房分配货币化”的规定而产生的，是国家为职工解决住房而给予的补贴资助，即将单位原有用于建房、购房的资金转化为住房补贴，分次或一次性地发给职工，再由职工到住房市场上通过购买或租赁等方式解决自己的住房问题。住房公积金是指国家机关、国有企业、城镇集体企业、外商投资企业、城镇私营企业及其他城镇企业、事业单位、民办非企业单位、社会团体（以下统称单位）及其在职职工缴存的长期住房储金。按照1999年4月3日起施行、2002年3月24日和2019年3月24日分别修订的《住房公积金管理条例》

的规定，住房公积金由职工个人缴存和职工所在单位为职工缴存两部分构成。这两部分的住房公积金，属于职工个人所有。可见，住房补贴、住房公积金的本质还是用于家庭住房消费的专用资金。住房补贴虽是发在职工个人名下，但实际上考虑的还是职工结婚、家庭住房的需要。而且住房补贴是专款专用，并不发给职工个人，只是在职工购买住房时由单位作为购房款的一部分直接打入售房单位的账户。住房公积金中职工按照工资的一定比例扣缴的部分，毫无疑问是职工工资，所在单位为职工缴存的部分，可以理解为专门为解决职工住房而由单位所发的一部分住房工资，虽是存在职工的个人账户上，似乎是属于职工个人所有，但其拥有的所有权是受限制的，只能按照规定由职工用于购买、建造、翻建、大修自住住房。因此，住房补贴和住房公积金如果是在婚姻关系存续期间所获得的，应当属于夫妻共同财产。(3)男女双方实际取得或者应当取得的养老保险金、破产安置补偿费。养老保险金是国家和社会在劳动者年老、丧失劳动能力退出社会劳动的时候，为保证其安度晚年而提供的稳定的生活来源。社会养老保险基金的来源，是由国家、单位和劳动者个人三方共同负担的。劳动者在退休之前由其本人和其所在单位按照国家规定的工资的一定比例每月缴存，退休之后按月领取社会养老金。该养老金虽是由劳动者本人领取，但这是劳动者退休后的家庭收入来源。如果将养老金规定为领取养老金的个人所有，当夫妻二人都退休的时候，是不是就没有夫妻共同财产的来源了，家庭生活又靠什么维持呢？这也与婚姻关系存续期间的所得为夫妻共同所有的法律规定相矛盾。如果养老金属领取养老金一方所有，未达退休年龄的夫妻另一方的工资、奖金等则为夫妻共同财产，对未退休的一方也是不公平的。因此，婚姻关系存续期间领取的社会养老保险金应为夫妻共同所有的财产。企业破产、改制的安置补偿费，主要是企业对职工过去劳动的一种补偿和对职工未来生活的安置。20 世纪 90 年代，国有企业改制的时候，是按照国家关于国企改制的规定标准补偿的，即根据劳动者在本单位工作年限，每满一年发给相当于一个月工资的经济补偿金。经济补偿金的工资计算标准是指企业正常生产情况下劳动者解除劳动合同前十二个月的月平均工资。其中，员工月平均工资低于企业月平均工资的，按企业月平均工资计发；员工月平均工资高于企业月平均工资三倍或三倍以上的，可按不高于企业月平均工资三倍的标准计发。这是当年改革进程中的国企改制时所进行的补偿。在正常的市场经济环境下，当企业依法进入破产程序后，职工因企业破产解除劳动合同，破产企业除应当支付之前所欠职工的工资和医疗、伤残补助、抚恤费用，所欠的应当划入职工个人账户的基本养老保险、基本医疗保险费用外，还应按照法律、行政法规规定支付给职工破产安置补偿费等。我国劳动合同法规定，因企业破产终止劳动合同的，应当向劳动者支付经济补偿，其标准是：按劳动者在本单位工作的年限，每满一年支付一个月工资，六个月以上不满一年的，按一年计算；不满六个月的，支付半个月工资。劳动者月工资高于用人单位所在直辖市、设区的市级人民政府公布的本地区上年度职工月平均工资三倍的，按职工月平均工资三倍的数额向其支付经济补偿，向其支付经济补偿的年限最高不超过十二年。企业员工依法或者依据劳动合同对企业享有请求获得安置补助费的权利，受法律保护。这些破产安置补偿费是企业对职工过去多年工作的一种补偿，对其将来不能在该企业继续工作的一种安慰，也是对职工未来生活的一种保障。婚姻关系存续期间，男女双方取得的破产安置补偿费，实际上是已经失业的夫或妻一方的收入，只不过是一次性获得的而已，应当作为夫妻共同财产对待。如果将破产安置补偿作为夫或妻一方所有的财产，还在岗工作一方的工资、奖金等收入却是夫妻共同财产，对于在岗工作的一方才真正不公平。

夫妻共同债务　“夫妻个人债务”的对称。在法定财产制下，夫妻因婚姻共同生活或者为共同生产、经营、投资活动等所负的、需要用夫妻共同财产清偿的债务。对于夫妻共同债务，2001 年修正后的婚姻法没有明确规定，造成实践中产生的债务纠纷没有依据解决。2020 年颁布的《中华人民共和国民法典》对此作了规定。民法典第 1064 条第 1 款规定：“夫妻双方共同签名或者夫妻一方事后追认等共同意思表示所负的债务，以及夫妻一方在婚姻关系存续期间以个人名义为家庭日常生活需要所负的债务，属于夫妻共同债务。”第 2 款规定：“夫妻一方在婚姻关系存续期间以个人名义超出家庭日常生活需要所负的债务，不属于夫妻共同债务；但是，债权人能够证明该债务用于夫妻共同生活、共同生产经营或者基于夫妻双方共同意思表示的除外。”据此规定，夫妻共同债务主要有三种形态：(1)夫妻双方合意产生的债务。夫妻双方意思表示一致所产生的债务，如夫妻双方共同签名，表示双方对此债务的意思表示是一致的。有的虽是夫或妻一方意思表示产生的债务，但事后得到了妻或夫一方的追认，也属夫妻合意所负的债务。(2)因家事代理产生的债务。夫妻一方在婚姻关系存续期间以个人名义为家庭日常生活需要所负的债务，这类债务虽只由夫或妻一方的意思表示产生，但负此债务的目的是为了家庭的日常生活需要，按照家事代理权的后果，属家事代理权范围的债务，应由夫妻共同承担。(3)债权人能够证明的夫妻共同债务。债务是夫或妻以个人名义所负，并且该债务已超出家事代理的范围，但债权人能够证明该债务用于夫妻共同生活、共同经营的，或者该债务是基于夫妻双方的共同意思表示的，还是应当认定为夫妻共同债务，由夫妻双方用共同财产清偿。实践中，前两种夫妻共同债务是比较容易认定的，难以认定的是第三种，既是夫或妻以个人名义所负，又超出了家事代理的范围，如果要认定这类债务为夫妻共同债务，需要债权人举证证明。如果债权人能够证明该债务用于家庭共同生活、家庭共同经营，或者该债务是夫妻双方共同的意思表示，否则即为个人债务，由负债一方用其个人财产清偿。

夫妻个人债务 “夫妻共同债务”的对称。夫或妻个人所负的、需要由债务人自己的个人财产清偿的债务。

婚内夫妻共同财产的分割 在婚姻关系存续期间分割夫妻共同财产的行为。在法定财产制下，婚姻关系存续期间所得的财产为夫妻共同所有的财产。这种共同所有很像物权法中规定的财产共有中的共同共有。物权法上的财产共同共有，各共有人不分份额地对共同所有的财产享有权利，且每一共有人对共有财产的权利都及于共有财产的全部。共有人可以按照约定管理共有的财产，没有约定或者约定不明确的，各共有人都有管理财产的权利和义务。夫妻双方对共同所有的财产有平等的处理权，即夫或者妻在夫妻共同财产上的权利是平等的，因为家庭日常生活需要处理夫妻共同财产的，任何一方都有权决定。夫妻任何一方为满足家庭日常生活需要所为的民事法律行为，对夫妻的另一方都产生效力。非因家庭日常生活需要对夫妻共同财产作重要决定的时候，夫妻双方应当平等协商，取得一致意见。夫妻以外的第三人有理由相信这一处理财产的决定是夫妻双方共同意思表示的，另一方不得以不知道或者不同意而对抗第三人。可见，夫妻共同所有的财产与物权法上的共同共有还是有差异的,不能简单地混为一谈。夫妻财产的共同所有是因为夫妻的共同生活关系而产生的,这与共同共有是基于如共同生活、共同经营、共同继承等共同关系发生又很相似,而且这种共有关系相对稳定,共同关系不解除,共同共有的财产关系就一直存在,一般不能分割。按照我国的夫妻法定财产制,夫妻二人的婚后所得为夫妻共同所有的财产,一般情况下,婚姻关系不终止,夫妻共同的财产也不能分割。因此,在婚姻关系存续期间,夫妻一方请求分割夫妻共同财产的,人民法院一般不予支持,但法律有另外规定的除外。《中华人民共和国民法典》第 303 条规定:"共有人约定不得分割共有的不动产或者动产,以维持共有关系的,应当按照约定,但是共有人有重大理由需要分割的,可以请求分割;没有约定或者约定不明确的,按份共有人可以随时请求分割,共同共有人在共有的基础丧失或者有重大理由需要分割时可以请求分割。因分割造成其他共有人损害的,应当给予赔偿。"可见,法律对共有财产分割的态度在按份共有和共同共有上是有区别的。对于按份共有,允许分割为原则,不允许分割为例外。对于共同共有,不允许分割为原则,允许分割为例外。同时,该条规定还明确了共同共有人在共有的基础丧失如夫妻离婚、分家析产的时候可以请求分割共同财产,分割的结果是共同关系解体。这符合共同共有的一般传统理论。而在"有重大理由需要分割时可以请求分割"共同共有财产的,则意味着在共同关系不终止的情形下也能分割共有财产,且即使分割了共同共有的财产,共同关系还在存续。有学者认为这是我国法律对共同共有财产的创新规定。无论如何理解,民法典的这一规定,使在不结束共同关系的前提下分割共同共有的财产有了法律依据。但毕竟共同关系不解除,分割共同共有的财产对维护共同关系的稳定是不利的,即使法律有了这一例外的规定,还是应当从严掌握需要分割财产的"重大理由",以使这一规定的适用不至于破坏共同关系的稳定。民法典第 1066 条对此作出了明确规定:"婚姻关系存续期间,有下列情形之一的,夫妻一方可以向人民法院请求分割共同财产:(一)一方有隐藏、转移、变卖、毁损、挥霍夫妻共同财产或者伪造夫妻共同债务等严重损害夫妻共同财产利益的行为;(二)一方负有法定扶养义务的人患重大疾病需要医治,另一方不同意支付相关医疗费用。"理解此条法律规定应当注意以下几点:(1)在婚姻关系存续期间分割夫妻共同所有财产的“重大理由”，仅指民法典第1066条中的两种情形，不能任意扩大解释，也不能类推适用，以维持夫妻关系及家庭关系的稳定，维护夫妻共同所有财产的安全。（2）夫妻一方有隐藏、转移、变卖、毁损、挥霍夫妻共同财产或者伪造夫妻共同债务等行为，行为人主观上有侵占夫妻共同财产的故意，客观上造成了严重损害夫妻共同财产利益的后果，才能在婚姻关系存续期间主张分割夫妻共同财产。如果行为人的行为是过失所为，即使对夫妻财产造成了损害，也不能支持对方在婚姻关系存续期间分割共同财产的请求。（3）需要支付医疗费用的仅限于一方负有法定扶养义务的人患重大疾病需要医治，另一方不同意支付相关医疗费用的情形。夫妻一方负有法定扶养义务的人，包括夫或者妻对所有其负有法定扶养义务的人，如子女、父母、祖父母、外祖父母、兄弟姐妹等。被扶养人是患重大疾病需要医治，另一方不同意支付相关医疗费用。何谓“重大疾病”，法律并未作具体规定，可以参考中国保险行业协会与中国医师协会联合规定的《重大疾病保险的疾病定义使用规范》中列举的重大疾病范围和个案的具体案情作出判断。如果是被抚养人生活困难，或者是其他需要帮助的情况，不属此类情形。如果是夫或者妻一方对被扶养人的扶养是约定的扶养义务，如遗赠扶养协议约定的扶养被扶养人的义务，不属此类情形。至于夫或者妻一方患重大疾病需要治疗，而对方拒绝支付医疗费用的，不属于婚内分割共同财产的理由。因为夫妻之间本就有法定的扶养义务，对方不履行义务、拒付医疗费的，可以直接请求其履行扶养义务、支付医疗费，无须通过分割夫妻共同财产来救济。（4）婚姻关系存续期间有权提出分割夫妻共同财产的，只有夫或者妻一方，除夫妻以外的任何人都无权提出这一请求，而且还须通过诉讼程序，由请求分割的人向人民法院提起诉讼，请求人民法院主持分割。

夫妻个人财产　夫妻个人所有的不属夫妻共同财产范围的财产。包括婚前个人财产和夫妻特有财产。

婚前个人财产　当事人双方婚姻关系成立之前各自所有的财产。夫妻个人财产的一种。按照《中华人民共和国民法典》第1063条的规定，一方的婚前财产属于夫妻一方的个人财产。我国的法定夫妻财产制是婚后所得共同制，个人婚前的财产不计入夫妻共同财产的范围。在我国，婚姻关系的成立是以双方共同完成结婚登记，领取结婚证为标志的。在此之前，双方各自的劳动所得、投资所得或者因继承、受赠等获得的合法财产，都是婚前财产，属于各自所有，不属夫妻共同财产。夫妻婚前各自所有财产的归属，不因婚姻关系的成立、婚姻关系延续的时间长短而发生变化。有的男女愿意对婚前财产的项目、数量、价值等作婚前财产公证，这是当事人的自由选择，法律对此没有强制性的规定。当事人要求公证的，可以按照公证程序处理。当事人不要求公证的，任何机关、个人也不能强制要求当事人公证。

夫妻特有财产 见“夫妻特有财产制”。

夫妻特有财产制 在实行夫妻共同财产制的同时，依照法律规定或者双方的约定，各自保留一定范围的个人财产所有权的制度。夫妻特有财产包括法定的特有财产和约定的特有财产：前者是指依照法律规定所保有的夫妻个人财产，后者则是指依照夫妻之间的约定所保有的夫妻个人财产。夫妻特有财产制与分别财产制不同。在分别财产制下，无论是婚前财产还是婚后财产，夫妻全部财产都归属于夫妻各自所有；夫妻特有财产制则是在依法或者依约实行夫妻共同财产制的前提下，夫妻各自保留一定范围的个人财产。没有夫妻共同财产制，也就没有夫妻特有财产制。夫妻特有财产制实质是夫妻共同财产制的补充。

法定的夫妻特有财产 亦称“夫妻保留财产”。在实行婚后所得共同制的同时，由法律规定夫妻各自保留的属于个人所有的财产。夫妻特有财产的一种。按照《中华人民共和国民法典》第1063条的规定，法定的夫妻特有财产除个人的婚前财产外，还包括：(1)一方因受到人身损害获得的赔偿或者补偿。这是婚姻当事人一方人身受到他人侵害而获得的赔偿或者补偿，其中的医疗费用是由加害人支付给受害人用来治疗、恢复健康的，残疾人生活补助费是国家为保障残疾人生活需要而发给残疾人的费用，都带有强烈的人身属性，不能与他人分享。因此，不能归入夫妻共同财产的范围。(2)遗嘱或者赠与合同中确定只归一方的财产。遗嘱是财产所有人在生前留下的死后分配遗产的意思表示，赠与是赠与人无偿将自己的遗产赠与他人的意思表示，都是财产所有人对自己合法财产行使处分权的行为，理应受到法律的尊重。因此，遗嘱或者赠与合同中明确只归夫或妻一方的财产，应当属于遗嘱继承人或者受赠人个人所有，不计入夫妻共同财产的范围。(3)一方专用的生活用品。夫或妻一方个人专用的如衣物、化妆品、药品、带有个人专业色彩的书籍、办公用品等，而且只能是生活用品。有些如车辆、冰箱、空调、家具等，虽也是生活用品，但不属个人专用的，不能归入个人财产。至于为了家庭经营需要购置的生产资料，则属于家庭共有财产。(4)其他应当归一方的财产。这是一兜底的概括性规定。随着社会进步和发展，属于个人的财产范围也会不断扩大。应该如何认定归一方所有的财产，结合财产的性质，是否具有特定的人身属性等进行认定是妥当的。司法实践中，如军人的伤亡保险金、伤残补助金、医药生活补助费属于个人所有的财产，不计入家庭共同财产范围。还如当事人婚后一方父母出资给子女购置的不动产，产权登记在出资人子女名下的，该出资视为父母对自己子女一方的赠与，该不动产应认定为夫妻一方的个人财产，不能计入夫妻共同财产。当然，出资的父母明确表示是赠与双方的，应为双方共同所有。我国婚姻家庭法关于夫妻特有财产的规定，反映了在新的历史条件下，我国在财产所有权、私人合法权益保护上的历史进步，对于维护婚姻当事人的权益、稳定夫妻关系有积极作用。

夫妻保留财产 即“法定的夫妻特有财产”。

约定的夫妻特有财产 按照夫妻双方的约定，婚前、婚后归夫妻各自所有的财产。夫妻特有财产的一种。按照《中华人民共和国民法典》的规定，夫妻的婚前财产归各自所有，婚后所得的财产则为夫妻共同所有，但允许夫妻之间就婚前财产、婚后所得的财产作出与法律规定相反的约定，即可以约定婚前财产为双方共同所有，也可以约定婚后所得的财产为各自所有。凡依双方约定属于各自所有的财产即为约定的夫妻特有财产。夫妻对婚姻关系存续期间所得的财产约定归各自所有的，夫或妻一方对外所负的债务，相对人知道该约定的，以夫或妻一方的个人财产清偿。参见“夫妻特有财产制”(101 页)。

我国的夫妻约定财产制 我国婚姻家庭法规定的夫妻可以对婚姻关系存续期间所得财产及婚前财产的归属作出约定的制度。我国婚姻家庭法承认约定财产制，是我国民主法制改革、建设的产物。在我国漫长的历史中，有相当长的时间内没有承认过夫妻财产制，更没有夫妻可以约定财产的归属的制度。在封建宗法社会，夫妻关系的信条是“夫妻一体”“夫为妻纲”，妻子连独立人格都没有，更不会有家庭的财产权利。在宗法家族制度下，家庭财产权集于家长一人，礼制和法律都禁止子女、妇女拥有私财。直到1930年国民政府颁布民法亲属编才在立法上确立了夫妻财产制。1950年中华人民共和国第一部婚姻法明文规定,“夫妻双方对家庭财产有平等的所有权与处理权”,是典型的法定夫妻共同财产制,而且按照当时的立法解释,夫妻共同财产的范围是很宽的,包括夫妻婚前各自所有的财产、婚后所得的财产、未成年子女的财产等。尽管在当时的立法解释上明确,不妨碍夫妻间根据男女平等原则对家庭财产的所有权、处理权与管理权作出相互自由的约定,但在实际生活中,家庭财产的数量不多、种类也单一,大部分家庭的财产也仅够维持家庭生活,很少有人作出这种财产约定。至1980年,虽然国家经济依然还是在计划经济的大背景下,但人们的生活水平已经有较大提高。家庭财产虽种类不丰富、数量也不多,但与1950年建国初期的情形已完全不同,尤其是脱离农村进城工作的人增多,一对夫妻和子女的核心家庭增加,祖孙几代同堂的大家庭相对减少,还拘泥于家庭财产等于夫妻财产的陈旧观念显然不适合当时的生活实际。因此,1980年婚姻法将1950年的“夫妻双方对家庭财产有平等的所有权与处理权”修改为“夫妻在婚姻关系存续期间所得的财产,归夫妻共同所有,双方另有约定的除外。夫妻对共同所有的财产,有平等的处理权”。依此规定,归“夫妻共同所有”的是“夫妻在婚姻关系存续期间所得的财产”,其范围已小于家庭财产。可见,夫妻财产与家庭财产已不是同一个概念,并且明文规定,夫妻可以约定财产的归属,以改变法律对夫妻财产共同所有的规定。这是我国第一次在法律条文中明确夫妻有约定财产归属的权利。20世纪80年代之后,人民的收入大幅增加,生活水平明显提高,家庭财产、夫妻财产的内容、种类、取得财产的方式等都在丰富,社会的政治、经济、文化、生活方式、价值观念等也已经发生巨大变化,尤其是市场经济发展带给人们的主体意识、权利意识、自由意识、契约意识的觉醒,由法律简单地、整齐划一地规定夫妻财产的归属,已不符合人们的心理预期和家庭生活的实际需要。2001年修正后的婚姻法对夫妻财产的归属及夫妻财产的约定制度进行了全面规定,夫妻可以约定婚姻关系存续期间所得的财产以及婚前财产归各自所有、共同所有或部分各自所有、部分共同所有。约定应当采用书面形式。没有约定或约定不明确的,适用该法第17条、第18条的规定。同时还规定,夫妻对婚姻关系存续期间所得的财产以及婚前财产的约定，对双方具有约束力。夫妻对婚姻关系存续期间所得的财产约定归各自所有的，夫或妻一方对外所负的债务，第三人知道该约定的，以夫或妻一方所有的财产清偿。依此规定，夫妻有权进行约定的是夫妻婚后所得的财产和婚前的财产；可以约定为归各自所有、共同所有或部分各自所有、部分共同所有；没有约定的才适用法定共同财产制；此约定受法律保护；对于善意第三人予以保护。夫妻财产关系是维持婚姻家庭关系的物质基础，是家庭关系尤其是夫妻关系的重要内容。因为每个婚姻当事人间的感情及当事人的职业、能力、收入、生活观念、情趣、境界等的不同，导致每个家庭的经济、文化、风格、传统等也不同，完全按照法律的规定，统一实行法定财产制，未必能满足婚姻当事人的各种特殊需求，在再婚、复婚家庭中尤其如此。为尊重夫妻的自由意志，也充分考虑各个家庭的特殊性，法律设计出了约定财产制，允许当事人对婚前、婚后的财产归属、管理、处分等作出符合他们自己需要的约定，没有约定或者约定不明确的才按照法定财产制处理。2001 年修正后的婚姻法关于夫妻财产约定的规定，弥补了 1980 年婚姻法对于夫妻财产规定过于简单、笼统，夫妻财产的约定仅仅作为例外规定的不足，对于市场经济新形势下，适应我国家庭财产状况复杂、丰富的现状，正视和尊重自然人处理财产问题的自主权利和契约精神，充分发挥家庭的经济功能，促进交易的便捷与安全，稳定家庭关系，避免矛盾与冲突，都有着重要作用。2020 年颁布的《中华人民共和国民法典》基本延续了 2001 年修正后的婚姻法规定的内容，在第 1065 条规定了三款内容："男女双方可以约定婚姻关系存续期间所得的财产以及婚前财产归各自所有、共同所有或者部分各自所有、部分共同所有。约定应当采用书面形式。没有约定或者约定不明确的，适用本法第一千零六十二条、第一千零六十三条的规定。""夫妻对婚姻关系存续期间所得的财产以及婚前财产的约定，对双方具有法律约束力。""夫妻对婚姻关系存续期间所得的财产约定归各自所有，夫或者妻一方对外所负的债务，相对人知道该约定的，以夫或者妻一方的个人财产清偿。"上述规定完善了我国的夫妻约定财产制度。

夫妻财产约定 亦称"夫妻财产契约"。夫妻双方就婚姻关系存续期间所得财产及婚前财产的归属、管理、使用、收益、处分、对第三人债务的清偿、婚姻关系终止时的财产分割等所订立的合同。夫妻财产约定本质上是财产合同,具有财产合同的特征,但与市场中以交易为目的的财产合同又有不同:(1)主体为夫妻。约定夫妻财产归属等的合同主体只能是具有合法有效的婚姻关系的夫妻。男女双方可以在还没有领取结婚证时就对婚前、婚后的财产进行约定,但之后二人一定是进行了结婚登记,取得了合法婚姻关系。如果男女二人曾作出过这样的财产约定,但因后来没有进行结婚登记,这一约定就不能适用婚姻家庭法对夫妻财产约定的规定调整。因为这种财产约定的主体是具有夫妻身份的人,与以商品或服务交易为目的的债权合同不同,不能适用代理、时效等合同法上的制度。(2)从属于夫妻身份关系。夫妻财产约定是财产合同,但不是单纯的财产合同,它是以婚姻关系为基础,从属于夫妻身份关系的合同,不能脱离夫妻关系而独立存在。因此,婚姻关系存在,该合同存在,婚姻关系终止,该约定终止,要依法、依约进行清算,即确定夫妻共同财产、夫妻个人财产,进行财产分割、债务清偿等,以解除夫妻财产关系。夫妻财产约定既要符合契约平等、自愿等原则,又要受制于夫妻身份、夫妻感情的维护、家庭义务与责任的承担等要求。因此,合同法中的如合同转让、合同的有效期限、违约责任、争议解决的方式如仲裁条款等规定在此不能适用。为此,《中华人民共和国民法典》第三编"合同"第464条第2款特别规定:"婚姻、收养、监护等有关身份关系的协议,适用有关该身份关系的法律规定;没有规定的,可以根据其性质参照适用本编规定。"(3)内容广泛、形式法定。夫妻财产约定的是夫妻婚姻关系存续期间所得的财产和婚前财产的归属等内容,可以涉及现有的财产和将来取得的财产,可以涉及财产的归属,还可以涉及对于财产的支配、管理与处分,家庭生活费用的负担,家庭债务的清偿,婚姻关系终止时财产的分割等内容。夫妻财产约定是要式行为,必须采用书面形式。(4)夫妻财产约定具有法律效力。这是合同的典型特征。首先,夫妻财产约定的直接效力是排除夫妻法定财产制的适用,即相对夫妻法定财产制而言,夫妻财产约定具有优先适用的效力。只有在夫妻没有财产约定,或者夫妻财产约定不明确的,才按照夫妻婚后所得为法定的共同所有、婚前财产和夫妻特有财产归个人所有的法律规定处理夫妻财产关系。其次,夫妻财产约定对双方都有法律约束力。既然夫妻财产约定是夫妻双方在平等基础上意思表示一致的协议,双方都应当遵守,以体现契约精神。这是夫妻财产约定的对内效力。再次，夫妻财产约定对夫妻以外的第三人即相对人也有效力，这是夫妻财产约定的对外效力。按照民法典 1065 条第 3 款的规定，夫妻对婚姻关系存续期间所得的财产约定归各自所有，夫或者妻一方对外所负的债务，相对人知道该约定的，以夫或者妻一方的个人财产清偿。既然夫妻对于婚姻关系存续期间所得的财产已经作出了归各自所有的约定，夫或者妻一方对外以自己的名义所负的债务，就应当以夫或者妻一方各自所有的财产承担。但是，夫妻的财产约定，是夫妻内部的事情，该约定的内容很难让外人知晓，因此，从保护交易安全、保护善意第三人的利益出发，对于夫或者妻以个人名义与相对人所为的民事法律行为，相对人知晓这一约定的，以行为人的个人财产承担责任，相对人不知晓这一约定的，还是要由夫妻双方的共同财产承担责任。相对人是否知晓夫妻的财产约定，夫妻一方或者双方应当承担举证证明的责任，如相对人是夫妻财产约定的知情人、见证人、夫或者妻一方曾明确告知等。参见“夫妻财产约定的种类”。

夫妻财产契约 即“夫妻财产约定”。

夫妻财产约定的种类 夫妻财产约定的类型。按照我国法律的规定，夫妻双方可以约定婚姻关系存续期间所得的财产以及婚前财产归各自所有、共同所有或者部分各自所有、部分共同所有。我国的夫妻财产约定主要有三种，即分别财产制、一般共同制和混合财产制。

我国的分别财产制 我国法律承认的，夫妻双方约定婚姻关系存续期间所得的财产以及婚前财产归各自所有的制度。我国夫妻财产约定的一种。依此约定，夫妻双方对各自所有的财产拥有完整的占有、使用、收益和处分的权利，对方不能干涉。如果双方约定结婚后实行分别财产制的，应当就共同生活的家庭开支、养老育幼等的费用作出明确的分担安排。夫妻双方约定婚前、婚后财产实行分别财产制的，夫或妻一方对外所负的债务，第三人又知道他们夫妻的这一财产约定的，以夫或妻一方所有的财产承担独立的清偿责任。至于第三人知道这一财产约定的事实，应当由夫或妻一方或者双方对此负举证责任。如果夫或妻对外所负债务，作为债权人的第三人不知道他们的财产约定是各自所有的，仍然要由夫妻双方共同承担债务清偿责任。当然，约定实行分别财产制的夫妻，还可以约定由双方或者一方对双方的财产进行统一的支配和管理，并约定清楚风险负担、盈余分配和责任承担。既然是夫妻双方的约定，应当是夫妻二人对自己财产的收益权的处分，只要符合法律规定的有效条件，应当受到法律的承认与保护。

我国的一般共同制 我国法律承认的，夫妻双方约定婚姻关系存续期间所得的财产以及婚前财产均为夫妻共同所有的制度。我国夫妻财产约定的一种。依此约定，夫妻双方婚姻关系存续期间所得的财产归夫妻共同所有，双方的婚前财产也为夫妻共同所有。男女结婚成为夫妻之后，不再保留个人所有的财产，一律归夫妻共同所有。对此共同所有的财产，夫妻双方拥有平等的处理权。夫妻约定实行一般共同制的，双方婚前、婚后发生的债务也都成为夫妻共同债务，由夫妻共同财产承担清偿责任。

我国的混合财产制 我国法律承认的，夫妻双方约定婚姻关系存续期间所得的财产以及婚前财产部分归各自所有、部分为共同所有的制度。我国夫妻财产约定的一种。这种财产约定需要在约定中明确哪类财产或者哪种收入为各自所有，或者为夫妻共同所有。如，约定家庭购置的不动产为夫妻共同所有，动产则为各自所有；或者约定固定收入为夫妻共同所有，其他收入归各自所有等。这种约定比较灵活，但要保证家庭生活的正常开支、子女的抚养教育费用、老人的赡养费用等。

夫妻财产约定的有效条件 夫妻双方的财产约定能够获得法律承认与保护的条件。夫妻财产约定是具有夫妻身份的双方当事人，对于婚姻关系存续期间所得的财产、婚前的财产是归各自所有、共同所有，还是部分各自所有、部分共同所有所作的约定。夫妻财产约定的直接效力是排除夫妻法定财产制的适用。按照《中华人民共和国民法典》的规定，只有在夫妻没有财产约定或者财产约定不明确的情形下才适用婚后所得夫妻法定财产制、婚前财产和夫妻特有财产制的规定。在实际生活中，夫妻财产的归属仅仅是夫妻财产约定的一部分。一个家庭要维持下去，需要夫妻双方负担家庭生活费用，履行抚养教育子女、照顾赡养老人的法定义务，清偿家庭债务等。如果因为夫妻的财产约定妨碍了家庭生活，无法履行夫妻该承担的养老育幼义务，又是法律所不允许的。因此，夫妻的财产约定应当符合下述条件才能得到法律的承认：(1)财产约定的双方应当是具有合法婚姻关系且具有缔约能力的人。未婚同居、婚外同居的人，也可能有财产约定，但这种约定不属于夫妻财产约定。夫妻财产约定的当事人，一般都是具有完全民事行为能力的人。但也有个别情况，婚姻当事人的一方或双方是限制或者没有民事行为能力的成年人，不清楚或者不完全清楚自己所签协议的后果。我国法律没有明文禁止限制民事行为能力的成年人结婚，也有的夫或者妻成为限制或者无民事行为能力人是在结婚之后。限制或无民事行为能力的夫妻要作财产约定时，应当征得其法定代理人的同意或者由其法定代理人代理进行。实际生活中，这样的夫妻可能更需要对婚前、婚后的财产作出约定，以保证他们将来的家庭生活，如能引进公证或者法院介入，得到第三方的认证或者国家的认可，似乎更能满足他们的需要。(2)夫妻双方的意思表示应当真实。夫妻双方对于自己的婚前财产、个人特有财产和婚后所得的财产如何约定，应当是他们自愿、真实的意愿，而不是受到欺诈、胁迫或者因为深陷危难不得已而为之。凡违背婚姻当事人真实意思的约定，可依法予以撤销或者依法认定为无效。(3)约定的内容应当准确、合法。夫妻双方的财产约定，可以约定婚姻关系存续期间所得的归属，也可以约定包括婚前财产在内的个人特有财产的归属。对于婚前财产和其他个人特有财产，包括动产和不动产、有形财产和无形财产，应当明确财产的名称、数量、规格、种类、价值、状况、所在地点等。对于婚后所得的财产，可以是已经取得的财产，也可以是将来可能取得的财产，同样应当明确财产的名称、数量、规格、种类、价值、状况等。可以约定为归各自所有，或者共同所有，或者部分各自所有、部分共同所有。同时还应当明确财产的使用、维护、处分等原则及共同债务的清偿、财产孳息的归属等其他内容。协议的表达尽可能准确、完整，避免发生歧义，引发纠纷。当然，无论作何约定，不能利用夫妻财产约定逃避家庭债务、损害他人利益、规避自己承担的法定义务。(4)夫妻财产约定的形式应当合法。夫妻财产约定可以将个人特有财产的约定和婚后所得财产的约定分别成文，也可以写在一个文本中。夫妻财产约定是要式行为，必须采用书面形式，并由本人签字，注明时间。采用口头形式的约定没有法律效力。夫妻作出财产约定的时间，可以是结婚登记之前，也可以是结婚登记之后，但在结婚登记之前所作的财产约定，应该是从结婚登记之日起生效。如果是在结婚登记之后所作的约定，约定的又是财产归各自所有的，应当在约定中明确有溯及既往的效力，即该约定是从婚姻关系成立之日起生效，避免发生歧义。约定一旦生效即具有法律约束力，双方应当按照约定行使权利、履行义务。

夫妻财产约定的公证 公证机构依法对夫妻财产归属协议的真实性、合法性、有效性给予证明的活动。夫妻财产约定，包括夫妻婚前财产的约定、夫妻特有财产的约定、婚后所得财产的约定，都可以通过公证机构对其约定的真实、合法、有效进行证明。约定夫妻财产的主体可以是夫妻，也可以是即将确立夫妻关系的男女。签订协议的时间可以是在结婚之前，也可以是在婚姻关系存续期间。由公证机构对于夫妻财产约定的真实、合法、有效进行证明，能够有效明确夫妻婚前财产、夫妻特有财产、婚后所得财产的归属等，对于预防纠纷、稳定夫妻及家庭关系，发生纠纷容易提供有效证据，便于司法机关解决纠纷都有重要作用。要注意的是，夫妻财产约定的公证，仅是公证机构对该约定的真实、合法、有效所作的证明，不是该约定生效的条件。而且，我国公证坚持自愿原则，是否进行公证，应当由当事人自己决定，没有公证，不影响约定的效力。进行夫妻财产约定的公证，首先要拟好夫妻财产约定的协议文本，提供个人的身份证、户口簿、已婚人士的结婚证等身份证明文件，提供与协议有关的财产所有权如房产证、未取得产权证的购房合同和付款发票等证明财产归属的文件，然后双方到公证机构提出公证申请，填写公证表格。公证机构审查后决定是否受理申请人的公证申请。公证员对受理了的公证申请进行审查。公证员审查财产约定的协议内容及相关的财产权利证明，查问申请人的订约意思是否真实，是否受到欺骗、误导等。申请人应当如实回答问题。公证员制作公证谈话笔录由申请人签字确认，申请人在公证员面前签署相关财产约定协议。夫妻财产约定的公证，必须由申请人二人亲自到公证机构办理，不允许委托他人代理，也不能由一人单独办理。

夫妻个人婚前债务 特指在法定财产制下夫妻个人婚前所发生的债务。实行夫妻法定财产制的，夫妻的婚前财产包括婚前的消极财产即婚前的债务属夫或妻个人所有，而且这一财产归属不因婚姻关系存续时间的长短而发生变化。我国司法实践中，债权人就一方婚前所负个人债务向债务人的配偶主张权利的，人民法院不予支持，但债权人能够证明所负债务用于婚后家庭共同生活的除外。

扶养 本义指一定亲属间的相互供养、扶助。有时，扶养、抚养、赡养统称为扶养。我国婚姻家庭法中将长辈对晚辈的供养、照顾、扶助称为抚养，平辈之间的互相帮助与照顾称为扶养，晚辈对长辈的帮助与照顾称为赡养，而刑法、继承法中则主要使用“扶养”这一统称。作为义务，扶养是法律规定的一定范围的亲属间相互扶助、供养的义务。在扶养关系中，接受扶养的为权利人，履行扶养义务的为义务人。不履行法定扶养义务的，要承担相应的法律责任。扶养作为私法上的义务，与公法上的国家帮助与社会扶助不同。如国家对公民在年老、患病、丧失劳动能力时给予的帮助，国家设置的灾害救济、贫困救济等，以及工伤保险制度、医疗卫生保险制度等，都是国家或者社会对公民所履行的义务。这些公法意义上的“扶养”，不需特定的身份，只要符合法律规定或合同约定要求的，都有接受国家和社会救助、帮扶的权利。婚姻家庭中的扶养则是在具有特定身份的一定亲属间所产生的私法意义上的义务，是一定的亲属关系建立之后的法律效力之一。私法意义上的扶养，都是以一定范围的亲属关系为前提，基于扶养人与被扶养人的一定身份关系而发生的，扶养权利人和扶养义务人间都具有特定的身份关系。扶养请求权是亲属法上的权利，具有一定的专属性，不能转让、继承，也不能抵押或者抵销。不履行法定义务的扶养人，要视情形的不同承担相应的法律责任。按照《中华人民共和国民法典》的有关规定，法定的扶养义务包括：(1)父母对未成年子女有抚养、教育和保护的义务。这里的子女包括婚生子女、非婚生子女、养子女、形成抚养关系的继子女。父母对未成年子女和不能独立生活的成年子女有给付抚养费的义务。父母对子女的抚养、教育和保护义务是亲权的重要内容，需要父母无条件地履行，且不能免除。(2)成年子女对父母有赡养、扶助和保护的义务。这里的父母包括生父母、养父母、形成抚养关系的继父母。这种赡养扶助义务，包括经济上供养、生活上照顾、精神上慰藉。赡养义务中的对父母的照顾、慰藉是无条件的，子女必须履行，但支付赡养费的义务是有条件的。作为被赡养人的父母得是缺乏劳动能力或者生活困难，作为赡养人的成年子女有给付赡养费的义务。(3)夫妻间的扶养。包括经济上供养、生活上照顾、体力上扶持、精神上慰藉等。夫妻间的扶养义务是无条件的且不可免除。(4)祖孙间的扶养。我国许多家庭，因为父母工作，孙辈多由退休了的祖辈帮忙照顾长大，祖父母与孙子女、外祖父母与外孙子女间有着很深厚、很亲密的关系。有负担能力的祖父母、外祖父母，对于父母已经死亡或者父母无力抚养的未成年的孙子女、外孙子女，有抚养的义务。有负担能力的孙子女、外孙子女，对于子女已经死亡或者子女无力赡养的祖父母、外祖父母，有赡养的义务。他们之间的扶养义务是有条件的。不符合扶养条件的祖孙之间愿意扶养的，可以提倡，但不是法定义务。(5)兄弟姐妹间的扶养。有负担能力的兄、姐，对于父母已经死亡或者父母无力抚养的未成年的弟、妹，有扶养的义务。由兄、姐扶养长大的有负担能力的弟、妹，对于缺乏劳动能力又缺乏生活来源的兄、姐，有扶养的义务。他们之间的扶养义务是有条件的。不符合法律规定条件的兄弟姐妹间的扶养，不属法定义务。除此之外的如直系或旁系亲属间、直系姻亲间如叔伯姑舅姨与侄子女、外甥子女间的扶养，公婆与儿媳或者岳父母与女婿间的扶养等，则不属法定义务。但从亲属间伦理关系和养老育幼的传统美德出发，法律还是提倡的。如我国民法典第六编“继承”中将丧偶儿媳对公婆、丧偶女婿对岳父母尽了主要赡养义务的，作为第一顺序继承人的规定，就是对这种本来没有法定扶养义务的人却尽了主要赡养义务的鼓励。

夫妻间的扶养 夫妻双方在生活上的互相供养、照护、扶助。夫妻关系是家庭关系的核心和基础。婚姻的法律效力之一。《中华人民共和国民法典》第1059条规定：“夫妻有互相扶养的义务。需要扶养的一方，在另一方不履行扶养义务时，有要求其给付扶养费的权利。”夫妻间的扶养义务是基于男女双方结婚所产生的义务，目的在于保证夫妻共同生活关系的维系。夫妻间的扶养义务是相互的。基于夫妻具有平等的法律地位，夫与妻之间的扶养义务也是平等的，夫妻都有接受对方扶养的权利，也都有扶养对方的义务。夫妻间相互扶养的义务是法定的，具有必须履行的属性。有能力而拒不履行扶养义务的构成遗弃。对于遗弃配偶的，受害人可以起诉至人民法院，要求遗弃的行为人支付扶养费，人民法院会依法支持受害人的请求。遗弃丈夫或妻子构成犯罪的，受害人可以依据《中华人民共和国刑事诉讼法》的规定，向人民法院提起自诉。公安机关也有权依法侦查，人民检察院依法提起公诉，以追究遗弃人的刑事责任。因为遗弃丈夫或妻子导致离婚的，受害人有权要求遗弃人离婚损害赔偿。

夫妻间的遗产继承 夫妻间相互继承遗产。遗产继承是将自然人死亡时遗留的个人合法财产转移给其继承人所有的法律制度。夫妻有相互继承遗产的权利，是婚姻的法律效力之一，也是夫妻财产关系的内容。《中华人民共和国民法典》第1061条规定："夫妻有相互继承遗产的权利。"按照民法典第六编"继承"的规定，夫妻相互继承遗产的权利具有如下特点：(1)合法的配偶身份是夫妻相互继承遗产的前提。配偶是被继承人第一顺序的法定继承人。配偶是在被继承人死亡时与其有着合法有效婚姻关系的人。配偶作为法定继承人是以被继承人与继承人间存在着合法婚姻关系为条件的。无论男女双方结婚时间长短，只要在被继承人死亡时具备合法婚姻关系的男女，就能以配偶的身份继承对方的遗产。男女双方没有结婚登记而同居的，无论同居时间多久，一方死亡后，另一方无权以配偶身份继承对方的遗产。在我国，1994年2月1日民政部《婚姻登记管理条例》公布实施以前，男女双方符合结婚实质要件，却未办理结婚登记手续而以夫妻名义共同生活的，按照事实婚姻处理，双方互有继承权。1994年2月1日以后，男女双方符合结婚实质要件，未办理结婚手续却以夫妻名义共同生活的，应当补办结婚登记。补办了结婚登记的为合法婚姻关系，夫妻双方互有继承权。未补办结婚登记的，按同居关系处理。男女双方办理了结婚登记、领取了结婚证，尚未举行结婚仪式，或者因为某种原因未在一起共同生活的，仍为合法的婚姻关系，一方死亡后，另一方有权以配偶身份继承对方的遗产。夫妻之间因为感情不和等原因，分居或者已向婚姻登记机关提出了离婚申请，或者已向人民法院提起了离婚诉讼，在离婚登记手续没有完成、人民法院的离婚诉讼正在进行、人民法院的离婚判决已经作出但还没有生效的，该夫妻仍然为合法婚姻关系的配偶，合法婚姻关系的一方死亡后，另一方有权以配偶身份继承对方的遗产。至于生活中，夫妻一方死亡时，因为种种原因没有分割遗产，到分割遗产时，生存配偶已经再婚的情形也常常存在。因为在被继承人死亡时，被继承人的配偶与其有着合法有效的婚姻关系，后来虽然再婚了，但依然有权以配偶身份继承被继承人的遗产。(2)配偶能够继承的是被继承人死亡时遗留的个人合法财产。夫妻在婚姻关系存续期间所得的财产，除法律特别规定或夫妻特别约定的以外，为夫妻共同所有的财产。夫妻一方死亡时，应当先将共同所有的财产的一半分出为生存配偶所有，另一半为死亡配偶的遗产，由生存配偶与被继承人的其他继承人一起继承。(3)配偶为第一顺序的法定继承人。按照我国民法典的规定，在没有遗嘱，或者遗嘱无效，或者遗嘱继承人放弃继承、继承人丧失继承权的，或者遗嘱继承人先于遗嘱人死亡的，按照法律规定的继承人范围和顺序继承。在法定继承中，被继承人的配偶与其子女、父母同为第一顺序继承人。继承开始后，由第一顺序继承人继承。如果第一顺序继承人只有配偶一人的，由配偶单独继承。(4)被继承人有权用遗嘱的方式处理遗产。因为遗嘱直接表达了财产所有人处分自己财产的意思，所以遗嘱继承优先法定继承的适用。配偶可以立遗嘱将自己的遗产指定给配偶一人继承，可以将遗产指定给包括配偶等继承人在内的一人或数人继承。当然，也可以利用遗嘱取消配偶的继承权。但要注意：遗嘱的形式得符合法律的规定；遗嘱得为缺乏劳动能力又没有生活来源的继承人保留必要的遗产份额；自书遗嘱得由遗嘱人亲笔书写，口头形式遗嘱、代书遗嘱、打印遗嘱、录音录像形式的遗嘱等都需要见证人见证。配偶不能作为遗嘱见证人。(5)我国实行的是限定继承制度，即继承人以所得遗产实际价值为限，清偿被继承人依法应当缴纳的税款和债务。配偶死亡时留有遗产又留有个人债务的，应当用配偶的遗产先清偿债务，不足清偿的部分为死亡配偶的个人债务，生存配偶没有代为清偿的义务，但生存配偶愿意清偿的除外。(6)继承人可以放弃继承。配偶放弃继承的，应当在继承开始后遗产处理前以书面形式作出放弃继承的意思表示，没有表示的，视为接受继承。

亲子关系　亲指父母，子指子女。亲子关系即父母子女关系。父母与子女是血缘最近的直系血亲。父母子女的权利义务关系，是家庭关系的重要组成部分。父母子女关系在不同的社会制度下有不同的表现。人类在原始氏族公社瓦解之后进入父系家族时代，家庭成员包括子女必须绝对服从父系家长的统治。古罗马在父母子女关系上以家父权为本位，家父行使养育子女的权利和义务。中世纪欧洲，家父权逐渐被父权取代，父母子女关系演变为以父母的利益为中心。近代的亲子立法以个人为本位，法律上出现了亲权制度，由法律规范父母子女间的权利义务。早期资本主义国家的亲子关系立法，虽有资产阶级革命的平等、自由等概念作旗帜，但还存在着封建主义的残余，父亲对子女利益的支配仍占很大比重。随着社会的进步与发展，亲子关系的内容也发生了巨大变化，尤其是父母对子女由支配权向保护权转变已成为趋势。在我国的奴隶社会、封建社会是父权、夫权、家长权三位一体的时代，亲子关系以家族为本位，子女是父母的私有财产，没有独立人格。父母对子女的要求就是孝道，不孝被法律列为“十恶”之一。子女对于家族的贡献集中表现在传宗、传家上。因为女儿要出嫁，法律对子女利益的保护更多体现在男子身上，宗族、祭祀、家产等承继都是男子的权利。此外，即使是儿子也有嫡庶之别，嫡长子继承，庶子则没有相应的地位。到现代，国民政府通过亲属立法，废除了嫡子、庶子、嗣子、私生子等概念，由婚生子女、非婚生子女、养子女等概念取代。父母、子女平等的立场得以确立，父母子女的权利义务得以明确。从1950年中华人民共和国的第一部婚姻法到1980年婚姻法再到2001年修正后的婚姻法，亲子关系也有了巨大的变化，2001年修正后的婚姻法在亲子关系上强调父母与子女间关系的平等、民主原则，将1980年婚姻法规定的“父母有管教和保护未成年子女的权利和义务”修改为“父母有保护和教育未成年子女的权利和义务”。将“管教”改为“教育”，说服、教育与管制、约束相比，其尊重未成年子女人格，平等处理父母与未成年子女关系的意味更加明显。《中华人民共和国民法典》第26条规定：“父母对未成年子女负有抚养、教育和保护的义务。成年子女对父母负有赡养、扶助和保护的义务。”第1058条规定：“夫妻双方平等享有对未成年子女抚养、教育和保护的权利，共同承担对未成年子女抚养、教育和保护的义务。”抚养、教育和保护未成年子女是父母的法定义务，必须无条件的履行。第1084条第1款规定：“父母与子女间的关系，不因父母离婚而消除。离婚后，子女无论由父或者母直接抚养，仍是父母双方的子女。”第2款规定：“离婚后，父母对于子女仍有抚养、教育、保护的权利和义务。”可见，父母对子女的义务，即使父母双方离婚也不能免除。

父母子女关系 即“亲子关系”。

亲子法 调整亲子关系的法律规范的总称。婚姻家庭法的重要组成部分。亲子法通常包括：父母子女关系的发生、变更、消灭，如父母与婚生子女、非婚生子女、养子女等关系；父母子女间的权利和义务，如亲权制度、监护制度等。在我国，亲子法的法律渊源，主要有《中华人民共和国宪法》《中华人民共和国民法典》《中华人民共和国未成年人保护法》《中华人民共和国刑法》等，这些法律从不同的角度，规范、调整着父母与子女的权利义务关系。

父母子女关系的分类 按血亲产生的原因对父母子女关系进行的归类。主要有自然血亲的父母子女关系和拟制血亲的父母子女关系两大类。现代法律，虽然自然血亲、拟制血亲在法律上有产生、终止原因的不同，但其法律地位相同，父母子女间的权利义务也相同。

自然血亲的父母子女关系 基于子女自然出生的法律事实而发生的生父母与婚生子女、非婚生子女的权利义务关系。亲子关系的一种。自然血亲的父母子女关系以血缘为纽带，除因父母将子女送与他人收养或者父母的死亡而终止外，生父母与婚生子女、非婚生子女的权利义务关系是不能解除的。

拟制血亲的父母子女关系 基于收养或父母再婚及事实上的抚养关系而产生的父母子女的权利义务关系。亲子关系的一种。父母与子女之间没有血缘关系的存在，是法律认可而人为设定的关系，包括基于收养成立而产生的养父母与养子女的关系，基于父母再婚等形成的继父母与有抚养关系的继子女的关系。拟制血亲的父母子女关系，可以因为收养的解除、继父与生母或者继母与生父的离婚等而终止。

嫡子 正妻所生之子。我国古代子女的一种。地位高于庶子。嫡子中最长者为嫡长子，嫡长子享有优先继承宗祧、爵位和财产的权利。嫡长子是家族的下一代接班人，且嫡长子及嫡长子的嫡长子、嫡长孙这一系子孙才为家族的正宗，其他的都为别枝。如果正妻去世或者离婚，续娶的正妻叫继室或者填房，继室生的儿子也叫嫡子，但是原配所生嫡子优先于继室所生嫡子，上一任正妻所生嫡子优先于下一任正妻所生嫡子。如果妾生了儿子，后被扶正成为正妻又生了儿子，她成为正妻之后所生的儿子要优先于她作妾侍时所生的儿子。可见，同一个母亲所生的儿子的地位，是按照他出生时母亲的身份高低来决定的。

庶子 妾所生之子。我国古代子女的一种。地位低于嫡子。若无嫡子时，庶子也得为宗祧继承。参见“嫡子”。

奸生子 无婚姻关系的男女所生之子。我国古代称无婚姻关系的男女野合为奸，他们所生之子为奸生子。奸生子一般没有身份继承权，但是有财产继承权。在元代以后法律明确了奸生子的继承份额。依照现在的法律，非婚生子女与婚生子女的法律地位相同。

嗣子 亦称“过继子”。因立嗣而承继宗祧之子。在我国封建宗法家族制度下，男子无子的可以选定同宗辈份相当的男性为嗣子，以传宗接代、承继祖业，称此为“立嗣”或“过继”。承继人称为“嗣子”或“过继子”，立嗣人称为“嗣父母”或“过继父母”。嗣子与嗣父母之间发生拟制血亲关系。嗣子取得嫡子的法律地位，有承继宗祧、继承遗产的权利。我国有些地方至今仍有过继这一习俗，但相关法律不承认过继子的子女地位。如果过继子与其过继父母形成抚养关系的，有的可以按照养子与养父母的拟制血亲关系处理。

过继子 即“嗣子”。

婚生子女 具有合法婚姻关系的男女所生育的子女。按照我国法律的规定，婚生子女与其生父母具有父母子女的全部权利和义务。

婚生子女的推定 子女婚生性的法律强制推定制度。婚生子女应当符合下列条件：该子女系具有合法婚姻关系的父母所生；该子女是其父母婚姻关系存续期间受胎；该子女为生父之妻所怀孕分娩；该子女具有其生母之夫的血缘。我国婚姻家庭法并未规定婚生子女的概念及基于何种依据确定婚生子女与其婚生父母的关系。事实上，仅仅基于出生这一事实也无法证明该子女是在其父母的婚姻关系存续期间受胎，并具有其生父的血缘。子女的婚生与否，是涉及父母子女的权利义务、夫妻感情、婚姻幸福及婚姻道德的维护、未成年人健康成长和社会稳定的大事。生活中，因怀疑子女是否为己出而引发夫妻纠纷，甚至导致夫妻感情破裂的有之；因怀疑子女不是自己的孩子拒绝抚养，导致孩子生活无着，甚至心理受到伤害，影响其一生的也有之。为保护未成年子女的利益，也尊重婚姻道德、维护婚姻家庭的和睦与社会稳定，一些国家的法律设立了婚生子女的推定制度，即凡在婚姻关系存续期间，妻子受胎所生育的子女，得推定为婚生子女的制度。从当今其他国家或地区的立法看，关于婚生子女的推定大致有三种方法：(1)以子女是否为婚姻关系存续期间受胎所生为标准。只要该子女是在婚姻关系存续期间受胎，即推定为婚生子女，生母之夫即为该子女的生父。如有反证，可提起否认之诉。关于受胎期的规定，各国或地区的法律规定虽不相同，但都有其科学依据。受胎时间，即精子与卵子结合之时点。受胎发生在女子子宫内，属生理变化，外观上难以判断其确切时日。因此，法律规定受胎期间的依据是医学研究的数据统计，即怀胎期间最短为 180 天，最长为 300 天左右。为此，《法国民法典》规定，夫妻结婚后满 180 天出生的子女为婚生子女。在婚姻关系解除后超过 300 天出生的子女，或者在宣告失踪后超过 300 天出生的子女，不适用亲子关系的推定。《德国民法典》规定，从子女出生时与该子女的生母已婚的男人或者已经进行生父认领的男子为子女的生父。婚姻因男子一方死亡而被解除，并且子女在解除婚姻后300天以内出生的，死亡的男子为该子女的生父。我国台湾地区所谓“民法”规定，从子女出生日回溯第181日起至第302日止，为受胎期间。能证明受胎回溯在前项第302日前者，以其期间为受胎期间。（2）以子女是否在婚姻关系存续期间出生为标准。这一标准要求子女只要是在婚姻关系存续期间出生，即推定该子女为婚生子女，而不论其是否在婚姻关系存续期间受胎。按照这一标准，在母亲已结婚生育子女的一切案件中，都可推定该子女母亲的丈夫为其生父。俄罗斯民法规定，婴儿由母亲所生，婴儿的身份根据母亲在医疗机构生产婴儿的证明确定。如果婴儿出生时父母处于婚姻状态，以及婴儿自父母离婚、确认婚姻无效或者自婴儿母亲的配偶死亡之日起300天内出生，如果没有相反证明，婴儿母亲的原配偶为婴儿的父亲。古巴、秘鲁等国家也采用这一标准。（3）以前两种标准的混合为推定标准，即原则上以出生为推定生父标准，以受胎标准为补充，或者原则上以受胎为标准，以出生为补充。如瑞士民法规定，在婚姻关系存续期间或婚姻解除后的300天内出生的子女，推定夫为该子女的生父。意大利民法虽明确规定以受胎为推定生父标准，但同时规定，如果配偶一方或子女本人不否认生父的身份，则认定自婚礼举行之日起未满180天出生的子女为婚生子女。这三种推定标准各有利弊。受胎标准较为严格，婚前受胎而在婚后出生的子女，将不能获得婚生子女的身份。出生标准将婚前受胎婚后出生的子女推定为婚生子女，实则是婚生子女的扩张，极有可能将不具有父亲身份的人推定为子女法律上的生父。我国多数学者主张适用混合标准。对于子女的婚生推定，本来就是一种法律推定，未必就完全符合客观事实。法律设计婚生子女推定制度的价值，在于使子女的地位早日获得确认，避免别有用心的第三方随意介入，以维护家庭和睦和身份关系的稳定。由于任何制度都不可能是完美无缺的，为兼顾身份关系的真实和稳定，使生父与其子女更能符合真实的血缘关系，也避免婚生推定制度的弊端，法律同时还设计了婚生推定否认制度。

婚生推定否认制度 当事人依法享有的否认推定子女为自己婚生子女的诉讼请求权制度。依婚生子女的推定产生的婚生子女的父亲身份既然是法律上的一种推定，就有可能被与推定相反的事实所推翻。法律设计婚生推定否认制度的目的，是要在有足够证据的情况下否认婚生子女的推定。因此，有人也将这一制度简称为“否认权”制度。婚外性行为是在任何法律制度、道德伦理约束下也不可能杜绝的社会现象。法律设计婚生子女否认制度，就是为了维护婚生子女与其父亲血缘的真实性，使法律推定的事实更接近真实。当然，确定婚生子女与其父亲的亲子关系，到底还是为了使子女的利益得到保障，使应尽其父亲义务的人不能逃避自己的义务，实现法律的公平正义。否认权既然是法律规定的权利，就有关于这一权利的一系列设计。(1)否认权人。谁能提起否认之诉，是法律首先要解决的问题。因为婚生子女推定的成立，父亲与被推定为其子女的人已经建立了法律意义上的亲子关系。要推翻这一认定，首先事关父亲的切身利益。其次，涉及母亲、子女、与子女具有血缘关系的父亲，甚至是第三人的利益。如果能有证据证明，父亲与被推定为其子女的人没有血缘关系，强制这样的“父亲”履行法定义务就不公平，使本该履行亲子义务的真正父亲逃避法定义务，也不是法律的初衷。尤其是婚生子女的推定若涉及父亲家族财产继承等事宜时，通过否认权行使推翻婚生子女的推定，就不仅仅是父亲、子女的事情，还会有具有利害关系的第三方的介入。设立了婚生子女推定制度的国家，自然有配套的否认制度。拥有否认权人的范围也有扩大的趋势。否认权人除父亲及其继承人，还有母亲、被推定的子女，甚至还有与推定有利害关系的第三人。(2)否认权行使的理由。有证据证明被推定为婚生的子女不是其母之夫的亲生子女，即是否认权人行使否认权的理由。否认权行使的证据很多，如证明受胎期间未与其妻同居、妻非与其夫受胎、夫有生理缺陷不能发生性行为等。法院还可委托专门的亲子鉴定机构进行鉴定。(3)行使否认权须以诉讼方式进行。主张否认的原告向法院提起婚生否认之诉，由法院判决是否支持其诉讼请求。经法院判决支持原告诉讼请求的，该子女即丧失其婚生资格。子女否认之诉是要否定被推定为婚生的子女为其母之夫所生的事实，进而消灭其与所谓父亲的亲子关系，因而是确认之诉。确认之诉是要确认某种民事法律关系存在还是不存在，而无论是哪种结果，都意味着权利义务关系的改变。因此，否认权的行使期限应当受到法律的限制，否则对子女抚养、家庭稳定、继承权的实现等都会带来不利的影响。如《法国民法典》规定，丈夫否认婚生子女的，若其在子女出生地，应于子女出生后六个月提出否认之诉；若其不在子女出生地的，应自返回后六个月内提出否认之诉；如妻子对丈夫隐瞒子女出生，丈夫应在发现欺诈行为后六个月提出否认之诉。日本及我国台湾地区都要求否认之诉应在知悉子女出生之日起一年内提出。这一提起否认之诉的时间限制，在性质上应属除斥期间，规定的期限届满，否认权消灭。(4)否认权的消灭。法律规定在有下列情形时，否认权消灭：子女死亡；夫承认或同意该子女为婚生子女；除斥期间届满。由于我国法律一直没有规定婚生子女推定制度，因而也就没有婚生推定否认制度。2020 年颁布的《中华人民共和国民法典》虽没有采纳他国建立婚生子女的推定、否认等制度，但在第五编“婚姻家庭”中规定了亲子关系异议诉讼制度，原告可以通过诉讼程序，请求人民法院确认或者否认自己与该子女的亲子关系，弥补了以往立法的缺憾。亲子关系异议之诉制度的建立，对于保证当事人尤其是未成年人的权益，解决亲子关系纠纷，维护良好的婚姻道德观念和婚姻家庭秩序，利于社会的长治久安有重要意义。参见“亲子关系异议之诉”(123 页)。

否认权 权利人依法享有的否认该子女为自己婚生子女推定的权利。详“婚生推定否认制度”(117 页)。

非婚生子女 没有婚姻关系的男女所生的子女。民间俗称“私生子”。一般包括：无婚姻关系的女性所生的子女，已婚女性所生但不受婚生推定的子女，已婚女性所生但被法院判决否认婚生推定的子女。个别国家法律的规定更苛刻一些，无效婚姻或者被撤销婚姻的当事人所生育的子女，也被认为是非婚生子女。非婚生子女的法律地位，因为时代、国家、宗教、道德伦理观念等的不同而有差异。人类社会早期，非婚生子女在不同的国家或地区都倍受歧视。人类自实行一夫一妻制以来，婚姻成立的条件越来越严格，生育非婚生子女的情况也就越多。在实际生活中，人们重视婚姻关系、看重子女血缘的纯正，轻视非婚男女的性关系，却又不能禁绝通奸、婚外性行为。在私有财产制度产生之后，要求家族财产由家庭成员继承，不能传给外人。这些都造成了婚生子女与非婚生子女的利益冲突。因此，社会对非婚生子女的排斥就不可避免。到了 20 世纪初，人们认识到非婚生子女的出现是其父母的责任，非婚生子女是无辜的，逐渐认识到歧视非婚生子女是不正确的观念。同时，伴随着亲子立法开始由父母利益为中心向重视子女利益转变，关于非婚生子女的法律也开始发生变化。从 20 世纪60年代开始，陆续有国家法律规定保护非婚生子女的利益，使非婚生子女取得与婚生子女接近平等或平等的法律地位。我国婚姻家庭立法一直强调非婚生子女享有与婚生子女同等的权利，任何人不得加以危害和歧视。《中华人民共和国民法典》第1071条明确规定："非婚生子女享有与婚生子女同等的权利，任何组织或者个人不得加以危害和歧视。不直接抚养非婚生子女的生父或者生母，应当负担未成年子女或者不能独立生活的成年子女的抚养费。"

确定非婚生子女父亲身份的理论 关于依据何种事实确定非婚生子女的父亲身份的观点或主张。非婚生子女与其母亲的关系，大多数国家都奉行罗马法"谁分娩、谁母亲"的原则，母亲身份基于子女出生的事实或者子女出生证登记的母亲姓名即可自动取得。除此之外，非婚生子女的母亲身份还可通过认领、诉讼程序取得。非婚生子女父亲身份的确定比较复杂，主要有两种观点：一是血缘主义，二是认领主义。依据血缘主义理论，父亲与其子女是自然血亲。因此，凭借父亲与该子女具有血缘关系的证据，父亲即可通过自愿认领或强制认领的方式获得父亲身份。这种理论因为是凭借客观存在的事实认定父亲与子女的关系，与该子女父母的意思表示无关，被认为是客观主义或事实主义。认领主义理论强调法律上的父子关系与生物学意义的父子关系不是同一概念，在具有该父亲与其子女血缘关系的证明之外，还应有父亲认领的行为。这种理论强调父亲认领的意思是父亲与其子女权利义务关系发生的唯一根据，而血缘关系的存在仅仅是其父亲认领发生的原因。认领主义理论强调父亲认领的意思表示，被称作主观主义。如果按照这一理论的立法，会发生即使有血缘关系的存在，倘若父亲不自愿认领或不被诉讼强制认领的话，还是无法建立法律上的父亲与其子女的亲子关系的情况，对非婚生子女的权益不利。这两种理论，各有特点。当今各国立法已不是那么单纯地只采用一种学说，采取血缘主义立法的国家，也有认领制度的规定，而采取认领主义立法的国家，也兼顾血缘主义的存在，承认非婚生子女的认领请求权。

非婚生子女的准正 非婚生子女因父母结婚或司法宣告而取得婚生子女资格的制度。外国法中关于非婚生子女的制度之一。非婚生子女的准正制度始于罗马法，现在的许多国家都设有非婚生子女的准正制度。准正的形式有两种：一种是因父母结婚而准正。这种制度也有两种情形，德国、比利时等规定，非婚生子女的父母结婚即准正。我国台湾地区所谓“民法”也有这样的规定：“非婚生子女，其生父与生母结婚者，视为婚生子女。”日本、瑞士、法国等则要求除非婚生子女的父母结婚外还需要有父母认领才能准正。另一种是因法官宣告而准正。男女订立婚约后，因一方死亡或婚约障碍存在，使婚姻准正不能实现时，可依婚约一方或子女请求，由法官宣告该子女为婚生子女。无论哪种准正形式，其条件是基本一致的，即该子女与其父母具有血缘关系。因为非婚生子女须与其生父母具有血缘关系，才能因为父母结婚或法官宣告而准正。因此，必须兼顾血缘真实与婚姻事实两个条件。非婚生子女一旦准正，即取得婚生子女的地位。但在取得的时间上却有不同。有的国家规定其婚生子女的地位从父母结婚或法院宣告之日起取得，如法国；有的则规定其婚生资格的取得有溯及力，即自该子女出生之日起即发生婚生效力。

非婚生子女的认领　非婚生子女的生父自愿承认或者被法院强制承认为该子女的父亲并领为自己子女的行为。外国法中关于非婚生子女的制度之一。非婚生子女的认领主要有自愿认领和强制认领两种。自愿认领是指非婚生子女的生父自愿承认为该子女之父并领为自己子女的行为。自愿认领也有单独行为认领和以同意为条件的认领两种。单独行为认领是只要有非婚生子女生父的意思表示即可完成认领，不依赖母亲或子女的同意。这种认领因为只以生父的意思即可决定非婚生子女的地位，带有浓重的父权色彩，已不为大多数国家采用。以同意为条件的认领是指除非婚生子女的生父的认领意思外，还要获得母亲或者子女的同意。如《德国民法典》就规定，生父可以认领子女，但须经生母同意。强制认领是指非婚生子女的生父不愿认领，经非婚生子女或者其法定代理人向法院请求强制生父认领，法院判决生父认领，以确定父亲与其子女的亲子关系存在。认领制度的目的主要是要保护未成年非婚生子女的利益。因此，无论是自愿认领还是强制认领，认领的对象是认领人的非婚生子女，认领是具有身份效力的行为，认领的结果是使非婚生子女与其生父母获得父母子女的权利义务关系。因此，生父不愿认领而要通过法院强制认领的，需要非婚生子女自己或其法定代理人向法院提起确定父亲身份的诉讼，提供包括亲子鉴定在内的证明该子女与其生父具有血缘关系的证据。当今各国或地区的非婚生子女的认领制度，主要有三种模式：(1)通过民法或者特别法加以规定，不须经过任何形式，即在生父、生母与非婚生子女间产生一定的权利义务关系；(2)通过一定的形成行为，如自愿认领、强制认领等，才能承认生父、生母与其非婚生子女的权利义务关系；(3)上述两种形式的结合，即非婚生子女与其生母因出生的事实而视为婚生子女，无须经过认领。非婚生子女与其生父间的权利义务关系产生则必须通过认领这一形成行为。我国台湾地区即采用第三种模式。我国虽未建立非婚生子女的认领制度，但在实践中，非婚生子女的地位婚生化问题的解决还是实事求是的。非婚生子女与其生母间的亲子关系，基于怀孕、分娩的事实即可成立，无须特别证明。非婚生子女与其生父的关系，只要生父表示认领，其间的亲子关系即可成立，无须履行任何手续。但在非婚生子女的生父不愿认领时，非婚生子女的生母或者其他监护人可以提起确认亲子关系的诉讼。原告如果提出的证据极大的可能证明该子女与其生父的血缘关系，人民法院可以要求当事人做亲子鉴定。如果被告拒绝做亲子鉴定，人民法院可以推定该非婚生子女与其生父具有血缘关系。现实生活中，因为生母遗弃子女、子女被拐卖等，也会发生确认非婚生子女与其生母的亲子关系的需要。人民法院在查明子女与其生父母具有血缘关系的事实基础上，有权作出确认父母与其非婚生子女具有亲子关系的判决，并责令非婚生子女的父母履行抚养义务。

自愿认领 见“非婚生子女的认领”(121页)。

强制认领 见“非婚生子女的认领”(121页)。

亲子鉴定 运用医学、生物学、遗传学的理论和技术，根据遗传性状在子代和亲代之间的遗传规律，判断父母和子女之间是否具有亲子关系的鉴定。自私有制和一夫一妻的婚姻制度产生以来，人类格外重视直系血亲关系。母子之间的血缘关系因为分娩的事实即已肯定，“母亲恒定”作为认定母子血缘的法律原则在罗马法时代就已确定。而父子之间血缘关系的认定，开始从两人的相貌、性格、彼此相处的亲疏等来判断，我国古时也有“滴血认亲”的方法，但都不科学、不准确。随着科学技术的进步，相继出现了利用血型、人类白细胞抗原等确认亲子关系。现代大多利用DNA检验确定亲子关系，其肯定结论的准确率可达99.99%，否定结论的准确率达100%。在我国，需要亲子鉴定的事项，通常有未婚先育子女的落户、事故遇难者身份的辨认、认领拐卖儿童、认定强奸犯、移民需要、诉讼需要等。根据鉴定目的的不同,可以分为个人亲子鉴定和司法亲子鉴定。个人亲子鉴定本身是不公开的,所以鉴定委托人有权不提供任何证件。样本可以自行取样,送到专业鉴定机构,其鉴定结果仅提供给鉴定委托人。司法亲子鉴定则是因为特定的诉讼审判程序,由法官启动的鉴定,只适用于诉讼活动。因为是案件审理需要,司法鉴定的结论可以作为证明案件事实的证据使用,因此要符合法律对证据的要求。第一,司法鉴定需要公开进行,即在诉讼当事人双方都知情的情况下进行;第二,鉴定时需要父、母、孩子三方带齐身份证、户口簿等有效证件,一同到场进行;第三,司法鉴定活动必须遵循诉讼法及有关司法解释的规定进行,程序违法的鉴定结论不能成为有效证据。司法鉴定机构需要把鉴定报告提供给人民法院、公安机关、公证机构或者出入境管理机关等机构。

亲子关系异议之诉 对已经形成的亲子关系提出否认或者对尚未形成的亲子关系提出确认的诉讼的总称。亲子关系中,包括基于自然人出生这一事实而产生的自然血亲的亲子关系,也包括基于法律的设定而产生的拟制血亲的亲子关系。前者,自然人出生这一事实得以确认,该子女与其父母之间存在着血缘关系的,亲子关系成立;后者,符合法律规定的拟制血亲成立条件的亲子关系成立,如,收养履行了登记手续;父母再婚,其子女与其继父或者继母产生了抚养关系。在我国的司法实践中,涉及肯定还是否认亲子关系的纠纷很多。如,父亲否认非婚生子女为自己亲生,拒绝履行抚养义务;离婚诉讼中,父方认为婚姻关系存续期间出生的子女非自己亲生,提出离婚请求的同时还要求孩子的亲生父母赔偿其支付的抚养费用;离婚诉讼中,母亲提出婚姻关系存续期间出生的子女非配偶亲生,要求确认亲子关系并由本人独立承担该子女抚养责任;继承纠纷案件中,因确认或否认某位法定继承人身份而引发的亲子关系争议;等等。上述当事人争议的无非是肯定或者否定亲子关系的存在。对于血缘的重视,是人类的本能,在一夫一妻的婚姻制度产生之后尤其如此。亲子关系即使在现代也是家庭关系中的重要内容。夫妻之间一旦对子女与自己的血缘关系产生怀疑,对于夫妻之间的信任、父母子女之间的感情甚至家庭的稳定都意味着几乎是颠覆性的危机。即使通过鉴定得出肯定结论,夫妻间产生裂痕、父母子女间产生隔阂都是一定的,为此家庭解体的都不奇怪。我国的婚姻家庭立法中没有婚生子女的推定、非婚生子女的准正和认领等制度。人民法院在处理这类纠纷时坚持的是从保护未成年人权益出发，辅之亲子鉴定技术的应用，在身份真实和维护婚姻、家庭关系稳定中寻求平衡。在最高人民法院有关的司法解释中也作出了可操作的规定。《中华人民共和国民法典》第1073条对此专门规定："对亲子关系有异议且有正当理由的，父或者母可以向人民法院提起诉讼，请求确认或者否认亲子关系。对亲子关系有异议且有正当理由的，成年子女可以向人民法院提起诉讼，请求确认亲子关系。"这是我国第一次在法律中对亲子关系的异议如何解决作出的规定。民法典确立的亲子关系异议之诉，包括确认之诉和否认之诉两种：确认之诉是原告向人民法院起诉，请求确认子女与自己或者与被告之间存在亲子关系；否认之诉是原告向人民法院起诉，请求确认子女与自己或者与被告之间不存在亲子关系。无论何种诉讼，均需要注意如下问题：(1)提起诉讼的主体应当合格。按照民法典的规定，能够提起亲子关系确认之诉的原告可以是法律意义上的父亲、母亲和成年子女。父亲提起亲子关系的确认之诉，主要是父亲自愿认可该子女为自己的子女。母亲提起确认之诉，主要是父亲不愿意认可与该子女的亲子关系的，母亲将父亲作为被告，请求人民法院确认该子女与被告具有亲子关系。成年子女作为原告，将父亲、母亲或者是父母二人作为被告，请求确认自己与父母之间的亲子关系，这种亲子关系的确认之诉，多数是成年子女起诉父亲，要求确认他们之间的亲子关系。亲子关系的确认之诉，似乎与外国的非婚生子女的认领很像，原告请求确认自己与该子女存在亲子关系的，像自愿认领，原告请求确认被告与该子女存在亲子关系的，又很像强制认领。但我国民法典没有设立非婚生子女的认领制度，而且确认之诉所确认的子女也不仅仅是非婚生子女，如弃婴、孩子出生即被抱错、孩子被他人拐走、孩子与父母失散、孩子被社会福利机构收养等。我国法律虽没有婚生子女的推定制度，但在司法实践中，凡在婚姻关系存续期间出生的子女一般认定为婚生子女，除非有相反的证据证明。按照我国民法典的规定，能够有资格提起亲子关系否认之诉的是子女的父亲或者母亲，其他的如第三人甚至是成年子女都没有权利作为亲子关系否认之诉的原告。可见，亲子关系否认之诉的原告，只有孩子法律意义上的父亲或者母亲，子女无权提起亲子关系否认之诉。之所以这样规定，立法的意图非常明确，肯定具有血缘关系的父母子女的亲子关系，维护当事人间已经形成了的亲情关系的安定，最大限度地保护未成年人的身心健康和合法权益，同时也要防止个别被其法律意义上的父母抚养、教育成年后的子女利用亲子关系否认之诉来逃避赡养老人的责任。(2)提起诉讼得有正当理由。无论是请求确认亲子关系存在还是请求否认亲子关系的存在，提出诉讼请求的原告都应承担举证责任，提供必要和充分的证据以支持自己的诉讼主张。如孩子出生的证据、一方没有生育能力的证据、在孩子受胎的时间二人没有同居的证据、孩子与他人有血缘关系的证据等。证据充分的，至少表明其诉讼请求的提出有正当理由。如果没有证据或者证据不足以证明当事人主张的，人民法院会驳回其诉讼请求。至于有的在没有任何证据的情况下提出确认或者否认亲子关系的诉讼，同时还提出亲子鉴定的要求，目的不过是要通过诉讼证明自己心里的怀疑，人民法院是不会支持这种诉讼请求的。(3)亲子鉴定需谨慎进行。在亲子关系异议诉讼中，对亲子关系进行亲子鉴定是常用的手段，亲子鉴定的结果也能比较准确地确认二人之间是否存在血缘关系。但进行亲子鉴定需要对方当事人的配合，由对方提供血液、毛发、唾液等检材，而且亲子鉴定本身就可能伤害对方、孩子的感情，对夫妻感情、父母子女感情、未成年子女的身心及家庭稳定等多方面都有影响，人民法院对是否进行亲子鉴定持谨慎态度。夫妻一方向人民法院起诉请求否认亲子关系的存在，并且已经提供了必要证据的，法官凭借这些证据相信其主张是极有可能成立的，另一方虽反驳，但没有提出相反证据的时候，人民法院应当支持原告提出的亲子鉴定申请。起诉请求确认亲子关系存在的，大部分属非婚生子女的认领诉讼。请求确认亲子关系的原告也比较复杂，可能是正在婚姻关系存续期间的夫妻，也可能是曾经的夫妻，还可能是其他的第三人。认领非婚生子女的动机也各种各样，有的出于抚养未成年子女的需要，如，由该子女的母亲代该子女请求确认自己曾经的丈夫或者同居者与该子女之间有亲子关系，目的是要求该子女的父亲支付抚养费；有的曾经遗弃自己妻子或怀孕女友的男子，在女方带未成年子女再婚或结婚组建家庭的时候，男子自己或者与自己的妻子一起提起诉讼，要求确认与该子女的亲子关系；有的男子发现其前女友所生的是自己的孩子，现在又被他人收养的时候，要求确认自己与该子女的亲子关系；也有的是成年的非婚生子女向人民法院提出诉讼，请求确认某男子是自己生物学意义上的父亲；等等。在亲子关系异议诉讼中，原告提出诉讼请求的同时，又提供了足以使法官相信其主张极有可能成立的必要证据，而对方没有提出相反证据的情况下，亲子鉴定的作用或者是将原告提出的必要证据进一步补强，或者完全推翻原告所提出的证据，对于案件的事实认定有着极为重要的证据效力。被告没有提出相反证据，也不同意进行亲子鉴定的，人民法院可以推定原告的主张成立。被告拒绝进行亲子鉴定，可能是本人拒绝配合收集亲子鉴定所需的检材，也可能是其利用控制未成年子女的有利条件，拒绝让未成年子女提供检材。在这种情形下，对人民法院能否强制当事人进行亲子鉴定一直有争论。有人以为亲子鉴定对提供检材人的健康没有任何伤害，对案件审理却是非常重要，对此作必要的强制是可以的。但不同意这种观点的人更多。确认或者否认亲子关系的诉讼，属于民事诉讼，而在民事诉讼过程中，对于涉案的财产依照法律规定的条件和程序可以进行必要的强制，但对于当事人人身进行强制是不可取的，特别是在亲子关系纠纷中，强制当事人进行亲子鉴定，其强制的对象大多不是案件当事人，而且还是未成年人，就不是简单的事情。没有法律的明确规定，强制进行亲子鉴定就是违法行为。最高人民法院对此所作的司法解释表明，在原告向人民法院起诉请求确认或者否认亲子关系，并已提供必要证据的情况下，对方没有相反证据又拒绝做亲子鉴定的，人民法院不会强制对方进行亲子鉴定，但可以推定原告的主张成立。其实可以认为这也是一种强制，只不过这种强制是间接的，是在获取亲子关系的血缘真相与保护当事人人格权、隐私权之间所作的选择。实践中，在这种亲子关系诉讼里，拒绝亲子鉴定的一方，一定有自己的考量，或者是自信自己提供的证据足以证明事实真相，或者认为亲子鉴定会伤害夫妻之间、父母子女之间的感情，或者认为对方提出亲子鉴定本身就已经表明彼此间的不信任，因此宁愿承担不利后果也不愿意进行亲子鉴定。依照最高人民法院的司法解释，这种亲子关系的确认或否认是通过推定成立的，就可能与客观上发生的事实不符。当对方提出相反的充分、必要的证据足以推翻这一推定的时候，当事人可以通过再审程序撤销这一判决。认定亲子关系的有无，涉及最多的是未成年人的利益，人民法院应当从子女利益最大化的原则出发，综合案件的所有情况，慎重作出判决。最高人民法院司法解释中规定的也是一方起诉请求确认或者否认亲子关系，并提供了必要证据予以证明，另一方没有提出相反证据又拒绝做亲子鉴定的，人民法院可以推定原告请求确认或者否认亲子关系的主张成立。人民法院在通过推定支持原告主张时使用的是“可以”而不是“应当”，即人民法院对于亲子关系成立或者不成立推定的适用不是绝对的。对于是否进行亲子鉴定应当谨慎决定，对于是否适用推定支持原告的主张，更要严格把握。其实，自然血缘关系与法律上的亲子关系一致，是人们公认的理想状态，但如果因为某些原因，造成了法律上的亲子关系与真实血缘不一致，只要能对未成年人的成长有利，也是很多人愿意接受的事情。如果在涉及未成年人的亲子纠纷中，未成年人是八周岁以上的孩子，还应当征求他的意见。如果未成年人对亲子鉴定非常抵触，即使亲子鉴定对血缘的辨别确实有重要的作用，也应当重视和尊重未成年人的意思表示。保护好未成年人的合法权益，避免伤害未成年人的身心健康，是处理这类案件最该坚持的原则。

继子女 丈夫对妻子与前夫或者妻子对丈夫与前妻所生育子女的称谓。继子女与继父母的关系，是指父母一方死亡，另一方带子女再行结婚，或者因父母离婚，直接抚养子女的一方带子女再行结婚，从而在新的家庭中形成的继父或者继母与继子女的亲属关系。继父母与继子女的关系首先是姻亲关系。继子女是继父母配偶的血亲。这种性质的亲属关系是因继父（继母）与该子女的生母（生父）结婚的法律事实而产生，属于姻亲关系的继父母与继子女之间并不受法律对父母子女关系的调整，没有父母子女间的权利与义务。当继父母有了抚养继子女的法律事实之后，继父母与继子女的姻亲关系转化为拟制血亲关系。《中华人民共和国民法典》第 1072 条第 2 款规定：“继父或者继母和受其抚养教育的继子女间的权利义务关系，适用本法关于父母子女关系的规定。”可见，对形成抚养关系的继父母与继子女来讲，他们之间的权利义务与生父母与生子女间的权利义务完全相同。继父母与继子女之间形成了抚养关系，是决定继父母与继子女是否具有拟制血亲关系的关键。对于何谓形成了抚养关系，我国法律尚未作明确规定，实践中也未有统一的标准，学界也有争论。主要的观点有：(1)继父母负担了继子女的全部或部分抚养费的，即认为形成了抚养关系；(2)继父母只要与继子女共同生活的，就认为是尽到了抚养、照料继子女的义务，应当是形成了抚养关系；(3)继父母负担了继子女的全部或部分抚养费，并与继子女共同生活的，才认为是形成了抚养关系。应该讲，婚姻家庭法承认形成了抚养关系的继父母与继子女之间，具有亲生父母子女间的权利义务，主旨是体现法律对未成年人抚养、教育和保护的重视及对未成年人权益的保护。对于未成年人来讲，生活费、教育费等的支付的确是不可缺少的，而生活中的照料、看顾、关爱更是其健康成长所需要的。因此，除支付全部或部分抚养费之外，继父母与继子女的共同生活更重要。还要注意的是，与继父母形成抚养关系的继子女，与其生父母之间依然是父母子女关系，具有父母子女间的全部权利和义务。子女虽因其直接抚养的父亲或者母亲的再婚而被带到了新的家庭与继父或者继母共同生活，已经与继父或者继母形成了抚养关系，未直接抚养子女的父亲或者母亲仍应负担该子女的部分或者全部抚养费。在继承关系中，与继父母形成了抚养关系的继子女有权继承继父母的遗产，也不影响其继承生父母遗产的权利。当然，继父母与继子女间既然是因为父亲或者母亲的再婚而形成了姻亲关系，就应当恪守中华民族尊老爱幼的传统美德，无论继子女与继父母是否形成抚养关系，继父母和继子女间，不得虐待或者歧视。生活中，继子女未成年时，继父或者继母歧视、虐待继子女的有之，继父母年老时，继子女虐待、打骂继父母的也有之，这是法律所不容许的。民法典第1072条第1款规定："继父母与继子女间，不得虐待或者歧视。"

养子女 被养父母收养的子女。养父母与养子女的关系因为收养的成立而产生。《中华人民共和国民法典》第1111条规定："自收养关系成立之日起，养父母与养子女间的权利义务关系，适用本法关于父母子女关系的规定；……养子女与生父母以及其他近亲属间的权利义务关系，因收养关系的成立而消除。"养子女与婚生子女、非婚生子女、有抚养关系的继子女的法律地位虽是相同的，即都享有父母子女间的权利，也要承担父母子女间的义务，但还是有区别的，这主要表现在亲子关系的成立与解除上。养子女是因为收养关系的成立，与其没有任何血缘联系的养父母建立起了与自然血亲的亲子关系相同的权利义务关系，同时解除了与其生父母的亲子关系。因此，收养行为的成立要符合法律规定的条件，履行法律规定的手续。婚生子女、非婚生子女是基于出生这一事实，他们与其生父母之间存在着不可分割的血缘联系，这种自然血亲的亲子关系，除非有法律的另外规定，否则是不可以解除的。有抚养关系的继子女则是因为他们父亲或者母亲的再婚，而他们的继母或者继父又承担了抚养他们的责任，才与继母或者继父形成了亲子关系。这种亲子关系，除非是他们的生父(母)与继母(父)离婚，或者因继父母与继子女一方死亡，一般也不能终止。养子女与养父母之间的亲子关系，因为是基于收养行为成立的，自然也可以通过解除收养关系而终止。

人类辅助生殖技术 亦称“人工生殖技术”。运用医学技术和方法对配子、合子、胚胎进行人工操作，以达到受孕目的的技术。分为人工授精和体外受精—胚胎移植技术及其衍生技术。人工授精是指用人工技术将精液注入女性体内以取代性交途径使其妊娠的一种方法。体外受精—胚胎移植技术及其衍生技术是指用人工技术从女性体内取出卵子，在器皿内培养后，加入经技术处理的精子，待卵子受精后，继续培养，到形成早期胚胎时，再移植到子宫内着床，发育成胎儿直至分娩的技术。因为精液来源及受精方式的不同，所生育的子女涉及的法律问题也不相同。20 世纪之前，人类一直是按照传统的自然生殖方式完成自身繁衍的。1978 年 7 月 25 日在英国伦敦诞生了第一位试管婴儿后，人工生殖技术日渐成熟至临床应用，在为有生育困难的家庭带来福音的同时，也对传统的社会观念、伦理道德、法律制度尤其是亲子法提出了挑战。我国 1982 年首例使用冷冻精液进行人工授精获得成功，1988 年诞生了首例试管婴儿，人工授精、体外受精等技术都获得长足发展。为保证人类辅助生殖技术安全、有效和健康发展，规范人类辅助生殖技术的应用和管理，保障人民健康，我国于 2001 年 2 月 20 日公布《人类辅助生殖技术管理办法》，同年 8 月 1 日起施行。按照这一规定，人类辅助生殖技术的应用必须以医疗为目的，并符合国家计划生育政策、伦理原则和有关法律规定。禁止以任何形式买卖配子、合子、胚胎。医疗机构和医务人员不得实施任何形式的代孕技术。人类辅助生殖技术必须在经过批准并进行登记的医疗机构中实施。未经卫生行政部门批准，任何单位和个人不得实施人类辅助生殖技术。实施人类辅助生殖技术应当遵循知情同意原则，并签署知情同意书。涉及伦理问题的，应当提交医学伦理委员会讨论。实施供精人工授精和体外受精—胚胎移植技术及其各种衍生技术的医疗机构应当与卫生部批准的人类精子库签订供精协议，严禁私自采精。实施人类辅助生殖技术的医疗机构应当为当事人保密，不得泄露有关信息。实施人类辅助生殖技术的医疗机构除法律法规另有规定的外不得进行性别选择。实施人类辅助生殖技术的医疗机构应当建立健全技术档案管理制度。供精人工授精医疗行为方面的医疗技术档案和法律文书应当永久保存。在我国，买卖配子、合子、胚胎的，实施代孕技术的，使用不具有《人类精子库批准证书》机构提供的精子的，擅自进行性别选择的，实施人类辅助生殖技术档案不健全的，经指定技术评估机构检查技术质量不合格的等都是违法行为，由省级人民政府卫生行政部门视不同情况给予警告、3万元以下罚款，并给予有关责任人行政处分；构成犯罪的，依法追究刑事责任。

人工生殖技术 即“人类辅助生殖技术”。

同质人工生育子女 用丈夫的精液对妻子进行人工授精、着床，由妻子怀孕分娩所生育的子女。丈夫精液人工授精（Artificial Insemination by Husband, AIH），又称“同质授精”，是指用丈夫的精液人工注入妻子体内授精生育的方法。同质授精与自然生殖的区别仅仅是授精方式的不同，所生的子女血缘来自夫妻双方，该子女为夫妻双方的婚生子女。但因为精子冷藏技术的运用，使在某种技术条件下通过AIH方式生育的子女出现了更复杂的情况，为其子女的婚生定位带来问题。(1)妻子未经丈夫同意或者欺骗丈夫通过AIH方式生育的子女。通过AIH方式生育子女，必须是夫妻双方共同到医院进行，需要夫妻双方的书面同意。我国2001年《人类辅助生殖技术管理办法》也明确规定“实施人类辅助生殖技术应当遵循知情同意原则，并签署知情同意书”。妻子未经丈夫同意或者欺骗丈夫通过AIH方式生育了子女，该子女的法律地位如何确定，是法律亟待解决的问题。对此，两种观点截然相反，同意或反对按照婚生子女对待的理由都有。但从婚姻家庭生活中最该优先考虑的是子女利益这一原则出发，无论夫妻之间因何种缘由、有过何种约定，只要是在婚姻关系存续期间妻以夫之精受胎、分娩的子女，都是双方的婚生子女，任何一方都无权回避其对子女的抚养义务。我国最高人民法院1991年7月6日回复河北省高级人民法院的函中明确表态：“在夫妻关系存续期间，双方一致同意进行人工授精，所生子女应视为夫妻双方的婚生子女，父母子女之间权利义务关系适用《婚姻法》的有关规定。”(2)婚姻关系终止后，使用前夫冷冻保藏的精液通过 AIH 方式生育的子女。因为人工授精技术的复杂性，往往不能一次成功。为节省医疗资源，也为了方便下次授精，精液的冷冻保藏技术被发明出来。因为有保藏的精液，妻子在丈夫死亡或与其离婚后使用前夫保藏的精液授精生育了子女，其法律地位如何确定。按照婚生推定，在夫死亡或与夫离婚的情况下，妻利用 AIH 方式生育的子女，因其受胎不在婚姻关系存续期间，不能推定为婚生子女，法律赋予胎儿的利益保护、继承份额等与该子女无关，至于出生后的抚养教育等也不该是该子女血缘上的父亲的义务。也有人认为该子女与其父亲具有天然的血缘联系，这点与其他婚生子女没有不同，不应当予以歧视。后一种观点似乎颠覆了人们固守的婚姻、家庭、子女等概念，许多人拒绝接受，认为应当立法禁止使用已死亡之夫或前夫所保留的精液，以切实维护子女利益。同时应当加强对人类辅助生殖技术机构的管理，没有夫妻双方的同意，不允许利用机构保藏的精液实施人工授精。(3)使用了不是妻之夫的精液授精生育的子女。在实施 AIH 方式人工授精时，因为医生过失或者其他原因使用了第三人的精液，生育的子女只与母亲有血缘关系。对此，有人主张适用婚生子女推定否认制度，由丈夫提起否认之诉。此种观点如果成立，这类人工授精生育的子女会被确定为是没有父亲的非婚生子女，会严重损害子女的利益。因此，有人主张应将这类子女视为夫妻双方的婚生子女。对于丈夫及家庭利益的损失，可通过由人类辅助生殖技术机构承担侵权赔偿责任的途径予以救济。

异质人工生育子女　用第三人提供的精子人工注入妻子体内受胎、着床，由妻子怀孕分娩所生育的子女。供精人工授精(Artificial Insemination by Donor, AID)，又称“异质授精”，是指使用捐赠者的精子人工注入妻子体内授精生育的方法。AID 技术所涉及的医学、伦理、法律等问题太多，曾引起世界范围的讨论。能否接受这一技术，至今各国法律的态度也不一致。尤其是通过 AID 方式生育的子女与人们固有的以血缘真实来判断婚生子女的概念相悖，该子女法律地位的定位就更复杂。人类辅助生殖技术多是为了解决男子的不育问题。因此，当男子的精液质量不足以让妻子自然受孕时，采用捐赠者精液生育子女就成为选择。对于夫妻双方同意实施 AID 方式生育的子女能否具有婚生子女地位，学界争论颇多。第一种观点认为，丈夫既然同意实施 AID，即等于认同其父亲身份，夫丧失婚生子女否认权，该子女的婚生地位确定。但也有学者认为，丈夫同意实施 AID，仅为表示其接受人工授精手术，并不包括承认该子女的婚生地位，所以该子女的婚生地位还需相应程序予以确认。第二种观点主张该子女不应受婚生推定。婚生子女推定的前提是该子女与其母之夫具有真实的血缘联系，而通过 AID 方式生育的子女不具有这一重要前提。对此有学者认为，夫因人工授精所生子女出生后登记申报，含有认领该子女的意思，而该子女之母与其夫又是婚姻关系存续期间，可依准正程序成为婚生子女。也有学者主张，既然通过 AID 方式生育的子女与其母之夫没有血缘关系，可依收养程序解决该子女的法律地位问题。第三种观点主张，赋予实施 AID 方式生育的子女以独立的法律地位。因为该子女与其母之夫没有血缘关系，不能像婚生子女那样基于血缘关系产生婚生子女地位，也不能像继子女那样通过姻亲及抚养行为产生继子女地位，更不能像养子女那样通过收养行为产生养子女地位。而且，该子女毕竟与其母还有着血缘关系。因为该子女兼有婚姻、血缘、认养的几种因素，应当赋予该子女独立的法律地位，与婚生子女、非婚生子女、养子女及有抚养关系的继子女并列，成为第五种子女，享有与婚生子女同样的权利和义务。当今许多国家的法律接受通过 AID 方式生育的子女为婚生子女，如美国、瑞典、加拿大、英国、澳大利亚等。对实施 AID 方式生育的子女，采纳婚生子女说，根本原因在于保护子女利益是亲子法的最高准则。我国最高人民法院 1991 年 7 月回复河北省高级人民法院的函也是这一态度：“在夫妻关系存续期间，双方一致同意进行人工授精，所生子女应视为夫妻双方的婚生子女，父母子女之间权利义务关系适用《婚姻法》的有关规定。”函中所称的人工授精应当包括同质授精和异质授精。

人工体外受精 运用人工技术从女性体内取出卵子，在器皿内培养后，加入经技术处理的精子，待卵子受精后，继续培养，到形成早期胚胎时，再移植到子宫内着床，发育成胎儿直至分娩。用这种人工技术生育出来的婴儿称“试管婴儿”。体外受精与体内受精虽都不属于自然生殖，但体外受精比体内受精有了更多的人工成分，涉及的技术也更复杂。体外受精涉及的当事人远比体内受精复杂，如不孕的夫妇、精子的捐赠者、卵子的捐赠者、代孕分娩者等。

人工体外受精生育的子女 通过体外受精技术生育的子女。有使用妻子的卵子体外受精和使用捐赠者的卵子体外受精，有使用丈夫的精子同质体外受精和使用捐赠者的精子异质体外受精，每一种情形下生育的子女其法律地位都有不同争论。(1)使用妻子的卵子体外受精。包含两种情况：一是同质体外受精。通过辅助生殖技术，将丈夫的精子和妻子的卵子在体外完成受精后再植回妻子的子宫着床、发育、分娩。通过这种技术完成的生育，除受精方式在体外之外，与自然生殖没有本质不同，所生育的子女与夫妻二人有着完全的血缘关系。因此，该子女为婚生子女。二是异质体外受精。以捐赠者的精子与妻子的卵子在体外受精，再将受精卵植入妻子子宫着床、发育、分娩。这样生育的子女除受精地点不同外，与通过异质授精(AID)方式生育的子女没有本质的区别。(2)使用捐赠者的卵子体外受精。也包含两种情况：一是以捐赠者的卵子在体外与丈夫的精子受精，再将受精卵植入妻子子宫着床、发育、分娩。二是以捐赠者的精子在体外与捐赠者的卵子受精，再将受精卵注入妻子的子宫，使其着床、发育至分娩。前者是捐卵同质受精，涉及的当事人为受术的不孕夫妇和捐卵的第三人，所生育子女与父亲具有血缘上的联系，与其孕育母亲没有血缘关系，但有生理联系。后者是捐卵异质受精，涉及的当事人有不孕夫妇和捐精人、捐卵人，所生育的子女与捐精者、捐卵者有血缘关系，而其孕育母亲是分娩者，与该子女只有生理上的联系，而其孕育母亲的合法丈夫则与该子女没有任何血缘、生理上的联系。这样生育的子女，其法律地位的争论要比精子捐赠更复杂。自然生殖过程中，因为卵子与子宫的紧密联系，产生了“谁分娩，谁为母亲”的原则。现在利用人工生殖技术，使用第三方的卵子体外受精，再移植进妻子的子宫着床、发育、分娩，与该子女具有血缘、基因联系的是卵子的捐赠者，而胎儿在母体中的存活、发育、成长，依赖的又是母亲子宫提供的营养。这样的子女，是依赖卵子捐赠者、分娩者这两个人才来到这个世界的。谁才该是这个孩子法律上的母亲？学界争论也不少。主要观点有三种：一是以意思表示为准，卵子的捐赠者，其意思表示若仅仅是捐出自己的卵子，并未有成为孩子母亲的意思，则分娩者是孩子的母亲。二是主张坚持血缘真实，生殖细胞来源于谁，谁就是孩子的母亲。三是认为卵子虽然是捐赠者的，但受精后的胚胎移植在妻子子宫内着床、发育，妻子提供了胎儿成长所需的营养，而妻子体外受精—胚胎移植的目的就是要做这个孩子的母亲。妻子与孩子生理、心理上的联系远比血缘上的联系更重要，因此，分娩者应当是孩子的母亲。这些观点都有自己的理由。在婚生子女推定上，血缘真实被推崇，因为那是在自然生殖的前提下讨论问题。人类辅助生殖技术的产生，除了人类探索生命秘密的科学价值外，也为那些患有不孕不育症的夫妻能有自己的子女提供了机会。胚胎在母亲的子宫着床、发育、成长，母亲为孩子的发育提供了所需的营养，为期待这个孩子的降生所付出的母爱，远比一个带有基因的卵子重要得多。捐赠卵子的人已经有明确赠与的意思表示，无论其动机如何，其本意都不会是为了将来做某个孩子的母亲。至于在捐卵异质受精的情形下，该子女有卵子、精子捐赠者的遗传父母，也有一个与他没有任何生物学联系的养育父亲，还有一个分娩母亲。其实，该子女的遗传父母并不相识，更不会有婚姻关系，根本不可能抚养子女。对于孩子的健康成长来说，捐赠者对此没有任何意义。因此，以分娩这一事实为判断子女与母亲的亲子关系，母亲的合法丈夫即是孩子的父亲，对于子女利益的保护是最有利的。

代理母亲 使用妻卵和夫精、妻卵和捐精、捐卵和夫精、捐卵和捐精在体外受精，然后将胚胎植入第三方志愿者子宫妊娠生育，分娩者即代理母亲，亦称“代孕妈妈”。代理母亲除涉及伦理问题外，涉及的法律问题更多。在我国，实施代孕技术是违法的。辅助生殖技术的医疗机构实施代孕技术的，要受到行政处罚，有关责任人要受行政处分；构成犯罪的，将被依法追究刑事责任。

亲权 父母对未成年子女身份上、财产上的抚养、监护、教育的权利。英语亲权 parental right，直译为父母的权利。德语亲权原为 elterliche Gewalt，直译为父母的权利；1980 年德国修改法律，将其表述为 elterliche Sorge，直译为父母的照护。法语亲权原为 Puissance Paternelle，直译为父亲的权力；1987 年《法国民法典》修改，亲权一词表述为 autorité des Père et Mère，直译为父母的职权。这些变化表明亲权由原为父亲的权利演变为父母的权利，原来更多地强调父亲对子女的管控演变为对子女的照顾、保护，多了义务的内涵。亲权概念的演化标志着亲子法的变化。亲权，是以父母与子女的特定身份为前提，专属于父母的并由法律规定的权利。法律规定亲权制度，目的是为了保护、教养亲权人的未成年子女，从未成年人的人身、财产利益出发，规定亲权的具体内容，包括未成年子女的身上照护权、财产照护权等。这些权利不容他人侵犯、妨碍。具有父母身份的亲权人必须亲自行使权利，履行相应义务，且不能抛弃自己的亲权人身份，不能将亲权转让他人，更不允许滥用亲权，损害未成年子女的利益。关于亲权制度，大陆法系国家和地区，法律上将监护制度与亲权制度并列。父母是未成年子女的亲权人，为不在亲权保护下的未成年人设立监护制度，由监护人保护未成年人的人身和财产权益。所以，担任监护人的不是未成年人的父母，而是其他具有监护资格的人。我国法律参考英美法系国家的做法，统一规定了监护制度，没有专门规定亲权制度。《中华人民共和国民法典》确定的监护制度将亲权制度中的对未成年子女的抚养、教育、财产照护及人身保护的精神及内容都规定在了监护制度中。父母对未成年子女负有抚养、教育和保护的义务，父母是未成年子女的监护人。未成年人的父母已经死亡或者没有监护能力的，由下列有监护能力的人按顺序担任监护人：(1)祖父母、外祖父母；(2)兄、姐；(3)其他愿意担任监护人的个人或者组织，但是须经未成年人住所地的居民委员会、村民委员会或者民政部门同意。

亲权人 依法享有亲权权利、履行亲权义务的人。亲权是父母基于其父母身份对其子女所享有的权利，其性质应属身份权。亲权人，即享有亲权权利的主体，应为未成年子女的父母。对于婚生子女，如果父母双方健在且有婚姻关系，则父母均为亲权人，双方共同行使亲权，如有意见分歧，应当相互协商，取得一致意见后行使。父母虽处于婚姻关系存续期间，但一方由于种种原因如失踪、民事行为能力受限制、长期外出、重病、被拘押或亲权被停止等不能行使亲权的，应以另一方为单独亲权人。父母离婚时，则应以子女的最大利益为依据来确定是以父母一方或是双方为亲权人。对于非婚生子女，如未经生父认领，原则上母亲为亲权人。如经生父认领，究竟以谁为亲权人，各国规定不一。如《日本民法典》规定原则上以生母为亲权人，但可以依协议或裁判确定生父为亲权人。对于经准正取得婚生子女资格的非婚生子女，则父母均为亲权人。对于养子女，应以养父母为亲权人。对于形成抚养关系的继子女，其生父母与继父母均为亲权人。

亲权的内容 亲权人照护未成年子女的人身、财产权益的权利和义务。主要是身上照护和财产照护两方面的内容。(1)身上照护,具体表现为以下权利:①管教、保护权。亲权人有权教育、管理未成年子女,以使其具有正确的思想、端正的品行和生活能力,保证子女的身心健康。亲权人有保护未成年子女的人身安全的权利,有权采取措施预防和排除危险、预防和治疗疾病,禁止其出入危险、不健康场所,督促其完成义务教育,鼓励其进行有益身心健康的活动等。②住所指定权。子女应在亲权人指定的住所或者居所居住。未经父母允许,不得在他处居住。③子女交还请求权。子女在被他人诱拐、藏匿、抑留时,亲权人有交还其子女的请求权。④惩戒权。亲权人对不听从其管教的子女,可在必要限度内实施如告诫、体罚、禁闭、减食等手段惩戒,以达到保护、管教的目的。⑤身份行为、身上事项之同意权及代理权。具体如命名权,亲权人有权以亲权人一方的姓氏为子女命名;身份行为之代理权,身份行为虽与特定的主体不可分离,原则上不能适用代理,但在法律有特别规定时,亲权人可代未成年子女为身份行为,如修改姓名、送养等;身份行为之同意权,未成年人实施有关亲属身份变更如申请死亡宣告、终止收养协议等行为,应征得亲权人同意;身上事项之决定权与同意权,如同意动手术、同意捐献器官等。(2)财产照护,具体表现为以下权利:①代理权及同意权。未成年人实施的民事法律行为,应由亲权人代理或征得亲权人同意,如进行交易、放弃继承、分割遗产等。②财产管理权。未成年子女的财产可以分为两部分,一是以其劳力、经营或其他有偿方式获得的,二是通过继承、赠与、奖励等途径取得的。未成年人因欠缺管理能力,法律赋予了亲权人对未成年子女财产的管理权。依此权利,亲权人有权占有子女的财产。他人无正当理由占有子女财产时,亲权人可以作为子女的法定代理人行使返还请求权。亲权人有权为增加财产之价值为如加工、添附等必要的处分行为。但在有的情形下,父母对其子女的财产不享有管理权,如赠与财产的第三人指定不由父母或者不由父或者母管理时,父母双方或一方就该项财产无管理权。③财产使用权。亲权人对其子女财产享有使用权,即依照物的属性和用途在不毁损物或者变更物的性质的前提下对物加以利用的权利。除此之外,有的国家和地区还承认父母的收益权。如我国台湾地区所谓“民法”规定,父母对于未成年子女的财产有使用、收益之权。依台湾地区学者之见解,使用子女财产所获收益第一应充财产管理费用,其次充子女教育费用,再次供家用，有剩余，应属于父母。《德国民法典》规定，子女财产之收益第一应充财产管理费，其次充子女之给养，还有剩余，可作为自己及子女之未成年并未结婚之兄弟姐妹给养之用。④财产处分权。处置财产并决定财产命运的处分行为，关系未成年人的根本利益，故各国和地区亲权法往往对父母的处分权予以限制。《德国民法典》禁止父母代理子女为赠与，但对合乎道义的代赠与不在此限。在瑞士，为支付子女抚养、教育或职业训练费用时，监护官厅得许可父母动用子女财产中的一定款项。我国台湾地区所谓“民法”也有这样的规定，非为子女利益，不得处分之。因此，亲权人非为子女利益实施的处分行为是无效的。⑤返回义务。在子女成年或者解除亲权时，父母应将子女的财产全部交还子女，若由于其他原因解除亲权时，父母应将子女财产交给子女的法定代理人。

亲权的行使 亲权的执行。主要有两种情况：(1)父母共同行使亲权。这是现代亲权制度的原则之一，也是男女平等原则的体现。在亲权人对子女的身上照护、财产照护需要作出决定时，父母双方应平等协商、合理解决。遇重大问题，亲权人协商无法达成一致意见时，一方或者双方应提请法院裁决。亲权人共同行使亲权的一个重要表现是对外作为子女的共同代理人，父母以共同的名义代理未成年子女为民事法律行为或者对子女自己所为的民事法律行为表示同意。作为子女的父母，当需要时可以相互授权对方单独代理，但要注意的是，没有得到对方授权自己擅自代理子女所为的行为同样是无权代理，也会引起无权代理的后果。为保护善意第三人的利益，法律也会对此作出限制。如《日本民法典》规定，父母共同行使亲权时，如父母之一方以共同名义代理子女为民事法律行为，或者对子女自己所为行为予以同意时，该行为并不因违反父母一方的意思而影响效力，但该法律行为的相对方为恶意时，不在此限。(2)父或者母单独行使亲权。如果因为某种原因，如父母一方下落不明、重病、服刑或行为能力受限制等障碍不能行使亲权的，亲权由没有障碍的一方单独行使。父母一方死亡的，由生存一方单独行使。至于父母离婚后，亲权如何行使，各国和地区立法也不相同：有的规定由与该子女共同生活的一方行使亲权，如日本；也有的规定由法院决定是父母共同行使亲权还是一方行使亲权，如法国。其实，亲权的单方行使或者是双方行使都各有利弊。一方单独行使亲权时，由于未成年子女的生活安排、教育机构选择等不再由父母双方共同决定，父母双方接触机会少，发生争执、矛盾的机会也少，从而对未成年子女的伤害也就少。但单独行使亲权无异于剥夺对方对子女的亲权，不仅会造成该方的痛苦，也不符合未成年子女的利益。双方行使亲权时，父母双方会在子女如教养、学习，甚至生病治疗等大事上协调、商量，对子女利益存在有利的一面。但如果离婚后的父母双方不能很好合作，让子女处于父母矛盾的夹缝之中，也并不符合子女的最大利益。有学者主张，我国在亲权立法时，对离婚后的亲权行使应在符合子女利益的前提下，由离婚的父母双方协议，由父母双方行使或者一方单独行使，而不是简单地一刀切。

亲权行使的限制 法律规定的亲权人在行使亲权时不能为的行为。亲权尽管是基于父母身份而产生的民事权利，父母作为未成年子女血缘最近的长辈直系亲属，一般不会损害自己未成年子女的利益，但是在实际生活中损害未成年子女利益的亲权人还是存在的。为维护未成年人的利益，法律规定了对于亲权行使的限制。但在立法体例上，各国规定的方式有所不同，有的规定比较原则、笼统，规定亲权的行使不能损害子女利益和人格尊严，有的则规定比较具体。其实，详细的规定才便于操作。如对于子女的人身照护方面，法律在有些场合排除父母的代理权，如认领行为，收养行为，许可未成年人所从事的职业、艺术等行为，必须由子女自己为之，但亲权人有同意的权利。在财产照护方面，对于子女财产的管理权、处分权等作出限制，如无法院授权，父母不能为下列处分行为：在子女入股的公司股东大会上投票解散公司，以子女的财产为股本入股无限责任公司，缔结票据债务或者其他通过背书转让的证券债务，用子女财产为他人担保，转让子女债权，设定待子女成年后履行的债务，代子女放弃继承或遗赠，代子女接受附负担的遗产、赠与和遗赠等。即使亲权人已经为上述行为的，该行为也可以被撤销。

亲权的停止 基于法律规定的原因，亲权暂时中止行使。待具备条件时，亲权可以恢复。亲权的停止，因为原因不同，可分为两类：一是当然停止。当法律规定的事由发生时，亲权暂时停止行使。各国规定的亲权停止事由不完全相同。如有的规定收养行为成立之后，未成年子女与养父母建立父母子女关系而其生父母的亲权停止，亲权由养父母行使。如果因养父母死亡、养父母丧失民事行为能力等原因解除收养关系，生父母的亲权又会恢复。

有的规定父母离婚时亲权确定由一方行使的，另一方的亲权停止。还有的规定亲权人被宣告失踪的，亲权停止。二是法院宣告停止。法院通过判决宣告亲权人停止亲权的，各国法律规定的原因也不尽相同，但主要有：亲权人滥用亲权，严重损害未成年子女利益的；父母怠于行使亲权，严重危害未成年子女利益的；父母滥用亲权危害子女财产利益的；父母滥用对子女的人身照护权，或者有不道德、不名誉的行为，危害子女利益的；父母有虐待子女、危害子女身心健康行为的等。如果亲权人有致未成年子女人身、财产严重损害行为的，利害关系人可以向法院请求，停止亲权人亲权的全部或部分。

亲权的消灭 具备法律规定的事由时，亲权永久地归于消灭。亲权的消灭不同于亲权的停止。亲权的停止，只是亲权人暂时停止亲权的行使，当法律规定的条件具备时，亲权人还可以恢复亲权。亲权的消灭，则是亲权永远地不再存在。亲权消灭的原因主要有：(1)子女成年。子女成年了，就成为了可以完全独立地进行任何民事活动的人，不需亲权的保护。(2)父母或者未成年子女死亡。亲权人是父母，亲权的对象是未成年的子女，他们中的任何一方死亡，其相对的亲权关系都不能存在。(3)收养关系解除。收养关系解除后，养父母与养子女的关系解除，养父母的亲权消灭，生父母的亲权恢复。

父母子女关系的内容 父母子女关系中的权利和义务。父母与子女有着最近的血缘关系。在家庭关系中，除夫妻关系之外，父母子女关系是最重要的关系。通过法律规范父母与子女的权利和义务，是婚姻家庭法的重要任务。《中华人民共和国民法典》第 26 条、第 1058 条、第 1067—1075 条规定了父母子女间的权利和义务，包括：父母对未成年子女有抚养、教育和保护的权利和义务；成年子女对父母有赡养、扶助和保护的义务；在未成年子女对他人人身或者财产造成损害时，父母有依法承担民事责任的义务；父母和子女有相互继承遗产的权利；子女有尊重父母的婚姻权利的义务等。这些权利与义务适用于婚生子女与其生父母、非婚生子女与其生父母、养子女与其养父母和有抚养关系的继子女与其继父母。

命名权 亦称“姓名决定权”。父母享有的为自己的子女命名的权利。子女出生之后，需要父母为其设定一个能标识其血缘遗传关系，并能区别他人的特定符号，即姓名。在传统亲权中，父母对其子女享有命名权，这是亲权的重要内容。姓名权，包括姓氏和名字两方面的内容。在很长的时期内，在我国，除入赘外，都是按照父亲的姓氏为其子女的姓氏，以标识其血缘关系。父母有权为其子女选择特定的名字，以表达其血缘传承、父母的心愿及期许等。这一权利反映的是父母与子女的从属关系。现代民法无一例外地认可决定自己姓名的权利是自然人的一项重要民事权利。除自然人没有民事行为能力、不能表达自己的意思以外，应当由自然人自己决定自己的姓名。对于刚出生的子女，没有民事行为能力，父母则有权代其决定自己的姓名，当子女成年取得完全民事行为能力之后，有权决定、使用和依照规定改变自己的姓名。《中华人民共和国民法典》第1015条规定："自然人应当随父姓或者母姓，但是有下列情形之一的，可以在父姓和母姓之外选取姓氏：（一）选取其他直系长辈血亲的姓氏；（二）因由法定扶养人以外的人扶养而选取扶养人姓氏；（三）有不违背公序良俗的其他正当理由。少数民族自然人的姓氏可以遵从本民族的文化传统和风俗习惯。"

姓名决定权 即"命名权"。

父母对子女的抚养、教育和保护 父母子女关系的内容之一。父母对未成年子女有抚养、教育和保护的权利和义务，这是父母对子女的主要权利和义务。《中华人民共和国民法典》第26条第1款规定："父母对未成年子女负有抚养、教育和保护的义务。"(1)抚养义务。抚养是指父母从物质上供养子女，日常生活中照料子女的饮食起居、衣食住行，以保证子女的健康成长。父母对未成年子女的抚养义务，从子女出生开始，到子女具有独立生活能力为止。父母应当提供包括子女生活必需的一切生活费用、教育费用、医疗费用等，保证子女接受教育，使子女具备良好的品行、健康的身体和将来进入社会所需的生存技能。对于这一义务的履行是无条件的，不以父母是否心甘情愿，是否因此会降低自己的生活水准，牺牲自己的爱好、事业等为条件，甚至不论父母间感情如何、婚姻关系是否存续。父母不履行对未成年子女抚养义务的，应当依法承担法律责任。(2)教育义务。父母对子女的义务除生活上的供养之外，还有教育的义务。包括：父母应当创造良好、和睦的家庭环境，关注未成年子女的生理、心理状况和行为习惯，以健康的思想、良好的品行和适当的方法教育和影响未成年子女，引导未成年子女进行有益身心健康的活动；父母应当尊重未成年子女受教育的权利，必须保证适龄未成年子女依法入学接受并完成义务教育，不得使接受义务教育的未成年子女辍学；父母应当根据未成年子女的年龄和智力发展状况，在作出与未成年子女权益有关的决定时告知其本人，并听取他们的意见；等等。父母不得允许或者迫使未成年子女结婚，不得为未成年子女订立婚约。父母有义务教育未成年子女不得有下列不良行为：吸烟、饮酒；多次旷课、逃学；无故夜不归宿、离家出走；沉迷网络；与社会上具有不良习性的人交往，组织或者参加实施不良行为的团伙；进入法律法规规定未成年人不宜进入的场所；参与赌博、变相赌博，或者参加封建迷信、邪教等活动；阅览、观看或者收听宣扬淫秽、色情、暴力、恐怖、极端等内容的读物、音像制品或者网络信息等；以及其他不利于未成年人身心健康成长的不良行为。父母不应当让未成年子女脱离其监护单独居住。未成年子女离家出走的，父母应当及时查找或者向公安机关请求帮助。父母发现未成年子女有严重危害社会的不良行为（如，结伙斗殴，追逐、拦截他人，强拿硬要或者任意损毁、占用公私财物等寻衅滋事行为；非法携带枪支、弹药或者弩、匕首等管制器具；殴打、辱骂、恐吓，或者故意伤害他人身体；盗窃、哄抢、抢夺或者故意损毁公私财物；传播淫秽的读物、音像制品或者信息等；卖淫、嫖娼，或者进行淫秽表演；吸食、注射毒品，或者向他人提供毒品；参与赌博赌资较大；等等）的，应当及时予以制止。父母和学校应当相互配合，采取措施严加管教，必要时也可以通过专门的程序，经专门教育指导委员会评估同意后，由教育行政部门决定将有严重不良行为的未成年人送入专门学校接受专门教育进行矫治。父母对未成年子女的教育义务是必须履行的。如果父母不履行监护、教育职责，放任未成年子女的严重不良行为的，由公安机关对未成年人的父母予以训诫，责令其严加管教。父母离婚的，双方都不得因离婚而不履行教育子女的义务。（3）保护义务。父母有义务保护未成年子女的人身安全和合法权益，预防和排除来自外界的侵害，以保证未成年子女的身心处于安全的状态，健康成长。对于任何侵害未成年子女身心健康、合法权益的行为，父母有权以子女监护人的身份制止侵权、追究责任。父母是未成年子女的监护人，应当依法履行监护职责。父母因外出务工或者其他原因不能履行监护职责的，应当委托有监护能力的其他成年人代为监护。父母不能危害未成年子女，法律禁止对未成年子女实施家庭暴力，禁止虐待、遗弃未成年子女，禁止溺婴和其他残害婴儿的行为。

(4)承担损害赔偿责任的义务。按照《中华人民共和国民法典》第1068条的规定，父母对未成年子女有教育、保护的权利和义务外，对未成年子女造成他人财产或者人身损害的，父母还应当依法承担损害赔偿等民事责任。我国民法典第1188条规定："无民事行为能力人、限制民事行为能力人造成他人损害的，由监护人承担侵权责任。监护人尽到监护职责的，可以减轻其侵权责任。有财产的无民事行为能力人、限制民事行为能力人造成他人损害的，从本人财产中支付赔偿费用；不足部分，由监护人赔偿。"父母对其未成年子女的抚养、教育和保护，是父母平等享有的权利，也是父母平等履行的义务。我国民法典第1058条明确规定："夫妻双方平等享有对未成年子女抚养、教育和保护的权利，共同承担对未成年子女抚养、教育和保护的义务。"父母的抚养义务是法定义务，父母不履行抚养义务的，子女有要求父母给付抚养费的权利。父母抚养、教育和保护子女的权利同样也受到法律的保护，任何人、任何单位都无权侵犯父母的这一权利。如，诱拐未成年人离家出走，脱离其父母管控的；将所谓超生的未成年人强行从其父母身边带走交给社会福利部门抚养的；未经父母同意将未成年人送给他人收养的；医生、护士与他人勾结将刚出生的婴儿与他人的子女调换的；等等，都是严重侵害父母对子女抚养、教育和保护权利的行为，应当依法追究法律责任。

抚养费请求权 未成年子女和不能独立生活的成年子女享有的请求父母给付抚养费的权利。在父母子女关系中，父母对子女有抚养、教育和保护的义务，接受父母的抚养、教育和保护是子女的权利。《中华人民共和国民法典》第1067条第1款规定："父母不履行抚养义务的，未成年子女或者不能独立生活的成年子女，有要求父母给付抚养费的权利。"这是抚养费请求权的法律依据。对于父母来说，抚养子女是法定义务，必须无条件地履行。没有法律的特别规定，不能免除，不能抛弃，并且与父母的婚姻状态无关。即使父母离婚了，子女无论由父方或者母方直接抚养，仍是父母双方的子女，父母对于子女仍有抚养、教育和保护的义务。对于子女来说，父母不履行或者不完全履行其对自己的抚养义务，意味着自己的生存及成长没有保障。因此，子女享有请求父母支付抚养费用的权利。抚养费请求权，为法定债权的一种，享有请求权的人应当是被抚养人，承担给付抚养费义务的人应当是被抚养人的父母。抚养人不履行支付抚养费义务的，被抚养人有权向人民法院起诉，向抚养人追索抚养费。权利人通过诉讼途径向人民法院主张支付抚养费的请求权时，应当有明确的请求支付抚养费的数额。通过诉讼请求抚养人履行支付抚养费义务的诉讼为给付之诉。抚养费请求权，是基于父母子女身份上的权利义务关系，保障未成年人和不能独立生活的成年人的权益而产生的权利。因此，权利人可以在父母离婚的时候主张，可以在父母婚姻关系存续期间主张，还可以在因自己患病、事故等生活发生预料不到的变化时，提出变更抚养费的请求。对于人民法院作出的要求抚养人支付抚养费的判决或者裁定，抚养人必须执行。拒不执行的，由人民法院依法强制执行，有关单位和个人应当负协助执行的责任。

抚养费请求权的主体 享有请求抚养人支付抚养费权利的人。享有抚养费请求权利的人是未成年人和不能独立生活的成年人，承担抚养费支付义务的是抚养费请求权利人的父母。请求权是相对权，享有权利和承担义务的双方都是特定的。权利人只能向义务人提出履行请求，而义务人也只需向权利人履行义务。当义务人不履行义务时，请求权人可以依法向法院起诉，请求法院强制义务人履行义务。父母支付未成年子女抚养费的义务是法律基于父母子女的身份关系规定的义务，目的是保障未成年子女的生存和健康成长。父母对这一义务的履行是无条件的。《中华人民共和国民法典》第17条规定："十八周岁以上的自然人为成年人。不满十八周岁的自然人为未成年人。"对于未成年人，父母支付抚养费，保证子女的生活、教育，是父母必须无条件履行的法定义务。对于成年子女，父母履行的抚养义务，目的是扶助子女的正常生活，其义务的履行是有条件的。成年人是依法取得完全民事行为能力的人，法律要求其应当以自己的独立人格参与民事活动，独立承担民事责任，而不能像未成年人那样依赖父母的供养。这是法律对成年人的普遍要求。但确有劳动能力的成年人不一定具有就业的技能与能力，具有完全民事行为能力的，不代表其可以独立生活与工作。有很多已满十八周岁的成年人还在学校接受教育，尽管他们可以通过助学贷款、勤工俭学等满足自己的学习与生活需要，但大多数人还是需要父母的扶持与供养。因此，民法典第1067条第1款规定："父母不履行抚养义务的，未成年子女或者不能独立生活的成年子女，有要求父母给付抚养费的权利。"可见，法律上父母对未成年子女的抚养义务没有任何附加条件，父母对成年子女承担的抚养义务只是指“不能独立生活的成年子女”。司法实践中，“不能独立生活的成年子女”，是指尚在校接受高中及其以下学历教育，或者丧失或未完全丧失劳动能力等非因主观原因而无法维持正常生活的成年子女。这里的“不能独立生活的成年子女”首先得是成年子女，其次得是非因主观原因而无法维持正常生活，包括尚在校接受高中及其以下学历教育的，丧失劳动能力的，或者虽未完全丧失劳动能力，但其收入无法维持正常生活的。对于已经成年又有劳动能力而拒不参加工作的子女，父母没有抚养义务。当然，父母要对不能独立生活的成年子女支付抚养费，自己也得具备支付能力。如果父母因为年老、多病、收入有限，支付成年子女的抚养费用后自己的生活都无法保证，则不需履行此项义务。

抚养费请求权的客体 抚养费请求权所指向的目标，即权利人请求支付抚养费的权利和义务人承担支付抚养费的义务所共同指向的目标。权利人请求义务人支付的抚养费是有范围的。首先，抚养费作为法律概念，其内涵是有规定的。法律意义上的“抚养费”，包括子女生活费、教育费、医疗费等费用。其次，抚养费应当是必需的。未成年子女的抚养费，到底多少合适，因为父母收入、家庭经济情况、所生活的地区等的不同，很难确定一个统一的标准或者准确的数字，但有一点是一致的，即应当是子女生存和成长所需要的、不能缺少的。司法实践中，子女抚养费的数额，可根据子女的实际需要、父母双方的负担能力和当地的实际生活水平确定。有固定收入的，抚养费一般可按其月总收入的20%至30%的比例给付。负担两个以上子女抚养费的，比例可适当提高，但一般不得超过月总收入的50%。无固定收入的，抚养费的数额可依据当年总收入或同行业平均收入，参照上述比例确定。有特殊情况的，可适当提高或降低上述比例。抚养费请求权人在提出自己的抚养费诉讼请求时，应当依据法律规定的精神和本人的实际情况，实事求是地提出具体要求。当然，其确定自己的诉讼请求时，可以是已经发生的抚养费用，或者是当期发生的抚养费用，也可以是将来预计发生的抚养费用；可以要求一次性支付，也可以要求按月支付。司法实践中，因为抚养费发生的纠纷各种各样，各地的家庭收入情况、生活水准等也不相同，具体抚养费范围、数额、支付方式等，人民法院还是应当根据每一纠纷案件的具体情况，结合子女的实际需要、父母的负担能力及当地的实际生活水平等因素，从有利于子女身心健康、保障子女的合法权益出发合理确定抚养费的具体数额。应当注意的是，随着社会的发展与进步，人们的生活水准、消费要求也在不断变化，而子女的成长又是一个较长的过程，已经确定的抚养费不能满足抚养费请求权人的实际需要时，抚养费请求权人有权提出变更抚养费的请求。司法实践中，子女要求增加抚育费有下列情形之一，父或母有给付能力的，人民法院会给予支持：(1)原定抚育费数额不足以维持当地实际生活水平的；(2)因子女患病、上学，实际需要已超过原定数额的；(3)有其他正当理由应当增加的。

抚养费请求权的行使 权利人请求抚养义务人支付抚养费的行为。构成抚养费请求权行使的最重要法律事实是义务人不履行抚养义务。只要义务人没有履行自己的抚养义务，权利人即可行使请求权。(1)抚养费请求权向谁行使。依照请求权的性质，请求权的直接表现就是请求。因为权利人的请求，义务人才能履行自己的义务，权利人的权利才得以实现。这是请求权与支配权的最大不同。权利人行使请求权的，可以是直接向抚养义务人请求，也可以是向法院提起支付抚养费的诉讼。向义务人请求和向法院提起诉讼请求，都是权利人在行使请求权。(2)抚养费请求权人何时行使请求权。我国现实生活中，大多是在父母离婚之时或者离婚之后，权利人向义务人主张给付抚养费。《中华人民共和国民法典》第1085条规定："离婚后，子女由一方直接抚养的，另一方应当负担部分或者全部抚养费。"夫妻离婚之后，无论子女与父、母哪一方共同生活，其子女都依然是夫妻双方的子女，其抚养、教育和保护子女的义务不会免除，离婚后的父母都有义务给付子女抚养费。争议较多的是，父母的婚姻关系还在存续，但父亲或者母亲，或者父母双方长期不支付子女抚养费，被抚养人能否行使请求权，要求支付抚养费。有人认为，夫妻婚姻关系存续期间，抚养、教育和保护子女是父母双方共同承担的义务，应当由夫妻用共同财产支付，不存在子女抚养费的分担问题。子女向父亲或者母亲一方主张给付抚养费的，似乎没有法律依据，而父母不承担子女抚养费的情形又太复杂，法官对法律规定的理解也不完全一致，出现法律适用上的不统一。司法实践中，是按照最高人民法院的相关司法解释处理的，即婚姻关系存续期间，父母双方或者一方拒不履行抚养子女义务，未成年子女或者不能独立生活的成年子女请求支付抚养费的，人民法院应予支持。其实，抚养费的支付，是父母对子女的法定义务，对于这一义务的履行法律从未附加父母得离婚等任何前置条件。因此，父母婚姻关系存续期间不负担子女抚养费的，抚养费请求权人仍然可以向抚养义务人主张自己的抚养费请求权。(3)谁来行使抚养费请求权。因权利人的不同而有区别。如果抚养费请求权人是不能独立生活的成年人且其是具有完全民事行为能力的，可以自己的名义向其抚养义务人主张请求。如果抚养费请求权人是未成年人、限制或者无民事行为能力的成年人的，应该由其法定代理人代理行使抚养费请求权。与父亲或者母亲一起生活的未成年子女、限制或者无民事行为能力的成年子女，可由与其一起生活的父亲或者母亲作为其法定代理人代理其行使抚养费请求权。如果是父母双方不支付子女抚养费的，与祖父母、外祖父母或者他人一起生活的未成年人、限制或者无民事行为能力的成年人，其祖父母、外祖父母或者他人可以代理其行使请求权。(4)行使抚养费请求权不受诉讼时效的限制。诉讼时效是权利人能行使权利而不行使，经过法律规定的时间，便丧失了请求法院保护民事权利的制度。根据我国民法典第192条的规定，“诉讼时效期间届满的，义务人可以提出不履行义务的抗辩”，以拒绝权利人履行义务的请求。诉讼时效期间届满，不代表债权人与债务人间的权利义务关系消灭，只是使义务人产生了拒绝履行义务的抗辩权。因为义务人抗辩权的行使，义务人对权利人所负担的债务转化为自然债务，此债务的履行不再受法律的强制，义务人自愿履行的，权利人可以接受，义务人不得以诉讼时效期间届满为由请求权利人返还，义务人不履行的，法律也不会强制其履行。我国民法典第188条规定：“向人民法院请求保护民事权利的诉讼时效期间为三年。法律另有规定的，依照其规定。诉讼时效期间自权利人知道或者应当知道权利受到损害以及义务人之日起计算。法律另有规定的，依照其规定。但是，自权利受到损害之日起超过二十年的，人民法院不予保护，有特殊情况的，人民法院可以根据权利人的申请决定延长。”对于抚养费请求权的行使是否受到诉讼时效的限制也是有争论的。设立诉讼时效制度的目的是督促权利人积极行使权利，进而督促义务人履行义务，避免因为时间久远而不能有效保护其权利，破坏社会生活的稳定。如果抚养费请求权的行使适用诉讼时效，即意味着如果权利人怠于行使自己的权利，就要接受对自己不利的后果。主张抚养费请求权不能适用诉讼时效限制的理由，主要是父母对其子女的抚养义务一般是从子女出生时起至子女成年时止，此间义务人履行抚养义务是持续的、不间断的，权利人可以随时主张权利，即使权利人没有主张，也不意味着可以通过诉讼时效期间届满来免除义务人的支付义务。因此，抚养费请求权的行使不应受到诉讼时效的限制。主张应当适用诉讼时效限制的理由，则认为抚养费请求权是一种法定债权，债权的表现为请求权，完全符合诉讼时效制度适用的客体要求，而抚养费的持续、不间断的支付正是保障未成年人生存和成长所必需的。如果权利人不积极行使权利，必然导致义务人抚养义务的履行不及时，对未成年人的成长极为不利。从另一角度讲，如果抚养费请求权不受到诉讼时效的限制，也意味着抚养费请求权人没有怠于行使的危机，会使时间久远的抚养费纠纷大量增加，给人民法院审理这类纠纷带来麻烦。其实，任何法律制度都不是完美的，都会有利与不利的两面，我国民法典第 196 条关于“请求支付抚养费、赡养费或者扶养费”的请求权不适用诉讼时效的规定，暂时终结了这一争论。这一规定是否适用我国的实际，还有待司法实践的检验。

子女对父母的赡养、扶助和保护　父母子女关系的内容之一。成年子女对自己的父母负有赡养、扶助和保护的义务。《中华人民共和国民法典》第 26 条第 2 款规定：“成年子女对父母负有赡养、扶助和保护的义务。”这里的父母包括生父母、养父母和形成抚养关系的继父母。父母在子女未成年的时候履行了抚养、教育和保护的义务，将子女抚养成人，在父母年老、患病、丧失劳动能力的时候，子女有赡养、扶助和保护的义务，使老人安度晚年，体现的是父母与子女间的平等法律地位，也是中华民族的传统美德。对父母承担赡养、扶助和保护义务的是成年子女。赡养、扶助义务的内容主要包括对父母经济上的供养、生活上的照料和精神上的慰藉，照顾老年父母的特殊需要，包括使患病的父母及时得到治疗和护理，对经济困难的父母提供生活、医疗等费用，对生活不能自理的父母承担照料的责任，不能亲自照料的，可以按照父母的意愿委托他人或者养老机构等照料。子女应当妥善安排父母的住房，不能强迫老年父母居住或者迁居条件低劣的房屋。父母自有的或者承租的住房，子女或者其他亲属不得侵占，不得擅自改变产权关系或者租赁关系。父母自有的住房,子女有维修的义务。对于在农村居住生活的父母,子女有义务耕种或者委托他人耕种父母的承包田、自留田,照管或者委托他人照管父母的林木和牲畜等,收益归父母所有。子女不得以放弃继承权或者其他理由,拒绝履行赡养、扶助义务。家庭成员应当关心老年人的精神需求,不得忽视、冷落老年人。与老年人分开居住的家庭成员,应当经常看望或者问候老年人。子女不得要求老年人承担力不能及的劳动。子女应当尊重父母的婚姻权利,不得干涉父母离婚、再婚以及婚后的生活。子女对父母的赡养、扶助义务,不因父母的婚姻关系变化而终止。子女对父母还有保护的义务。按照我国民法典的规定,不能辨认自己行为的成年人为无民事行为能力人,他们的民事法律行为需要由其法定代理人代理进行。不能完全辨认自己行为的成年人为限制民事行为能力人,他们实施的民事法律行为除纯获利益的或者与其智力、精神健康状况相适应的以外,需由其法定代理人代理或者经法定代理人同意、追认。因此,具备完全民事行为能力的父母,可以在近亲属或者其他与自己关系密切、愿意承担监护责任的个人、组织中协商确定自己的监护人。未事先确定监护人的,父母丧失或者部分丧失民事行为能力时,依照有关法律的规定由成年子女担任监护人,子女作为其监护人,依法承担监护责任。在他人侵害父母的人身、财产权益的时候,依法追究侵权人的法律责任。子女对父母的赡养、扶助和保护义务是法定义务,是不能附加任何条件且必须履行的义务。多个子女的,应当共同承担对父母的赡养、扶助和保护义务。子女不履行赡养、扶助和保护义务的,缺乏劳动能力的或者生活困难的父母,有要求成年子女给付赡养费的权利。父母可以直接向子女要求给付赡养费用,也可以向人民法院起诉,要求子女给付赡养费用。对拒不执行有关支付赡养费等的判决或裁定的,由人民法院依法强制执行。有关个人和单位应负协助执行的责任。子女有能力赡养父母而拒绝履行赡养义务构成遗弃,情节严重的,还要按照刑法规定追究行为人遗弃罪的刑事责任。

父母子女相互继承遗产 父母子女关系的内容之一。父母和子女有相互继承遗产的权利。所谓继承,是财产所有权人的处分权在其死后的延伸。最直接的处分方式是当事人留下遗嘱,指定继承人,将其死后的遗产归继承人所有。没有留下遗嘱的,则按法律规定的继承人范围和继承顺序继承。法定继承人范围及继承顺序，其实是对死者财产处分意思的一种推定。父母与子女有着最近的血缘关系，子女由父母抚养长大，父母由子女赡养扶助度过老年生活，他们有着最密切的感情联系。按照《中华人民共和国民法典》的规定，子女和父母是互为第一顺序的法定继承人。父母死亡时，子女有继承父母遗产的权利；子女死亡时，父母有继承子女遗产的权利。如果子女先于父母死亡的，分割父母遗产时，先死亡子女的晚辈直系血亲享有代位继承的权利，有权继承他们父母应该继承的份额。如果是父母死亡时尚未出生的胎儿，分割遗产时，应当为胎儿保留其继承份额。胎儿娩出时是死体的，保留的份额按照法定继承办理。

祖孙关系 祖父母、外祖父母与孙子女、外孙子女之间的权利义务关系。家庭关系的重要内容。在我国，夫妻与子女组成的核心家庭不少，而祖孙三代同堂的主干家庭仍在城乡占据很大的比例。作为法律意义的祖孙关系主要有两点：(1)一定条件下的抚养义务。一般情况下，父母有抚养、教育和保护未成年子女的义务，成年子女有赡养、扶助和保护父母的义务，祖孙之间不发生扶养关系。但在法律规定的特殊情况出现时，祖孙之间也有扶养义务。《中华人民共和国民法典》第1074条规定："有负担能力的祖父母、外祖父母，对于父母已经死亡或者父母无力抚养的未成年孙子女、外孙子女，有抚养的义务。有负担能力的孙子女、外孙子女，对于子女已经死亡或者子女无力赡养的祖父母、外祖父母，有赡养的义务。"理解这一规定，应分为两个方面：①祖父母、外祖父母对于孙子女、外孙子女产生法律上的抚养义务，需要符合以下条件：第一，需要抚养的是未成年的孙子女、外孙子女。如果孙子女、外孙子女已经成年，或者虽未成年，但已经能够以自己的劳动收入为主要生活来源的，不需要祖父母、外祖父母的抚养。第二，孙子女、外孙子女的父母已经死亡，或者父母双方都在世但都无力抚养自己的子女。如果父母虽一方死亡，另一方仍有能力抚养自己的子女，或者父母都在世并且有能力抚养自己子女的，祖父母、外祖父母对其孙子女、外孙子女就没有抚养义务。第三，祖父母、外祖父母有抚养能力。祖父母、外祖父母在维持自己生活，并负担自己对其配偶、子女、父母的法定扶养义务之外，还有抚养其孙子女、外孙子女能力的，才有抚养孙子女、外孙子女的义务。②孙子女、外孙子女对于祖父母、外祖父母产生法律上的赡养义务，需要符合以下条件：第一，孙子女、外孙子女是有负担能力的成年人。如果孙子女、外孙子女还未成年，或者虽已成年，但其收入仅够自己生活，包括抚养自己子女、配偶的，或者连自己的生活都负担不了，甚至还需要他人扶养的，对其祖父母、外祖父母就没有赡养义务。第二，祖父母、外祖父母的子女已经死亡，或者虽在世，但都无能力赡养自己的父母。第三，祖父母、外祖父母需要赡养。这里要强调的是：首先，父母与子女间的抚养、赡养义务是第一顺位的，祖孙间的抚养、赡养义务是第二顺位的。只有第一顺位的人都不在，或者第一顺位的人都无抚养或者赡养能力，才由第二顺位的抚养人或者赡养人补位。因此，是否具有承担第二顺位的抚养或者赡养义务的能力，要看其在承担了自己第一顺位的抚养或者赡养义务后是否还有抚养或者赡养能力。如果没有抚养或者赡养能力，也就没有这一义务。其次，无论是祖父母、外祖父母抚养孙子女、外孙子女的义务，还是孙子女、外孙子女赡养祖父母、外祖父母的义务，都不以共同生活为条件。即使他们不在一起共同生活，对于法律上的抚养或者赡养义务还是要履行的。再次，对于需要抚养的孙子女、外孙子女来说，他们的祖父母、外祖父母都有抚养能力的，或者对于需要赡养的祖父母、外祖父母来说，他们的孙子女、外孙子女都有赡养能力的，应当将他们视为同一顺序的抚养义务人或者赡养义务人，由他们共同承担抚养或者赡养义务。至于抚养费或者赡养费的多少与如何承担，可以由他们协商解决。协商不成的，可以由人民法院判决。(2)祖父母、外祖父母对孙子女、外孙子女的遗产享有继承权。按照我国民法典第1127条的规定，祖父母是其孙子女、外祖父母是其外孙子女的第二顺序法定继承人。在被继承人没有留下遗嘱，又没有第一顺序法定继承人的情况下，祖父母才能继承其孙子女的遗产、外祖父母才能继承其外孙子女的遗产。

继祖孙之间关系 继子女与继父母的父母之间的权利义务关系。包括继子女与其继父的父母形成的继祖父母与继孙子女的关系、继子女与其继母的父母形成的继外祖父母与继外孙子女的关系。这是由生父或者生母的再婚而产生的姻亲关系。由继父或者继母抚养长大的继子女，与其继父或者继母之间的关系，我国婚姻家庭法规定为拟制血亲关系，继子女与继父母产生与父母子女间相同的权利义务关系。这种继子女与继父母的拟制血亲关系的效力是否及于继祖父母或者继外祖父母，即是否具有孙子女与祖父母、外孙子女与外祖父母的权利义务关系，《中华人民共和国民法典》没有规定。可见，继子女与继父母的拟制血亲关系的效力，与养父母与养子女间的拟制血亲关系的效力及于近亲属不同。其实，我国法律对此的规定口径是一致的。1985年《最高人民法院关于贯彻执行〈中华人民共和国继承法〉若干问题的意见》第26条这样规定："被继承人的养子女、已形成扶养关系的继子女的生子女可代位继承；被继承人亲生子女的养子女可代位继承；被继承人养子女的养子女可代位继承；与被继承人已形成扶养关系的继子女的养子女也可以代位继承。"从这一规定可以看出，有权代其先于祖父母或者外祖父母死亡的父母继承祖父母或者外祖父母遗产的代位继承人中，没有与被代位人(包括被继承人的生子女、养子女和已形成抚养关系的继子女)形成扶养关系的继子女。可见，法律未承认继父母与继子女的拟制血亲关系的效力及于继祖父母与继孙子女、继外祖父母与继外孙子女，也就是说祖父母与孙子女、外祖父母与外孙子女继承、扶养等权利与义务，在继祖孙之间是不存在的，继祖孙之间也只是姻亲关系，而不是拟制血亲关系。

兄弟姐妹间关系 兄弟姐妹之间的权利义务关系。家庭关系的重要内容。兄弟姐妹是血缘最近的旁系血亲，他们在父母的抚养、教育下，共同生活在一个家庭中，有着密切的生活与感情联系。法律上的兄弟姐妹，包括同父母的兄弟姐妹、同父异母或者同母异父的兄弟姐妹、养兄弟姐妹、有扶养关系的继兄弟姐妹。在家庭关系中，兄弟姐妹之间的法律关系主要表现为：(1)一定条件下的扶养关系。一般情况下，兄弟姐妹之间没有扶养义务。但在特殊情况下，他们会发生法律上的扶养关系。《中华人民共和国民法典》第1075条规定："有负担能力的兄、姐，对于父母已经死亡或者父母无力抚养的未成年弟、妹，有扶养的义务。由兄、姐扶养长大的有负担能力的弟、妹，对于缺乏劳动能力又缺乏生活来源的兄、姐，有扶养的义务。"①兄、姐对弟、妹的扶养义务，需符合下列条件：第一，兄、姐已经成年且有负担能力；第二，需要扶养的弟、妹还未成年；第三，父母已经死亡或者父母无力抚养。②弟、妹对兄、姐的扶养义务，须符合下列条件：第一，弟、妹是由兄、姐扶养长大的；第二，弟、妹已经成年且有扶养能力；第三，需要扶养的兄、姐没有劳动能力又缺乏生活来源。需要注意的是，这里无论是兄、姐对弟、妹的扶养义务，还是弟、妹对兄、姐的扶养义务，都是第二顺位的。兄、姐、弟、妹还可能有他们需要扶养的配偶、子女等，衡量兄、姐或者弟、妹是否具有对弟、妹或者兄、姐的扶养能力时，必须首先在他们承担了自己的第一顺位扶养义务后还有扶养能力。应当承担扶养义务的兄、姐或者弟、妹，如果有多人时，应当共同承担扶养义务。具体承担的数额、方式，可以协商，协商不成时，应当由人民法院裁决。（2）兄弟姐妹间的财产继承权。按照我国民法典第1127条的规定，兄弟姐妹为第二顺序的法定继承人。在没有第一顺序继承人，第一顺序的继承人全部放弃继承或者全部丧失继承权的时候，被继承人的兄弟姐妹有权继承被继承人的遗产。（3）兄弟姐妹的子女有代位继承的权利，即被继承人的兄弟姐妹先于被继承人死亡的，被继承人兄弟姐妹的子女有权代替他们的父亲或者母亲继承被继承人的遗产。

收　养

收养　指收养行为或收养关系。收养行为是指自然人领养他人子女为自己子女的民事法律行为。收养关系是指因为收养行为的效力而产生的养父母与养子女间的拟制血亲关系。前者强调收养是产生拟制血亲的亲子关系的法律事实,后者则是指拟制血亲的亲子关系本身。在收养行为中,收养人、送养人、被收养人是该行为的主体,行为人因为关于收养的意思表示一致而依法成立收养关系,产生收养的法律效力。在收养关系中,收养他人子女为自己子女的人为收养人,即养父母;被他人领养的人为被收养人,即养子女;将自己的子女送给他人收养的为送养人。收养关系成立之后,养父母与养子女之间产生拟制血亲的亲子关系,即养父母与养子女之间具有与自然血亲的父母子女相同的权利和义务,养子女与养父母的近亲属间也产生子女与父母的近亲属间相同的权利和义务。

收养制度　规范收养成立、终止及效力,养父母与养子女间权利义务关系,养子女与养父母的近亲属间权利义务关系等的法律、法规及相关制度的总和。家庭制度的重要内容。收养制度有着悠久的历史,收养的目的,经历了“为族的收养”“为家的收养”“为子女的收养”等不同阶段。原始社会末期收养作为习惯被认可,氏族为壮大力量,将外来人收养为本氏族成员,部落冲突时胜利者将被俘的未成年人收养入族。这时的收养是为了本氏族的利益。进入阶级社会之后,收养制度被作为亲属制度的组成部分,由法律固定下来,这时的收养是为了家族的利益。古巴比伦的《汉穆拉比法典》就规定,自由民可收养被遗弃的幼儿为子。罗马法中有详细的收养规定。近现代资本主义国家的收养制度逐渐从家族本位的收养向个人本位转变,收养的目的逐渐由为亲的收养向为儿童的福利过渡。第二次世界大战结束后,因为收养战争孤儿、流浪儿童等使收养真正进入了“为子女的收养”阶段。我国古代的收养制度,从属于宗法家族制度，收养的目的是为了传宗接代，立嗣作为收养的特殊形式很早就存在着，但嗣子限于男性，以祭祀不绝、宗嗣延续为宗旨，保证父权、父治的家统持续。除立嗣外还有乞养，即将辈份相当的晚辈亲属收为同宗抚养子，将异姓幼儿收为义子。无论是抚养子还是义子，地位都比嗣子低。因为无关宗祧，男女均可收养。清末民初的几个民律草案虽未施行，但条文中也都有收养的规定。国民政府1930年公布的民法亲属编，有关于收养的制度。此时的法律虽废止了立嗣制度，但仍有歧视养子女的内容，规定养子女的继承顺序与婚生子女相同，但应继份仅为婚生子女的一半。中华人民共和国的法制建设中，收养关系一直受到重视，收养关系无论是在事实上还是法律上都受到法律的承认和保护，20世纪90年代《中华人民共和国收养法》的颁行，使我国的收养制度得到全面、系统的完善。收养制度在任何时代的任何国家，基本上是作为社会生育制度的补充形式存在的。但在不同的时代，收养制度也会受到社会政治、经济、文化、道德等因素的影响与制约。当今我国的收养制度与世界收养立法的潮流一致，都将收养制度定位为以保护未成年人的利益为基本目的和职能，以收养孤儿、弃儿、非婚生子女等未成年人为中心，从收养成立的方式上，采取国家监督主义。收养制度既保护了儿童的合法权益，又解决了家庭残缺、完善了家庭关系，对于促进家庭和睦、减少社会矛盾、维护社会安定、弘扬扶老携幼的道德风尚、促进社会文明进步都有重要作用。

收养行为　自然人领养他人子女为自己子女，依法创设拟制血亲关系的民事法律行为。收养作为民事法律行为的一种，具有民事法律行为的一般特点，同时也有自己的特征。(1)收养行为只能发生在非直系血亲关系的自然人之间。收养关系成立之后，收养人将他人的子女作为自己的子女抚养教育，使本来没有直系血亲关系的人依照法律规定产生与自然血亲的父母子女关系相同的权利义务关系。具有直系血亲关系的自然人，除血缘关系密切外，还有辈份的区分。如果他们之间允许收养，会造成亲属关系的混乱，违背公众认可的人伦道德。旁系血亲、姻亲之间的收养就没有这样的限制。如伯父母收养侄子女、舅父母收养甥子女，都是法律所允许的。(2)收养行为只能是长辈对晚辈实施。收养的法律效力是在没有父母子女血缘关系的自然人间建立父母子女的权利义务关系。因此，存在旁系血亲、姻亲关系的人之间发生收养的，收养人应当是长辈，被收养人应当是晚辈。即使有时候长辈比晚辈年龄还小，晚辈也不能收养长辈，否则会违背社会伦理，破坏亲属间的正常秩序。至于没有血亲、姻亲关系的人之间发生收养，收养人与被收养人之间的年龄也应当合适，年长的一方为收养人，年幼的一方为被收养人。在我国，如果收养人年龄偏大，而被收养人年龄太小，作为养父母与养子女不合适的，会通过收养建立养祖父母与养孙子女的关系。这种养祖父母与养孙子女的关系，也仅仅是称谓上的，其权利义务是按照养父母与养子女间的权利义务关系来对待的。如 1985 年 9 月 11 日《最高人民法院关于贯彻〈中华人民共和国继承法〉若干问题的意见》第 22 条曾明确规定："收养他人为养孙子女，视为养父母与养子女的关系的，可互为第一顺序继承人。"(3)收养是变更亲属身份及其权利义务关系的行为。收养行为能产生法律上的拟制效力和解销效力。拟制效力又称积极效力，是指自收养关系成立时起，养父母与养子女之间形成拟制血亲关系，即养父母与养子女之间产生与自然血亲的父母与子女间相同的权利义务关系。解销效力又称消极效力，是指因为收养关系的成立，养子女与其生父母以及其他近亲属间的权利义务关系消除。因此，收养实际上是父母与子女身份的变更和父母子女间权利义务的转移，原本属于生父母对其子女的权利义务转为养父母承担。可见，收养是一种身份法律行为。当然，养父母与养子女拟制血亲关系的成立和养子女与其生父母权利义务关系的解销，都是法律意义上的。自然人基于出生的事实所形成的血缘关系，不可能人为地加以变更，法律上关于自然血亲的相关规定，如禁止结婚的血亲关系，在适用上不会因为收养关系的存在而受影响。(4)收养是要式法律行为。收养不仅涉及当事人身份关系的变化，还涉及财产关系，如养父母对收养人的抚养、教育和保护，养子女对养父母的赡养、扶助和保护，养父母与养子女的相互继承，养子女与其养父母的生子女发生兄弟姐妹关系等。收养虽是收养人、送养人、被收养人之间的私行为，产生的都是私法上的效力，但收养毕竟是关乎未成年人健康成长、社会稳定和谐的大事。因此，收养行为必须履行法律规定的收养登记程序才能成立。收养既然是民事法律行为，可以依法成立，自然也可以依法解除。当事人协议解除收养关系的，同样要依法办理解除收养关系登记。当事人不能达成解除收养协议的，也可以通过诉讼由人民法院判决解除收养关系。

收养行为的性质 收养行为的法律特性。学界一直有争论，主要观点有二：一是收养是契约行为，是受私法调整的民事法律行为；一是收养是国家行为，是受公法调整的行为。现代各国的收养立法，有的强调收养行为的契约属性，也有的突出国家公权对收养行为的介入与监督，如美国、英国、法国等国法律要求通过法院宣告或认可来体现国家对收养的监督。对于收养，首先是收养人、被收养人、送养人之间达成的意思表示一致的契约，然后才要求收养契约的内容、形式及生效等应当符合国家法律对收养作出的规定。因为国家对收养行为的成立及效力有了特殊的规定，就认为收养是公法行为是不准确的。我国历史上如唐律、清律等出于祭祀不绝、宗祠延续的需要，对立嗣、乞养等收养行为也都有相应的规定。1991年颁布的《中华人民共和国收养法》曾规定，收养查找不到生父母的弃婴和儿童以及社会福利机构抚养的孤儿的，应当向民政部门登记。外国人在中华人民共和国收养子女，收养人应当与送养人订立书面协议，亲自向民政部门登记，并到指定的公证处办理收养公证。收养关系自公证证明之日起成立。除此之外的收养，要求由收养人、送养人订立书面协议，收养人或者送养人要求办理收养公证的，应当办理收养公证。可见，1991年的收养法只是在收养查找不到父母的弃婴、儿童和社会福利机构抚养的孤儿，以及涉外收养上强调了得进行登记，涉外收养的登记、公证是该种收养生效的条件，一般收养还没有这样的涉及收养效力的程序规定。该法在1998年11月4日被修正，增加了“收养应当向县级以上人民政府民政部门登记。收养关系自登记之日起成立”的规定，并且对查找不到生父母的弃婴和儿童，在办理收养登记的时候增加了由民政部门在登记前予以公告的前置程序，体现国家要最大限度地为这种孩子寻找父母的态度，保证这种收养更稳妥。1998年修正后的收养法体现出国家公权对于收养关系建立的监督更明确、更具体，而且强调收养关系不经登记就不能建立。但必须承认，尽管法律有这样严格且细致的规定，但并不否认收养行为是当事人之间的受私法调整的民事法律行为的性质，只是因为收养行为成立的后果是收养关系的成立，收养人与被收养人拟制血亲关系的产生，这些都是事关被收养人的切身权益，涉及收养人、被收养人及送养人等身份关系的变化，法律才对收养行为的成立、生效等作了比较详细、具体的实体与程序的规定。成立了的收养协议，还须按照法律规定的程序接受国家有关部门的监督、审查，符合法律规定的收养协议经过登记程序才能产生收养行为各方当事人期待的法律后果，建立起有效的收养关系。当然，因为收养是当事人间的私行为，建立了的收养关系，也可以按照当事人之间的意愿解除，但在解除收养关系的时候，依然要按照法律规定的程序办理解除登记。这样规定的目的还是为了保护合法的收养关系，保证收养各方当事人的权益。因为国家对收养行为的成立、生效及解除进行了监督，就以此来否认收养行为的私法属性是没有根据的。

公养 国家和社会福利机构、社会慈善团体对无家可归、无依无靠和无生活来源的儿童的收容抚育。与收养不同：公养是国家采取的一种具有公法性质的社会救济措施，收养则是自然人间设立拟制的父母子女关系的私法性质的民事法律行为；公养是社会福利机构对无家可归、无依无靠和无生活来源的儿童的收容抚育，是社会福利机构单方面决定的行为，收养则需要收养人、送养人、被收养人的合意才能成立；社会福利机构的收容抚育，不会与被收容的儿童产生任何身份上的效力，而收养的成立，收养人与被收养人则产生父母子女间的权利义务关系，成为拟制血亲，被收养人与其生父母的权利义务关系则会因为收养的成立而解除。

立嗣 亦称“过继”“过房”。男子无子时，将其同宗同辈的他人之子过继为自己的嗣子的行为。承继人为嗣子、过继子。嗣子与嗣父母之间发生拟制血亲关系，嗣子取得嫡子地位，有承继宗祧、继承遗产的权利。我国封建社会广泛存在的一种收养关系，目的是延续香火、传宗接代。因此，无子的男性才可以立嗣，所立嗣子也得为男性，女子不具有立嗣的资格，也不得立女子为嗣。立嗣可以在立嗣者生前进行；生前未立嗣的，可以在立嗣者死后由其配偶、父母或者族中的长辈为之择立，称“继绝”。

过继 即“立嗣”。

过房 即“立嗣”。

兼祧 一子兼承两家宗祧的习俗。所立嗣子如果是他人家的独子，在两家同意的前提下，可由族人证明，该子作为亲生父母和嗣父母两家的继承人，两家都可以为其娶妻，以传宗接代。我国封建社会被法律认可的“收养”关系。

继绝 见“立嗣”。

乞养 非亲属间的一般收养。我国封建社会中的一种收养形式。

唐律称之为收养。收养人称为义父母，被收养人为养子女或义子女。收养人与被收养人形成拟制亲子关系。乞养与立嗣不同。义子女与义父母之间可以是有亲属关系的人，也可以是没有亲属关系的其他人；嗣子与嗣父母必须具有亲属关系，且必须是同姓家族中辈份合适的男子，以免乱宗。唐律中就有规定，嗣子为异姓男子的为违法收养，要被判一年徒刑。乞养的可以是男子，也可以是女子，而嗣子只能是男子；嗣子相当于嫡子，可以继承宗祧，义子不能立为嗣子，不得继承宗祧；立嗣的效力高于乞养，嗣子的地位高于乞养的义子女。

收养的类型 收养的各种形态。收养制度作为生育制度的补充，其目的在于育幼和养老。收养作为一种私行为，因为不同的动机、目的等而表现出不同的形态。因为收养制度的存在，收养行为也必然受到法律的制约。依据不同的标准，收养有不同的类型，如，依据收养对象是否成年，可分为收养成年人与收养未成年人；依据收养的效力，可分为完全收养与不完全收养；依据收养是在收养人生前建立还是死后建立，可分为生前收养与死后收养；依据收养的成立是否具备法律规定的要件，可分为法定收养与事实收养；依据收养人是一人还是两人或者两人以上，可分为共同收养与单独收养；等等。

收养未成年人 依据收养对象是否成年，收养可分为收养未成年人和收养成年人。因为未成年人没有独立生活和自我保护的能力，需要家庭的抚养、教育和保护。一般来讲，能够给予未成年人最好的抚养、教育和保护的是他们的父母。但确有一些不幸的未成年人，或者过早失去双亲，或者被父母遗弃，或者生父母虽健在，却无力抚养他们。为了这样的未成年人能够健康成长，将他们交由他人收养，成为收养人的子女，在收养人的家庭生活、成长。这是收养制度的根本目的所在。从另一角度，有的夫妻结婚多年没能生育自己的子女，有了被收养人作为他们的子女，弥补收养人无子女的缺憾，为收养人带来完整家庭的快乐。到收养人年老、丧失劳动能力的时候，有养子女陪伴身侧，尽为人子女的养老义务，的确也是收养的作用之一。至于已经被父母抚养长大的成年人，除本人因为健康等原因没有生活能力等特殊原因以外，送给他人收养实在没有必要。现代各国的收养制度基本上是以收养未成年人为主。《中华人民共和国民法典》第1093条规定："下列未成年人，可以被收养：(一)丧失父母的孤儿；(二)查找不到生父母的未成年人;(三)生父母有特殊困难无力抚养的子女。"可见,能够作为被收养人的都是符合条件的未成年人,成年人不能成为被收养人。

收养成年人 见"收养未成年人"(158页)。

完全收养 依据收养的效力,收养可分为完全收养和不完全收养。完全收养是指收养关系成立之后,收养人与被收养人的父母与子女的权利义务关系建立,被收养人与其生父母及其近亲属的权利义务关系消除。不完全收养,亦称"简单收养",是指收养人与被收养人建立收养关系后,被收养人与其生父母的权利义务关系可以不完全消除,允许保留如财产继承等部分权利义务关系。完全收养只允许收养未成年人,而不完全收养,既可以收养未成年人,也可以收养成年人。不完全收养最早产生于古罗马时代,《查士丁尼法典》中就有完全收养和不完全收养的规定,后被许多国家所效法。为满足不同收养人的需要,一些国家规定有完全收养和不完全收养两种收养形式。我国法律更重视在收养关系中未成年人利益的保护,仅承认完全收养。一些学者建议我国也采取完全收养与不完全收养并存的收养形式,以满足不同人的收养需要。

不完全收养 见"完全收养"。

简单收养 见"完全收养"。

生前收养 "死后收养"的对称。收养人在生存期间与被收养人建立的收养关系。收养关系成立之后,收养人成为被收养人的养父母,履行对被收养人抚养、教育和保护的义务;被收养人成为收养人的养子女,接受养父母的抚养、教育和保护,成年后对养父母尽子女的赡养、扶助和保护的义务;享有彼此相互继承遗产的权利。各国立法普遍承认生前收养。

死后收养 亦称"遗嘱收养"。"生前收养"的对称。收养人生前订立遗嘱,指定被收养人,在收养人死亡之后,遗嘱发生效力,被收养人成为遗嘱人的养子或者养女,有权依据遗嘱继承收养人的遗产。死后收养是为没有后代的收养人设立的,以便在收养人死亡后有继承人继承其事业和遗产。死后收养与现代收养制度的设立宗旨相悖,故被许多国家废止。我国不承认死后收养的效力。

遗嘱收养 即"死后收养"。

法定收养 "事实收养"的对称。依照法律规定的实质要件和形式要件建立的收养关系。因为符合法律规定的条件,因而是有效收养,其收养关系受到法律的承认与保护。

事实收养 "法定收养"的对称。

未办理收养登记，符合收养条件，多年以父母子女相称的养父母与养子女的关系。事实收养在许多国家都存在过。随着国家公权对收养的介入与监督，事实收养已得不到法律的承认与保护。在我国，养父母与养子女双方确实共同生活多年，以父母子女相称，建立了事实上的父母子女关系，且被收养人与其生父母的权利义务关系确已消除的为事实收养。在我国，确有大量的事实收养存在。1984 年《最高人民法院关于贯彻执行民事政策法律若干问题的意见》中，以当时的婚姻法为依据，规定“保护合法的收养关系，保障收养人和被收养人的合法权益”，明确按照“亲友、群众公认，或有关组织证明确以养父母与养子女关系长期共同生活的，虽未办理合法手续，也应按收养关系对待”，肯定了事实收养关系。为配合 1992 年《中华人民共和国收养法》的贯彻实施，司法部 1993 年的 125 号文《关于办理收养法实施前建立的事实收养关系公证的通知》明确规定：“对于收养法实施前已建立的事实收养关系，当事人可以申办事实收养公证。凡当事人能够证实双方确实共同生活多年，以父母子女相称，建立了事实上的父母子女关系，且被收养人与其生父母的权利义务关系确已消除的，可以为当事人办理收养公证。收养关系自当事人达成收养协议或因收养事实而共同生活时成立。办理事实收养公证由收养人住所地公证处受理。”按照这些规定，事实收养得是发生在收养法施行之前，且符合收养法规定的收养条件的收养关系。1992 年 4 月 1 日之后，凡收养的成立，都须办理收养登记手续，不再承认事实收养。

单独收养　“共同收养”的对称。收养人为一人的收养。包括无配偶者的收养和有配偶者的单方收养。我国允许无配偶者收养子女，但在个别情况下有一定的限制，如《中华人民共和国民法典》第 1102 条规定：“无配偶者收养异性子女的，收养人与被收养人的年龄应当相差四十周岁以上。”这是出于伦理道德的考虑，也为了保护被收养人的权益。还比如我国民法典第 1103 条规定，“继父或者继母经继子女的生父母同意，可以收养继子女”。对于有配偶的已婚夫妻单方收养子女，有的国家法律允许，我国则不可以。我国民法典第 1101 条规定：“有配偶者收养子女，应当夫妻共同收养。”可见，在我国，有配偶的人收养子女，一定得夫妻双方共同收养，夫或者妻单独收养子女是不允许的，而且两人共同收养子女的，也仅限于夫妻双方，不具有夫妻身份的人，不能共同收养子女。

共同收养 “单独收养”的对称。收养人为夫妻双方的收养。详“单独收养”(160 页)。

收养法 规范收养行为、收养效力、收养关系的成立与解除的法律规范的总称。在我国,包括涉及收养的法律、法规、行政规范及民法典、未成年人保护法、预防未成年人犯罪法、刑法等法律规范中关于收养的所有规范。《中华人民共和国民法典》第五编“婚姻家庭”第五章“收养”中用 26 个条文集中规定了收养关系的成立、收养的效力、收养关系的解除等重要问题,是我国处理收养关系的基本法律规范。

中华人民共和国收养法 1991 年 12 月 29 日第七届全国人民代表大会常务委员会第二十三次会议通过,同日公布,1992 年 4 月 1 日起施行。1998 年 11 月 4 日第九届全国人民代表大会常务委员会第五次会议修正。共 6 章 34 条。旨在保护合法的收养关系,维护收养关系当事人的权利。包括:总则,收养关系的成立,收养的效力,收养关系的解除,法律责任,附则。该法于 2021 年 1 月 1 日废止。参见“中华人民共和国民法典”(11 页)。

寄养 父母将自己的未成年子女寄放在他人家中抚养。父母因工作、生活等原因,客观上不能直接履行抚养子女的义务,将子女委托给亲戚、朋友帮助抚养、照料,父母提供生活费等抚养费。寄养其实是一种委托抚养,是自然人之间的互助行为。寄养与收养不同:收养是送养人将自己的子女送给收养人作为收养人的子女;寄养只是将自己的子女委托给他人代为抚养、照料,没有将自己的子女送给他人作为他人子女的意思。收养成立的法律后果是在收养人和被收养人间建立拟制血亲关系,养父母与养子女之间产生父母子女的权利义务关系;寄养是父母委托他人照料自己的子女,是父母将自己的抚养、教育义务交由他人代为行使,只发生抚养形式的变化,不会产生拟制血亲关系。收养关系成立,养父母与养子女之间产生父母子女关系,养子女与其生父母的权利义务关系解除;寄养不会产生这种身份关系的变化,无论寄养时间有多长,寄养在他人家中的子女,都依然是其生父母的子女。

家庭寄养 经过规定的程序,将民政部门通过社会福利机构监护的儿童委托在符合条件的家庭中养育的照料模式。我国 2014 年 12 月 1 日起施行的《家庭寄养管理办法》,是专门规范家庭寄养的行政法规。该办法对寄养条件、寄养关系的确立、寄养家庭的义务、儿童福利机构的职责、寄养关系的解除等作了专门规定。

社会福利机构的收养 社会福利机构对孤儿、弃婴等的收养。属公养。在我国，社会福利机构是由国家民政部门举办的对儿童的生存、生活和受教育的权利予以保护的专门机构。社会福利机构对儿童的收养是社会福利措施，是依据国家民政部门的法规、规章等进行的，其需要的经费主要由国家财政提供。儿童福利机构对其收养的儿童具有监护的权利与义务，不产生养父母与养子女的身份关系。对于收养行为来讲，在符合法律规定的条件时，儿童福利机构可以作为送养人，与收养人签订收养协议。

收养行为的成立 收养人、送养人及被收养人对收养形成一致意思表示的事实。收养是收养人与送养人就在收养人和被收养人间成立拟制父母子女关系而为的民事法律行为。收养行为的主体应该是收养人和送养人，送养人是将未成年人送给他人收养的人，他（她）可以是被收养人的生父母，被收养人没有生父母或查找不到生父母的，则可能是有权决定其送养的其他监护人。《中华人民共和国民法典》第1104条规定："收养人收养与送养人送养，应当双方自愿。收养八周岁以上未成年人的，应当征得被收养人的同意。"收养当事人可以订立书面的收养协议，也可以是口头达成合意。按照我国民法典的规定，收养一般只要依法登记即产生成立效力，是否订立收养协议，并不影响收养行为的效力。

收养行为的生效 收养行为具备法律规定的有效条件，依法产生收养关系成立的法律效力。按照《中华人民共和国民法典》的相关规定，收养作为民事法律行为应当具备下列有效条件：(1)主体合格。收养行为涉及收养人、被收养人和送养人三方，我国民法典对三方都有严格的条件要求。任何一方不符合法律规定的条件，该收养行为都是无效的。(2)意思表示真实、一致。收养行为是平等主体间所为的以意思表示为基本特征的行为。收养人收养、送养人送养、八周岁以上的被收养人愿意被收养的意思，都必须真实、自愿，任何一方不能强迫、欺骗、胁迫等。(3)收养行为须合法。收养行为不能违反法律、法规的强制性规定，不能违背公序良俗。(4)收养应遵守法律规定的程序。我国民法典第1105条第1款规定："收养应当向县级以上人民政府民政部门登记。收养关系自登记之日起成立。"收养行为的成立与收养行为的生效是两个既有联系又有区别的法律概念。收养行为的当事人就收养达成合意，收养行为成立；收养行为产生行为人期望的建立收养关系的法律效果,是收养行为的效力;收养行为是否成立,取决于当事人是否就收养的主要内容达成合意;收养行为是否生效,取决于是否符合法律规定的生效条件。没有收养行为成立这一前提,不会产生收养关系建立的法律效果。成立了的收养行为,不一定产生收养关系建立的法律效力。只有符合法律规定要件的收养行为才能产生行为人期望的法律规定的收养效力,即在收养人和被收养人间建立收养关系。收养行为的成立是判断收养行为是否有效的前提与起点,没有收养行为的成立,谈不上判断收养行为是否有效,而收养行为的成立,也是判断不同法律责任的依据。不符合法律规定的生效条件的收养行为,可能面临被确认无效、被撤销等后果。

收养人　领养他人子女为自己子女的自然人。收养关系建立之后,收养人成为被收养人的养父母,享有父母对子女的权利,履行父母对子女的义务。从保证被收养人的抚养教育及健康成长出发,收养人得是具有完全民事行为能力且具有抚养、教育和保护子女的能力与条件的人。按照《中华人民共和国民法典》第 1098 条的规定,收养人应当同时具备下列条件:(1)无子女或者只有一名子女。收养人实施收养行为的时候没有子女或者只有一名子女,是法律对自然人能够成为收养人的首项要求。我国民法典第 1100 条第 1 款规定:“无子女的收养人可以收养两名子女;有子女的收养人只能收养一名子女。”收养人,无论是有配偶者还是无配偶者,有自己子女的,包括婚生子女、非婚生子女、养子女和有抚养关系的继子女,就只能收养一名子女,没有自己子女的,才可以收养两名子女。(2)有抚养、教育和保护被收养人的能力。被收养人都是未成年人,被他人收养的直接目的是能使之受到良好的抚养、教育和保护,在养父母的家庭中健康成长。收养关系建立之后,收养人成为被收养人的养父母,依法对被收养人履行父母对子女的抚养、教育和保护义务。因此,收养人自己首先得是具有完全民事行为能力的人。其次,应当具有抚养、教育和保护子女的品行、能力、条件和物质基础。如果收养人有良好的品行,也有收养子女的强烈愿望,但不具备抚养、教育、保护未成年人的能力和条件的,不能作为收养人。(3)未患有在医学上认为不应当收养子女的疾病。我国民法典并未具体指明哪些疾病不适宜收养子女,而只是作了原则规定。其实,按照我们的正常理解,患有艾滋病、性病以及医学上认为能够传染他人的疾病的人，患有各种如精神分裂症等精神疾病的人，因患病全部或者部分丧失自主生活能力的人等，无法为被收养人提供抚养、教育和保护的条件与环境，而且这些疾病也容易给未成年人造成身体上的危害，不能作为收养人。(4)无不利于被收养人健康成长的违法犯罪记录。这里所指的犯罪行为，应当是不利于被收养人健康成长的犯罪，如强奸、杀人、绑架、非法拘禁、拐卖妇女、儿童、猥亵、拐骗儿童、家庭暴力、遗弃、虐待家庭成员、严重侵害他人人身权利或财产权利等的犯罪。曾经有过这类犯罪行为的人作为收养人，很难保证其对被收养人尽到抚养、教育和保护的义务。从保证被收养人的健康成长这一根本利益出发，我国民法典对收养人提出了这一要求。收养人不能提供自己无不利于被收养人健康成长的违法犯罪记录的，不能作为收养人。这是我国法律首次提出这一要求，与之配套的如收养登记的规定、外国人来华收养子女的规定等法规，也应规定收养人提供有关机构出具的收养人无不利于被收养人健康成长的违法犯罪记录的证明文件，以保证民法典这一规定的落实。(5)年满三十周岁。这是我国民法典对收养人最低年龄的要求。之所以这样规定，是出于收养关系的效力和自然人生育时间的考虑。我国的法定婚龄是男性二十二周岁，女性二十周岁。三十周岁的自然人，结婚已有一定的时间，仍然没有生育子女，很有可能是夫妻不能生育自己的子女。这样的夫妻有收养子女的愿望就可以理解。即使已经生育了一名子女，再收养一名子女，也不违反我国关于一对夫妻三个子女的法律规定。收养关系建立之后，养父母与养子女间建立了拟制亲子关系，养父母要履行父母对子女的抚养、教育和保护义务。三十周岁以上的人已经工作过一段时间，积累了一定的社会经验和抚育子女的物质基础，能够担当起养父母的职责。上述五个条件都具备的自然人，可以作为收养人收养他人的子女。这是我国法律对一般收养人的要求。而有些特殊的收养，法律对收养人还有另外的规定。例如，我国民法典第 1102 条规定："无配偶者收养异性子女的，收养人与被收养人的年龄应当相差四十周岁以上。"这是从保护被收养人及伦理道德的角度，对无配偶者收养异性子女在年龄上提出的特殊要求。又如，我国民法典第 1101 条规定："有配偶者收养子女，应当夫妻共同收养。"这是我国法律对有配偶的收养人的要求。收养关系建立之后，养父母与养子女的关系就是父母子女关系，不仅养子女需要与养父母共同生活，接受养父母的抚养、教育和保护，这对孩子的身心健康成长是不可缺少的，而且养父母也应当共同履行抚养、教育和保护养子女的义务，共同享有养父母的权利，这样对稳定家庭关系、增进夫妻感情也是非常重要的。因此，有配偶的收养人，法律要求必须是配偶双方共同收养子女。我国法律不承认有配偶者单独收养的效力。还如，我国民法典第1099条第2款规定："华侨收养三代以内旁系同辈血亲的子女，还可以不受本法第一千零九十八条第一项规定的限制。"依此规定，华侨收养三代以内旁系同辈血亲的子女，收养人自己可以有子女，而且也不论其有几个子女。再如，我国民法典第1100条第2款规定："收养孤儿、残疾未成年人或者儿童福利机构抚养的查找不到生父母的未成年人，可以不受前款和本法第一千零九十八条第一项规定的限制。"依此规定，收养孤儿、残疾未成年人或者儿童福利机构抚养的查找不到生父母的未成年人的，不要求收养人得是无子女或者只有一名子女。

被收养人 被他人收养，成为收养人养子女的自然人。按照《中华人民共和国民法典》第1093条的规定，被收养人首先得是未成年人。收养的目的就是为了使那些无人抚养的未成年人得到养父母的抚养、教育和保护，与养父母共同生活，获得家庭的温暖，从而能健康成长。成年人都是自己具有生活能力的人，不需要他人抚养。在我国，按照民法典的规定，十八周岁以下的都为未成年人。我国原收养法规定能为他人收养的被收养人得是十四周岁以下的未成年人，认为年满十四周岁的孩子，已经有了自己的一定思想与独立意识，很难融入新的家庭，与养父母间培养出父母子女间的亲情。所以收养法将被收养人规定为不满十四周岁。其实，这只是人们的一般理解，不一定就完全准确。有了一定自主意识的未成年人，应该更懂得珍惜来之不易的家庭生活，感恩养父母为抚养、教育和保护自己所付出的心血和努力。我国民法典将被收养人定位于未成年人，而不再限制在十四周岁以下，也能为更多的失去亲生父母照料的未成年人创造获得养父母抚育、在正常家庭中健康成长的机会。如果将被收养人限制在十四周岁以下，那些年满十四周岁却无力独立生活的未成年人就失去了被他人收养的机会，对他们的成长是极为不利的，这也不符合收养制度建立的初衷。其次，被收养人除了得是未成年人外，还得符合以下情形中的任何一种：

(1)丧失父母的孤儿。按照民政部对孤儿的解释,孤儿是指其父母已经死亡或者人民法院宣告其父母死亡的未成年人。办理收养登记时,送养人需提供有关部门出具的孤儿父母死亡或者宣告死亡的证明。正常死亡证明由医疗卫生单位出具,非正常死亡的证明由县以上公安机关出具,宣告死亡的判决书由人民法院出具。(2)查找不到生父母的未成年人,包括弃婴、被拐卖的儿童等。我国在打击拐卖儿童犯罪的同时,也十分重视被解救儿童的安置工作,但也总有被人贩子拐卖离开了生父母的儿童,却又查找不到生父母的情况。按照2005年8月20日发布的《民政部 公安部关于开展查找不到生父母的打拐解救儿童收养工作的通知》,公安机关解救被拐儿童后,对于暂时找不到生父母或其他监护人的,应当送交社会福利机构或者救助保护机构抚养,由社会福利机构或者救助保护机构承担临时监护责任。一个月内未找到儿童生父母或其他监护人的,应当为社会福利机构或者救助保护机构出具暂时未查找到生父母或其他监护人的证明。社会福利机构或者救助保护机构在接收打拐解救儿童后,应当在报纸和全国打拐解救儿童寻亲公告平台上发布儿童寻亲公告。公告满三十日,儿童的生父母或者其他监护人未认领的,救助保护机构应当在七日内将儿童及相关材料移交当地社会福利机构。社会福利机构应当尽快为儿童办理入院手续并申报落户手续。从儿童被送交社会福利机构或者救助保护机构之日起满十二个月,公安机关未能查找到其生父母或其他监护人的,应当向社会福利机构出具查找不到生父母或其他监护人的证明。社会福利机构在收到这一证明后,对于符合收养条件的儿童,应当及时进行国内送养,使儿童能够尽快回归正常的家庭生活。在为这样的儿童办理收养登记时,须出具公安机关的查找不到生父母或其他监护人的证明。收养查找不到生父母的弃婴、儿童的,收养登记机关应当在登记前公告查找其生父母。自公告之日起满六十日,弃婴、儿童的生父母或者监护人未认领的,视为查找不到生父母的弃婴、儿童。(3)生父母有特殊困难无力抚养的子女。这里所谓的"特殊困难"是指生父母因健康方面的原因,如生父母患有重特大疾病、重度残疾等,或者生父母因犯罪被人民法院判处有期徒刑或无期徒刑、死刑失去人身自由的。这样的生父母确实无力抚养子女。办理收养登记时,需要生父母所在单位或者住所地村(居)民委员会根据县级以上医疗机构出具的重特大疾病证明、县级残疾人联合会出具的重度残疾证明或者人民法院判处有期徒刑或无期徒刑、死刑的判决书等，出具被收养人的生父母确有特殊困难无力抚养子女的证明。除上述情形外，生父母还可能有其他客观原因无力抚养子女的，可以由乡(镇)人民政府、街道办事处出具有关证明。按照我国民法典的有关规定，收养三代以内旁系同辈血亲的子女，或者继父或继母经继子女的生父母同意收养继子女的，可以不受“生父母有特殊困难无力抚养的子女”的限制。

送养人 将符合法定收养条件的未成年人送给他人收养的人。可以是自然人，也可以是救助弃婴、儿童的社会福利机构。按照《中华人民共和国民法典》第 1094 条的规定，下列个人、组织可以作送养人：(1)孤儿的监护人。孤儿是指其父母已经死亡或者人民法院宣告其父母死亡的未成年人。按照我国民法典关于监护的规定，未成年人的监护人是父母，父母已经死亡的未成年人的监护人，可以是孤儿的祖父母、外祖父母，没有祖父母、外祖父母的，可以是其兄、姐，前两者都没有的，还可以是经未成年人住所地的居民委员会、村民委员会或者民政部门同意的愿意担任监护人的个人或者组织。按照我国民法典的规定，有负担能力的祖父母、外祖父母，对于父母已经死亡的孙子女、外孙子女，有抚养的义务。有负担能力的兄、姐，对于父母已经死亡的未成年的弟、妹，有扶养的义务。生活中，很可能出现监护人与抚养义务人是不同的人的情形。因此，我国民法典第 1096 条规定：“监护人送养孤儿的，应当征得有抚养义务的人同意。有抚养义务的人不同意送养、监护人不愿意继续履行监护职责的，应当依照本法第一编的规定另行确定监护人。”(2)儿童福利机构。按照《中华人民共和国未成年人保护法》的规定及司法实践，民政部门对于查找不到未成年人的父母或者其他监护人的，监护人死亡或者被宣告死亡且无其他人可以担任监护人的，监护人丧失监护能力且无其他人可以担任监护人的，人民法院判决撤销监护人资格并指定由民政部门担任监护人的等情形，应当依法对未成年人进行长期监护。县级以上人民政府及其民政部门应当根据需要设立未成年人救助保护机构、儿童福利机构，负责收留、抚养由民政部门监护的未成年人。由民政部门长期监护的未成年人，经民政部门进行收养评估后，未成年人救助保护机构、儿童福利机构可以作为送养人，依法将该未成年人交由符合条件的申请人收养。至于父母自费送残疾儿童到儿童福利机构寄养的，只是一种委托抚养关系，这些儿童的监护人是其父母，儿童福利机构无权决定将这样的儿童送养。(3)有特殊困难无力抚养子女的生父母。抚养、教育和保护子女是父母的法定义务，一般情况下必须履行。但因为某些原因，如父母患重特大疾病、重度残疾，或者遭受自然灾害等，既无能力也无条件履行自己抚养子女义务的，可以将自己的子女送给他人收养。生父母送养子女的还应当注意：第一，生父母送养子女，应当父母双方共同送养。生父母一方不同意的则不能送养子女，但生父母一方不明或者查找不到的，可以单方送养。生父母一方被宣告死亡期间，另一方单独送养子女并依法办理了收养登记的，在被宣告死亡的人生还、其死亡宣告被撤销后，不得以未经本人同意为由主张收养行为无效。第二，未成年人的父母均不具备完全民事行为能力的，无法正常表达自己的内心意思，该未成年人的监护人不得将其送养，但父母对该未成年人有严重危害可能的除外。第三，具有优先抚养权的人要求抚养的，不能送给他人收养。我国民法典第 1108 条规定："配偶一方死亡，另一方送养未成年子女的，死亡一方的父母有优先抚养的权利。"这一优先抚养权是法律规定的，任何人不能侵犯。

收养的合意 收养人和送养人就收养的意思表示真实、一致。收养行为的有效条件之一。收养是收养人与送养人双方所为的民事法律行为，与其他双方民事法律行为一样，须以行为人双方的意思表示一致为有效条件。《中华人民共和国民法典》第 1104 条规定："收养人收养与送养人送养，应当双方自愿。收养八周岁以上未成年人的，应当征得被收养人的同意。"收养人与送养人就收养达成的合意，应当符合以下条件：(1)收养人、送养人自愿。任何一方不能利用自己的某种优势，将自己的意志强加给对方，强迫对方接受不公平的条件。(2)真实。如果因为某种外力如欺诈、胁迫或内在的如自己处于某种危困状态、缺乏判断能力等原因，或者受到不正常的干扰，表示的意思与自己的内心意思不一致，都可能导致收养行为的无效或者被撤销。收养八周岁以下的未成年人，需要他们的父母即法定代理人的同意。监护人送养未成年孤儿的，须征得有抚养义务的人同意。因特殊困难无力抚养子女的生父母送养子女，须双方共同送养。生父母一方不同意的则不能送养，除非生父母一方不明或者查找不到的才可以单方送养。收养八周岁以上的未成年人，应当征得被收养人的同意。(3)合法。收养尽管是民事法律行为，信奉意思自治原则，但当事人各方对于收养所形成的合意，必须符合法律的规定，除遵守法律对民事法律行为合法的一般规定以外，还得符合收养法律、法规的特别规定，否则，该收养行为可能要面临被撤销或者被确认无效的后果。例如，除法律特别规定以外，无子女的收养人可以收养两名子女，有子女的收养人只能收养一名子女；无配偶者收养异性子女的，收养人与被收养人的年龄应当相差四十周岁以上；严禁以收养名义买卖儿童，严禁借收养名义买卖亲生子女，严禁借收养逃避自己应当履行的法定义务；等等。(4)完整表达收养各方的意愿。在协商收养的过程中，当事人双方可以就收养人、送养人各自的权利、义务，收养关系建立后被收养人的姓名、住所，是否需要保守收养秘密，办理收养登记的时间等协商，达成一致意见的，即为收养的意思表示一致。

收养成立的程序要件 符合法律规定条件的收养当事人按照法律规定的程序办理收养登记手续。收养行为的有效条件之一。《中华人民共和国民法典》第 1105 条第 1 款规定："收养应当向县级以上人民政府民政部门登记。收养关系自登记之日起成立。"收养登记是收养关系有效成立的程序要件，必须依法办理。收养是涉及收养人、被收养人及送养人身份关系的重要民事法律行为，收养关系的各方当事人须亲自到收养登记机关办理成立收养关系的登记手续。夫妻共同收养子女的，应当共同到收养登记机关办理登记手续；一方因故不能亲自前往的，应当书面委托另一方办理登记手续，委托书应当经村民委员会或者居民委员会证明或者经过公证。

收养的效力 因收养的成立而发生的法律效果。《中华人民共和国民法典》第 1111 条第 1 款规定："自收养关系成立之日起，养父母与养子女间的权利义务关系，适用本法关于父母子女关系的规定；养子女与养父母的近亲属间的权利义务关系，适用本法关于子女与父母的近亲属关系的规定。"这是我国法律对收养法律效力的规定。依此规定，收养关系成立之后，会产生养父母与养子女间的拟制效力和养子女与其生父母间的解销效力。(1)收养的拟制效力，是指收养所创设的新的亲属关系及其权利与义务的效力，也称收养的积极效力。关于收养的拟制效力，各国法律的规定并不完全相同。有的国家规定收养的拟制效力仅及于养父母与养子女及收养关系存续期间所出的晚辈直系血亲，而不及于养父母的血亲，如德国、瑞士、法国等。有的国家则规定，收养的拟制效力同时还及于养父母的血亲，如日本、韩国等。按照我国民法典第 1111 条第 1 款的规定，收养的拟制效力不仅及于养父母与养子女，也及于养父母的近亲属。具体说，养父母与养子女的权利义务关系与自然血亲的父母与子女的权利义务关系完全相同，即养父母对养子女有抚养、教育和保护的义务，养子女对养父母有赡养、扶助和保护的义务。养父母不履行抚养义务时，未成年养子女或者不能独立生活的成年养子女，有要求养父母给付抚养费的权利。成年养子女不履行赡养义务时，缺乏劳动能力的或者生活困难的养父母，有要求成年养子女给付赡养费的权利。在未成年的养子女对他人造成损害时，养父母有承担民事责任的义务。养父母与养子女有相互继承遗产的权利。同时，收养的拟制效力还及于养父母的近亲属，如我国民法典中规定的祖孙间的权利义务、兄弟姐妹间的权利义务，同样适用于养子女。至于收养关系成立之后，养子女的姓氏，我国民法典第 1112 条也作了规定："养子女可以随养父或者养母的姓氏，经当事人协商一致，也可以保留原姓氏。"(2)收养的解销效力，是指因收养所终止的原有的亲属关系及其权利与义务的效力，也称收养的消极效力。我国民法典第 1111 条第 2 款规定："养子女与生父母以及其他近亲属间的权利义务关系，因收养关系的成立而消除。"可见，我国收养的解销效力及于养子女与其生父母以及其他近亲属间的权利义务关系，包括解除养子女与其生父母的权利义务关系，养子女与其生父母的其他子女也不再具有兄弟姐妹的权利与义务，养子女与其生父母的父母也不再具有祖孙之间的权利与义务。但要明确的是，收养解除的是法律意义上的养子女与其生父母间的权利义务关系，而不是自然意义上的父母子女的血缘关系。父母与子女的血缘关系是客观存在，不可能通过法律而改变。因此，法律对禁止结婚的血亲关系的规定，对养子女与其生父母及相应其他血亲的亲属还是适用的。

无效的收养行为 欠缺法律规定的有效条件，不能产生收养法律效力的收养行为。收养子女涉及收养人、送养人和被收养人身份关系的改变，是一严肃的民事法律行为，必须符合法律规定的有效条件才能产生行为人期望的建立收养关系的法律后果。因此，收养行为既要符合民法的一般规定，还要符合法律关于收养的特别规定，否则，即是无效的民事法律行为。《中华人民共和国民法典》第1113条第1款规定："有本法第一编关于民事法律行为无效规定情形或者违反本编规定的收养行为无效。"依照民法典的有关规定，行为人具有相应的民事行为能力、意思表示真实、不违反法律和行政法规的强制性规定、不违背公序良俗的民事法律行为有效。依此规定，下列收养行为无效：(1)收养行为人不具有相应的民事行为能力。收养行为涉及收养人、送养人和被收养人三方，其中的被收养人是未成年人，是无民事行为能力人或者是限制民事行为能力人，不能独立地进行意思表示，被收养人的权益是否能够得以保护，更多地需要送养人对收养人进行评估，确信收养人能够承担起养父母的义务与责任，才会将该未成年人送与收养人收养。因此，送养人是自然人的，应当具有完全民事行为能力，送养人是法人的，得是符合法律规定条件的儿童福利机构，具有送养的权利能力和行为能力。这样才能保证收养人的收养与送养人的送养是在双方自愿的基础上达成有效的收养合意。还因为收养关系成立之后，收养人成为被收养人的养父母，被收养人与其生父母的权利义务关系消灭。对于这种涉及身份变动的行为，向来是严肃的，得有法律的明文规定，送养子女给他人收养的，原则上需要得到送养人生父母的同意。但在生活中，生父母健在，却因为没有监护能力，其子女由他人担任监护人的情况也有。监护人能否将自己监护的未成年人送给他人收养，我国民法典第1095条对此作了规定："未成年人的父母均不具备完全民事行为能力且可能严重危害该未成年人的，该未成年人的监护人可以将其送养。"可见，即使生父母均没有民事行为能力，将其子女送给他人收养的意思也不能由监护人代替其父母表达，除非不具有完全民事行为能力的生父母还可能对未成年子女有严重危害。对未成年子女的危害，包括父母实施了有形的伤害行为，还包括父母以不作为方式实施的危害行为。这些危害严重地损害了未成年人的身心健康，无法保证未成年人得到妥善的照顾和抚育。在这种情形下，未成年人的监护人才可以作为送养人将该未成年人送给他人收养。(2)收养行为人的意思表示不真实。收养行为是平等主体所为的民事法律行为，收养人愿意收养被收养人、送养人愿意送养子女，这些意思得是自愿的、真实的，而且收养八周岁以上的限制民事行为能力人，应当征得其本人同意。任何人、任何机构都不能强迫对方收养或者送养，更不许欺诈、胁迫等。如收养人、送养人以虚假的意思表示实施的收养行为无效。但虚假意思表示下隐藏的收养行为是否有效，要看该意思表示是否符合法律的规定。如用一虚假的收养行为掩盖收养人使自己的非婚生子女回归家庭的行为，表面上收养的意思表示是虚假的，被这一虚假收养掩盖的真实意思是将自己的非婚生子女接回自己的家庭抚养。无疑，表面上的收养行为是无效的。虽然非婚生子女享有与婚生子女同样的法律地位，让自己的非婚生子女回到自己的家庭抚养，也并不违法，但应当征得配偶的同意，否则不仅违反收养的法律规定，还影响夫妻感情、破坏家庭和睦。还如用表面上的收养行为掩盖实际上的拐卖儿童的行为，收养的意思表示是虚假的，该收养行为当然无效。被虚假收养行为掩盖的拐卖儿童的行为，则是严重的违法行为，也是无效的，应当依法被追究刑事责任。(3)违反法律、行政法规的强制性规定的，违背公序良俗的收养行为。凡违反法律的收养，买卖儿童的，或者借收养名义买卖儿童、遗弃儿童、拐卖儿童的，都是违法犯罪行为，这样的收养行为不仅是无效的，而且行为人构成犯罪的，还要被依法追究刑事责任。收养人和送养人串通，收养人、送养人与相对人串通，如以收养的名义招募童工的，以收养的名义强迫儿童乞讨的，收养登记时弄虚作假骗取收养登记的，也是无效的收养行为。收养行为是在没有直系血缘的收养人、被收养人间建立拟制亲子关系的行为，除事关收养人、被收养人、送养人间身份关系的变化外，还关系到家庭稳定、未成年人的健康成长，法律采取的态度是严肃、严谨的。因此，我国民法典对收养关系的收养人、被收养人、送养人的条件，收养成立的实体要件和程序要件等，都作了详细、具体的规定。这些规定必须严格执行，以保证收养立法宗旨的实现。对于收养的有关规定，任何人、任何组织都无权变通或者作缩小、扩大的解释。违反法律规定的收养行为无效。我国民法典第1113条第2款规定："无效的收养行为自始没有法律约束力。"无效的收养行为，无论是何时被认定为无效，其无效的效力都是有溯及力的，即无效的收养行为自始不能产生收养当事人期望的建立收养关系的法律效果，但依法会产生相应的法律责任。参见"可撤销的收养行为"。

可撤销的收养行为 基于法定事由，享有撤销权的收养当事人向法院请求予以撤销的收养行为。收养行为是收养当事人有意识所为的追求建立拟制亲子关系的民事法律行为。《中华人民共和国民法典》只规定了收养行为的无效，没有专门规定收养行为的撤销。按照收养行为是民事法律行为的法律属性，应当按照我国民法的相关规定，对意思表示不真实的收养行为，赋予当事人以撤销权。按照我国民法典关于民事法律行为的有关规定，可撤销的收养行为主要有：基于重大误解实施的收养行为，行为人有权请求人民法院撤销；收养行为的当事人一方以欺诈手段，使对方在违背真实意思的情况下实施的收养行为，受欺诈的一方有权请求人民法院撤销；第三人实施欺诈行为，使收养当事人一方在违背真实意思的情况下实施的收养行为，收养当事人的对方知道或者应当知道该欺诈行为的，受欺诈的一方有权请求人民法院撤销；收养当事人一方或者第三人以胁迫手段，使收养当事人的对方在违背真实意思的情况下实施的收养行为，受胁迫的一方有权请求人民法院撤销；收养当事人一方利用对方处于危困状态、缺乏判断能力等情形，致使收养行为成立时显失公平的，受损害的一方有权请求人民法院撤销。可撤销的收养行为与无效的收养行为不同：(1)可撤销的收养行为是行为人意思表示不真实的行为。基于私法自治，法律保护收养行为人的真实意思。如果因为某种原因，使收养当事人表达出的意思与其内心的真实意思不一致，即使这一收养行为已经成立，法律也允许当事人行使撤销权撤销这一行为，使这一收养行为归于无效。无效的收养行为则是因为该行为所具有的违法性，或者违反了法律、法规的强制性规定，或者违背了公序良俗。违法的行为当然不受法律的承认与保护。(2)可撤销的收养行为需要撤销权人主动行使撤销权。如果收养行为人对于已经成立了的收养行为，虽形成的合意不是自己的真实意思，但愿意接受这一结果，也可以认可这一行为而放弃撤销权的行使，这也是私法尊重当事人意志的体现。因此，对于可撤销的收养行为，人民法院采取的是“不告不理”的态度。如果当事人不提出撤销，人民法院不会主动撤销。当事人知道撤销事由后明确表示或者以自己的行为表明放弃撤销权的，撤销权消灭。为避免因为撤销权人行使撤销权给各方带来的冲击，维持已经建立的收养关系稳定，法律对撤销权的行使规定了一定的时间限制。按照我国民法典的规定，因重大误解而为的收养行为，当事人自知道或者应当知道撤销事由之日起九十日内行使撤销权；因受胁迫而为的收养行为，当事人自胁迫行为终止之日起一年内行使撤销权；其他如受欺诈、处于危困状态、缺乏判断能力等情形下所为的收养行为，当事人应当自知道或者应当知道撤销事由之日起一年内行使撤销权。未在规定期限内行使撤销权的，撤销权消灭。但无论何种原因导致的收养行为是可撤销的，当事人自收养行为发生之日起五年内没有行使撤销权的，撤销权消灭。无效的收养行为，因为其本质是违法行为，国家实行主动干预。无论是收养当事人主动请求确认收养行为无效，还是在审理其他案件中发现收养行为无效，人民法院都会主动审查收养行为是否违法，确认违法的收养行为无效。(3)可撤销的收养行为不是当然无效的。如果享有撤销权的人不主动申请撤销这一收养行为，该行为就是有效的。无效的收养行为则是当然无效的，即使该行为已经成立，因为其违法的属性，无论收养行为成立多久，当事人自己如何认识，该收养行为都不会受到法律的承认与保护。可撤销的收养行为被撤销，无效的收养行为被确认无效，其法律后果是一致的，即都是从收养行为开始起就没有法律效力，不会产生收养行为人所期望的建立收养关系的后果，而是要针对不同情况依法承担相应的民事法律责任。依照我国民法典的相关规定，收养行为被确认无效或者被撤销的，收养人、送养人及被收养人的关系应当恢复到没有收养行为之前的状态，即被收养人回到送养人身边，已经建立的养父母与养子女间的拟制亲子关系解除，被收养人与其生父母的权利义务关系恢复。收养关系虽不属财产关系，但收养关系建立之后一定涉及财产因素，应当妥善处理。至于因这一无效收养行为所带来的民事纠纷，在妥善安置被收养人的基础上，应当按照我国民法典第157条的规定处理，即行为人因该行为取得的财产，应当予以返还；领回子女的送养人应当酌情补偿收养人的抚养费用。因为收养无效造成损失的，有过错的一方应当赔偿对方由此所受到的损失；各方都有过错的，应当各自承担相应的责任。

一般收养 “特殊收养”的对称。按照法律的一般规定建立的收养关系。收养人、被收养人、收养的成立等符合法律的一般规定，收养即可成立。

特殊收养 “一般收养”的对称。在某种亲属关系基础上或者某种法律特别规定情形下建立的收养关系。如收养继子女、收养三代以内旁系同辈血亲的子女等。这种收养，或者收养人与被收养人之间本来就有亲属关系，或者属于法律规定的特殊情形，需要按照法律的特别规定执行，收养方能成立。

收养继子女 特殊收养的一种。继父母收养继子女为养子女的行为。因为生父或者生母的再婚，其生子女与生父或者生母的现配偶成为继子女与继父母的关系。《中华人民共和国民法典》第1101条规定："有配偶者收养子女，应当夫妻共同收养。"继子女被继父母收养，一般情形下，养子女与继父或者继母的配偶是生父母关系，继父或者继母才是他的养父或者养母。这种收养关系的建立，对未成年的子女来讲，获得的呵护、关爱及家庭温暖要比一般的收养还要好。因此，法律允许继父母收养继子女。按照我国民法典第1103条的规定，收养继子女应当注意以下几点：(1)继父或者继母收养继子女应当经继子女的生父母同意。收养是涉及自然人身份改变的法律行为。因为生父或者生母的再婚产生的继父母与继子女的关系一般是姻亲关系。但在继父或者继母与继子女间产生了抚养关系的话，继父或者继母与其继子女就形成了拟制血亲关系，即继父母与其有抚养关系的继子女之间产生了父母子女间的权利与义务。而与继父或者继母产生了拟制血亲关系的继子女，与其生父母的关系没有解除，其生父母对其依然要承担抚养义务，彼此依然有相互继承遗产的权利。当生父母年老的时候，子女依然有赡养、扶助和保护的义务等。一旦自己的生子女与其继父母建立了收养关系的话，作为继父母的养子女，则与其生父或者生母的权利义务关系就解除了。因此，送养自己的生子女给其继父或者继母作为养子女的必须得到被收养人生父或者生母的同意。(2)继父或者继母收养继子女，可以不受我国民法典第1093条第3项即被收养人得是"生父母有特殊困难无力抚养的子女"、第1094条第3项即送养人得是"有特殊困难无力抚养子女的生父母"、第1098条即收养人条件和第1100条第1款即收养人收养子女数量规定的限制。法律对继父或者继母收养继子女时，收养人、被收养人、送养人条件的放宽，完全是针对继父母收养继子女这一收养的特殊性而专门规定的。这些放宽了的特别规定，对于被收养的继子女与收养他的继父或者继母尽快地建立父母子女关系，使其在与继父、生母或者继母、生父组成的新的家庭中幸福生活、健康成长是有利的。

收养三代以内旁系同辈血亲的子女 特殊收养的一种。收养人收养自己三代以内旁系同辈血亲子女的行为。包括收养自己的兄弟姐妹的子女、堂兄弟姐妹的子女、表兄弟姐妹的子女。他们本来就有的血缘关系，使这种收养对于被收养人的成长更为有利。因此，法律也放宽了收养条件的限制。按照《中华人民共和国民法典》第 1099 条第 1 款的规定，除符合法律对收养的一般规定外，收养三代以内旁系同辈血亲的子女，可以不受民法典第 1093 条第 3 项即被收养人得是“生父母有特殊困难无力抚养的子女”、第 1094 条第 3 项即送养人得是“有特殊困难无力抚养子女的生父母”、第 1102 条“无配偶者收养异性子女的，收养人与被收养人的年龄应当相差四十周岁以上”规定的限制。按照我国民法典第 1099 条第 2 款的规定，华侨收养三代以内旁系同辈血亲的子女，除上述放宽的条件以外，还可以不受民法典第 1098 条第 1 项收养人“无子女或者只有一名子女”规定的限制。

收养孤儿、残疾儿童、查找不到父母的弃婴和儿童 特殊收养的一种。按照《中华人民共和国民法典》第 1100 条的规定，一般情况下，无子女的收养人可以收养二名子女，有子女的收养人只能收养一名子女，但收养孤儿、残疾未成年人或者儿童福利机构抚养的查找不到父母的未成年人，可以不受收养子女名额和收养人得是无子女或者只有一名子女规定的限制。

无配偶者收养异性子女 特殊收养的一种。无配偶者即为没有现存婚姻关系的人，包括未婚、丧偶、离婚等。无配偶者收养子女，法律不予禁止，因为这对被收养人的成长、对满足无配偶者作为父母的快乐、家庭温暖及老有所养的愿望都有益处。但是基于男女两性的生理差异和人们固有的伦理观念，《中华人民共和国民法典》第 1102 条专门作了规定。依此规定，无配偶者收养异性子女的，除须符合收养的一般条件之外，还要符合“收养人与被收养人的年龄应当相差四十周岁以上”的条件。法律之所以作出这样的规定，最重要的目的是为了保护被收养人的利益，避免收养人利用自己的身份，做出危害其养子女身心健康的事情。

隔代收养 特殊收养的一种。收养人收养他人为孙子女的行为。因为年龄的差距，收养人与被收养人以父母子女相称不合适，故收养人称为养祖父母，被收养人称为养孙子女。对此，最高人民法院在 1984 年的《关于贯彻执行民事政策法律若干问题的意见》中明确，收养人收养他人为孙子女，确已形成养祖父母与养孙子女关系的，应予承认。解决收养纠纷或有关权益纠纷时，可依照婚姻家庭法关于养父母与养子女的有关规定，合情合理地处理。

优先抚养权 配偶一方死亡的,另一方送养未成年子女时,死亡一方的父母对该未成年子女享有优先抚养的权利。《中华人民共和国民法典》第1108条明确规定:"配偶一方死亡,另一方送养未成年子女的,死亡一方的父母有优先抚养的权利。"依此规定,未成年人的祖父母、外祖父母对孙子女、外孙子女能够享有优先抚养的权利,需要符合以下条件:一是未成年人的父亲或者母亲死亡,生存的母亲或者父亲无力抚养自己的未成年子女;二是生存的父亲或者母亲打算将自己的子女送给他人收养。在此情形下,未成年人的祖父母或者外祖父母抚养自己的孙子女或者外孙子女的权利优先受到保护,未成年人的父亲或者母亲就不能送养自己的子女给他人作养子女。既然是法律规定的权利,当然受到法律的保护,不能受到他人包括未成年人父母的干涉。

涉外收养 特殊收养的一种。外国人包括外国国籍、双重国籍和无国籍人在中华人民共和国境内收养中国公民的行为。这是一种发生在不同种族之间、不同文化背景之下的跨国收养行为,直接关系到被送养儿童的切身利益、其所在国的国家形象及外国收养人的合法利益,历来受到各国的普遍重视。我国政府重视涉外送养工作,认为这是为保障孤儿、弃婴的合法权益所采取的一项措施,要求树立"优先国内公民收养,适量涉外送养"的指导原则,把维护我国被收养儿童的利益放在首位。为了更好地保护被外国人收养的我国儿童的安全和利益,《中华人民共和国民法典》第1109条第1款规定:"外国人依法可以在中华人民共和国收养子女。"1999年5月25日民政部发布了《外国人在中华人民共和国收养子女登记办法》,对涉外收养登记作了具体规定。涉外收养应当注意:(1)外国人在我国境内收养我国儿童,须以中国法律和收养人所在国法律同时作为准据法。外国人在华收养子女,应当符合中国有关收养的法律、法规的规定,并应当符合收养人所在国有关收养法律的规定;因收养人所在国法律的规定与中国法律的规定不一致而产生的问题,由两国政府有关部门协商处理。(2)外国收养人的条件要经审查。按照我国民法典第1109条第2款和第3款的规定,外国人在我国收养子女,应当经其所在国主管机关依照该国法律审查同意。外国收养人应当提供由其所在国有权机构出具的有关其年龄、婚姻、职业、财产、健康、有无受过刑事处罚等状况的证明材料。上述证明材料应当经收养人所在国外交机关或者外交机关授权的机构认证，并经中华人民共和国驻该国使领馆认证，但是国家另有规定的除外。(3)外国收养人须与送养人订立书面收养协议，并亲自到省、自治区、直辖市人民政府民政部门办理收养登记。(4)收养关系当事人各方或者一方要求办理收养公证的，应当到国务院司法行政部门认定的具有办理涉外公证资格的公证机构办理收养公证。这样规定的目的，是为了更加有效地保护我国被外国人收养的儿童的安全和利益。

收养协议 收养人为收养他人子女与送养人订立的协议。这一协议是当事人就送养子女给收养人收养，使收养人与被收养人建立拟制亲子关系，被收养人与其生父母解除亲子关系的合同。尽管收养协议的订立，也需要在平等协商的基础上进行，但与规范商品交易的市场合同有着本质的不同，不能适用合同法的规定。但由于收养协议是当事人双方在平等、自愿的基础上意思表示一致的产物，因此需要遵守法律关于民事法律行为的规定，如收养协议的当事人须符合收养相关法律、法规的规定，并具有相应的民事行为能力；收养协议的主体是平等的，须在平等、自愿的基础上就收养的有关内容达成一致意见；收养协议的内容必须合法。收养协议的内容主要包括：收养人、被收养人及送养人基本情况，收养的原因，送养的原因，收养人的权利义务，送养人的权利义务，被收养人的原姓名是否保留，是否要求保守收养秘密，双方签订协议后何时办理收养登记等内容。收养协议既然是合同，当事人双方就要信守承诺，认真履行，任何一方违反都要被追究责任。要注意的是，对于中国公民收养子女，签订收养协议不是收养成立所必须的。《中华人民共和国民法典》第1105条第3款规定："收养关系当事人愿意签订收养协议的，可以签订收养协议。"可见，不论是否签有收养协议，只要依法办理收养登记，收养关系自登记之日起成立。外国人包括配偶一方是外国人的在我国境内收养子女，收养登记前收养人必须与送养人订立书面收养协议。协议一式3份，双方各执1份，办理收养登记时收养登记机关收存1份。没有收养协议，不能办理涉外收养登记。

收养公证 公证机构根据当事人的申请，依法证明其与被收养人建立养父母与养子女关系的收养行为或者双方订立的收养协议的真实性、合法性的活动。《中华人民共和国民法典》第1105条第4款规定："收养关系当事人各方或者一方要求办理收养公证的，应当办理收养公证。”收养公证可以是公证收养行为，也可以是公证收养协议。是否办理收养公证，只是当事人的选择，不是收养成立的必备条件。收养成立必须具备的形式要件是收养登记。只要当事人办理了收养登记，收养关系即依法成立，收养的法律效果发生，收养关系受法律保护。

收养登记　收养当事人共同到收养登记机关所办理的登记手续。收养成立的必经程序，收养有效的条件之一。《中华人民共和国民法典》第1105条第1款规定：“收养应当向县级以上人民政府民政部门登记。收养关系自登记之日起成立。”

收养登记的主管　有权办理在中国境内收养子女或者协议解除收养关系登记的国家行政部门。按照民政部1999年5月25日公布的《中国公民收养子女登记办法》(2019年3月2日修订)、《华侨以及居住在香港、澳门、台湾地区的中国公民办理收养登记的管辖以及所需要出具的证件和证明材料的规定》、《外国人在中华人民共和国收养子女登记办法》的规定，收养子女或者协议解除收养关系的，应当到县级及以上人民政府的民政部门办理登记，其他任何单位、组织无权办理收养登记。

收养登记的管辖　各级或者同级民政部门办理收养登记的分工和权限。(1)收养登记的级别管辖。指各级民政部门之间在办理收养登记时的分工和权限。按照《中国公民收养子女登记办法》的规定，中国公民在中国境内收养子女或者协议解除收养关系的，应当到县级人民政府民政部门办理登记。按照《华侨以及居住在香港、澳门、台湾地区的中国公民办理收养登记的管辖以及所需要出具的证件和证明材料的规定》的规定，华侨以及居住在香港、澳门、台湾地区的中国公民在内地收养子女的，应当到被收养人常住户口所在地的直辖市、设区的市、自治州人民政府民政部门或者地区(盟)行政公署民政部门申请办理收养登记。按照《外国人在中华人民共和国收养子女登记办法》的规定，外国人来华收养子女，应当向省、自治区、直辖市人民政府民政部门申请办理收养登记。(2)收养登记的地域管辖。指同级民政部门之间办理收养登记时的分工和权限。因为被收养人的区别，有管辖权办理收养登记的机关也有不同。①收养社会福利机构抚养的查找不到生父母的未成年人的，在社会福利机构所在地的收养登记机关办理登记。②收养非社会福利机构抚养的查找不到生父母的未成年人的，在未成年人发现地的收养登记机关办理登记。③收养生父母有特殊困难无力抚养的子女或者由监护人监护的未成年人的,在被收养人生父母或者监护人常住户口所在地(组织作监护人的,在该组织所在地)的收养登记机关办理登记。④收养三代以内旁系同辈血亲的子女,以及继父或者继母收养继子女的,在被收养人生父或者生母常住户口所在地的收养登记机关办理登记。

收养登记中收养人提交的证明材料 收养人为证明自己符合法律规定的收养人条件,向收养登记机关所提交的收养申请书和相关的证件、证明材料。根据我国有关规定,具体包括:(1)收养人的居民户口簿和居民身份证;(2)由收养人所在单位或者村民委员会、居民委员会出具的本人婚姻状况和抚养教育被收养人的能力等情况的证明,以及收养人出具的子女情况声明;(3)县级以上医疗机构出具的未患有在医学上认为不应当收养子女的疾病的身体健康检查证明。收养查找不到生父母的未成年人的,并应当提交收养人经常居住地有关部门出具的收养人生育情况证明;其中收养非社会福利机构抚养的查找不到生父母的未成年人的,收养人还应当提交下列证明材料:(1)收养人经常居住地有关部门出具的收养人无子女或者只有一名子女的证明;(2)公安机关出具的捡拾弃婴、儿童报案的证明。收养继子女的,可以只提交居民户口簿、居民身份证和收养人与被收养人生父或者生母结婚的证明。

收养登记中送养人提交的证明材料 送养人为证明自己符合法律规定的送养人条件,向收养登记机关所提交的相关证件和证明材料。根据我国有关规定,具体包括:(1)送养人的居民户口簿和居民身份证(组织作监护人的,提交其负责人的身份证件)。(2)法律规定送养时应当征得其他有抚养义务的人同意的,并提交其他有抚养义务的人同意送养的书面意见。①社会福利机构为送养人的,并应当提交未成年人进入社会福利机构的原始记录,公安机关出具的捡拾弃婴、儿童报案的证明,或者孤儿的生父母死亡或者宣告死亡的证明。②监护人为送养人的,并应当提交实际承担监护责任的证明,孤儿的父母死亡或者宣告死亡的证明,或者被收养人生父母无完全民事行为能力并对被收养人有严重危害的证明。③生父母有特殊困难无力抚养子女的,还应当提交送养人有特殊困难的声明。其中,因丧偶或者一方下落不明由单方送养的,还应当提交配偶死亡或者下落不明的证明。④子女由三代以内旁系同辈血亲收养的,还应当提交公安机关出具的或者经过公证的与收养人有亲属关系的证明。⑤被收养人是残疾未成年人的，并应当提交县级以上医疗机构出具的该未成年人的残疾证明。

华侨办理收养登记时提交的文件 华侨申请办理成立收养关系的登记时所提交的收养申请书和相关的证件、证明材料。有两种情况：(1)居住在已与中国建立外交关系国家的华侨申请办理成立收养关系的登记时所提交的收养申请书和相关的证件、证明材料。具体包括：①护照；②收养人居住国有权机构出具的收养人的年龄、婚姻、有无子女、职业、财产、健康、有无受过刑事处罚等状况的证明材料，该证明材料应当经其居住国外交机关或者外交机关授权的机构认证，并经中国驻该国使(领)馆认证。(2)居住在未与中国建立外交关系国家的华侨申请办理成立收养关系的登记时所提交的收养申请书和相关的证件、证明材料。具体包括：①护照；②收养人居住国有权机构出具的收养人的年龄、婚姻、有无子女、职业、财产、健康、有无受过刑事处罚等状况的证明材料，该证明材料应当经其居住国外交机关或者外交机关授权的机构认证，并经已与中国建立外交关系的国家驻该国使(领)馆认证。

香港居民中的中国公民办理收养登记时提交的文件 中国香港特别行政区居民中的中国公民申请办理成立收养关系的登记时所提交的收养申请书和相关的证件、证明材料。具体包括：(1)香港居民身份证、香港居民来往内地通行证或者香港同胞回乡证；(2)经国家主管机关委托的香港委托公证人证明的收养人的年龄、婚姻、有无子女、职业、财产、健康、有无受过刑事处罚等状况的证明材料。

澳门居民中的中国公民办理收养登记时提交的文件 中国澳门特别行政区居民中的中国公民申请办理成立收养关系的登记时所提交的收养申请书和相关的证件、证明材料。具体包括：(1)澳门居民身份证、澳门居民来往内地通行证或者澳门同胞回乡证；(2)澳门地区有权机构出具的收养人的年龄、婚姻、有无子女、职业、财产、健康、有无受过刑事处罚等状况的证明材料。

台湾居民办理收养登记时提交的文件 中国台湾地区居民申请办理成立收养关系的登记时所提交的收养申请书和相关的证件、证明材料。具体包括：(1)在台湾地区居住的有效证明；(2)中华人民共和国主管机关签发或签注的在有效期内的旅行证件；(3)经台湾地区公证机构公证的收养人的年龄、婚姻、有无子女、职业、财产、健康、有无受过刑事处罚等状况的证明材料。

外国人办理收养登记时提交的文件 外国人在中华人民共和国境内收养子女，包括收养人夫妻一方为外国人的，办理收养登记时所需提供的相关文件。具体包括：(1)跨国收养申请书；(2)出生证明；(3)婚姻状况证明；(4)职业、经济收入和财产状况证明；(5)身体健康检查证明；(6)有无受过刑事处罚的证明；(7)收养人所在国主管机关同意其跨国收养子女的证明；(8)家庭情况报告，包括收养人的身份、收养的合格性和适当性、家庭状况和病史、收养动机以及适合于照顾儿童的特点等。上述文件均需由其所在国有权机构出具，经其所在国外交机关或者外交机关授权的机构认证，并经中华人民共和国驻该国使(领)馆认证，并通过所在国政府或者政府委托的收养组织向中国政府委托的收养组织转交。在华工作或者学习连续居住一年以上的外国人，在华收养子女，应当提交上述规定的除身体健康检查证明以外的文件，并应当提交在华所在单位或者有关部门出具的婚姻状况证明、职业、经济收入或者财产状况证明，有无受过刑事处罚证明以及县级以上医疗机构出具的身体健康检查证明。

中国公民收养登记的程序 中国公民收养子女需要依法履行的登记手续。按照我国收养登记的有关规定，我国公民收养子女需要申请、审查和登记几个步骤。(1)申请。收养关系的当事人应当亲自到收养登记机关办理收养登记。夫妻共同收养子女的，应当共同到收养登记机关办理收养登记；夫妻一方因故不能亲自前往办理登记的，应当书面委托另一方办理，委托书应当经其住所地的居民委员会或村民委员会证明或者经过公证。收养登记申请人需要如实填写《收养登记申请书》。《收养登记申请书》中的收养人、被收养人和送养人(送养人是社会福利机构的经办人)的签名必须由当事人在收养登记员面前签名完成；当事人没有书写能力的，由当事人口述，收养登记员代为填写。收养登记员代当事人填写完毕后，应当宣读，当事人认为填写内容无误，在当事人签名处按指纹。当事人签名一栏不得空白，也不得由他人代为填写、代按指纹。(2)审查。收养登记机关受理申请后，要对收养当事人的情况、收养的意向等进行全面审查。这是收养登记的核心环节。审查内容包括：当事人提供的材料是否真实、全面，是否符合法律的规定；收养当事人包括收养人、被收养人、送养人是否符合法律的规定;收养人的收养目的是否正当,收养的意思表示是否真实;是否有买卖儿童或变相买卖儿童的行为;是否有其他违反法律的行为等。收养登记机关收到收养登记申请书及有关材料后,应当自次日起三十日内进行审查。收养查找不到生父母的未成年人的,收养登记机关应当在登记前公告查找其生父母;自公告之日起满六十日,未成年人的生父母或者其他监护人未认领的,视为查找不到生父母的未成年人。公告期间不计算在登记办理期限内。(3)登记。经收养登记部门审查,对符合法律规定条件的,为当事人办理收养登记,发给收养登记证,收养关系自登记之日起成立。对不符合法律规定条件的,不予登记,并对当事人说明理由。

外国人在华收养子女的程序

外国人在中华人民共和国境内收养子女需要依法履行的登记手续。按照《外国人在中华人民共和国收养子女登记办法》的规定,外国人在我国境内收养子女,需要经以下程序:(1)申请。外国人在华收养子女,应当通过所在国政府或者政府委托的收养组织向中国收养中心递交由其所在国有权机构出具,经其所在国外交机关或者外交机关授权的机构认证,并经中华人民共和国驻该国使(领)馆认证的收养申请、收养人的家庭情况报告和证明。中国收养中心不受理个人直接递交的申请。(2)受理登记。中国收养中心收到外国收养人通过其所在国政府或者政府委托的收养组织递交的收养文件后,对收养文件齐全、有效并向中国收养中心缴纳了服务费的予以受理登记,并将受理登记的情况告知递交收养文件的外国政府或者外国收养组织。(3)审核选配。按照规定,送外国人收养子女或儿童的送养人应当向省、自治区、直辖市人民政府民政部门提交符合法律、法规规定的本人及被收养人身份证明及其他证明材料。省、自治区、直辖市人民政府民政部门应当对送养人提交的证件和证明材料进行审查。经审查,认为被收养人、送养人符合法律规定条件的,将被收养人、送养人名单通知中国收养中心,同时转交相关的证件和证明材料。中国收养中心对外国收养人的收养申请和有关证明进行审查后,在报送的符合法律规定条件的被收养人中,参照外国收养人的意愿,选择适当的被收养人,并将该被收养人及其送养人的有关情况通过外国政府或者外国收养组织送交外国收养人,征求收养意见。(4)来华登记。外国收养人同意收养的,中国收养中心向其发出来华收养子女通知书，同时通知有关的省、自治区、直辖市人民政府民政部门向送养人发出被收养人已被同意收养的通知。外国人来华收养子女，应当亲自来华办理登记手续。夫妻共同收养的，应当共同来华办理收养手续；一方因故不能来华的，应当书面委托另一方。委托书应当经所在国公证和认证。外国人来华收养子女，应当与送养人订立书面收养协议。书面协议订立后，收养关系当事人共同到被收养人常住户口所在地的省、自治区、直辖市人民政府民政部门办理收养登记。收养登记机关收到外国人来华收养子女登记申请书和收养人、被收养人及其送养人的有关材料后，应当自次日起七日内进行审查，对符合规定的，为当事人办理收养登记，发给收养登记证书。收养关系自登记之日起成立。

中国收养中心　“中国儿童福利和收养中心”的简称。受中国政府委托，负责涉外收养具体事务，承担社会福利机构儿童养育和国内收养部分具体工作的专门机构。这一机构负责的涉外收养工作主要有：(1)负责接收外国政府或者外国政府委托的收养组织转交的外国人来华收养儿童的申请及其他证明文件；(2)负责接收送养人和被收养人的证明文件；(3)为符合我国法律规定的外国收养人寻找和安排收养对象，并签发《来华收养通知书》和《同意送养通知书》；(4)跟踪了解并掌握中国被收养儿童在外国生活、成长的情况；(5)协助中国政府有关部门处理中国被收养儿童的涉外权益保护案件；(6)保管涉外收养关系当事人的档案材料，包括外国收养人、中国送养人和被送养人的各种原始证明材料，以及中国被收养儿童在国外生活、成长情况的资料；(7)负责涉外收养工作的对外联络、咨询、协调和服务；(8)办理其他与涉外收养工作有关的事务。中国收养中心设有收养人资格审核部：审核外国收养组织的资格条件，提出外国收养人来华收养具体条件；审核外国政府或者外国政府委托的收养组织转交的收养申请和有关证明文件；定期评估外国收养组织来华开展跨国收养事务的行为；对外国收养组织在华联系人进行培训。中国收养中心还设有涉外送养儿童安置部：为外国收养申请人选择安排被收养儿童；定期通报涉外送养儿童情况；就登记过程中有关问题与省收养登记机关进行沟通；研究提出福利机构涉外送养工作规范，并进行培训指导。

外国收养组织　与中国收养中心合作的跨国收养专门组织。我国全国人民代表大会常务委员会于2005年4月27日批准了《跨国收养方面保护儿童及合作公约》，并已经有17个国家与我国建立了涉外收养合作关系。按照《外国人在中华人民共和国收养子女登记办法》的规定，外国人包括夫妻一方为外国人的来我国收养子女，得通过所在国政府或者政府委托的收养组织向中国政府委托的收养组织转交收养申请并提交收养人的家庭情况报告和证明。为方便外国收养者来华收养，中国收养中心与上述国家的150多个收养组织建立了合作关系。这些收养组织都具有所在国政府部门授权其开展中国收养的委托书或者政府部门批准其开展国际收养的有效执照，是所在国政府批准的非营利的慈善组织。这些收养组织有国际收养经验，能够提供完整的国际收养服务。为切实保障中国被收养儿童的合法权益，中国收养中心对与其合作的外国收养组织提出明确的条件，要求外国收养组织将中国被收养儿童的利益放在首位，尊重《儿童权利公约》和《跨国收养方面保护儿童及合作公约》的基本原则，按照中国被收养儿童的最佳利益为其选择合适的家庭；要遵守中国相关的法律法规，遵守中国有关政府部门的规章制度，遵守中国收养中心的规定和要求，配合中国收养中心的涉外收养工作。2003年2月，中国收养中心发布了对外国收养组织实施评估制度的通告，评估制度主要包括《与中国收养中心合作的外国收养组织应具备的基本条件》和《中国收养中心对外国收养组织在华开展跨国收养的暂行规定和要求》，目的是维护被收养儿童权益，进一步规范我国的涉外收养工作，保障涉外收养工作健康、有序开展。对在评估中发现有问题的外国收养组织，中国收养中心对其提出改进意见；对评估不合格的外国收养组织，中国收养中心终止与其合作。

收养关系的解除 依法成立的有效收养关系因一定事实的发生归于终止。收养关系因收养行为而发生，也就可以基于一定的事实而终止。收养的解除与收养的无效不同：(1)前提不同。收养的无效是因为收养行为存在不符合法律规定的情形，被确认无效的收养行为本身就是违法的、无效的。收养的解除，解除的是合法、有效的收养关系。(2)原因不同。收养的无效是因为收养行为存在着不符合法律规定的瑕疵，因而不能产生当事人期望的法律后果，才被依法确认为无效。收养的解除是已经有效成立的收养关系，因为收养人不履行抚养义务，有虐待、遗弃等侵害未成年养子女合法权益行为的，或者养父母与成年养子女关系恶化、无法共同生活的，才要解除收养关系。(3)程序不同。收养的无效，需要当事人或者收养的利害关系人申请，由人民法院确认收养行为无效。收养关系当事人弄虚作假骗取收养登记的，收养登记机关也有权撤销登记。收养的解除，可以协议解除，也可以向人民法院诉讼解除。(4)后果不同。被确认无效的收养行为，不论是何时确认无效，都是从收养成立开始就是无效的。收养的解除则不具有这种溯及力，对解除前的收养关系法律予以承认，养父母与养子女之间的亲子关系从解除之日起消灭。当然，收养行为被确认无效，不会产生当事人期望的收养成立的法律效力，但会产生法律规定的如返还财产、赔偿损失等法律责任。收养的解除，也会依法产生如抚养费的给付、补偿等后果。

收养解除的条件 已经成立的有效收养关系得以解除的条件。收养主要是为有利于被收养人的抚养教育、健康成长的目的设立的制度，涉及被收养人、收养人和送养人的身份改变，并且在收养关系存续期间，收养人为抚养养子女，也有精神与物质的双重付出。要解除收养这种特殊的民事法律关系，需要采取慎重的态度。为了公平、合理地保护收养各方的权益，《中华人民共和国民法典》第五编第五章第三节中用5个条文对收养关系的解除作了具体规定。依照法律的规定，收养关系的解除是有条件的。(1)收养人、送养人协议解除。我国民法典第1114条第1款规定："收养人在被收养人成年以前，不得解除收养关系，但是收养人、送养人双方协议解除的除外。养子女八周岁以上的，应当征得本人同意。"依此规定，在被收养人成年以前，收养人不得解除收养关系；收养人解除收养关系，须得到送养人的同意，即收养人与送养人双方达成解除协议的可以解除；被收养人如果是八周岁以上的未成年人的，须得到该养子女的同意，如果被收养人不同意解除收养的，收养人和送养人即使达成了解除收养协议的，该收养关系也不得解除。(2)送养人解除。我国民法典第1114条第2款规定："收养人不履行抚养义务，有虐待、遗弃等侵害未成年养子女合法权益行为的，送养人有权要求解除养父母与养子女间的收养关系。送养人、收养人不能达成解除收养关系协议的，可以向人民法院提起诉讼。"收养关系一旦成立，养父母对养子女有抚养、教育和保护的法定义务，收养人必须认真履行。收养人不履行或者不完全履行这一义务的，对被收养人的成长极为不利，也失去了收养的意义。因此，当收养人不履行抚养义务，有虐待、遗弃等侵害未成年养子女合法权益行为的，送养人享有单方解除收养关系的权利，这一权利是受法律保护的。当然，送养人与收养人可以就解除收养关系先进行协商，能达成解除收养关系协议的，收养关系解除；不能达成协议的，送养人有权向人民法院提起解除收养关系的诉讼，人民法院应当支持送养人的解除诉请，以维护被收养人的合法权益。(3)养父母与成年养子女协议解除。我国民法典第1115条规定："养父母与成年养子女关系恶化、无法共同生活的，可以协议解除收养关系。不能达成协议的，可以向人民法院提起诉讼。"养父母将养子女抚养长大，成年了的养子女对养父母本该尽赡养、扶助和保护义务，让养父母安度晚年。但生活中确有养父母与养子女的关系并不好，甚至无法共同生活，更谈不上赡养、孝顺和保护养父母了。在这种情况下，法律允许关系恶化、无法共同生活的养父母与养子女解除收养关系。他们可以先协商，达成解除收养关系的协议；不能达成协议的，可以向人民法院起诉，请求人民法院判决解除收养关系。

解除收养的程序 解除收养关系的方式和步骤。收养关系可以通过行政程序解除，也可以通过诉讼程序解除。《中华人民共和国民法典》第1116条规定："当事人协议解除收养关系的，应当到民政部门办理解除收养关系登记。"收养当事人对解除收养达成书面协议的，可以共同到被收养人常住户口所在地的收养登记机关办理解除收养关系登记。一方要求解除收养关系，对方不同意的，应当通过诉讼程序，由人民法院判决解除收养关系。人民法院审理解除收养关系的案件，应当查明事实，依据法律、法规的相关规定，充分保护收养当事人各方的合法权益，依法作出判决。在这类民事案件中，也可以通过法官主持在诉讼中达成协议，解除收养关系。收养关系自准予解除收养的调解书或者判决书生效之日起解除。

解除收养的法律效力 解除收养关系所产生的法律效果。收养关系无论是通过协议解除，还是通过诉讼解除，都一定会产生相应的法律效力，主要表现在身份和财产两个方面。(1)身份上的效力。《中华人民共和国民法典》第1117条规定："收养关系解除后，养子女与养父母以及其他近亲属间的权利义务关系即行消除，与生父母以及其他近亲属间的权利义务关系自行恢复。但是，成年养子女与生父母以及其他近亲属间的权利义务关系是否恢复，可以协商确定。"依此规定，

①收养关系解除后，养子女与养父母以及其他近亲属间的权利义务关系即行消除。收养关系建立的效力是产生了拟制血亲关系，使养父母与养子女之间获得了父母与子女间的权利义务，养子女与养父母的其他近亲属间也具有了权利义务关系。现在收养关系解除了，养子女与养父母以及其他近亲属间的权利义务关系也即行消除。②未成年养子女与生父母以及其他近亲属间的权利义务关系自行恢复。因为收养关系的成立，被他人收养的子女与其养父母建立拟制亲子关系，与自己亲生父母的权利义务关系解除。现在收养关系解除了，未成年养子女与生父母以及其他近亲属间的权利义务关系便也自行恢复。我国民法典使用的词是“自行恢复”，也就意味着不须办理任何手续即可恢复。法律这样规定是为了未成年人利益的目的非常明确。未成年人没有生存能力，收养关系成立，由养父母对其进行抚养、教育和保护；收养关系解除，对其抚养、教育和保护的义务当然就由亲生父母立即承担。否则未成年人的生活、教育会出现真空，对未成年人是不利的。而且未成年人与其生父母本就存在着无法割舍的血缘联系，由生父母立即接续未成年子女的抚养、教育和保护，也不会存在任何障碍。因此，收养关系解除后，无论是协议解除还是诉讼解除，养子女与其生父母的权利义务关系自行恢复，对未成年人是极为有利的。③成年养子女与生父母以及其他近亲属间的权利义务关系是否恢复，可以协商确定。成年养子女具有完全民事行为能力，可以独立思考和审慎处理自己事务，也不再需要他人的抚养，而且因为是由养父母抚养长大，与生父母的感情是亲还是疏，只有他们自己感受得到。在收养关系解除后是否愿意恢复与生父母以及其他近亲属间的权利义务关系，法律将选择的权利交给了成年养子女和其生父母双方，他们可以协商：双方协商同意恢复的，可以恢复；协商未取得一致意见的，也可以不恢复或者暂时不恢复。(2)财产上的效力。一般而言，收养关系建立之后，养父母对未成年的养子女履行抚养、教育和保护的义务，待养子女长大之后，对养父母履行赡养、扶助和保护的义务。但是生活中，收养人虐待、遗弃被收养人的有之，被收养人由养父母抚养长大之后，与养父母的感情并不深厚，对其已经年老的养父母不闻不问，甚至虐待、遗弃自己养父母的也有之。继续维持这样的收养关系，或者被收养人不能得到应有的照护，或者收养人为抚养、教育和保护被收养人的付出不能得到回

报，这都不能实现收养制度建立的初衷。为此，法律从造成收养关系解除原因的角度，对解除收养后的财产返还等作了规定。我国民法典第1118条第1款规定："收养关系解除后，经养父母抚养的成年养子女，对缺乏劳动能力又缺乏生活来源的养父母，应当给付生活费。因养子女成年后虐待、遗弃养父母而解除收养关系的，养父母可以要求养子女补偿收养期间支出的抚养费。"该条第2款还规定："生父母要求解除收养关系的，养父母可以要求生父母适当补偿收养期间支出的抚养费；但是，因养父母虐待、遗弃养子女而解除收养关系的除外。"至于抚养费的具体数额可由双方协商，协商不成的，由人民法院裁决。

解除收养登记 当事人协议解除收养关系应办理的登记手续。按照《中国公民收养子女登记办法》的规定，收养关系当事人协议解除收养关系的，应当持居民户口簿、居民身份证、收养登记证和解除收养关系的书面协议，共同到被收养人常住户口所在地的收养登记机关办理解除收养关系登记。收养登记机关收到解除收养关系登记申请书及有关材料后，应当自次日起三十日内进行审查；对符合解除收养条件的，为当事人办理解除收养关系的登记，收回收养登记证，发给解除收养关系证明。

解除收养登记的程序 解除收养关系登记的步骤。按照我国民政部发布的《收养登记工作规范》的规定，解除收养关系需要申请，收养登记机关受理、审查和取得解除收养关系证明等程序。(1)申请。解除收养关系登记的申请，应当由收养人、送养人和被收养人共同到被收养人常住户口所在地的收养登记机关提出申请；同时提交的还有收养人、送养人自愿解除收养关系的协议；被收养人年满八周岁的，已经征得其同意的证明；收养登记机关颁发的收养登记证；经公证机构公证确立收养关系的公证书；收养人、送养人和被收养人的身份证件、户口簿；送养人是社会福利机构的，要提交社会福利机构法定代表人居民身份证复印件。(2)受理。收养登记员受理解除收养关系登记申请，要查验当事人提交的照片、证件和证明材料；当事人提供的收养登记证上的姓名、出生日期、公民身份号码与身份证、户口簿不一致的，当事人应当书面说明不一致的原因；向当事人讲明法律关于解除收养关系的条件；询问当事人的解除收养关系意愿以及对解除收养关系协议内容的意愿；收养登记员要分别询问收养人、送养人、年满八周岁以上的被收养人和其他应当询问的人，询问的重点是被询问人的姓名、年龄、健康状况、民事行为能力，收养人、送养人和被收养人之间的关系，解除收养登记的意愿。对年满八周岁以上的被收养人应当询问是否同意解除收养关系和有关协议内容。对未成年的被收养人，要询问送养人同意解除收养登记后接纳被收养人和有关协议内容。（3）审查。收养登记员收到当事人提交的证件、申请解除收养关系登记申请书、解除收养关系协议书后，应当自次日起三十日内进行审查。对符合解除收养条件的，为当事人办理解除收养关系登记，填写《解除收养登记审查处理表》，报民政厅（局）领导批准，并填发解除收养关系证明。对不符合解除收养关系登记条件的，不予受理，但应当向当事人出具《不予办理解除收养登记通知书》，将当事人提交的证件和证明材料全部退还当事人。对于虚假证明材料，收养登记机关予以没收。（4）颁发解除收养关系证明。收养登记员将解除收养关系证明分别颁发给解除收养关系的收养人和被收养人，并宣布：取得解除收养关系证明，收养关系解除，并收回收养登记证。

亲属关系

亲属　有广狭两义。狭义的亲属，指因血缘而产生的自然人之间的社会关系。广义的亲属，指通过婚姻、血缘或法律拟制而联系在一起的一定范围的自然人之间的关系。亲属是一种最普遍、最基本的社会关系。婚姻家庭法意义上的亲属是指因婚姻、血缘或法律拟制而形成的具有法律上权利义务关系的自然人之间的关系。亲属具有如下特点：(1)基于婚姻、血缘或法律拟制产生。引起亲属关系产生的法律事实有三种：一是缔结婚姻的法律行为。符合法律规定的结婚条件的男女，取得建立婚姻关系的合意，依法履行结婚登记手续后产生夫妻关系。二是自然人出生。具有血缘关系的亲属关系的发生，必须基于出生这一法律事实。三是对收养法律行为或者其他身份事实的法律拟制。上述任何一种事实状态都需要法律的认可才能成为具有法律意义的“存在”，才能受到法律的承认与保护。因此，婚姻家庭法律都会明文规定亲属身份的取得或者丧失的程序，如婚姻须经结婚登记才能发生夫妻的身份关系，收养须经收养登记才能产生法律规定的养父母与养子女的身份关系。(2)有固定的身份和称谓。身份是自己所处的地位，表明的是人在社会关系中特定的资格或者地位。称谓是人们由于亲属或者其他方面的相互关系而得来的称呼名称，如师傅、老师、父亲等，是身份的标志。亲属之间的称谓，大多是基于血缘而来，如父亲、母亲、子女、姐妹、兄弟、叔叔、侄子、外甥、舅舅、姑妈、姨妈等。这些身份与称谓，属于永久性的存在，可以世代相传，不能变更和终止。部分称谓与身份是基于结婚、收养等法律行为而产生的，如夫妻、养父母、养子女等。通过结婚、收养等法律行为而产生的身份与称谓，虽然可以通过离婚、解除收养关系等法律行为而终止，但在他们亲属关系存续期间，其称谓和身份也是不能变更的。(3)具有相应的权利与义务。社会学意义上的亲属，是以婚姻、血缘或法律拟制为纽带连接成的人与人的关系，范围极其广泛。法律并不调整亲属关系的全部，只调整彼此间享有身份上与财产上的权利、承担相应义务的那一部分具有法律意义的亲属关系，如夫妻，父母与子女，兄弟姐妹，祖父母、外祖父母与孙子女、外孙子女，儿媳与公婆、女婿与岳父母等。无论是通过血缘还是通过法律行为产生的身份与称谓，在法律的意义上，反映的都是他们之间确定的权利义务关系。这些权利义务表达的是国家法律通过对一定范围的亲属间关系的调整，协调亲属团体与国家、社会的关系，建立符合该民族政治、经济、文化、伦理、传统及统治者意志的社会秩序的立场与愿望。婚姻家庭法调整的婚姻、家庭关系，实质上就是亲属关系。因此，一些国家的婚姻家庭立法就以亲属法命名。我国没有单独制定亲属法，在《中华人民共和国民法典》的第一编“总则”和第五编“婚姻家庭”中集中规定了亲属法的内容。我国民法典第 1045 条第 1 款规定：“亲属包括配偶、血亲和姻亲。”第 2 款规定：“配偶、父母、子女、兄弟姐妹、祖父母、外祖父母、孙子女、外孙子女为近亲属。”

家庭成员 同居一家共同生活并在法律上互有权利义务的亲属。在人类社会的发展历史中，亲属共同生活体的组织形式，经历了从原始氏族到封建家族，再到家庭的变迁。我国古代，尤其推崇几代同堂的大家庭，而现代社会的家庭则多由血缘关系较为密切的近亲属及其配偶组成，而且家庭规模还有日益缩小的趋势，由父母与未成年子女组成的核心家庭越来越多。家庭成员一定是亲属，而且是亲属中的一小部分，而亲属未必是家庭成员。《中华人民共和国民法典》第 1045 条第 3 款规定：“配偶、父母、子女和其他共同生活的近亲属为家庭成员。”

家属 家长的对应概念。同居一家的人，其中拥有统领所有家庭成员权力的人为家长，其他家庭成员为家属。我国古代实行家长制，礼法规定每一个家庭都必须设有由家族中的男性尊亲属担任的家长，其他家庭成员如家长的妻、妾、子、女、儿媳、孙子女等为家属。有的与家长同居一家共同生活的如童养媳、奴婢等，因为与家长有着人身依附关系，也认为是家属。家长在家庭中拥有最高的权力，统领一家共同生活的所有其他成员。我国的家长制一直延续了几千年，直到 1930 年国民政府的民法亲属编中，还有家长的规定。中华人民共和国的婚姻家庭立法中，在婚姻、家庭关系中贯彻男女平等原则，废除了家长制，再无家长、家属的划分。在民间虽有家长、家属的称呼，但已不是原来的含义。不过，在法律概念上还是应当明确，家属与亲属是两个不同的概念，亲属的概念要比家属的范围宽，家属未必是亲属，亲属也不一定是家属。

亲属的范围 应当由法律调整的亲属关系的范围。因婚姻、血缘或法律拟制而产生的亲属关系范围很广，法律无法、也不必要调整所有的亲属关系。现代各国法律都会根据自己国家经济基础、亲属关系在社会关系中的作用及家庭传统、风俗习惯等，对亲属范围作出适应其意识形态与社会现实的规定。各国法律调整亲属关系的立法体例，基本上有两种。一是抽象的概括方法，即通过法律对亲属范围先作一概括性的规定，再根据亲属的种类、亲属间关系的远近确定其法律效力。如《日本民法典》规定下列人为亲属：六亲等内的血亲；配偶；三亲等内的姻亲。韩国民法也采此种模式。二是具体的限定方法，即不从总体上概括亲属的范围，而是在具体的法律规定中，分别就禁婚亲、扶养、继承、监护等方面作出权利、义务的规定，从中体现法律对亲属范围的态度。我国采用的是此类方法。我国现行法律对亲属范围的规定，集中体现在《中华人民共和国民法典》第一编“总则”、第五编“婚姻家庭”和第六编“继承”的规定中。如结婚的实质要件中禁止结婚的亲属是直系血亲和三代以内旁系血亲；具有扶养的权利和义务的亲属有配偶、父母、子女、兄弟姐妹、祖父母、外祖父母、孙子女、外孙子女；法定继承人有配偶、子女、父母、兄弟姐妹、祖父母、外祖父母；监护制度中能够担任监护人的主要有父母、配偶、子女、祖父母、外祖父母、兄姐。从这些规定中，可以看出我国法律规定的亲属范围基本上包括配偶、父母、子女、兄弟姐妹、祖父母、外祖父母、孙子女、外孙子女，并且将上述范围的亲属明文规定为近亲属。

近亲属 以亲属关系的亲疏远近，亲属分为近亲属和一般亲属。法律意义上的近亲属，是指法律关系密切且有法律上权利义务的亲属。按照《中华人民共和国民法典》第 1045 条的规定，“配偶、父母、子女、兄弟姐妹、祖父母、外祖父母、孙子女、外孙子女为近亲属”，除此之外的其他亲属为一般亲属。其实，我国民法典规定的近亲属只是在民事领域适用的概念。近亲属作为法律概念，在行政、刑事等许多领域既有范围上的不同，也有重要的实践意义。如按照《中华人民共和国公务员法》第 74 条的规定，近亲属包括夫妻、直系血亲、三代以内旁系血亲以及近姻亲，具有这些关系者“不得在同一机关双方直接隶属于同一领导人员的职位或者有直接上下级领导关系的职位工作，也不得在其中一方担任领导职务的机关从事组织、人事、纪检、监察、审计和财务工作”。《中华人民共和国刑事诉讼法》第108条明确规定，“近亲属”是指夫、妻、父、母、子、女、同胞兄弟姊妹。有些犯罪的构成中有近亲属，如《中华人民共和国刑法》第388条规定，国家工作人员的近亲属或者其他与该国家工作人员关系密切的人，通过该国家工作人员职务上的行为，或者利用该国家工作人员职权或者地位形成的便利条件，通过其他国家工作人员职务上的行为，为请托人谋取不正当利益，索取请托人财物或者收受请托人财物，数额较大或者有其他较重情节的，或者离职的国家工作人员或者其近亲属以及其他与其关系密切的人，利用该离职的国家工作人员原职权或者地位形成的便利条件实施前款行为的，构成利用影响力的受贿罪；第390条规定，为谋取不正当利益，向国家工作人员的近亲属或者其他与该国家工作人员关系密切的人，或者向离职的国家工作人员或者其近亲属以及其他与其关系密切的人行贿的，构成对有影响力的人行贿罪。还有些犯罪实行的是告诉才处理的原则，如我国刑法第98条规定，告诉才处理的含义是指被害人告诉才处理，“如果被害人因受强制、威吓无法告诉的，人民检察院和被害人的近亲属也可以告诉”。在刑事诉讼程序中，按照我国刑事诉讼法的规定，被告人、犯罪嫌疑人都依法享有辩护权，犯罪嫌疑人、被告人在押的，也可以由其监护人、近亲属代为委托辩护人；审判人员、检察人员、侦查人员是本案的当事人或者是当事人的近亲属的，审判人员、检察人员、侦查人员本人或者他的近亲属和本案有利害关系的，应当自行回避，当事人及其法定代理人也有权要求他们回避；公诉案件的被害人及其法定代理人或者近亲属，附带民事诉讼的当事人及其法定代理人，自案件移送审查起诉之日起，有权委托诉讼代理人；人民法院、人民检察院和公安机关应当保障证人及其近亲属的安全；等等。

亲属的分类 从不同的角度对亲属所作的划分。亲属制度的重要内容。从不同的角度将亲属分为不同的类别，每种分类都有其法律上的意义。不同的历史时期，为适应其政治、经济、文化、传统等的需要，对亲属关系的分类及规范也有不同。即使是相同的社会形态，亲属的分类也有区别。了解亲属的分类，对于认识一个民族的过去、将来都有重要意义。在我国,亲属制度起源较早。在周代礼制确立的亲属制度中就已有明确的亲属分类,成为我国奴隶社会和封建社会宗法制度的基础。传统的亲属分类,与现代法律上的亲属分类是截然不同的。我国最早的亲属分类,为适应其宗法统治的需要,分为宗亲与外亲两种。唐宋之后,外亲中的妻族分离出来,形成了宗亲、外亲与妻亲的分类。现代亲属立法贯彻男女平等原则,摈弃了宗亲、外亲与妻亲的分类,而是按照亲属产生的原因,将亲属分为配偶、血亲和姻亲三大类。在这三大分类的基础上,按照亲属间的血缘联系,将亲属分为男系亲与女系亲、父系亲与母系亲、直系亲与旁系亲;按照血亲来源的不同,分为自然血亲与拟制血亲;按照亲属的辈份,将亲属分为长辈亲、晚辈亲与同辈亲;按照亲属间关系的亲疏远近,分为近亲属与一般亲属。按照《中华人民共和国民法典》有关婚姻家庭的规定及其他法律、法规的规定,每一种亲属间的权利义务都是有区别的。

亲系 亲属间的联络系统。亲属间以婚姻、血缘等为基础,构成纵横交错的亲属网络。在我国,由于长期奴隶制、封建制的历史,宗法家族的统治方式、礼律并重的法制传统、重男轻女的伦理观念,使得亲属中有父系亲与母系亲、男系亲与女系亲、内亲与外亲等多种系统。由父方血统联络的亲属是父系亲,由母方血统联络的亲属为母系亲。由男方血统联络的亲属为男系亲,由女方血统联络的亲属为女系亲。父系亲与男系亲、母系亲与女系亲的范围却不完全一致。如姑为父系亲,但不是男系亲;舅为母系亲,但不是女系亲。旧的礼教下,重男轻女,在亲属中占有至高无上地位的是父系亲。因为本宗为内亲,外宗为外亲,兼有父系亲与男系亲的才为宗亲,其余都是外亲。近现代立法,崇尚男女平等原则,已不再区分父系亲、母系亲、男系亲、女系亲,但人们的重男轻女观念还是存在的。破除这些观念,仍不是一朝一夕的事情。

宗亲 亦称“内亲”“本亲”或“本族”。“外亲”的对称。以男性血缘为纽带联系的亲属,即男性血亲。旧中国礼法所确认的亲属的一种。包括三部分:一是出自同一男性祖先的男系血亲,以九族为断。二是出自同一男性祖先的未嫁女性,如未出嫁的女儿、侄女、姐妹等。但女儿一嫁出,则入夫家宗族。出嫁后离婚再回娘家的,可恢复其宗亲地位。三是加入本宗的妇女,如母亲、伯母、婶母、儿媳、孙媳、嫂子等。她们加入本家,就不再是娘家的宗亲。

按照明清律绘制的《本宗九族五服图》，将宗亲限制在男系九族血亲即父宗之内，以一世为一亲族。具体包括：以己身为一代，向上依次为父母、祖父母、曾祖父母及高祖父母，向下依次为子女、孙子女、曾孙子女及玄孙子女。平辈宗亲包括同胞兄弟姐妹、堂兄弟姐妹、族兄弟姐妹等。长辈宗亲包括叔、伯、姑，堂叔、伯、姑，族叔、伯、姑，叔伯祖父母、祖姑，族叔伯祖父母、祖姑，曾叔伯祖父母、曾祖姑。晚辈旁系宗亲包括侄子女、堂侄子女、侄孙子女、堂侄孙子女、曾侄孙子女。宗亲与外亲相比，范围最广，关系也最重要，法律上的权利义务规定的也最多。外亲则是亲属中的次要部分，相互间几乎没有权利与义务。这一分类标准，是宗法制度的产物，反映了礼律制度中男尊女卑、重男轻女的家庭观念。男性保持自己的宗族不变，女性嫁入夫家后，得脱离自己原来的家族，视夫族为宗亲。在宗亲基础上设立的宗族组织，是封建制度最重要的社会组织形式。宗族的族长对整个宗族拥有支配的权力，对外代表自己的宗族，对内决定宗族大事，解决宗族纷争，奖惩、处置本宗族成员。国民政府时期的民法，虽废除了亲属的宗亲、外亲之分，但在现实生活中，并未改变以男性为尊的亲属观念。直到中华人民共和国成立，婚姻家庭中坚持男女平等原则，亲属关系不再有宗亲、外亲、妻亲之区别，而是根据亲属关系产生的原因，将亲属分为配偶、血亲、姻亲三种。

内亲　即“宗亲”。

本亲　即“宗亲”。

本族　即“宗亲”。

外亲　亦称“外姻”“外族”或“女亲”。“宗亲”的对称。以女性血缘为纽带联系的亲属，即女性血亲。旧中国礼法所确认的亲属的一种。包括母族、女族、妻族。母族指母系血亲，如外祖父母、舅、姨、表兄弟姐妹等。女族指出嫁女、姑的夫族亲属，如女的丈夫及其子女、姑的丈夫及其子女等。妻族指妻子的血亲，如妻的父母、妻的兄弟姐妹等。本来，我国最早的礼制将妻族包括在外亲之内，明清时则将妻族分离出来另立妻亲。参见“宗亲”(195 页)。

外姻　即“外亲”。

外族　即“外亲”。

女亲　即“外亲”。

九族　有不同看法。有的认为九族仅限于父宗，从本人算起（本人是一代）向上五代，向下五代。有的认为九族不限于同宗同姓，包括父族四、母族三、妻族二，共为九族，其中：父族四是指己身为一族，还包括出嫁的姑母及其儿子、出嫁的姐妹及外甥、出嫁的女儿及外孙；母族三是指外祖父一家、外祖母的娘家、姨母及其儿子；妻族二是指岳父一家、岳母的娘家。

妻亲 丈夫因婚姻而与妻子的血亲之间发生的亲属关系。包括妻的父母、兄弟姐妹等。妾不是妻，纳妾不是娶妻，所以，男方与妾的父母、兄弟姐妹不属亲属关系。本来，我国最早的礼制将妻族包括在外亲之内，明清时则将妻族分离出来另立妻亲。

父系亲 亦称“父族”。“母系亲”的对称。以血统为区分标准的亲属分类。以父亲的血缘为纽带联系的亲属为父系亲。旧中国礼法中父系亲为内亲。

父族 即“父系亲”。

母系亲 亦称“母族”。“父系亲”的对称。以母亲的血缘为纽带联系的亲属。旧中国礼法中母系亲为外亲。

母族 即“母系亲”。

有服亲 “无服亲”的对称。亲属按其有无服制关系，分为有服亲和无服亲。我国封建社会以父宗为重，其亲属范围自高祖至玄孙的九个世代，通常称为本宗九族。在此范围内的亲属，包括直系亲属和旁系亲属，为有服亲属，死为服丧。在丧礼中，穿孝是为了表示孝意或哀悼。所着孝服依其材料粗细、样式和服丧期间的长短，分为斩衰(cuī)、齐衰(zī cuī)、大功、小功、缌(sī)麻五等，所以称“五服”。须依据自己与死者的血缘关系和当时社会所公认的形式来穿孝、戴孝。亲者服重，疏者服轻，依次递减。此为“遵礼成服”。有服亲即为五服亲，按照丧服礼制分为周亲、大功亲、小功亲、缌麻亲等。除五服亲外，同五世祖的亲属为袒免亲，即所谓“素服”，袒是露左臂，免是用布从项中向前交于额上，又后绕于髻。到明清时均为素服，以尺布缠头。袒免亲是比缌麻亲疏一等的亲属。从广义上说，五服以外的一切亲属，即是无服亲。参见“五服”。

无服亲 “有服亲”的对称。详“有服亲”。

五服 我国古代礼制规定本宗九族的亲属按服丧期限及丧服材料粗细、样式的不同分为五等服丧服。(1)斩衰，五服中最重的丧服。用最粗的生麻布制成，断处外露不缉边，丧服上衣叫“衰”，故称“斩衰”。表示毫不修饰以尽哀痛，服丧期为三年。古代诸侯为天子，臣为君，男子及未嫁女为父，长房长孙为祖父，妻妾为夫，均服斩衰。(2)齐衰，次于“斩衰”的丧服。以粗疏的麻布制成。齐，下衣的边。衣裳分制，断处缉边，因为边缘部分缝缉整齐，故称

“齐衰”。有别于斩衰的毛边。具体服制及穿着时间视与死者关系亲疏而定。服丧期分三年、一年、九月、五月、三月不等。到清代，凡夫为妻，男子为庶母、为伯叔父母、为兄弟及在室姊妹，已嫁女为父母，孙男女为祖父母，均服齐衰一年。(3)大功，亦称“大红”。次于“齐衰”的丧服。用粗熟麻布制成。服丧期为九个月。到清代，凡为堂兄弟、未嫁堂姊妹、已嫁姑及姊妹，以及已嫁女为伯叔父、兄弟，均服大功。(4)小功，亦称“上红”。次于“大功”的丧服。用稍细熟麻布制成。服丧期为五个月。到清代，凡为伯叔祖父母、堂伯叔父母、未嫁祖姑及堂姑、已嫁堂姊妹、兄弟妻，再从堂兄弟、未嫁再从堂姊妹，又外亲为外祖父母、母舅、母姨等，均服小功。(5)缌麻，五服中最轻的一种。用细熟麻布制成。到清代，凡男子为本宗之族曾祖父母、族祖父母、族父母、族兄弟，以及为外孙、外甥、婿、妻之父母、表兄、姨兄弟等，均服缌麻。服丧期为三个月。由于古时一夫一妻，有时还有妾，五服的计算也有不同，如同父同母的即“一奶同胞”为一服，同父不同母的为二服，同祖父的为三服，同曾祖父的为四服，同高祖父的为五服。五服之外的亲属为无服亲，服丧时可着“素服”，又称袒免亲。亲属超过五代即同六世祖的亲属，则没有了亲缘关系，称“出五服”，可以通婚。在我国现在的许多地方，依然有五服亲的说法，出五服的人可不再视为亲属。一般情况下，家里有婚丧嫁娶之事，都是五服之内的人参加。参见“有服亲”(197 页)。

五服制度 我国古代礼制中为死去的亲属服丧的制度。古代按照生者祭奠死者所着丧服的差别、等级来反映亲属关系的亲疏远近。按血缘关系亲疏不等，将亲属分为五等，服丧时着五种不同的丧服。成书年代不详的记录丧服制度最早的文献是《礼仪·丧服》，经考证其描述的是汉代以前的制度。五服制度源于周礼，后为儒家继续，直到明清律绘制《本宗九族丧服图》，沿用至清末民初。古代法律还将五服制度引申到刑法、民法等法律制度中。西晋第一次把五服制度纳入法典之中，作为判断是否构成犯罪及衡量罪行轻重的标准，这就是“准五服以制罪”原则。它不仅适用于亲属间相互侵犯、伤害的情形，也适用于确定赡养、继承等民事权利义务关系。“五服制罪”是“同罪异罚”原则在家族范围内的体现，它在刑法方面的适用原则是亲属相犯，以卑犯尊者，处罚重于常人，关系越亲，处罚越重；若以尊犯卑，则处罚轻于常人，关系越亲，处罚越轻。亲属相奸，处罚重于常人，关系越亲，处罚越重；

亲属相盗，处罚轻于常人，关系越亲，处罚越轻。在民事方面，如财产转让时有犯，则关系越亲，处罚越轻。“五服制罪”原则的确立，使得儒家的礼仪制度与法律的适用完全结合在一起，到汉代“礼律融合”“礼律并重”，使封建法律儒家化，成为中国封建法律伦理法特征的集中表现，直至明清，“五服制罪”一直是封建法律的重要组成部分，并在实践中不断被充实、完善。

亲等 衡量亲属间亲疏远近的尺度。亲等越多，亲属关系越远。国外立法的亲等计算方法主要有罗马法计算法和寺院法计算法。罗马法的计算方法因为更符合按照血缘关系的远近确定亲属亲等关系的情理，更容易被接受。详“罗马法的亲等计算法”“寺院法的亲等计算法”。

罗马法的亲等计算法 计算亲属间亲疏远近的一种方法。创自罗马法。现被许多国家采用。分为血亲亲等的计算法和姻亲亲等的计算法。(1)血亲亲等的计算法又分为直系血亲的亲等计算法和旁系血亲的亲等计算法。直系血亲的亲等计算法，从己身出发，上数和下数(不算己身)，以一代为一亲等。代数之和为亲等数。如自己与父母为一亲等的直系血亲，与祖父母为二亲等的直系血亲。自己与子女为一亲等的直系血亲，与孙子女为二亲等的直系血亲。旁系血亲的亲等计算方法，从己身上数(不算己身)到同源的直系尊亲属，再由同源的直系尊亲属接下数到所要计算亲等的亲属，合计代数之和为亲等数。如自己与伯父的亲等数，先上数到自己与伯父的同源直系血亲即祖父母二代，再从祖父母往下数至伯父一代，两边的代数相加为三代，自己与伯父为三亲等的旁系血亲。(2)姻亲亲等的计算法，姻亲以配偶为媒介，其亲等的计算方法与血亲相同，即姻亲的亲等数是以赖以发生姻亲关系的一方与其血亲的亲等数为依据。如儿媳与公婆的亲等，因丈夫与其父母是一亲等的直系血亲，那么儿媳与公婆就是一亲等的直系姻亲。又如伯父与侄女是三亲等的旁系血亲，伯母与侄女就是三亲等的旁系姻亲。

寺院法的亲等计算法 计算亲属间亲疏远近的一种方法。源于欧洲中世纪的教会法。由于宗教影响及文化传统等原因，此法仍被少数国家采用。分为血亲亲等的计算法和姻亲亲等的计算法。(1)血亲亲等的计算法又分为直系血亲的亲等计算法和旁系血亲的亲等计算法。直系血亲的亲等计算法与罗马法直系血亲的亲等计算法相同，即从己身往上或往下数(不算己身)，以一代为一亲等。旁系血亲的亲等计算法,从己身往上数(不算己身)至同源直系血亲,记下世代数;再从同源直系血亲往下数至要计算亲等的旁系血亲,记下世代数。如果两边的世代数相同,则用一边的世代数为旁系血亲的亲等数;如果两边的世代数不同,则取数大的一边的世代数为旁系血亲的亲等数。如自己与兄弟姐妹的同源血亲是父母,从自己算起向上数至父母是一代,再从父母向下数到兄弟姐妹也是一代,两边的世代数都为一,取一边的世代数为亲等数,即自己与兄弟姐妹是一亲等的旁系血亲。又如自己与伯父、叔父的同源血亲是祖父母,从自己算起,向上到祖父母是二世代,从祖父母向下数到伯父、叔父是一世代,取数字大的一边的数字为亲等数,即自己与伯父、叔父是二亲等的旁系血亲。(2)姻亲亲等的计算法,是以赖以发生姻亲关系的一方与其血亲的亲等数为依据,此点与罗马法的姻亲亲等的计算法相似。如自己与弟媳的亲等计算,弟弟与自己是一亲等的旁系血亲,那么,自己与弟媳也是一亲等的旁系姻亲。

我国婚姻家庭法中“代”的计算 “代”,我国婚姻家庭法中表示亲属关系的亲疏远近。所谓“代”,是指“辈”,一代即为一辈。计算亲属代数分为直系血亲和旁系血亲两种。直系血亲的计算,从己身开始,己身为一代,向上或向下数,世代相加。如从自己算起,向上数与父母为二代,与祖父母、外祖父母为三代,与曾祖父母、曾外祖父母为四代,与高祖父母、高外祖父母为五代;向下数与子女为二代,与孙子女、外孙子女为三代,与曾孙子女、外曾孙子女为四代,与玄孙子女、外玄孙子女为五代。旁系血亲的计算,向上先找到与自己同源的直系血亲,按照直系血亲的计算方法,从己身算起至同源直系血亲,记下代数。再从同源直系血亲向下找到要计算代数的自己的旁系血亲,记下代数。两边的代数相同,则用一边的代数为代数;如果两边的代数不同,则取代数大的数字为代数。如计算自己与兄弟姐妹的代数,其同源的直系血亲为父母,己身为一代,父母为二代,再从父母向下数到兄弟姐妹,也是二代,两边的数字相同,那么,自己与兄弟姐妹之间就是二代旁系血亲。又如计算自己与侄子女的代数,其同源的直系血亲为自己的父母,己身算一代,到父母为二代,再从自己的父母即侄子女的祖父母向下到自己的兄弟即侄子女的父亲为二代,再到自己的侄子女为三代。两边的数字不等,取大数,自己与侄子女为三代旁系血亲。我国代数的计算,与寺院法的亲等计算法类似,所不同的是我国的代数计算己身也算一代。我国婚姻家庭法规定的三代以内的旁系血亲禁止结婚,指的就是己身算一代,向上数到同源直系血亲祖父母、外祖父母三代,向下由祖父母、外祖父母到父母,再到祖父母、外祖父母的子女的子女为三代,具体包括兄弟姐妹、叔、伯、姑、舅、姨及堂兄弟姐妹、表兄弟姐妹、侄子女、外甥子女。超过这一范围的亲属,就不属法律禁止结婚的三代以内的旁系血亲。

长辈亲 亦称“尊亲属”。辈份比自己高的亲属。包括直系亲属、旁系亲属和姻亲。如父母、伯叔父母、舅父母、祖父母、外祖父母、夫或妻之父母。

尊亲属 即“长辈亲”。

晚辈亲 亦称“卑亲属”。辈份比自己低的亲属。包括直系亲属、旁系亲属和姻亲。如子女、孙子女、侄子女、儿媳、女婿。

卑亲属 即“晚辈亲”。

同辈亲 辈份与自己相同的亲属。如兄弟姐妹等。

配偶 处在合法婚姻中的丈夫与妻子的称谓。夫为妻的配偶,妻为夫的配偶。现代婚姻家庭关系中亲属的一种。配偶是血亲、姻亲赖以产生的基础,在亲属关系中居于核心地位。配偶之间不许具有一定的血缘关系。我国婚姻家庭法规定,直系血亲或者三代以内的旁系血亲禁止结婚。

配偶关系的发生与终止 配偶关系发生与终止的原因或情形。配偶关系因双方结婚而发生。我国婚姻家庭法规定,男女双方符合法律规定的结婚条件,进行结婚登记。领取结婚证的时间为配偶关系发生的时间。配偶关系的终止,主要有两种情形:一是配偶一方死亡,包括自然死亡和宣告死亡;二是配偶双方离婚,包括登记离婚和诉讼离婚。登记离婚的双方取得离婚证的时间为配偶关系终止的时间。诉讼离婚的,法院离婚判决生效的时间为配偶关系终止的时间。

血亲 具有血缘联系的亲属。如父母与子女、祖父母与孙子女。血亲中按照血缘联系的不同,分为直系血亲和旁系血亲。按照血亲来源的不同,分为自然血亲和拟制血亲。

直系血亲 与自己具有直接血缘联系的亲属。包括生育自己和自己生育的上下各代亲属,如父母与子女、祖父母与孙子女、外祖父母与外孙子女。

旁系血亲 与自己没有直接血缘联系,但存在着间接血缘联系的亲属。旁系血亲虽不是生育自己或自己生育的上下各代亲属,但与自己是可以在上代找到同一血缘的亲属。如兄弟姐妹，是同源于父母的血亲；伯、叔、姑、堂兄弟姐妹、姑表兄弟姐妹，是同源于祖父母的血亲；舅、姨、舅表兄弟姐妹、姨表兄弟姐妹是同源于外祖父母的血亲。

自然血亲 “抑制血亲”的对称。出自同一祖先、彼此有着天然血缘联系的亲属。如父母与子女，祖父母与孙子女，外祖父母与外孙子女，叔、伯、姑与侄子、侄女，舅、姨与外甥、外甥女，兄弟姐妹、堂兄弟姐妹、表兄弟姐妹等。这些亲属，无论是婚生还是非婚生，无论是全血缘还是半血缘，都是自然血亲的亲属。全血缘的自然血亲，是指血缘来源于同一父母的同胞兄弟姐妹；半血缘的自然血亲，是指与自己有一半血缘相同的兄弟姐妹，如同父异母或同母异父的兄弟姐妹。按照《中华人民共和国民法典》的规定，作为继承人或者被继承人的兄弟姐妹，既包括同父母的兄弟姐妹，也包括同父异母或者同母异父的兄弟姐妹。民法典中规定的兄弟姐妹之间的权利义务，也应当作此理解，即同父同母、同父异母或者同母异父的兄弟姐妹之间具有相同的权利与义务，并不因为全血缘或半血缘而有区别。

自然血亲的发生与终止 自然血亲发生与终止的根据。自然人的出生是自然血亲发生的唯一根据。无论是婚生子女还是非婚生子女，都是以出生这一法律事实为其自然血亲的发生根据。法律意义上的出生，理论上有“阵痛说”“断带说”“独立呼吸说”“受孕说”“父亲承认说”等不同标准和理论。我国采用“活着出生”为自然人出生的时间标准，即胎儿脱离母体，脱离母体的胎儿又是活的，上述两个事实都具备的，称之为“出生”。胎儿脱离了母体却是死体的，不是“出生”。胎儿脱离母体时是活体，哪怕是仅仅存活了很短的时间又死亡的，他也是作为法律上的“人”存在过。在我国，自然人出生的事实，一般以出生证明为准。《中华人民共和国民法典》第 15 条规定：“自然人的出生时间和死亡时间，以出生证明、死亡证明记载的时间为准；没有出生证明、死亡证明的，以户籍登记或者其他有效身份登记记载的时间为准。有其他证据足以推翻以上记载时间的，以该证据证明的时间为准。”自然人基于出生的事实，自然产生了与其父母、祖父母、兄弟姐妹等的自然血亲关系。现实生活中，因为某种原因，即使是子女出生后的一段时间才由其生父母等确认，其基于父母子女的自然血亲关系而产生的权利义务，也要追溯到其出生之时起。自然血亲关系因自然人的死亡而终止。自然血亲关系因一方的死亡而终止，是各国法律的通例。父母与子女的权利义务关系，不因父母的离婚而解除，也不会因为父母或子女的单方面声明而消灭，即使子女被他人收养，终止的也仅仅是其与生父母法律上的权利义务关系，其与生父母以及其他亲属的自然血亲关系不会解除，法律规定的禁婚效力依然存在。

拟制血亲 亦称“准血亲”。“自然血亲”的对称。没有血缘联系的人因为法律的规定而具有了与自然血亲相同法律地位、相同权利与义务关系的亲属。故又称“法定血亲”。拟制血亲毕竟不同于自然血亲，不具有血缘上的传递关系。只要两人是自然血亲关系，与这两人有自然血亲关系的人，彼此也就都成为了有血亲联系的亲属，只是有关系的远近、亲疏和直接或者间接的区别而已。拟制血亲则是依照法律的规定而成为亲属，这种亲属联系能否传递到其他亲属，也要看法律的规定。《中华人民共和国民法典》对拟制血亲成立后的亲属关系有明文规定，其第 1111 条第 1 款规定：“自收养关系成立之日起，养父母与养子女间的权利义务关系，适用本法关于父母子女关系的规定；养子女与养父母的近亲属间的权利义务关系，适用本法关于子女与父母的近亲属关系的规定。”第 1072 条第 2 款规定：“继父或者继母和受其抚养教育的继子女间的权利义务关系，适用本法关于父母子女关系的规定。”依照上述规定，养父母与养子女、继父或者继母与受其抚养教育的继子女虽都是拟制血亲，但养子女与养父母的近亲属，继子女与继父、继母的近亲属的关系是有区别的。养子女与养父母是因为收养关系的成立而发生的拟制血亲关系。收养关系一经成立，收养人与被收养人之间产生父母子女间的权利义务关系；被收养人与收养人的其他近亲属，也产生拟制血亲关系，如收养人的父母成为被收养人的养祖父母，被收养人成为养祖父母的养孙子女，收养人的亲生子女与被收养人成为养兄弟姐妹，他们之间的权利义务关系，适用民法典关于祖父母（外祖父母）与孙子女（外孙子女）、兄弟姐妹之间的权利义务的规定。继父或者继母与受其抚养教育的继子女之间发生拟制血亲关系，但该继子女与该继父或者继母的近亲属之间则不是拟制血亲，即继子女与继父母的拟制血亲的效力没有传递到继父母的近亲属。

准血亲 即“拟制血亲”。

法定血亲 即“拟制血亲”。

拟制血亲的发生与终止 拟制血亲以法律所拟制的亲属身份关系的依法成立而发生，以死亡或者所拟制的亲属身份关系的依法解除而终止。拟制血亲是法律设定的亲属，因为拟制血亲种类的不同，其发生、终止的原因也不同。养子女与养父母的拟制血亲关系因收养关系的成立而发生，因收养关系的解除而终止。有扶养关系的继父母与继子女间的拟制血亲关系，因为生父或者生母的再婚和继母或者继父抚养了继子女而形成扶养关系两个法律事实而发生，可以因继父母、继子女一方的死亡而终止外，还可以因继父或者继母与其生母或者生父的离婚、继子女与继父母双方的协议而解除，或者由法院判决、调解解除而终止。

养父母与养子女的拟制血亲关系的发生与终止 (1)养父母与养子女的拟制血亲关系因收养关系的成立而发生。收养关系一经成立，收养人与被收养人之间发生父母子女间的权利义务关系，被收养人与收养人的其他近亲属也发生拟制血亲关系，即被收养人与收养人的其他子女间发生与兄弟姐妹同样的权利义务关系，被收养人与收养人的父母之间发生孙子女与祖父母间、外孙子女与外祖父母间的权利义务关系。(2)养父母与养子女的拟制血亲关系可以因养父母或者养子女一方的死亡而终止，也可以因收养关系的解除而终止。解除收养关系的原因很复杂，有的是送养人对送养反悔、收养人对养子女的虐待或遗弃，也有的是成年后的养子女虐待或遗弃养父母，甚至有的是养父母与养子女的关系恶化，无法共同生活。一般而言，在被收养人成年以前，收养人与送养人双方可以通过协议解除收养关系；被收养人成年之后，养子女可以与养父母通过协议解除收养关系。收养人不履行抚养义务，有虐待、遗弃等侵害未成年养子女合法权益行为的，送养人有权要求解除收养关系。当事人协议解除收养关系的，在办理好解除收养关系登记后，收养关系解除，养父母与养子女间的拟制血亲关系终止。送养人、收养人或者养父母与养子女不能达成解除收养关系协议的，当事人可以向人民法院起诉，请求人民法院判决解除收养关系。人民法院判决生效时，养父母与养子女间的拟制血亲关系终止。要注意的是，养父母与养子女的拟制血亲的效力不仅是在养父母与养子女间发生，而且还及于养父母的近亲属。因此，养父母或者养子女一方的死亡，养父母与养子女间的拟制血亲关系终止，但并不会终止与其他拟制血亲的关系。如养父母死亡，养父母的父母与死亡了的养父母的养子女仍是养祖孙关系，养子女与其养兄弟姐妹的关系也不会终止。

有扶养关系的继父母与继子女间的拟制血亲关系的发生与终止 (1)继父母与继子女间的拟制血亲关系因生父或者生母再婚、继母或者继父抚养了继子女两个法律事实而发生。生活中,因父母离婚或者一方死亡,其未成年的子女随再婚的生父或者生母与继母或者继父共同生活。继父或者继母与该子女的生母或者生父承担了未成年继子女全部或者部分生活、教育等费用的,即产生了继父母与继子女间的抚养关系,继父或者继母与受其抚养教育的继子女即成为拟制血亲关系,发生父母子女间的权利义务关系。(2)此种拟制血亲关系因以下原因终止:第一,继父母或者继子女一方的死亡。形成了扶养关系的继父母与继子女一方死亡,其拟制血亲关系因主体缺位而自然终止。第二,继父或者继母与该子女的生母或者生父离婚。继子女与继父母的拟制血亲关系产生的原因一是该子女的生父或者生母的再婚,二是未成年的子女随生父或者生母到新的家庭与继母或者继父共同生活,受继父或者继母的抚养教育。如果再婚了的父母又离婚的,这一拟制血亲关系也就不复存在。但要注意的是,如果生父与继母或者生母与继父离婚,被继母或者继父抚养的继子女还未成年,由其生父或者生母带走继续抚养的,该继父或者继母与该继子女的拟制血亲关系终止。如果生母与继父或者生父与继母离婚,而被继父或者继母抚养成年的继子女,与其继父或者继母的拟制血亲关系依然存在,不因其生母与继父或者生父与继母的离婚而终止。第三,继子女与继父母的抚养关系解除。继父母与继子女的拟制血亲关系因继子女的生父母与继父母双方达成解除抚养关系的协议而终止。生活中,形成了拟制血亲关系的继父或者继母不认真履行抚养教育义务,甚至虐待、歧视继子女的,继子女的生父或者生母与继父或者继母协商解除抚养关系的有之;因继子女的生父或者生母有能力与条件抚养自己子女的,与继父或者继母协商解除抚养关系的也有之。只要双方就解除抚养关系取得了一致意见,法律自然也不会不允许。当然,协议不成的可以诉请法院通过诉讼程序解除。

姻亲 因婚姻关系而产生的除配偶以外的亲属。男女结婚之后,配偶一方与另一方的亲属之间产生姻亲关系。如儿媳与公婆、女婿与岳父母、丈夫与小舅子、妻子与小叔子等。姻亲分为血亲的配偶、配偶的血亲、配偶血亲的配偶三种。因婚姻关系产生的亲属,范围可以很广，如儿媳或者女婿的父母、祖父母、外祖父母，儿媳或者女婿的叔、伯、姑、舅、姨及堂兄弟姐妹、表兄弟姐妹等。在现实生活中，除父母与自己子女配偶的父母“两亲家”及因为其他原因关系比较密切，经常来往之外，与自己子女的配偶的其他血亲的联系还是不常见的。至于法律上有些特别的规定，如丧偶的儿媳与公婆、丧偶的女婿与岳父母可以在符合法律规定条件的时候，成为公婆或岳父母的遗产继承人，也不是因为他们之间的姻亲关系，而是因为丧偶的儿媳对公婆、丧偶的女婿对岳父母尽了主要的赡养义务。法律更看重的是他们对老人的赡养扶助，是为了提倡尊老、敬老的社会风气所作的特别规定。

血亲的配偶 自己血亲（包括直系血亲和旁系血亲）的配偶。姻亲的一种。如儿子的妻子、女儿的丈夫、哥哥的妻子、弟弟的妻子、姐姐的丈夫、妹妹的丈夫、伯父的妻子、姑姑的丈夫等。

配偶的血亲 自己配偶的血亲。姻亲的一种。如丈夫的父母、丈夫的兄弟姐妹、妻子的父母、妻子的兄弟姐妹等。

配偶血亲的配偶 自己配偶血亲的夫或妻。姻亲的一种。如丈夫兄弟的妻子、妻子兄弟的妻子、丈夫姐妹的丈夫等。但丈夫的长辈直系血亲如父母、祖父母、外祖父母，妻子的长辈直系血亲如父母、祖父母、外祖父母，则属配偶的血亲范围，不以配偶血亲的配偶论。

姻亲的发生与终止 姻亲因婚姻的缔结而发生，是否终止则从法律。因为结婚，才使配偶一方与配偶另一方的血亲之间发生姻亲关系。姻亲关系除因为主体一方死亡而与另一方的姻亲关系终止外，是否因为如夫妻离婚或配偶一方死亡而终止，各国的立法体例也不相同。（1）姻亲关系是否因离婚而终止，立法体例上有终止和不终止两种。如《日本民法典》规定，姻亲关系因离婚而终止。但《日本民法典》还规定，直系姻亲间不得结婚，在姻亲关系终止后亦同。可见，姻亲关系即使因为离婚而终止，其禁婚的效力还在。《德国民法典》则持姻亲关系不因离婚而终止的观点，规定由婚姻而产生的姻亲关系，不因该婚姻解除而消灭。瑞士民法的规定与德国类似。（2）姻亲关系是否因配偶一方死亡而终止，对此立法的差异更大。有的国家立法采任意主义，配偶一方死亡，是否终止姻亲关系完全由当事人自己决定。也有的国家规定了有条件的消灭姻亲的态度，即配偶一方死亡时，并不当然终止姻亲关系，只有在生存配偶明确表示终止姻亲关系时姻亲关系才终止。我国对此没有作出规定。在传统习惯上，配偶死亡后丈夫或者妻子没有再婚的，或者配偶死亡后虽再婚，但仍与亡偶的父母等亲属共同生活的，或者双方仍然保持着正常的交往、彼此关心照顾的，应当视为姻亲关系还存在。这对照顾有关亲属的感情、提倡良好的社会风气有益处。

亲属关系的法律效力 亦称“亲属效力”。亲属关系经法律调整后在具有亲属身份的主体之间所产生的法律效果。自然人作为民事主体生存在社会上，会与不同的人发生各种社会关系。与他人基于血缘、婚姻、法律拟制而发生的亲属关系就是社会关系的一种。每一个人的亲属关系都可以延续出无限庞大的网络，而法律并不会调整所有的亲属关系。国家会根据一定时期的经济、社会、文化、传统、习惯等通过法律调整一定范围的亲属关系。法律调整的方式，是在其亲属关系中规定相应的权利与义务，保证亲属间享有的权利不被侵犯，督促亲属间承担的义务得以履行，以维持家庭、社会的安定、和谐。亲属间经法律调整所产生的权利与义务，即是亲属关系的法律效力。国家对亲属关系的调整，除集中由民法完成之外，还有其他如刑法、行政法、诉讼法、国籍法等。

亲属效力 即“亲属关系的法律效力”。

亲属关系在婚姻家庭法上的效力 亲属关系在婚姻家庭法中所具有的法律后果。亲属关系的法律效力之一。依照《中华人民共和国民法典》第五编“婚姻家庭”的规定，一定范围的亲属之间存在着相应的权利与义务，具体包括：(1)互相扶养的义务。夫妻有互相扶养的义务；父母对未成年的或者不能独立生活的成年子女，有抚养、教育和保护的义务；子女对父母有赡养、扶助和保护的义务；有负担能力的祖父母、外祖父母，对于父母已经死亡或者父母无力抚养的未成年的孙子女、外孙子女，有抚养的义务；有负担能力的孙子女、外孙子女，对于子女已经死亡或者子女无力赡养的祖父母、外祖父母，有赡养的义务；有负担能力的兄、姐，对于父母已经死亡或者父母无力抚养的未成年弟、妹，有扶养的义务；由兄、姐扶养长大的有负担能力的弟、妹，对于缺乏劳动能力又缺乏生活来源的兄、姐，有扶养的义务。(2)共同所有财产的权利。夫妻在婚姻关系存续期间所得的财产，除双方另有约定的以外，享有共同所有的权利。夫妻对共同财产，有平等的处理权。(3)禁止结婚的义务。直系血亲之间、三代以内的旁系血亲之间不能结婚。

(4)代为承担民事责任的义务。未成年子女造成他人损害时,父母有依法承担民事责任的义务。(5)继承遗产的权利。配偶、父母与子女、兄弟姐妹之间有相互继承遗产的权利。祖父母、外祖父母有继承孙子女、外孙子女遗产的权利。(6)其他权利与义务。如禁止实施家庭暴力,禁止虐待、遗弃家庭成员,禁止溺婴、弃婴和其他残害婴儿的行为。子女对父母的婚姻权利有尊重的义务,不得干涉父母离婚、再婚以及婚后的生活。子女对父母的赡养义务,不因父母的婚姻关系变化而终止。

亲属关系在民法上的效力 亲属关系在民法中所具有的法律后果。亲属关系的法律效力之一。民法调整平等主体的自然人、法人和非法人组织之间的人身关系和财产关系。民法对于一定范围的亲属所规定的权利义务主要表现在:(1)对无民事行为能力人或者限制民事行为能力人的监护权、代理权。《中华人民共和国民法典》规定,父母是未成年子女的监护人。未成年人的父母已经死亡或者没有监护能力的,由祖父母、外祖父母担任监护人;没有祖父母、外祖父母或者祖父母、外祖父母没有监护能力的,由兄、姐担任监护人。无民事行为能力或者限制民事行为能力的成年人,由其配偶、父母、子女及其他近亲属依顺序担任监护人。无民事行为能力人或者限制民事行为能力人的监护人是被监护人的法定代理人,有权代理被监护人实施民事法律行为,保护被监护人的人身权利、财产权利以及其他合法权益等。监护人依法履行监护职责产生的权利,受法律保护。监护人不履行监护职责或者侵害被监护人合法权益的,应当承担法律责任。(2)宣告成年人为无民事行为能力人或者限制民事行为能力人,宣告自然人失踪、死亡的申请权。我国民法典规定,对于不能辨认或者不能完全辨认自己行为的成年人,其利害关系人可以向人民法院申请认定该成年人为无民事行为能力人或者限制民事行为能力人。对于下落不明满二年的自然人,其利害关系人可以向人民法院申请宣告该自然人为失踪人。对于下落不明满四年,或者因意外事件,下落不明满二年的自然人,其利害关系人可以向人民法院申请宣告该自然人死亡。被宣告失踪的人或者被宣告死亡的人重新出现,本人或者利害关系人有权向人民法院申请撤销其失踪宣告或者死亡宣告。司法实践中,所谓的利害关系人是指被申请人的配偶、父母、子女、兄弟姐妹、祖父母、外祖父母、孙子女、外孙子女等。(3)失踪人的财产代管权。我国民法典规定,被人民法院宣告失踪的自然人的财产，由失踪人的配偶、成年子女、父母等代管。财产代管人应当妥善管理失踪人的财产，维护失踪人的财产权益，有权用失踪人的财产支付所欠税款、债务和应付的其他费用。(4)继承遗产的权利。我国民法典规定，被继承人的第一顺序法定继承人有配偶、子女、父母，第二顺序的法定继承人有兄弟姐妹、祖父母、外祖父母。依此规定，夫妻之间、父母子女之间、兄弟姐妹之间有相互继承遗产的权利，祖父母、外祖父母有继承孙子女、外孙子女遗产的权利。(5)代为承担民事责任的义务。我国民法典规定，无民事行为能力人、限制民事行为能力人造成他人损害的，由监护人承担侵权责任。监护人尽到监护职责的，可以减轻其侵权责任。有财产的无民事行为能力人、限制民事行为能力人造成他人损害的，从本人财产中支付赔偿费用；不足部分，由监护人赔偿。(6)其他的权利与义务。如我国民法典规定，医务人员在诊疗活动中应当向患者说明病情和医疗措施。需要实施手术、特殊检查、特殊治疗的，医务人员应当及时向患者具体说明医疗风险、替代医疗方案等情况，并取得其明确同意；不能或者不宜向患者说明的，应当向患者的近亲属说明，并取得其明确同意。

亲属关系在刑法上的效力

亲属关系在刑法中所具有的法律后果。亲属关系的法律效力之一。刑法是规定犯罪、刑事责任和刑罚的法律规范的总称。《中华人民共和国刑法》对于没有履行自己的法定义务、给亲属造成伤害且构成犯罪的，依法追究行为人的刑事责任，以保护受害人的权益，维护正常的社会秩序。对于某些犯罪的惩治是为了维护亲属制度所维护的特别利益。对于某些发生在亲属之间的或者特定地点如家庭内的犯罪，允许特定的亲属告诉才处理，以体现法律对亲属间不同于他人的特殊关系的区别对待，进而维护家庭和谐和社会秩序。我国刑法规定：(1)某些犯罪的构成，必须以一定的亲属关系为要件。如虐待罪，虐待行为人是对被虐待人具有法定的扶养义务而拒不履行的人，被虐待的受害人与虐待人是生活在一个家庭中的成员。又如遗弃罪，遗弃行为的主体一定是对被遗弃人具有法律上扶养义务的人，被遗弃的是年老、年幼、患病或者其他没有独立生活能力的人。凡法律上具有扶养义务的人，都是被扶养人的配偶、父母、子女、祖父母、外祖父母、孙子女、外孙子女等具有亲属关系的人。(2)对有些犯罪的惩治，是为了维护亲属制度，保护亲属间的合法权益。如暴力干涉他人婚姻自由罪，重婚罪，破坏军婚罪，拐骗儿童罪，拐卖妇女儿童罪，绑架罪，偷盗婴儿罪，强制猥亵、侮辱妇女罪，猥亵儿童罪，强奸罪，奸淫幼女罪等，这些犯罪行为，有的是对法律所维护的婚姻家庭制度的破坏，有的因对如女性、儿童等造成伤害，而给其家人、亲属带来伤痛，有的是拐卖、拐骗他人子女，使其脱离监护人的监护，给本该共同生活的亲属带来分离的痛苦等。(3)近亲属具有告诉的权利。有些犯罪，如虐待罪需告诉才处理。这种规定，是法律充分考虑犯罪行为人与受害人的亲属关系，如果虐待人幡然悔悟，被虐待人也原谅了虐待人，法律不追究虐待人的刑事责任也达到了维护受害人权益、教育犯罪行为人的目的。被害人不告诉，人民法院也就不处理。还有一些犯罪，如以暴力干涉他人婚姻自由的犯罪、虐待家庭成员的犯罪、以暴力或者其他方法公然侮辱他人的犯罪、诽谤他人的犯罪等，只要不是情节特别恶劣、后果特别严重的，都是需要受害人向人民法院控告，法院才处理的犯罪。对于这类犯罪，如果被害人因为受强制、威吓无法告诉的，被害人的近亲属则有权提起控告。

亲属关系在行政法上的效力 特定的亲属关系在行政法中所具有的法律后果。亲属关系的法律效力之一。行政法上有许多针对亲属关系的特殊性所作的规定。如《中华人民共和国户口管理条例》规定，婴儿出生后一个月以内，由户主、亲属、抚养人向婴儿常住地户口登记机关申报出生登记。公民死亡，城市在葬前，农村在一个月以内，由户主、亲属、抚养人向户口登记机关申报死亡登记，注销户口。未满十八周岁的人需要变更姓名的时候，由本人或者父母、收养人向户口登记机关申请变更登记。十八周岁以上的人需要变更姓名的时候，由本人向户口登记机关申请变更登记。公民因结婚、离婚、收养、认领、分户、并户、失踪、寻回或者其他事由引起户口变动的时候，由户主或者本人向户口登记机关申报变更登记。又如《中华人民共和国公务员法》规定，公务员之间有夫妻关系、直系血亲关系、三代以内旁系血亲关系以及近姻亲关系的，不得在同一机关双方直接隶属于同一领导人员的职位或者有直接上下级领导关系的职位工作，也不得在其中一方担任领导职务的机关从事组织、人事、纪检、监察、审计和财务工作。公务员因公牺牲或者病故的，其亲属享受国家规定的抚恤和优待。

亲属关系在诉讼法上的效力 亲属关系在诉讼法中所具有的法

律后果。亲属关系的法律效力之一。民事诉讼法、刑事诉讼法、行政诉讼法在相应诉讼程序的规定中，凡涉及亲属关系的诉讼权利、诉讼义务都有相应的规定，以体现法律对亲属关系的法律调整。主要表现有：(1)申请回避的权利。如《中华人民共和国民事诉讼法》规定，审判人员是本案当事人或者当事人、诉讼代理人近亲属的，应当自行回避，当事人有权用口头或者书面方式申请他们回避。又如《中华人民共和国刑事诉讼法》规定，审判人员、检察人员、侦查人员是本案的当事人或者是当事人的近亲属的，本人或者他的近亲属和本案有利害关系的，应当自行回避，当事人及其法定代理人也有权要求他们回避，以避免可能影响案件的公正处理。(2)提起诉讼的权利。如在民事侵权诉讼中，被害人因侵权行为致死的，其近亲属有权提起民事诉讼，请求侵权人承担侵权责任。自然人死亡后，侵权人以侮辱、诽谤、贬损、丑化或者违反社会公共利益、社会公德的其他方式，侵害死者姓名、肖像、名誉、荣誉、隐私，或者以违反社会公共利益、社会公德的其他方式侵害死者隐私的，非法利用、损害遗体、遗骨，或者以违反社会公共利益、社会公德的其他方式侵害遗体、遗骨等，其近亲属因为上述侵权行为遭受精神痛苦的，有权向人民法院提起诉讼，请求侵权人损害赔偿。有权依据法律的相关规定向人民法院就已办理结婚登记的婚姻申请宣告婚姻无效的，包括婚姻当事人及利害关系人。其中利害关系人包括：以重婚为由申请宣告婚姻无效的，为当事人的近亲属及基层组织；以未到法定婚龄为由申请宣告婚姻无效的，为未达法定婚龄者的近亲属；以有禁止结婚的亲属关系为由申请宣告婚姻无效的，为当事人的近亲属。在刑事诉讼中，被害人由于被告人的犯罪行为而遭受物质损失的，在刑事诉讼过程中，有权提起附带民事诉讼。被害人死亡或者丧失行为能力的，被害人的法定代理人、近亲属有权提起附带民事诉讼。在刑法规定的需要告诉才处理的刑事案件中，被害人因为受到强制、威吓无法告诉的，被害人的近亲属有权向人民法院控告。在行政诉讼中，有权提起诉讼的公民死亡，其近亲属可以提起诉讼。(3)辩护权、代理权。在民事诉讼中，无诉讼行为能力人由其监护人作为法定代理人代为诉讼。法定代理人之间互相推诿代理责任的，由人民法院指定其中一人代为诉讼。在刑事诉讼中，犯罪嫌疑人、被告人除自己行使辩护权以外，还可以委托一至二人作为辩护人。犯罪嫌疑人、被告人的监护人、亲友可以被委托为辩护人。犯罪嫌疑人、被告人在押的，可以由其监护人、近亲属代为委托辩护人。在行政诉讼中，没有诉讼行为能力的公民，由其法定代理人代为诉讼。法定代理人互相推诿代理责任的，由人民法院指定其中一人代为诉讼。在民事诉讼和行政诉讼中，当事人、法定代理人可以委托当事人的近亲属一至二人作为诉讼代理人。无论是民事诉讼、行政诉讼的代理人，还是刑事诉讼的辩护人，都可以经委托人同意对一审判决不服提起上诉，对已经生效的判决、裁定提出申诉。(4)请求保护的权利。证人、鉴定人、被害人认为因在诉讼中作证，本人或者其近亲属的人身安全面临危险的，可以向人民法院、人民检察院、公安机关请求予以保护。人民法院、人民检察院和公安机关应当保障证人及其近亲属的安全。对证人及其近亲属进行威胁、侮辱、殴打或者打击报复，构成犯罪的，依法追究刑事责任；尚不够刑事处罚的，依法给予治安管理处罚。(5)接受送达的诉讼文书的权利。如民事诉讼的诉讼文书应当直接送交受送达人，但受送达人是公民的，本人不在时可以交给他的同住成年家属签收，受送达人的同住成年家属在送达回证上签收的日期即为送达日期。(6)其他权利与义务。如我国刑事诉讼法规定，对犯罪嫌疑人采取监视居住、取保候审、刑事拘留、逮捕等强制措施时，应该在规定的时间内通知其近亲属。在有关机关采取的强制措施超过法律规定期限或符合法律规定条件的，犯罪嫌疑人、被告人及其法定代理人、近亲属或者辩护人有权申请变更或者解除强制措施。刑事诉讼法中所指的近亲属包括其夫、妻、父、母、子、女、同胞兄弟姊妹。

亲属关系在国籍法上的效力

亲属关系在国籍法中所具有的法律后果。亲属关系的法律效力之一。国籍是指一个人属于某一个国家的国民或公民的法律资格，表明一个人同一个或几个特定国家的固定的法律联系，是国家行使管辖权和外交保护权的法律依据。亲属关系在国籍法上的效力表现在：(1)取得国籍的权利。按照《中华人民共和国国籍法》的规定，父母双方或一方为中国公民，本人出生在中国，即具有中国国籍。父母双方或一方为中国公民，本人出生在外国，具有中国国籍；但父母双方或一方为中国公民并定居在外国，本人出生时即具有外国国籍的，不具有中国国籍。(2)加入中国国籍的申请权。按照我国国籍法的规定，外国人或无国籍人，愿意遵守中国宪法和法律，又是中国人的近亲属的，有权申请加入中国国籍。(3)退出中国国籍的申请权。按照我国国籍法的规定，为外国人的近亲属的中国公民，有权申请退出中国国籍。

亲属关系在其他法律中的权利与义务 亲属关系除受民法、刑法、行政法、诉讼法、国籍法等法律调整外，经其他相关法律调整后所产生的权利和义务关系。亲属关系的法律效力之一。在我国，亲属之间的权利义务除受民法、刑法、行政法、诉讼法、国籍法等法律调整外，还有如劳动法、义务教育法、未成年人保护法、老年人权益保障法、妇女权益保障法、反家庭暴力法等法律、法规也都有关于亲属之间权利义务的规定，体现出法律对亲属关系在不同领域的调整。如按照《军人抚恤优待条例》的规定，中国人民解放军现役军人、服现役或者退出现役的残疾军人以及复员军人、退伍军人、烈士遗属、因公牺牲军人遗属、病故军人遗属、现役军人家属，都是国家规定的抚恤优待对象。现役军人死亡被批准为烈士、被确认为因公牺牲或者病故的，其遗属即其父母(抚养人)、配偶、子女；没有父母(抚养人)、配偶、子女的，其未满十八周岁的兄弟姐妹和已满十八周岁但无生活来源且由该军人生前供养的兄弟姐妹依照规定享受抚恤。按照《工伤保险条例》的规定，职工因工死亡，其近亲属有按照法律规定从工伤保险基金领取丧葬补助金、供养亲属抚恤金和一次性工亡补助金的权利。同时还规定，申请工伤认定的职工或者其近亲属对工伤认定申请不予受理的决定、对工伤认定结论不服的，工伤职工或者其近亲属对经办机构核定的工伤保险待遇有异议的，可以依法申请行政复议，也可以依法向人民法院提起行政诉讼。又如《中华人民共和国劳动合同法》规定，企业裁减人员时，如果该人员的家庭无其他就业人员，有需要扶养的老人或者未成年人的，应当优先留用。

亲属关系的重叠 两个有亲属关系的人，同时存在两个以上不同亲属身份的情形。我国古时流行的中表亲，姑表兄妹结婚后，带来了多重亲属关系，夫妻二人既是夫妻关系，又是旁系血亲。丈夫与岳父母、妻子与公婆，既是旁系血亲、旁系姻亲，又是直系姻亲关系。现代社会，中表亲不存在了，但亲属关系重叠的现象还是会发生，如继父母收养继子女，伯父、叔父收养侄子女，生子与养女结婚等。对于亲属关系重叠的法律效力如何认定，理论上有不同看法，法律上也有不同的规定。传统的亲属法理论认为在亲属关系并存的时候，采各自独立的态度，一种亲属关系，不排斥另一亲属关系的存在，但在处理重叠的亲属关系法律效力的时候，采从近从重原则。亲疏远近不同的两种以上的亲属关系，以亲属关系最近者、权利义务关系最重者为依据确定当事人间的权利与义务。如继父母与继子女是姻亲关系，但继父母将继子女抚养教育长大，他们之间又形成了拟制血亲关系。拟制血亲关系相较姻亲关系更近，法律上继父母与其抚养教育长大的继子女之间的权利义务，应当以拟制血亲关系来确定更符合实际。

婚姻的终止

婚姻的终止 合法有效的婚姻关系因一定法律事实的发生而消灭。婚姻终止具有以下法律特征：(1)终止的是现存的合法有效的婚姻关系。无效的婚姻关系、被撤销的婚姻关系及不合法的同居关系，不会有婚姻终止的问题。无论婚姻的终止是因为配偶一方的死亡，还是因为离婚，都没有溯及既往的效力，婚姻终止之前的婚姻关系都是法律承认的有效婚姻。(2)须有法律规定的原因。现代婚姻制度中，能够引起婚姻关系终止的法律事实有配偶一方死亡、夫妻离婚。(3)法律后果涉及的范围广泛。婚姻终止的直接法律后果是夫妻之间的权利义务关系解除。此外，因为不同的婚姻终止原因，还会发生诸如子女抚养、财产分割、债务清偿、损害赔偿、财产继承等法律后果。

配偶一方死亡 婚姻关系终止的原因之一。配偶一方死亡，作为婚姻关系一方的主体不存在，婚姻关系也就终止了。在我国，自然人死亡，其作为民事主体也包括婚姻主体的资格即民事权利能力终止。死亡人的婚姻关系终止，遗产可以被继承，配偶可以再婚。死亡作为法律概念，包含自然死亡和宣告死亡两种情形。

自然死亡 亦称“生理死亡”。自然人生命的自然终结。自然人死亡，自然人的民事权利能力即民事主体资格消灭，直接产生如财产继承开始、继承人范围和继承顺序及遗产数额的确定、婚姻关系的终止等重要的法律后果。因此，对于自然死亡，民法学说上有各种不同的理论或者观点，如“心跳停止说”“呼吸停止说”“脑死亡说”等，直接影响到各国法律的规定。在我国，采用呼吸、心跳、脉搏停止，瞳孔放大的医学死亡标准为法律上的自然死亡标准。按照《中华人民共和国民法典》第 15 条的规定，自然人的死亡时间，以死亡证明记载的时间为准；没有死亡证明的，以户籍登记或者其他有效身份登记记载的时间为准。有其他证据足以推翻以上记载时间的，以该证据证明的时间为准。

生理死亡 即“自然死亡”。

宣告死亡 亦称“推定死亡”。自然人下落不明满一定期限，经利害关系人申请，由法院宣告该自然人死亡的法律制度。这是民法为结束因失踪人长期下落不明而给其配偶、亲属、债权人、合伙人等利害关系人等带来的不确定、不稳定状态，以维护家庭、社会的稳定而专门规定的制度。《中华人民共和国民法典》第46条规定：“自然人有下列情形之一的，利害关系人可以向人民法院申请宣告该自然人死亡：（一）下落不明满四年；（二）因意外事件，下落不明满二年。因意外事件下落不明，经有关机关证明该自然人不可能生存的，申请宣告死亡不受二年时间的限制。”申请宣告自然人死亡的利害关系人有：配偶；父母、子女；兄弟姐妹、祖父母、外祖父母、孙子女、外孙子女；其他有民事权利义务关系的人。对同一自然人，有的利害关系人申请宣告死亡，有的利害关系人申请宣告失踪，符合法律规定的宣告死亡条件的，人民法院应当宣告死亡。按照《中华人民共和国民事诉讼法》第191条和第192条的规定，公民下落不明满法律规定的年限，经有关机关证明该公民不可能生存，利害关系人申请宣告其死亡的，向下落不明人住所地基层人民法院提出。申请书应当写明下落不明的事实、时间和请求，并附有公安机关或者其他有关机关关于该公民下落不明的书面证明。人民法院受理宣告死亡案件后，应当发出寻找下落不明人的公告。公告期间为一年。因意外事件下落不明，经有关机关证明该公民不可能生存的，宣告死亡的公告期间为三个月。公告期间届满，人民法院根据被宣告死亡的事实是否得到确认，作出宣告死亡的判决或者驳回申请的判决。我国民法典第48条规定：“被宣告死亡的人，人民法院宣告死亡的判决作出之日视为其死亡的日期；因意外事件下落不明宣告死亡的，意外事件发生之日视为其死亡的日期。”

推定死亡 即“宣告死亡”。

宣告死亡的法律后果 自然人经法院宣告死亡后所产生的法律效果。宣告死亡的法律后果与自然死亡相同，即宣告死亡人的民事权利能力终止，其遗产可以被继承，婚姻关系终止，配偶可以再婚等。宣告死亡毕竟与自然死亡不同。宣告死亡只是对失踪人死亡的法律推定，被宣告死亡的人还可能处于生存状态，还可能生还。《中华人民共和国民法典》第49条规定：“自然人被宣告死亡但是并未死亡的，不影响该自然人在被宣告死亡期间实施的民事法律行为的效力。”第50条规定：

“被宣告死亡的人重新出现，经本人或者利害关系人申请，人民法院应当撤销死亡宣告。”死亡宣告被撤销后，会有一系列的法律问题尤其是与婚姻关系有关的问题需要处理。(1)婚姻关系。死亡宣告被撤销的，被终止的婚姻关系是否恢复，各国法律的规定不同。我国民法典第51条规定：“被宣告死亡的人的婚姻关系，自死亡宣告之日起消灭。死亡宣告被撤销的，婚姻关系自撤销死亡宣告之日起自行恢复。但是，其配偶再婚或者向婚姻登记机关书面声明不愿意恢复的除外。”依此规定，①婚姻关系自撤销死亡宣告之日起自行恢复。这是关于被宣告死亡的自然人生还后其婚姻关系的一般规定。这里的“自行恢复”意味着不需履行任何手续。②在自然人被宣告死亡期间其配偶再婚的，该婚姻关系有效。当被宣告死亡的人生还，其死亡宣告被撤销的，他(她)与原配偶的婚姻关系不能恢复，即使其原配偶因再婚后又离婚或者再婚后配偶死亡而单身的，其与原配偶的婚姻关系也不能恢复。③自然人宣告死亡后，其配偶虽然没有再婚，但在死亡宣告被撤销后，不愿意与其恢复婚姻关系的，需要向婚姻登记机关提交不愿恢复婚姻关系的书面声明。(2)子女被他人收养。我国民法典第52条规定：“被宣告死亡的人在被宣告死亡期间，其子女被他人依法收养的，在死亡宣告被撤销后，不得以未经本人同意为由主张收养行为无效。”(3)财产继承。我国民法典第53条规定：“被撤销死亡宣告的人有权请求依照本法第六编取得其财产的民事主体返还财产；无法返还的，应当给予适当补偿。利害关系人隐瞒真实情况，致使他人被宣告死亡而取得其财产的，除应当返还财产外，还应当对由此造成的损失承担赔偿责任。”

宣告失踪 自然人下落不明满一定期限，经利害关系人申请，由法院宣告该自然人为失踪人的法律制度。这是民法为结束因自然人失踪所带来的其财产无人管理、承担的义务无法履行等不正常状态而专门规定的制度。《中华人民共和国民法典》第40条规定：“自然人下落不明满二年的，利害关系人可以向人民法院申请宣告该自然人为失踪人。”宣告自然人失踪必须符合以下条件：(1)自然人下落不明。所谓“下落不明”是指自然人离开最后住所或者居所后没有音讯的状态。(2)自然人下落不明的状态需要不间断地持续法律规定的时间。按照我国民法典的规定，宣告自然人失踪的期限为二年。这一下落不明的时间自其失去音讯之日起计算。战争期间下落不明的，下落不明的时间自战争结束之日或者有关机关确定的下落不明之日起计算。(3)利害关系人向人民法院提出申请。没有利害关系人的申请,人民法院不会主动宣告任何人的失踪。有权提出宣告失踪申请的必须是下落不明人的利害关系人,包括被申请人的配偶、父母、子女、兄弟姐妹、祖父母、外祖父母、孙子女、外孙子女以及其他与被申请人有民事权利义务关系的人。与被申请人有民事权利义务关系的人,包括被申请人的债权人、债务人、合伙人等。(4)由人民法院依照法定程序宣告。除人民法院外,其他任何组织或者个人都无权作出宣告自然人失踪的决定。宣告失踪案件,由下落不明人住所地的基层人民法院管辖。向人民法院提出的宣告失踪申请书,应当写明失踪的事实、时间和请求,并附有公安机关或者其他有关机关关于该公民下落不明的书面证明。人民法院受理宣告失踪的案件后,按照法律规定的特别程序进行。按照《中华人民共和国民事诉讼法》第 192 条的规定,人民法院受理宣告失踪案件后,应当发出寻找下落不明人的公告。公告期间为三个月。公告期间届满,人民法院应当根据被宣告失踪的事实是否得到确认,作出宣告失踪的判决或者驳回申请的判决。人民法院判决宣告自然人失踪的,其民事主体资格不受影响,即其民事权利能力依然存在,不发生财产继承,也不改变与其人身有关的法律关系,尤其是被宣告失踪人的婚姻关系不终止,其配偶不能再婚。如果失踪人的配偶想与之离婚的,必须通过诉讼程序进行。我国民法典第 1079 条第 4 款明确规定:"一方被宣告失踪,另一方提起离婚诉讼的,应当准予离婚。"法律设立自然人宣告失踪制度,只是为失踪人设立财产代管人,以解决因为其失踪带来的财产无人管理、与之有关的财产关系不稳定的状态。财产代管人是自然人被宣告失踪后为其管理财产的人。我国民法典第 42 条规定:"失踪人的财产由其配偶、成年子女、父母或者其他愿意担任财产代管人的人代管。代管有争议,没有前款规定的人,或者前款规定的人无代管能力的,由人民法院指定的人代管。"第 43 条规定:"财产代管人应当妥善管理失踪人的财产,维护其财产权益。失踪人所欠税款、债务和应付的其他费用,由财产代管人从失踪人的财产中支付。财产代管人因故意或者重大过失造成失踪人财产损失的,应当承担赔偿责任。"第 45 条还规定:"失踪人重新出现,经本人或者利害关系人申请,人民法院应当撤销失踪宣告。失踪人重新出现,有权请求财产代管人及时移交有关财产并报告财产代管情况。”

离婚 亦称“离异”。婚姻关系的当事人生存期间解除婚姻关系的法律行为。婚姻关系终止的原因之一。离婚行为具有如下特征：(1)离婚发生在具有合法婚姻关系的夫妻之间。没有合法婚姻关系的当事人，如同居的男女解除同居关系，就不是离婚。(2)离婚是配偶生存期间解除婚姻关系的手段。如果配偶一方死亡，婚姻关系终止，没有离婚的必要。(3)离婚行为不仅涉及当事人配偶身份的解除，还涉及子女抚养、财产分割等诸多内容，需要符合法律规定的条件，遵守法律规定的程序。离婚与婚姻无效、婚姻撤销是完全不同的概念，不能混为一谈。第一，性质不同。离婚是对现存的合法婚姻关系的解除，离婚行为是合法行为。离婚与结婚一样，都是当事人的婚姻自由与权利，婚姻当事人有权自主决定自己的结婚，也有权决定通过离婚程序解除自己的婚姻关系。无效婚姻是婚姻的缔结不符合法律规定的实体条件，不能产生其婚姻得到法律承认与保护的效力。依法被撤销的婚姻则是因为婚姻当事人的结婚受到了胁迫，或者一方患有重大疾病而在结婚前没有如实告知另一方的，这都不符合法律规定的结婚必须双方完全自愿的条件。宣告无效的婚姻和被撤销的婚姻，都违反了法律对结婚的强制性规定，都是违法婚姻。无论当事人是否愿意，这样的婚姻从缔结开始，就已存在着被宣告无效或者被撤销的内在因素。第二，请求权人主张权利的时间不同。离婚只能是婚姻当事人在配偶生存期间提出，由婚姻当事人自己表达离婚的意思。婚姻的无效则可以是在双方都生存的时候提出，也可以是在一方或双方死亡之后提出，而且可以是由婚姻当事人提出，也可以是婚姻关系的利害关系人提出。撤销婚姻的请求，因为受胁迫结婚的，被胁迫的一方应当在胁迫行为终止之日起一年内提出，因为一方不告知对方自己患有重大疾病的，被欺瞒的一方应当自知道或者应当知道撤销事由之日起一年内提出。如果不在规定的时间内行使撤销权，其撤销权消灭，该婚姻就是有效婚姻。第三，程序不同。婚姻当事人双方就离婚达成协议的，可以通过登记程序离婚，不能达成离婚协议的，则可以通过诉讼程序由人民法院判决离婚。无效婚姻或者可撤销的婚姻，只能由人民法院宣告婚姻无效或者撤销婚姻，婚姻登记机关不受理婚姻无效和撤销婚姻的申请。第四，效力不同。离婚没有溯及效力，从离婚登记完成之日或者人民法院的离婚判决书、调解书生效之日起解除婚姻关系，已经过去的婚姻期间依然是有效婚姻。无效婚姻或者被撤销的婚姻，是对违法婚姻的否定，其效力都溯及至婚姻关系成立之时，即无效婚姻或者被撤销的婚姻自始没有法律约束力，当事人从来不具有夫妻的权利和义务，即使他们曾以夫妻名义共同生活过，那段时间也只能算作同居期间，其同居期间所得的财产，由当事人协议处理，协议不成的，由人民法院根据照顾无过错方的原则判决。对重婚导致的无效婚姻的财产处理，不得侵害合法婚姻当事人的财产权益。至于当事人所生的子女，则适用法律关于父母子女的规定处理。

离异 即“离婚”。

离婚制度 一定社会有关解除婚姻关系的法律规范及其执行和监督活动的总和。离婚制度与结婚制度一样，是婚姻家庭制度的重要组成部分。离婚制度的产生、发展及变化，都必然受到社会经济、政治、法律、文化、宗教、道德包括传统等的制约。伴随人类社会的发展，世界各国的离婚制度经历了不同的阶段。(1)专权离婚制度。只有丈夫有权提出离婚的制度。在奴隶社会、封建社会，与夫权统治的家庭制度相适应，丈夫享有离婚的特权，妻子没有离婚的自由。如古巴比伦《汉穆拉比法典》规定，因为妻子通奸、不生育、浪费财产等原因，丈夫就可以与妻子离婚。在负债的情况下，丈夫可以以出卖妻子或把妻子作为债奴交给债权人。(2)禁止离婚制度。婚姻关系不能解除的制度。欧洲中世纪，基督教成为一些国家的国教。在这些信奉基督教的国家中，婚姻由教会管辖。教会法的婚姻制度中，坚守着最重要的两项基本原则是一夫一妻和婚姻不得解除。基督教教义将婚姻视作上帝的安排，“神配合的，人不可分开”。因为禁止离婚，对于夫妻关系恶劣的，法律在设置了无效婚、未完成婚的同时，还规定了别居制度，以拯救那些无法共同生活的夫妻。直到16世纪，教会内部宗教改革，新教教义主张以通奸、恶意遗弃作为离婚理由。在世俗社会，自然法思想不断强大，与教会法进行斗争的结果是将婚姻的立法权、司法权交给了国家，禁止离婚制度才逐渐消失，为限制离婚制度所取代。(3)限制离婚制度。符合法定的离婚事由才能离婚，而且有权提起离婚请求的只能是无过错方的离婚制度。随着工业革命的到来，在反对封建专制的斗争中，资产阶级提出的自由、平等的口号，反映在婚姻领域就是婚姻自由，认为婚姻是天赋人权，他人不能侵犯。婚姻是民事契约，可以订立，也就应该允许解除。但婚姻毕竟不是一般的民事契约，对于这种神圣的契约，离婚应当受到法律的严格限制。至18世纪，这些主张成为主流思想。如法国，1791年宪法宣布婚姻为民事契约，1792年法律剥夺了教会对婚姻的管辖权，承认可以离婚。这期间也有过反复，但至19世纪末，法律承认了的离婚制度再也没有动摇。1867年英国的婚姻法将通奸作为离婚的原因。1896年《德国民法典》规定可以离婚，但必须是因通奸、意图杀害、恶意遗弃等一方过错时，无过错的一方可以获准离婚。此时各国立法准予离婚，但都有相同的限制，即只能是无过错的一方以法律列举的事由诉请离婚。由此可见，离婚是作为对过错方的惩罚存在的。即使婚姻的双方当事人都同意离婚，但没有法律规定的过错事由，也不能获准离婚。限制离婚制度被许多资本主义国家的立法效仿，并且在不断的发展、变化过程中，离婚的法定事由也在扩大，如生理缺陷、生死不明等。(4)自由离婚制度。自由离婚是指法律不再列举离婚的法定事由，也不再以过错为离婚的必要条件，有婚姻破裂的事实，或者当事人双方都无过错但达成离婚合意的就可以离婚的制度。20世纪60年代，有些资本主义国家如法国、德国、瑞典、英国等，离婚制度都发生了较大的变革，形成了以夫妻双方婚姻关系破裂、无法共同生活作为离婚理由的自由离婚制度。有的将夫妻分居的一定时间作为婚姻破裂的证明，有的将过错与婚姻关系破裂结合作为离婚的理由。直到当今，离婚是对婚姻关系已经破裂的事实的确认，是当事人摆脱痛苦婚姻的手段，已被绝大多数国家的法律所认可。上述四种离婚制度并不代表着人类社会的任何地方都有着完全相同的离婚制度的历史。例如，禁止离婚是欧洲中世纪基督教教会法的规定，但在世界的许多地方如古罗马、古希腊等一直有着离婚制度的存在，古印度的《摩奴法典》、伊斯兰国家的《古兰经》也有离婚的规定。我国在奴隶社会、封建社会的漫长历史中，实行的是“七出”“三不去”的专权离婚制度，以“义绝”“和离”“呈诉官府离婚”方式为补充。1840年之后，中国沦为半殖民地半封建社会，虽也有西方思想传入，但婚姻制度没有根本变化。国民政府时期在其民法亲属编婚姻章中，也仿效日本、德国等国实行限制离婚制度，但因为战乱等原因并没有真正普遍实行过。中华人民共和国成立之后，从1950年婚姻法和1980年婚姻法及2001年修正后的婚姻法，到2020年的民法典，都一直坚持保障男女平等的离婚自由，将夫妻感情确已破裂作为判决离婚的标准，反对轻率离婚。

休妻 亦称“出妻”。我国古代丈夫将妻子赶回娘家，与妻子断绝夫妻关系的行为。

出妻 即“休妻”。

七出 我国古代丈夫休妻的七种理由。周时产生，因丈夫可以凭七条理由中的任何一条休妻，故称“七出”。因此，丈夫休妻又被称作“出妻”。后来的封建婚姻制度中都有类似的规定。“七出”包括不顺父母、无子、淫、妒、有恶疾、多言、窃盗。“不顺父母”，即妻子不孝顺丈夫的父母。媳妇得不到公婆的欢心，公婆可以命儿子休妻。“无子”，即妻子不生儿子。在旧中国，家族的延续被认为是婚姻最重要的目的，妻子无法生出儿子，家族会绝世，使这段婚姻失去意义。以唐律为例：妻年五十以上无子，听立庶以长。疏议据此认为四十九以下无子，未合出之。随着“一夫一妻多妾制”的逐渐成熟，真正以无子的原因而休妻的情形大为减少。“淫”，即妻子与丈夫之外的男性发生性关系，败坏道德、破坏伦常。淫会造成妻所生之子女来路或辈份不明，造成家族血缘的混乱。“妒”，指妻子好忌妒。为传宗接代，除一正妻之外，丈夫可以纳妾。妻子妒忌会“乱家”，使“夫为妻纲”的理想夫妻关系混乱，尤其是妻子对丈夫妾的妒忌有害于家族的延续。“有恶疾”，指妻子患了如耳聋、眼瞎、腿残疾等严重的疾病，不仅会造成夫家的不便，不能一起参与祭祀，还会影响夫家家族的兴旺。“多言”，指妻子太多话或说别人闲话，造成离间夫家亲属关系，影响家族和睦兴旺。“窃盗”，即妻子擅自动用家族财产。在封建社会，子妇无私货、无私蓄、无私器，不能私借，不能私与。妻子对家族财产没有任何处理权，动用家族财产就属于盗窃。“七出”都是从夫家家族利益出发规定的，凡是因为妻子的行为或身体状况不能符合夫家的利益，夫家就可以提出离婚。

三不去 我国古代礼书和法律规定的丈夫或夫家不能休妻的理由。“七出”的例外。如果妻子具有这三种情形之一的，丈夫不能以“七出”之由休弃妻子，故又称“三不去”。包括：(1)“有所娶无所归”，指结婚时女方父母健在，休妻时已去世，原来的大家庭已不存在，休妻等于是让妻子无娘家可归。(2)“与更三年丧”，指妻子和丈夫一起为丈夫的父亲或母亲守孝三年的不能休妻。(3)“前贫贱后富贵”，指丈夫娶妻时贫贱，但后来富贵的不能休妻。“三不去”是作为“七出”规定的补充规范，但“恶疾及奸者不在此列”。

也就是说，妻子若符合“七出”中的“有恶疾”或“淫”两项，也不在“三不去”的保障范围之内。

义绝 我国古代离婚制度的一种。在夫妻、夫妻一方对另一方或其一定范围内的亲属或双方一定范围的亲属有殴打、通奸、杀伤等情况下，经官府判决强制解除婚姻关系的制度。唐律中首次规定的强制离婚制度。根据《唐律疏议》记载，义绝所指的情况有：(1)殴妻之祖父母、父母，杀妻之外祖父母、叔伯父母、兄弟、姑、姊妹；(2)夫妻祖父母、父母、外祖父母、叔伯父母、兄弟、姑、姊妹自相杀；(3)妻殴夫之祖父母、父母，杀伤夫之外祖父母、叔伯父母、兄弟、姑、姊妹；(4)与夫之缌麻以上亲如夫的父、伯叔父、祖父、伯叔祖父、兄弟、侄等宗亲相奸，或者夫与妻母相奸；(5)欲害夫者。符合义绝情形的，视为夫妻恩断义绝，不论双方是否同意，均由官府判决强制离婚。应当义绝而不离的，唐律规定当处徒刑一年。徒刑是指一定时期内剥夺犯人人身自由并强制其劳役的一种刑罚。“义绝”与“七出”不同：“七出”于礼应出，于法可出，但非必出；当“义绝”而不绝的，应依刑律科以刑罚。“义绝”作为我国古代独有的强制离婚制度，一直延续了许多朝代，唐、宋、元、明都有义绝的规定，到民国初年的北洋军阀政府的大理院还作为判例沿用。

和离 我国古代离婚制度的一种。夫妻两愿离婚，而不是丈夫一方的休妻。最早见于《唐律·户婚》，在“义绝”条后又规定“若夫妇不相安谐而和离者，不坐”。“不坐”即不问罪。“和离”须由丈夫签“放妻书”。唐律的此项夫妻协议离婚的制度为后代所效仿，但在封建社会，“和离”不可能成为主流的离婚方式。汉代班昭的《女诫》中，就明确“夫有出妻之礼，妻无遗夫之条”。而且夫权至上的古代，女性没有任何地位，离开夫家将无法生存。离与不离，还是取决于丈夫。通常是妻子具有“七出”情形的，夫家不愿家丑外扬，而以“和离”的方式休妻。“和离”往往是休妻的代名词。

呈诉离婚 我国古代离婚制度的一种。出于某些特定的理由，夫妻一方可以向官府提出离婚请求，由官府依法裁决是否离婚的制度。元、明、清等朝的律法都有此规定。夫向官府诉请离婚的理由主要有“妻背夫在逃”“妻殴夫”“妻杀妾子”“妻魇魅其夫”等。妻向官府诉请离婚的理由主要有“夫抑勒或夫纵容其妻妾与人通奸”“夫逃亡三年以上不归”“夫殴妻至折伤以上”“夫典雇其妻妾”“妻因受夫之祖父母、父母非理相殴至笃疾”“翁欺奸男妇”等。

我国离婚制度 我国有关离婚

的法律规范、涉及离婚的其他法律法规及相关司法解释、婚姻登记制度及其执行、监督等的总和。我国现行离婚制度有两大特点:(1)保证离婚自由。婚姻关系是男女建立在爱情基础上的两性结合,以爱情为基础的婚姻才能保证婚姻关系的稳固和持续。但爱情这一存在于两性之间的精神情感,又总在不断地发展、变化中。即使以爱情为基础建立的婚姻,也可能在婚姻关系的持续中走向反面。感情破裂的夫妻双方不能很好地相互扶持、包容,不仅彼此痛苦,对子女的健康成长产生危害,也会影响社会的和谐、稳定。婚姻家庭法的重要使命,就是要使拥有爱情的男女建立家庭,感情破裂、无法共同生活的夫妻从痛苦的婚姻中解救出来。因此,婚姻自由首先得是结婚自由,让有爱情的人结为夫妻共同生活,然而也不能缺少离婚自由,让感情破裂的夫妻还要被名存实亡的婚姻捆绑。因此,没有离婚自由,婚姻自由必然不完整。我国经历了长期的封建社会,为维护封建宗法制度,男女结婚的目的仅是为了夫家传宗接代,只有男性才有离婚的特权。早在新民主主义革命时期,中国共产党领导下的革命根据地、抗日根据地、解放区颁行的婚姻家庭的规范性文件,尤其是《中华苏维埃共和国婚姻法》中,确定离婚自由原则,坚持男女都有平等的离婚权利。中华人民共和国成立后,从1950年婚姻法和1980年婚姻法及2001年修正后的婚姻法,到2020年的民法典,在离婚问题的规定上,都充分体现保障男女享有平等的离婚自由权利。(2)反对轻率离婚。法律保证没有感情的夫妻离婚,以实现真正的婚姻自由,不等于鼓励轻率离婚。因此,反对轻率离婚也一直是婚姻家庭法的重要指导思想。一段婚姻关系的解除、一个家庭的解体,不仅对婚姻关系的当事人是严重的感情伤害,对子女、对亲人、对周围的其他人也会或多或少带来消极影响,对社会的安定和谐有严重的负面作用。现行法律采取彻底的破裂主义,夫妻感情确已破裂的允许离婚。民法典采取列举的方式,将夫妻感情确已破裂的情形逐一列出,便于公众的认知和司法上的操作,并建立了离婚损害赔偿制度。对于因为重婚,与他人同居,实施家庭暴力,虐待、遗弃家庭成员及有其他重大过错的情形导致离婚的,无过错方有权请求过错方损害赔偿。现役军人的配偶要求离婚,应当征得军人同意,但是军人一方有重大过错的除外,强调即使是现役军人,也有义务维护婚姻家庭法的基本原则。对男方的离婚请求权规定了限制条件，“女方在怀孕期间、分娩后一年内或者终止妊娠后六个月内，男方不得提出离婚”，以表示对女性及婴儿的照顾。同时规定“离婚后，父母对于子女仍有抚养、教育和保护的权利和义务”。“离婚后，子女由一方直接抚养的，另一方应当负担部分或者全部抚养费。负担费用的多少和期限的长短，由双方协议；协议不成的，由人民法院判决。”在离婚后的子女探望权中，规定“离婚后，不直接抚养子女的父或者母，有探望子女的权利，另一方有协助的义务”。在探望权的规定中，明确是为了“子女身心健康”。允许“行使探望权利的方式、时间由当事人协议；协议不成的，由人民法院判决”。“父或者母探望子女，不利于子女身心健康的，由人民法院依法中止探望；中止的事由消失后，应当恢复探望。”对夫妻婚姻关系存续期间所得的财产归属，照顾到“一方因抚育子女、照料老年人、协助另一方工作等负担较多义务的，离婚时有权向另一方请求补偿，另一方应当予以补偿”。如果“一方隐藏、转移、变卖、毁损、挥霍夫妻共同财产，或者伪造夫妻共同债务企图侵占另一方财产的，在离婚分割夫妻共同财产时，对该方可以少分或者不分。离婚后，另一方发现有上述行为的，可以向人民法院提起诉讼，请求再次分割夫妻共同财产”。这些规定都表明，婚姻关系的建立，代表着婚姻当事人要肩负起抚育子女、赡养老人等责任，这些责任不会因为离婚就彻底消除，不允许当事人在婚姻问题上不负责任。民法典规定，婚姻当事人解除婚姻关系，必须依法履行离婚程序。协商一致的，可以通过离婚登记离婚；不能协商一致的，必须通过人民法院诉讼离婚。

离婚的效力 即离婚的法律后果。夫妻双方依法解除婚姻关系的行为，对当事人双方在人身关系、财产关系及子女抚养、教育和保护上的作用及所带来的法律效果。《中华人民共和国民法典》第1080条规定：“完成离婚登记，或者离婚判决书、调解书生效，即解除婚姻关系。”夫妻双方离婚后，直接的法律效力是夫妻的配偶身份解除，夫妻间的权利义务关系终止，同时引发的还有子女的抚养、教育和保护，夫妻共同财产的分割和共同债务的清偿，一方对另一方生活上的补偿、帮助等问题。夫妻婚姻关系终止的效力，从夫妻婚姻关系解除之时发生。

离婚对夫妻身份关系的效力 离婚对夫妻身份关系所产生的法律效果。离婚行为导致夫妻身份关系的解除，基于夫妻身份所产生的权利义务也随之消灭。具体表现为：(1)夫妻间的扶养义务消灭。《中华人民共和国民法典》第 1059 条第 1 款规定："夫妻有相互扶养的义务。"男女结为夫妻之后，基于婚姻关系，夫对妻、妻对夫，有相互扶养的义务。一方不履行扶养义务时，需要扶养的一方，有要求对方给付扶养费的权利。因为离婚的成立，夫妻的身份关系解除，基于夫妻身份而产生的相互扶养的义务关系也就终止。(2)夫妻间的同居义务解除。具有夫妻身份的男女二人，应当是居同屋、寝同床、食同桌，即在他们共同选择的同一个屋檐下共同生活，互相慰藉、扶助、照顾，这是夫妻这种特殊的社会关系的固有要求，是夫妻维系感情、保持亲密关系必不可少的手段，也包括因为婚姻而产生的家庭生活、生儿育女、赡养老人等，这是男女结为夫妻之后的必然结果。夫妻身份带来的人身上的权利与义务，因为夫妻离婚而解除。离婚了的男女不再有同居的义务，依然还在一起同居生活的，会受到法律、道德的否定。这种非法的同居关系，不会受到法律的保护。离婚的一方又再婚的，还与前妻或者前夫同居生活，轻则伤害他人感情，重则破坏他人家庭，后果严重的要承担法律责任。(3)夫妻之间的代理、监护关系终止。结婚后的男女因家庭事务而与第三人为一定民事法律行为时拥有对夫妻双方发生效力的家事代理权。因为夫妻的共同生活，在处理家庭事务时，对内夫妻之间要平等商量，不能一个人说了算；对外夫妻都有权以家庭的名义与第三人实施民事法律行为，该行为的后果当然由夫妻共同承担，而无须对方的专门授权。夫或者妻患病需要采取治疗、抢救措施的时候，妻或者夫首先有权签署同意治疗、同意抢救的意见书。夫或者妻因为患病、事故等原因成为无民事行为能力人或限制民事行为能力人的时候，按照我国民法典第 28 条的规定，妻或者夫为第一顺序的监护人。这些基于夫妻身份专属于配偶的家事代理权、监护权等因为离婚而终止。(4)夫妻相互继承遗产的权利丧失。我国民法典第 1061 条规定："夫妻有相互继承遗产的权利。"我国法律将配偶作为第一顺序的法定继承人。夫妻相互继承遗产的权利，基于夫妻的特定身份而产生，自然也因为双方的离婚而丧失。(5)夫妻间的姻亲关系消灭。姻亲是配偶一方与配偶另一方的血亲之间的关系。姻亲是以婚姻为纽带的，婚姻关系缔结，姻亲关系产生，婚姻关系终止，姻亲关系消灭。这一点与因配偶死亡而自然终止婚姻关系不同。因为配偶一方的死亡，婚姻关系自然终止，其姻亲关系不会也随之解除。我国法律规定的丧偶儿媳、丧偶女婿，无论其是否再婚，只要对其公婆或者岳父母尽了主要赡养义务的，有权作为第一顺序继承人继承，而且继承了被继承人遗产的丧偶儿媳、丧偶女婿的子女还可以代位继承，表达的就是配偶一方死亡的，其姻亲关系不终止的理念。(6)双方的再婚自由恢复。离婚了的男女恢复了单身身份，有权再次结婚。这也是离婚非常重要的法律效力。

离婚对夫妻财产关系的效力 离婚对夫妻财产关系所产生的法律效果。男女双方结婚之后组建家庭，需要一起共同生活，形成夫妻共同财产关系。夫妻离婚后，家庭解体，共同生活关系不再，需要对夫妻共同财产进行处理。这是离婚对夫妻财产关系的效力。夫妻共同财产的处理，包括夫妻共同财产的分割、共同债务的清偿，一方对生活困难一方的帮助、一方对另一方的补偿等。家庭财产涉及的种类很多，表现形式也很复杂。如婚姻关系存续期间投资的有价证券、经营的企业，农村承包经营的权属与收益，知识产权的权属与收益，房产、车辆、家用电器、家具、首饰、生活用品，甚至还有收藏品等。除财产权利外，还有夫妻共同债务。这些都要在离婚时分割清楚。《中华人民共和国民法典》第1087条第1款规定："离婚时，夫妻的共同财产由双方协议处理；协议不成的，由人民法院根据财产的具体情况，按照照顾子女、女方和无过错方权益的原则判决。"

离婚的种类 按照不同的标准，对离婚所作的归类。如：以离婚的意思为标准，可以分为单意离婚与合意离婚；以离婚的方式为标准，可以分为协议离婚与裁判离婚；以离婚的程序为标准，可以分为登记离婚和诉讼离婚；以离婚是否涉外为标准，可以分为涉内离婚和涉外离婚。每一种分类所涉及的条件与程序都有差异。

单意离婚 亦称"片意离婚"。单方要求离婚。一方要求离婚，另一方不同意解除婚姻关系的离婚。单方要求离婚的，只能通过诉讼方式，由法院裁判是否离婚。

片意离婚 即"单意离婚"。

协议离婚 亦称"两愿离婚""非讼离婚"。"裁判离婚"的对称。夫妻双方对于离婚意思表示一致，并就子女抚养、财产分割等达成协议，在婚姻登记机关履行离婚登记手续的离婚方式。婚姻自由是婚姻家庭法的灵魂。男女完全自愿结为夫妻，夫妻感情破裂，不能一起共同生活，也允许夫妻自愿分手。夫妻是否离婚、何时离婚，由当事人自己选择决定。这是法律对婚姻当事人的婚姻自由权的尊重。许多国家如德国、日本、比利时、瑞士、瑞典、荷兰、印度、墨西哥及美国的一些州都允许夫妻协议离婚。《中华人民共和国民法典》第1076条第1款规定："夫妻双方自愿离婚的，应当签订书面离婚协议，并亲自到婚姻登记机关申请离婚登记。"第1078条规定："婚姻登记机关查明双方确实是自愿离婚，并已经对子女抚养、财产以及债务处理等事项协商一致的，予以登记，发给离婚证。"

两愿离婚 即"协议离婚"。

非讼离婚 即"协议离婚"。

协议离婚的条件 协议离婚须符合的法定条件。包括：(1)协议离婚的男女双方必须具有合法有效的婚姻关系。协议解除的是已经存在的合法有效的婚姻关系。如果男女双方存在的所谓婚姻是无效婚姻、可撤销婚姻，或者是同居关系，就不能通过协议离婚来解除。(2)协议离婚的当事人主体须是婚姻关系的双方当事人。婚姻关系是人身关系，其解除与建立一样，都需要婚姻当事人自己作出决定，自己进行意思表示。婚姻当事人以外的任何人包括夫妻双方的父母、子女等都不能代表当事人表达离婚的意思，更不能由代理人代理离婚。(3)协议离婚的婚姻双方当事人须是完全民事行为能力人。离婚是配偶生存期间解除婚姻关系的民事法律行为，离婚的法律后果不仅涉及夫妻二人身份关系的消灭，还涉及子女抚养、财产分割、家庭解体等多方面的内容。行为人得清楚自己行为的法律后果，有能力表达自己的真实意思，其行为才能产生其期待的法律效果。如果行为人是无民事行为能力人或者限制民事行为能力人，婚姻登记机关不会受理他们的离婚登记申请。婚姻当事人无论是一方还是双方为无民事行为能力人或者限制民事行为能力人的，他们的离婚只能由法院判决。(4)协议离婚的当事人必须是完全自愿离婚，并对子女抚养、财产、债务等问题达成一致处理意见。首先，双方对离婚都完全自愿，即已达成离婚合意。双方的离婚意愿是真实的、自愿的，不是虚假的、被迫的，不是被欺骗、被胁迫、被威吓的，更不能是双方为规避法律规定、逃避债务、推托法律责任等而串通所为的假离婚。其次，协议离婚的当事人必须对子女抚养、家庭财产分割、家庭债务承担等事项做出妥善安排，并形成书面协议。如果双方仅对离婚达成合意，但在子女抚养、探望权实行、财产分割、债务承担上不能达成一致意见的，也不能协议离婚。只有符合上述条件的婚姻当事人，才可以通过离婚登记解除婚姻关系。

协议离婚的程序 夫妻双方自

愿离婚所要经过的法定步骤。协议解除婚姻的方式，手续简便、节省时间，而且无需陈述离婚的具体理由，避免了当事人的互相指责、再次伤害，也能够有效保护个人隐私，因此被许多当事人采用。我国协议离婚的总数一直比诉讼离婚的多就是证明。但是，也正因为协议离婚的这些特点，也很容易使一些人感情用事，造成轻率离婚。为避免协议离婚的局限，法律规定了协议离婚的步骤：(1)达成离婚协议。协议离婚的前提是夫妻二人对解除婚姻关系完全自愿并达成书面协议，体现着法律对当事人婚姻自由的尊重。《中华人民共和国民法典》第1076条第2款规定："离婚协议应当载明双方自愿离婚的意思表示和对子女抚养、财产以及债务处理等事项协商一致的意见。"(2)提出离婚登记申请。我国民法典第1076条第1款规定："夫妻双方自愿离婚的，应当签订书面离婚协议，并亲自到婚姻登记机关申请离婚登记。"(3)离婚冷静期。婚姻登记机关收到当事人的离婚登记申请后，不会立即发给离婚登记证，需要经过三十日的离婚冷静期。在这三十日的冷静期内，任何一方都有权撤回离婚登记申请。(4)申请离婚证。当事人在冷静期结束后的三十日内，双方应当亲自到婚姻登记机关申请发给离婚证。未申请的，视为撤回离婚登记申请。我国民法典第1078条规定："婚姻登记机关查明双方确实是自愿离婚，并已经对子女抚养、财产以及债务等事项协商一致的，予以登记，发给离婚证。"完成离婚登记，即解除婚姻关系。按照法律的这些规定，夫妻双方自愿离婚，并就子女抚养、财产分割等事项达成协议后，还需要履行离婚登记手续，取得离婚证，才能解除夫妻关系。离婚登记是协议解除婚姻关系的必经程序。仅有夫妻双方的离婚协议，没有办理离婚登记的，不能解除婚姻关系。

离婚冷静期 亦称"离婚熟虑期"。婚姻当事人自愿申请离婚，在婚姻登记机关收到离婚申请后，婚姻当事人的任何一方都可以撤回离婚申请、终止离婚登记程序的法定期间。法律坚持离婚自由，但不等于可以任性地轻率离婚，而且夫妻之间的情感又是十分复杂的主观感受。夫妻感情是否破裂，似乎应该是当事人自己的感受最真实，但因某种事由的出现，婚姻当事人也可能出现判断的失误。生活中，冲动结婚、冲动离婚的委实不在少数。对于离婚这一对每个人的人生、家庭都有重大影响的民事法律行为，法律要求行为人慎之又慎，即使已经作出了离婚的意思表示，也要求他们再慎重地考虑一下。为此,《中华人民共和国民法典》设立了离婚冷静期制度。民法典第1077条第1款规定:"自婚姻登记机关收到离婚登记申请之日起三十日内,任何一方不愿意离婚的,可以向婚姻登记机关撤回离婚登记申请。"第2款规定:"前款规定期限届满后三十日内,双方应当亲自到婚姻登记机关申请发给离婚证;未申请的,视为撤回离婚登记申请。"理解此条规定应当注意:第一,离婚的冷静期为三十日。自婚姻登记机关收到离婚登记申请之日起计算。在冷静期内,当事人不能再向婚姻登记部门提出离婚登记申请,也不允许向人民法院提起离婚诉讼。第二,在冷静期内,任何一方不愿意离婚的,都可以向婚姻登记机关撤回离婚登记申请。第三,冷静期届满后三十日内,双方应当亲自到婚姻登记机关申请发给离婚证。在该三十日内未申请的,包括只有一方申请发给离婚证的,都视为撤回离婚登记申请。可见,婚姻当事人通过离婚登记离婚的,最少得共同去婚姻登记机关两次,先递交离婚登记申请,冷静期届满后三十日内再去申领离婚证;从婚姻登记部门收到当事人的离婚登记申请,到取得离婚证,最多需要六十天的时间。第四,冷静期只适用于离婚登记程序,诉讼离婚没有冷静期的规定。尽管人民法院曾在个别法院的离婚诉讼中作过冷静期的试点,最高人民法院也曾在家事审判中有过离婚诉讼经当事人双方同意,可以设置不超过三个月的冷静期的规定,但这只是人民法院根据家事纠纷的特点,对离婚诉讼案件审理所作的尝试,而且得经当事人的同意。可见,我国民法典规定的离婚冷静期,只适用于离婚登记程序。

离婚熟虑期 即"离婚冷静期"。

诉讼离婚 亦称"涉讼离婚"。"登记离婚"的对称。夫妻双方通过向法院起诉,由法院裁判解除婚姻关系的离婚方式。在我国,婚姻双方当事人对离婚及离婚后子女抚养、家庭财产分割等不能达成合意的,由一方当事人向人民法院提起离婚诉讼,人民法院依法调解或者判决离婚。因人民法院为裁判机关,故亦称"裁判离婚"。自有人类社会以来,无论何种社会制度、意识形态,婚姻从来就不是男女二人的私事。解除婚姻关系,不仅能改变婚姻关系当事人的身份,还涉及子女抚养、家庭财产分割、家庭债务处理等,关乎婚姻秩序维持、家庭关系稳定与社会和谐。欧美一些国家至今都不承认登记离婚,凡离婚必经诉讼程序,由法官代表国家对该婚姻关系解除还是存续作出裁决。在我国,虽然离婚实行的是登记离婚和诉讼离婚双轨并存的制度,但婚姻家庭法坚持婚姻自由包括离婚自由和不允许轻率结婚、轻率离婚的原则从未改变。通过诉讼程序解决婚姻纠纷,主要是解决夫妻一方要求离婚,而另一方不同意的离婚纠纷。除此之外,还要解决双方虽然同意离婚,但在子女抚养、财产分割、债务处理等方面不能达成合意的离婚纠纷。至于婚姻当事人双方因为某种原因,不愿意通过离婚登记来解除婚姻关系的,也可以通过诉讼方式离婚。登记离婚与诉讼离婚毕竟是不同的离婚程序,其区别是:登记离婚,双方对解除婚姻关系没有异议,对子女抚养、家庭财产分割、家庭债务处理等达成合意,就可以进行离婚登记来解除婚姻关系。婚姻登记人员并不过问双方感情是否破裂,因为什么造成的感情破裂。诉讼离婚,法官要代表国家对于这种有争议的婚姻是否应当解除作出判断。因此,在诉讼过程中,要求离婚或者不同意离婚的双方,必须明确提出有证据证明的夫妻感情确已破裂或者感情没有破裂的事实,由法官依据事实与法律作出判断。如果判断这一婚姻关系的双方感情确实破裂,符合法律规定的离婚条件,则予以离婚,同时还要根据当事人的诉讼请求,对子女抚养、夫妻共同财产的确认与分割、债务清偿、经济帮助、探望权行使及离婚损害赔偿等作出判决。

涉讼离婚 即"诉讼离婚"。

裁判离婚 "协议离婚"的对称。详"诉讼离婚"(230页)。

登记离婚 "诉讼离婚"的对称。夫妻双方对离婚意思表示一致的,共同向婚姻登记机关提出离婚登记申请,经批准而解除婚姻关系。参见"协议离婚"(227页)。

无因离婚 因为登记离婚只需夫妻双方一致同意离婚,并形成书面离婚协议即可到婚姻登记机关进行离婚登记。离婚登记时可以回避离婚的动机、原因,可以不计较谁对夫妻感情的破裂有过错、有责任,负责离婚登记的登记员只需审查离婚合意是否真实、离婚协议是否符合法律的要求即可。故登记离婚又称"无因离婚"。

行政离婚 因为负责离婚登记的婚姻登记机关属国家行政机关,故登记离婚又称"行政离婚"。

离婚登记 协议离婚的男女亲自到国家婚姻登记机关办理的登记手续。协议离婚的必经程序。按照我国《婚姻登记条例》的规定,离婚登记按照申请、受理、审查、登记(发证)的程序办理。(1)申请。自愿离婚的男女双方应当共同到一方当事人常住户口所在地的婚姻登记机关办理离婚登记。中国公民同外国人在中国内地自愿离婚的，内地居民同香港居民、澳门居民、台湾居民、华侨在中国内地自愿离婚的，男女双方应当共同到内地居民常住户口所在地的婚姻登记机关办理离婚登记。办理离婚登记时，应当出具本人的户口簿、身份证，本人的结婚证及双方当事人共同签署的离婚协议书。协议书中应当载明双方自愿离婚的意思表示和对子女抚养、财产及债务处理等事项协商一致的意见。(2)受理。婚姻登记员受理离婚登记申请，应当分开询问当事人的离婚意愿，以及对离婚协议内容的意愿，并进行笔录，笔录要由当事人阅后签名。查验双方提交的证件和材料。申请办理离婚登记的当事人有一本结婚证丢失的，当事人应当先书面声明遗失，婚姻登记机关可以根据另一本结婚证办理离婚登记；申请办理离婚登记的当事人两本结婚证都丢失的，当事人应当书面声明结婚证遗失并提供加盖查档专用章的结婚登记档案复印件，婚姻登记机关可根据当事人提供的上述材料办理离婚登记。(3)冷静期。自婚姻登记机关收到离婚登记申请之日起三十天内为离婚冷静期。在此三十日内，任何一方不愿意离婚的，都可以向婚姻登记机关撤回离婚登记申请。撤回离婚登记申请的，相当于当事人从未向婚姻登记机关提出过离婚登记申请。(4)审查、发证。在离婚冷静期三十天届满后的三十日内，婚姻当事人双方应当亲自到婚姻登记机关申请发给离婚证；未申请的，视为撤回离婚登记申请。申领离婚证时，婚姻登记机关应当向双方当事人核对姓名、出生日期、离婚意愿。在查明双方确属自愿离婚，并已对子女抚养、财产以及债务处理等事项协商一致的，要求当事人本人亲自在《离婚登记审查处理表》“当事人领证签名并按指纹”一栏中签名并按指纹；在当事人的结婚证上加盖条型印章，其中注明“双方离婚，证件失效。××婚姻登记处”。注销后的结婚证复印存档，原件退还当事人。将离婚证颁发给离婚当事人。

离婚协议 夫妻双方就自愿离婚、子女抚养、家庭财产分割、家庭债务处理等协商一致而签订的法律文件。在我国，离婚协议是办理离婚登记的必备文件，是夫妻二人就解除婚姻关系而达成的合同。这一协议虽也是夫妻双方在平等、自愿基础上的意思表示一致，但与商品交易合同有着本质的不同，有自己独有的法律特征：(1)协议主体是夫妻双方且均具有完全民事行为能力。离婚协议是男女双方在婚姻关系存续期间，为达到解除婚姻关系这一目的，就子女抚养、家庭财产分割、家庭债务处理等达成的协议，该协议的主体只能是处在合法有效婚姻关系中的夫妻二人。同居关系的男女就解除同居关系达成的协议不是离婚协议。双方在协商处理离婚协议有关内容的时候，可以向律师咨询，得到律师的帮助，但律师不能代理当事人进行离婚的意思表示。至于夫妻双方的父母就儿女的离婚达成的协议也不是离婚协议。签订离婚协议的夫妻双方都得具有完全民事行为能力。只有完全民事行为能力人，才能对自己的婚姻是解除还是继续、未成年子女由谁抚养、抚养费的数额及如何支付、家庭财产如何分割等表达自己的意思。如果协议的一方或双方是限制民事行为能力人或者无民事行为能力人，其签订的离婚协议是无效的。这样的人解除婚姻关系只能通过诉讼程序，由人民法院判决离婚或者不离婚。(2)协议内容受法律的约束。离婚协议虽是夫妻就解除婚姻关系自愿达成的协议，似乎是要离婚的男女个人的私事，但因为一个家庭的解体，涉及如子女抚养教育、财产分割、债务清偿等许多问题，都是对青少年的健康成长、社会的和谐稳定等有重要影响的大事。因此，离婚协议的内容受法律规定的约束。按照我国法律的规定，离婚协议至少应当包括以下内容：①双方自愿离婚。这是离婚协议中必须具有的条款。即夫妻双方在平等、自愿的基础上，均同意自愿解除婚姻关系。离婚协议可以简述或者回避离婚的动机、原因，可以不计较谁对夫妻感情的破裂有过错、有责任，但一定要有双方自愿解除婚姻关系的明确意思表示。②妥善安排子女抚养。如果夫妻双方育有子女，必须就子女由谁直接抚养、抚养费的负担、探视权的行使等约定清楚。子女的抚养费包括生活费、教育费、医疗费等。关于抚养费的数额、支付方式、支付时间等应当约定清楚。子女归一方直接抚养，另一方的探望权如何实现，如探望的时间、方式、地点等应当约定清楚，以免事后履行协议时产生矛盾与纠纷。③清楚分割夫妻共同财产。夫妻双方的共同财产如房产、交通工具、家具、电器、通信工具、收藏品、现金、股票、债券等，还有属于夫妻共同财产的生产资料，私营企业、合伙企业、有限责任公司、股份有限公司的股权等，其具体的名称、数量、如何分割等应当在协议中约定清楚。夫妻共同财产除上述的财产外，还包括夫妻的共同债权债务。对属于夫妻共同财产的债权债务的名称、数量及债权如何享有、债务如何清偿等也应当约定清楚。④其他应当约定的事项。如夫妻一方因生活困难,另一方应当给予适当帮助,夫妻一方因抚育子女、照料老人、协助另一方工作等付出较多义务的,另一方给予的补偿等,也应当在协议中约定清楚。尽管法律对离婚后的子女抚养、夫妻共同财产分割等都有规定,但离婚协议是夫妻之间在平等基础上的约定,当事人对自己的私权又有处分的权利,所以当事人可以在离婚协议中放弃自己的权利,多承担一些义务。但无论当事人如何自由约定,还是要在法律允许的框架之内,即不能损害未成年人的利益,不能利用自己的某种优势,或者利用对方急迫离婚的心态强迫对方接受完全不合法的条件。(3)必须采用书面形式。离婚协议是要式合同,必须采用书面形式才有效力。办理离婚登记时,离婚协议要经过婚姻登记员审查。我国不承认口头离婚协议的效力。(4)离婚协议的效力表现有其特殊性。一般来说,离婚协议是夫妻双方在平等、自愿的基础上签订的,一旦签订,自然应当依约履行。但婚姻关系的解除,毕竟对夫妻双方、子女及其他家庭成员都有着重要的影响,而且婚姻是以感情为基础的关系,当事人在决定自己婚姻命运的时候,也难免有困扰,即使签订了离婚协议,也会有反悔的时候。因此,离婚协议的效力应当与合同有不同之处:①当事人签订了离婚协议后又反悔不愿离婚的,使登记离婚成为不可能,婚姻当事人只能通过诉讼离婚,而不能依此协议追究对方的违约责任。②在离婚诉讼中,离婚协议中当事人双方同意离婚的意思表示,不能作为人民法院判决离婚的依据。人民法院依然要对双方当事人的感情是否破裂进行审查。③离婚协议中关于财产分割的条款或者当事人因离婚就财产分割达成的协议,对男女双方具有法律约束力。当事人因履行财产分割协议发生纠纷提起诉讼的,人民法院应当受理。④男女双方依据离婚协议登记离婚后一年内就财产分割问题反悔,请求变更或者撤销财产分割协议的,人民法院应当受理。人民法院审理后,未发现订立财产分割协议时存在欺诈、胁迫等情形的,应当依法驳回当事人的诉讼请求。⑤当事人达成的以登记离婚或者到人民法院调解离婚为条件的财产分割协议,如果双方登记离婚未成,一方在离婚诉讼中又反悔坚持要求人民法院判决离婚的,人民法院应当认定该财产分割协议未生效,并根据财产的具体情况按照照顾子女、女方和无过错方权益的原则判决。⑥当事人依据离婚协议办理离婚登记手续后,又以法律的规定为由向人民法院提出离婚损害赔偿请求的，人民法院应当受理。但当事人在协议离婚时已经明确表示放弃该项请求权，或者在办理离婚登记手续一年后提出的，人民法院不予支持。⑦当事人依据离婚协议办理了离婚登记，却不按离婚协议的约定履行自己义务的，则属一般债务履行纠纷。当事人应当依照民事诉讼法的规定向人民法院起诉，由人民法院依法处理。

现役军人的离婚 夫妻一方为在我国军队中服现役的军人，其离婚需要遵守法律关于现役军人离婚的特别规定。现役军人因为职业、工作环境的特殊及严明的纪律，与其配偶常年两地分居，既影响夫妻双方感情的交流，又妨碍其承担抚养教育子女、赡养扶助老人的家庭职责。加之社会发展迅速、人际交往自由，也为军人的婚姻带来了不稳定因素。为保护军人婚姻的稳定，免除军人的后顾之忧，法律对军婚予以特别保护，对军人的离婚作了特别的规定，军队为贯彻婚姻家庭法也作出了相应的规定。《中华人民共和国民法典》第 1081 条规定："现役军人的配偶要求离婚，应当征得军人同意，但是军人一方有重大过错的除外。"理解此条规定，应当注意：(1)民法典第 1081 条对现役军人婚姻的特别规定，只适用于夫妻一方为现役军人的婚姻。这一规定是对非军人一方提出离婚请求的限制。夫妻双方均为现役军人的，不适用这一规定。双方均为现役军人，双方自愿离婚或者一方要求离婚的，当事人所在单位党组织或者政治工作部门应当进行调解；调解无效且双方均同意离婚的，政治工作部门出具同意离婚的《军人婚姻登记证明》，由当事人到婚姻登记机关办理离婚登记；调解无效且其中一方不同意离婚的，政治工作部门出具同意离婚的《军人婚姻登记证明》，由当事人向人民法院提起离婚诉讼。(2)配偶为非现役军人，现役军人一方要求离婚的，所在单位党组织或者政治工作部门应当视情进行调解；调解无效且对方同意离婚的，政治工作部门出具同意离婚的《军人婚姻登记证明》，由当事人到婚姻登记机关办理离婚登记；现役军人一方要求离婚，对方不同意离婚的，现役军人所在单位还可以商请对方所在单位或者地方有关部门进行调解，调解无效的，政治工作部门出具同意离婚的《军人婚姻登记证明》，由当事人向法院提起离婚诉讼。(3)现役军人的配偶要求离婚，应当征得军人同意。现役军人确有重大过错导致离婚的，可以不受应当征得军人一方同意方能离婚这一规定的限制。现役军人离婚，应当严肃慎重，不得违反国家的法律法规和军队的纪律，不违背社会公德。配偶为非现役军人，配偶一方要求离婚，现役军人一方同意离婚的，政治工作部门出具同意离婚的《军人婚姻登记证明》；现役军人一方不同意离婚的，政治工作部门不得出具同意离婚的《军人婚姻登记证明》，但是经查实现役军人一方确有重大过错的除外。所谓“军人一方有重大过错”，可以依据我国民法典第1079条第3款前3项规定及军人有其他重大过错导致夫妻感情破裂的情形予以判断。依此规定，军人一方具有以下情形的，应属军人具有重大过错：重婚或者与他人同居；实施家庭暴力或者虐待、遗弃家庭成员；有赌博、吸毒等恶习屡教不改；有卖淫、嫖娼、通奸等严重破坏一夫一妻原则；违法犯罪被追究刑事责任或者严重伤害夫妻感情等。(4)现役军人的婚姻受到法律的特别保护，不代表军婚的夫妻感情已经破裂，军人不同意离婚，法律就不能判决离婚。我国民法典关于夫妻“感情确已破裂，调解无效的，应当准予离婚”的规定适用于包括现役军人婚姻在内的一切离婚案件。一方为现役军人的夫妻到人民法院起诉离婚，即使军人不同意离婚，人民法院衡量是否判决离婚的标准还是看夫妻间的感情是否破裂。如果感情确已破裂，调解无效的，仍然可以判决离婚。这也是在部队政治工作部门做了调解工作无效的情况下会出具证明，由当事人向人民法院提出离婚诉讼的原因。现役军人申请离婚的审批程序、权限与申请结婚的相同。

不得提出离婚的规定 对特定当事人在特定时间内不得提出离婚的法律规定。《中华人民共和国民法典》第1082条规定：“女方在怀孕期间、分娩后一年内或者终止妊娠后六个月内，男方不得提出离婚；但是，女方提出离婚或者人民法院认为确有必要受理男方离婚请求的除外。”这是为了保护妇女、儿童的权益而作出的特别规定。妇女在怀孕、分娩后或者终止妊娠后的一段时间内，是身体负荷最重、心理最脆弱的时候，需要特别的照顾。为此，法律对男方在此期间提出离婚作出了限制。理解法律的这一规定，还应当注意：(1)这一规定只是对男方离婚请求权所作的暂时性的限制，即推迟男方提出离婚的时间，而不是不准离婚。当法律规定的时间届满，男方依然可以提出离婚的请求。(2)适用该条规定的范围明确。男方不知道女方怀孕起诉的，诉讼中发现女方怀孕的，人民法院会直接驳回男方的诉讼请求，而不是判决不准离婚。即使一审已经判决离婚，女方发现自己怀孕提出上诉的，人民法院应当撤销原判决，驳回男方的离婚请求。分娩是指胎儿脱离母体作为独立个体存在的过程。只要女方分娩后，无论是死胎，还是出生后的婴儿死亡或者存活，男方的离婚请求权都受到一年时间的限制。女方终止妊娠，包括自然流产和人工流产，男方的离婚请求权都受到六个月时间的限制。(3)这一规定在适用上还有例外。女方提出离婚或者人民法院认为确有必要受理男方离婚请求的，离婚请求权不受上述时间的限制。对于女方在怀孕期间、分娩后一年内或者终止妊娠后六个月内提出离婚的，是因为女方对提出离婚后承受的压力有足够的心理准备，或者女方认为提出离婚对自己、孩子更为有利。人民法院认为确有必要受理男方离婚请求的，如女方怀孕是与他人通奸所致，表明夫妻二人的感情确已破裂，还如发生了足以损害女方生命、人身安全和夫妻二人无法共同生活的重大事由的，可以不受上述时间的限制。

别居 在不解除婚姻关系的情况下终止夫妻同居义务的法律制度。法律意义上的别居，夫妻主观上得有拒绝同居生活的意愿，客观上有分开生活的事实，两个要件缺一不可。别居作为一种调整婚姻关系的特殊法律制度，是欧洲中世纪基督教教会法禁止离婚制度的产物。因为基督教认为夫妻的结合是神的旨意，除死亡外，任何权力、任何理由都不能解除。教会法不允许离婚，却无法阻止事实上的离婚。为缓和法律与现实之间的矛盾，不得不设计出一些制度，如别居、婚姻无效宣告等。至近现代，伴随社会的发展与变迁，教会已没有了对婚姻的管辖权力，西方许多国家制定、修正自己的婚姻立法，在允许离婚成为通例的情形下，也在改革着别居制度，产生了离婚与别居并存和别居先置的两种立法体例。别居与离婚并存的制度，是指法律承认别居的效力，别居的夫妻婚姻关系并未解除，终止的主要是夫妻的同居义务及共同处理家庭事务的权利与义务。别居先置制度，是指以别居为离婚的预备阶段，凡想离婚的，必须经过一定期间的别居，才能转化为离婚。我国婚姻家庭法没有规定别居制度，但在现实中却有大量“别居”现象的存在。一些感情出了问题又不想立刻离婚的夫妻，将分居一段时间作为缓冲夫妻矛盾的手段。因为没有法律制度的规范，分居的夫妻往往采用私下自行协议安排夫妻间的权利义务，包括子女抚养、财产安排等。也有的夫妻没有任何协议就自己采用如离家出走、避而不见等方法处理婚姻关系。这些都为子女的抚养教育、老人赡养、家庭财产管理等带来许多问题。《中华人民共和国民法典》第 1079 条，将夫妻“因感情不和分居满二年”作为认定夫妻感情破裂的标准之一，判决离婚的依据。但如何认定分居，如何计算二年的分居时间等，还需要深入探讨。有学者建议我国也应该建立别居制度，与我国现行的离婚制度配套，对于缓和夫妻矛盾、解决家庭纠纷等会有积极作用。

离婚诉讼的程序 离婚诉讼的步骤或者过程。离婚诉讼是法院在双方当事人等诉讼参与人的参加下，依法解决当事人之间离婚纠纷的诉讼行为。在我国，离婚纠纷案件属民事诉讼，应当适用《中华人民共和国民事诉讼法》的规定。离婚诉讼与一般民事诉讼又有不同：(1)离婚诉讼要解决的不仅仅是当事人的婚姻关系是否应当解除，还要解决离婚后的子女、财产、赔偿等一系列的问题，更像是合并之诉。(2)婚姻存续的关键在于夫妻之间还有感情。夫妻间感情的有无、好与不好，虽可以在日常生活中体现出一二，但更多的还是婚姻当事人自己的主观感受。因此，在离婚诉讼过程中，法官可以根据当事人双方的表现，对他们的婚姻质量、感情是否破裂等作出判断，有针对性地进行调解。婚姻关系其实是既复杂又微妙的关系，对离婚纠纷案件的处理与一般民事纠纷相比较，具有相对更强的专业性。欧美一些国家专门设置家事法院或法庭来解决婚姻家庭纠纷。(3)对于判决离婚，法律采取非常谨慎的态度。通过诉讼离婚的多是一方要求离婚，对方不同意的离婚纠纷。经过审理，法官认为该夫妻二人感情没有破裂，作出不离婚判决或者调解和好不离婚的，必须给他们一定的冷静时间缓和、修复关系。刚刚作出判决不准离婚，要求离婚的一方立即又提起离婚诉讼的，人民法院不受理。《中华人民共和国民事诉讼法》第 127 条第 7 项规定：“判决不准离婚和调解和好的离婚案件，判决、调解维持收养关系的案件，没有新情况、新理由，原告在六个月内又起诉的，不予受理。”按照民事诉讼法的规定，离婚诉讼需要经过起诉、受理、审理和调解或者判决程序。

起诉离婚 婚姻关系的当事人向法院提出离婚的诉讼请求，要求法院行使国家审判权，依法解除其婚姻关系的诉讼行为。是离婚诉讼程序得以启动的第一步。在我国，对于民事纠纷，包括离婚纠纷，法律奉行“不告不理”的原则。没有原告向人民法院明确表示起诉离婚的意思，人民法院不会主动立案。按照《中华人民共和国民事诉讼法》第123条和第124条的规定，要求离婚的夫妻一方须作为原告向人民法院递交离婚起诉状，并向被告人提出诉状的副本。离婚起诉状应当包含以下内容：(1)当事人的基本信息。即原告和被告的姓名、性别、年龄、民族、职业、工作单位、住所、联系方式等。(2)诉讼请求和所根据的事实与理由。要求离婚的当事人情况各异，其诉讼请求也不完全相同。如一方当事人要求离婚，另一方不同意离婚的，诉讼请求自然是要求解除婚姻关系；双方对离婚没有异议，但对子女抚养、财产分割、债务处理、经济补偿、给生活困难一方的帮助等不能达成一致意见，其诉讼请求除要求依法解除婚姻关系外，还对子女抚养、财产分割等提出自己的具体请求；夫妻感情破裂是一方的严重过错造成的，如一方重婚，与他人同居，实施家庭暴力，虐待、遗弃家庭成员或者有其他重大过错的，无过错的一方在提出离婚请求之外，还可以向过错方提出离婚损害赔偿的请求。原告提出的诉讼请求，应当有事实与法律上的理由与根据，应当在起诉状中表达清楚。(3)证据、证据来源和要证明的事项，证人姓名和住所。这是起诉状的重要内容。法官审理案件，需要在查明事实的基础上，依法作出判决。原告对于自己提出的诉讼请求，都应当以事实为依据，而这些事实都是时过境迁的事情，需要证据来证明。当事人对自己提出的主张，有责任提供证据。在作出判决前，当事人未能提供证据或者证据不足以证明其主张的，由负有举证证明义务的当事人承担不利的后果。当事人提供的证据包括当事人的陈述、书证、物证、视听资料、电子数据、证人证言等。应该按照法律的要求将证据归类，写明每一证据的名称、来源、证明的事实等。(4)起诉状的尾部，要写明递交的人民法院名称、起诉人即原告的签名和起诉的时间。离婚起诉状应当使用书面形式，由原告亲自递交到有管辖权的人民法院，或者邮寄到人民法院。考虑我国人口众多，文化水平参差不齐，为更好地维护每一公民的合法权益，我国民事诉讼法规定，当事人“书写起诉状确有困难的，可以口头起诉，由人民法院记入笔录，并告知对方当事人”。

离婚诉讼的管辖 即离婚诉讼的审判管辖。所谓审判管辖，指各级法院和同级法院之间受理第一审案件的分工和权限。在我国，民事诉讼案件须由具有审判管辖权的人民法院审理，人民法院也只能对其有管辖权的案件独立行使审判权。第一审离婚纠纷案件由基层人民法院管辖，因此，离婚起诉得向有管辖权的基层人民法院提出。按照《中华人民共和国民事诉讼法》第22条的规定，离婚诉讼一般“由被告住所地人民法院管辖；被告住所地与经常居住地不一致的，由经常居住地人民法院管辖”。第23条还规定：“下列民事诉讼，由原告住所地人民法院管辖；原告住所地与经常居住地不一致的，由原告经常居住地人民法院管辖：(一)对不在中华人民共和国领域内居住的人提起的有关身份关系的诉讼；(二)对下落不明或者宣告失踪的人提起的有关身份关系的诉讼；(三)对被采取强制性教育措施的人提起的诉讼；(四)对被监禁的人提起的诉讼。”根据《最高人民法院关于适用〈中华人民共和国民事诉讼法〉的解释》，对于离婚案件的管辖还有一些更细致的规定。如：离婚案件的双方当事人均为军人的，由军事法院管辖。夫妻一方离开住所地超过一年，另一方起诉离婚的案件，可以由原告住所地人民法院管辖。夫妻双方离开住所地超过一年，一方起诉离婚的案件，由被告经常居住地人民法院管辖；没有经常居住地的，由原告起诉时被告居住地人民法院管辖。在国内结婚并定居国外的华侨，如定居国法院以离婚诉讼须由婚姻缔结地法院管辖为由不予受理，当事人向我国人民法院提出离婚诉讼的，由婚姻缔结地或者一方在国内的最后居住地人民法院管辖。在国外结婚并定居国外的华侨，如定居国法院以离婚诉讼须由国籍所属国法院管辖为由不予受理，当事人向我国人民法院提出离婚诉讼的，由一方原住所地或者在国内的最后居住地人民法院管辖。中国公民一方居住在国外，一方居住在国内，不论哪一方向人民法院提起离婚诉讼，国内一方住所地人民法院都有权管辖。国外一方在居住国法院起诉，国内一方向人民法院起诉的，受诉人民法院有权管辖。中国公民双方在国外但未定居，一方向人民法院起诉离婚的，应由原告或者被告原住所地人民法院管辖。

离婚案件的受理 我国人民法院收到原告的离婚起诉状后依法进行审查，对符合民事诉讼法规定的起诉条件，并且不具备法律规定的不予受理的事由的，依法接受并立案予以处理的行为。原告的起诉行为与人民法院受理行为的结合，引起一个具体离婚诉讼程序的开始。人民法院对当事人的起诉进行的审查，除起诉状要符合法律规定的形式要件外，还要审查起诉是否符合法律规定的实质条件。按照《中华人民共和国民事诉讼法》第122条的规定,起诉必须符合下列条件:(1)原告是与本案有直接利害关系的公民、法人和其他组织。在离婚诉讼中,原告即是到人民法院递交离婚起诉状要求与被告离婚的自然人,必须是与被告具有合法婚姻关系的人。如果没有合法的婚姻关系,如两人属同居关系的,可撤销婚姻的当事人,或者是无效婚姻的当事人,都不能作为原告起诉与被告离婚。提起离婚诉讼的原告,必须是婚姻关系的一方当事人本人。即使是原告的父母、兄弟姐妹等近亲属,也不能作为原告起诉与被告离婚。(2)有明确的被告。在离婚诉讼中,被告是与原告具有合法婚姻关系的人。原告要求解除的是与被告的婚姻关系。(3)有具体的诉讼请求和事实、理由。诉讼离婚,原告的诉讼请求必须明确,如要求与被告离婚,包括子女由谁抚养,抚养费的数额及支付方式,夫妻共同财产如何分割,家庭债务如何处理,对子女探望权的行使方式及时间,被告应当承担的补偿、帮助,如果导致离婚是因为被告的法定过错,原告要求被告承担的赔偿责任等。对此,原告应当有自己明确的诉求,请人民法院支持。同时应当提供足以证明自己主张的证据。(4)属于人民法院受理民事诉讼的范围和受诉人民法院管辖。人民法院依法保障当事人依照法律规定享有的起诉权利,但行使起诉权必须遵守法律的规定。在离婚诉讼中,首先,离婚起诉状必须向有管辖权的人民法院递交。离婚诉讼确定案件管辖的一般原则是"原告就被告",即原则上由被告住所地的基层人民法院管辖,法律有特殊规定的除外。对于原告的起诉,不属于该人民法院管辖的案件,告知原告向有管辖权的人民法院起诉。其次,提起离婚诉讼,必须遵守法律有关时限的规定,对于法律规定在一定期限内不得起诉的案件,即使提起诉讼,人民法院也不会受理。如《中华人民共和国民法典》第1082条规定:"女方在怀孕期间、分娩后一年内或者终止妊娠后六个月内,男方不得提出离婚;但是,女方提出离婚或者人民法院认为确有必要受理男方离婚请求的除外。"又如《中华人民共和国民事诉讼法》第127条第7项规定:"判决不准离婚和调解和好的离婚案件……没有新情况、新理由,原告在六个月内又起诉的,不予受理。"至于夫妻一方下落不明,另一方诉至人民法院,只要求离婚,不申请宣告下落不明人失踪或者死亡的案件,人民法院应当受理,对下落不明人可以公告送达诉讼文书。对于原告提起的离婚诉讼,符合起诉条件的,应当在七日内立案，并通知对方当事人。立案登记、编号，记明决定立案的时间，以计算审结期限。对不符合起诉条件的，应当在七日内作出裁定书，不予受理；原告对此裁定不服的，可以提起上诉。人民法院应当在离婚诉讼案件立案之日起五日内将起诉状副本发送被告，被告应当在收到之日起十五日内提出答辩状。人民法院应当在收到答辩状之日起五日内将答辩状副本发送原告。被告不提出答辩状的，不影响人民法院审理。对于离婚纠纷案件，开庭前可以调解的，人民法院应当采取调解方式及时解决纠纷。当事人申请不公开审理的，可以不公开审理。需要开庭审理的，应当在开庭三日前通知当事人和其他诉讼参与人。公开审理的，应当公告当事人姓名、案由和开庭的时间、地点。离婚案件，当事人除不能表达意志的以外，都应当出庭。

离婚诉讼参加人 参加离婚诉讼的当事人和诉讼代理人。

离婚诉讼当事人 提起离婚诉讼的原告和被起诉离婚的被告。原告、被告是因为双方对婚姻关系的维持或者解除产生争议，请求人民法院依法予以裁判，并接受人民法院裁判约束的人。当事人参加离婚诉讼活动，须以自己的名义进行。在不同的诉讼阶段，当事人的称谓不同，以表明其在诉讼中的地位，并享有与其诉讼地位相应的诉讼权利，承担诉讼义务。在第一审诉讼程序中，称原告、被告；在第二审诉讼程序中，称上诉人、被上诉人。在离婚诉讼中，当事人享有的诉讼权利主要有：提出回避申请，收集、提供证据，进行辩论，请求调解，提起上诉，申请执行，可以查阅本案有关材料，并可以复制本案有关材料和法律文书。当事人应当履行的诉讼义务主要有：必须依法行使诉讼权利，遵守法庭秩序，履行发生法律效力的判决书、裁定书和调解书。双方当事人可以自行和解。原告可以放弃或者变更诉讼请求。被告可以承认或者反驳诉讼请求，还有权提起反诉。

离婚诉讼代理人 离婚诉讼当事人委托的保障当事人行使诉讼权利，代为进行诉讼活动的诉讼参加人。法律设立诉讼代理人制度，是为了保障无诉讼行为能力人能够通过诉讼代理人代其参加诉讼活动，以维护其合法权益。当然，诉讼代理人的法学专业知识与能力，也能弥补当事人在诉讼中对法律理解与诉讼技术上的不足，更好地维护自己的合法权益。按照《中华人民共和国民事诉讼法》第一编“总则”第五章“诉讼参加人”第二节“诉讼代理人”的规定，离婚诉讼的当事人可以委托一至二人作为诉讼代理人。律师、基层法律服务工作者，当事人的近亲属或者工作人员，当事人所在社区、单位以及有关社会团体推荐的公民，可以作为当事人的诉讼代理人。委托他人代为诉讼，必须向人民法院提交由委托人签名或者盖章的授权委托书。授权委托书必须记明委托事项和权限。诉讼代理人代为承认、放弃、变更诉讼请求，进行和解，提起反诉或者上诉，必须有委托人的特别授权。侨居在国外的中华人民共和国公民从国外寄交或者托交的授权委托书，必须经中华人民共和国驻该国的使领馆证明；没有使领馆的，由与中华人民共和国有外交关系的第三国驻该国的使领馆证明，再转由中华人民共和国驻该第三国使领馆证明，或者由当地的爱国华侨团体证明。代理诉讼的律师和其他诉讼代理人有权调查收集证据，可以查阅本案有关材料。离婚纠纷案件主要解决当事人的婚姻关系是维持还是解除，这是涉及当事人身份关系变动的大事。因此，即使当事人有诉讼代理人的，本人除因患精神病、痴呆等精神障碍、神志不清等不能表达意思的以外，仍应当亲自出庭参加诉讼。确因患病、人身自由受限、工作重要脱离不开等特殊情况无法出庭的，当事人本人必须向人民法院提交书面意见，对是否离婚、子女抚养、财产分割等清楚表达自己的意思。无民事行为能力人或者限制民事行为能力人的离婚诉讼，当事人的法定代理人应当到庭。法定代理人经传票传唤无正当理由拒不到庭，属于原告方的，按撤诉处理；属于被告方的，人民法院在查清事实的基础上，应当依法缺席判决。必要时，人民法院也可以拘传其到庭。

离婚案件的审理 我国人民法院对所受理的离婚纠纷案件，在当事人和其他诉讼参与人的参加下，依照法律规定的形式和顺序，查清案件事实，分清是非责任，以形成最后裁判的诉讼活动。开庭审理前，书记员应当查明当事人和其他诉讼参与人是否到庭，宣布法庭纪律。开庭审理时，由审判长或者独任审判员核对当事人，宣布案由，宣布审判人员、书记员名单，告知当事人有关的诉讼权利义务，询问当事人是否提出回避申请。在审判长的主持下，经法庭调查、法庭辩论，判决前应当进行调解，调解不成的，作出判决。人民法院对公开审理或者不公开审理的案件，一律公开宣告判决。当庭宣判的，应当在十日内发送判决书；定期宣判的，宣判后立即发给判决书。宣告判决时，必须告知当事人上诉权利、上诉期限和上诉的人民法院；宣告离婚判决，必须告知当事人在判决发生法律效力前不得另行结婚。原告、被告都应当到庭参加审理。原告经传票传唤,无正当理由拒不到庭的,或者未经法庭许可中途退庭的,可以按撤诉处理;被告经传票传唤,无正当理由拒不到庭的,或者未经法庭许可中途退庭的,可以缺席判决。人民法院适用普通程序审理的案件,应当在立案之日起六个月内审结。有特殊情况需要延长的,经本院院长批准,可以延长六个月;还需要延长的,报请上级人民法院批准。我国民事诉讼实行两审终审制。当事人不服地方人民法院第一审判决的,有权在判决书送达之日起十五日内向上一级人民法院提起上诉。上诉应当递交上诉状。上诉状的内容,应当包括当事人的姓名,原审人民法院名称、案件的编号和案由,上诉的请求和理由。上诉状应当通过原审人民法院提出,同时提出上诉状副本。原审人民法院收到上诉状,应当在五日内将上诉状副本送达对方当事人,对方当事人在收到之日起十五日内提出答辩状。人民法院应当在收到答辩状之日起五日内将答辩状副本送达上诉人。对方当事人不提出答辩状的,不影响人民法院审理。原审人民法院收到上诉状、答辩状,应当在五日内连同全部案卷和证据,报送第二审人民法院。第二审人民法院对上诉案件应当开庭审理。经过阅卷、调查和询问当事人,对没有提出新的事实、证据或者理由,人民法院认为不需要开庭审理的,可以不开庭审理。第二审人民法院对上诉案件,经过审理,按照下列情形分别处理:(1)原判决、裁定认定事实清楚,适用法律正确的,以判决、裁定方式驳回上诉,维持原判决、裁定;(2)原判决、裁定认定事实错误或者适用法律错误的,以判决、裁定方式依法改判、撤销或者变更;(3)原判决认定基本事实不清的,裁定撤销原判决,发回原审人民法院重审,或者查清事实后改判;(4)原判决遗漏当事人或者违法缺席判决等严重违反法定程序的,裁定撤销原判决,发回原审人民法院重审。第一审判决不准离婚的案件,上诉后,第二审人民法院认为应当判决离婚的,可以根据当事人自愿的原则,与子女抚养、财产问题一并调解;调解不成的,发回重审。双方当事人同意由第二审人民法院一并审理的,第二审人民法院可以一并裁判。第二审人民法院审理上诉案件,可以进行调解。调解达成协议,应当制作调解书,由审判人员、书记员署名,加盖人民法院印章。调解书送达后,原审人民法院的判决即视为撤销。因和解申请撤诉的,经审查符合撤诉条件的,人民法院应予准许。第二审人民法院的判决、裁定，是终审的判决、裁定，宣告即生效。人民法院审理对判决的上诉案件，应当在第二审立案之日起三个月内审结。有特殊情况需要延长的，由本院院长批准。

诉讼外调解 亦称“诉讼前调解”。由婚姻当事人所在单位、群众团体、住所地居(村)民委员会、人民调解部门等主持，在自愿的基础上，当事人就维持还是解除婚姻关系及其他问题所达成协议的纠纷解决方式。《中华人民共和国民法典》第1079条第1款规定：“夫妻一方要求离婚的，可以由有关组织进行调解或者直接向人民法院提起离婚诉讼。”依此规定，夫妻一方要求离婚的，可以在双方同意的基础上由有关组织主持调解。调解解决离婚纠纷，在我国是有传统的，而且熟悉婚姻当事人的居(村)民委员会、当事人所在单位等，能使调解抓住重点，有针对性地解决纠纷、化解矛盾。当然，无论如何，调解解决婚姻纠纷，都应当在完全自愿的基础上进行，调解的内容不能违反法律。诉讼前调解并不是当事人起诉的前置程序。不愿意调解的，或者调解不成的，当事人可以向人民法院起诉，由人民法院裁判解决。参见“诉讼中调解”。

诉讼前调解 即“诉讼外调解”。

诉讼中调解 离婚诉讼过程中，在法官的主持下，由离婚当事人自愿协商，达成协议，解决离婚纠纷的方式。《中华人民共和国民法典》第1079条第2款规定：“人民法院审理离婚案件，应当进行调解；如果感情确已破裂，调解无效的，应当准予离婚。”依此规定，调解是人民法院处理离婚纠纷案件的必经程序。只有感情确已破裂而又调解无效的，才能作出离婚判决。未经调解的，不能直接判决。与诉讼外调解不同。诉讼中调解是人民法院行使审判权的一种方式。离婚纠纷是民事诉讼案件中比较特殊的一种。一般民事诉讼，调解坚持的是自愿原则，只要当事人不愿调解，人民法院不会依职权强行调解。离婚诉讼，首要解决的是婚姻当事人是否还有感情、婚姻关系是否应当解除的问题，具体的民事权利义务之争则是附带的问题。因此，调解与审判结合进行，调解会贯穿案件审理的始终。诉讼外调解则是由了解婚姻双方且有解决婚姻纠纷经验的当事人所在地的居(村)民委员会、当事人所在单位等对婚姻当事人进行的调解。这种调解必须坚持自愿原则，任何组织都不能强制当事人接受调解，也不能阻挠当事人向人民法院起诉。诉讼外调解即使成功了，也只有两种结果：一是调解成功双方和好，婚姻关系得以维持；二是调解成功达成离婚协议。对于前者，调解不离婚的，事后当事人反悔，依然可以向人民法院提起诉讼。对于后者，即使婚姻当事人达成协议离婚，还是要凭离婚协议到婚姻登记机关办理离婚登记手续，领取离婚证，婚姻关系才能解除。仅有离婚协议，不去办理离婚登记，婚姻关系依然没有解除。诉讼中调解是在法官的主持下进行的，其达成的调解协议与判决具有同样的法律效力。调解和好的离婚案件，人民法院可以不制作调解书，但应当记入笔录，由双方当事人、审判人员、书记员签名或者盖章后，即具有法律效力。调解达成离婚协议形成的调解书在送达当事人双方后即发生效力，婚姻关系即告解除。因为是离婚案件，我国民事诉讼法对此还有特别的规定，调解和好的离婚案件，没有新情况、新理由，原告在六个月内向人民法院又提起离婚诉讼的，人民法院不予受理。

离婚案件的判决 我国人民法院对其受理的离婚纠纷案件，经过审理，根据查明的事实，适用法律，以国家审判机关的名义所作出的权威性判定。离婚诉讼在经过法庭审理、调解之后，对于调解未达成协议或者调解书送达前一方反悔的，人民法院应当及时判决。判决书应当写明下列内容：(1)案由、诉讼请求、争议的事实和理由；(2)判决认定的事实和理由、适用的法律和理由；(3)判决结果和诉讼费用的负担；(4)上诉期间和上诉的人民法院。判决书由审判人员、书记员署名，加盖人民法院印章。对于第一审判决，当事人不服的，有权在规定的上诉期内提出上诉，进入第二审程序。第二审判决为终审判决，判决一经作出即产生法律效力。

判决离婚的法定条件 亦称"判决离婚的依据"。法院判决是否准予离婚的标准或依据，是提出离婚的当事人要求解除婚姻关系的理由，是离婚诉讼中双方争议的焦点，是决定婚姻关系命运的原则界限。不同的离婚标准，反映着离婚立法不同的指导思想。各国婚姻家庭立法确立的离婚法定条件，主要有有责主义、目的主义和破裂主义三种。有责主义，亦称"过错主义"，指将可以归责于配偶一方的过错而破坏夫妻双方婚姻生活的为法定的离婚理由。提出离婚的一方，只要举证证明对方有如通奸、重婚、虐待、遗弃、意图杀害自己等严重违反婚姻法律规定的过错，法院即可判决离婚。目的主义，亦称"干扰主义"，指将不可归责于配偶任何一方的过错但却是客观存在的事实使婚姻的目的不能达到、夫妻关系无法存续的原因为法定的离婚理由。提出离婚的一方，举证证明对方如失踪、患重大疾病、不能人道等，致使婚姻目的不能达到的，即可诉请法院判决离婚。破裂主义，坚持夫妻感情确已破裂，婚姻关系不能维持的为离婚的法定原因。夫妻一方举证证明夫妻感情破裂，婚姻关系已无挽回可能的，即可诉请法院判决离婚。有责主义注重配偶一方的过错，依此原则，无过错的则不可离婚。目的主义强调客观原因，只要夫妻关系有名无实、婚姻的目的不能实现，即可离婚。破裂主义注重的是婚姻双方当事人的真实感受，只要夫妻感情确已破裂，法院就可以判决离婚，而不论造成感情破裂的原因、哪一方存有过错等。按照破裂主义的原则，夫妻感情没有破裂，即使夫妻双方因为客观上的障碍，夫妻关系有名无实，法院也不能判决离婚。破裂主义坚持的是无因、无责的离婚原则，以夫妻感情是否破裂作为判决离婚的标准，才真正反映了婚姻关系的实质，婚姻关系的当事人双方必须以感情为基础，维护的是夫妻之间的根本利益。当今各国婚姻家庭立法，在离婚的法定条件上虽有各种不同的规定，但确实有从有责主义向破裂主义发展的趋势，反映了法律对婚姻关系维持的关键是夫妻具有感情的价值认同。《中华人民共和国民法典》第 1079 条第 2 款规定："人民法院审理离婚案件，应当进行调解；如果感情确已破裂，调解无效的，应当准予离婚。"反映了我国婚姻家庭立法坚持夫妻"感情确已破裂，调解无效"作为法定的离婚条件。按照我国民法典的规定，人民法院裁判离婚坚持的唯一法定标准是夫妻感情确已破裂，调解无效。这一标准中，其实包含着相互联系的两层含义，一是感情确已破裂，一是调解无效。感情确已破裂是判决离婚的实体条件，调解无效是判决离婚的程序条件。感情破裂依然是判决离婚的主导条件，调解则是离婚诉讼的必经程序。调解无效，也正是夫妻感情破裂的表现。感情破裂作为判决离婚的根本条件，是从婚姻关系的本质出发所作的规定。一方提出离婚，夫妻感情确已破裂的，应当判决离婚。即使夫妻感情的破裂是一方的过错造成的，也没有理由让无过错的一方继续在没有感情的婚姻中经受折磨。当然，造成夫妻感情破裂的有过错一方，也不是离婚之后就可以逍遥法外，法律有另外的责任形式，根据过错的不同情形让其接受法律制裁，无过错的一方还有权在离婚诉讼中要求过错方损害赔偿。

判决离婚的依据 即"判决离婚的法定条件"。

夫妻感情破裂认定的一般标准 在任何离婚纠纷中都可适用的认定夫妻感情破裂的一般标准。夫妻感情破裂，是我国法律规定的判决离婚的法定标准。人的感情不是法律规范所能直接作用的领域，夫妻感情更是包含着浓烈的主观色彩，无法用统一的尺寸来度量。法律应当让有感情的男女走到一起，所以结婚要求男女双方完全自愿。当夫妻之间的感情没有了，且不能和好，也应当允许他们解除这种痛苦的婚姻。因此，我国法律明确规定夫妻感情破裂，一方提出解除婚姻关系，经调解无效的，应当判决他们离婚。按照这一规定，似乎夫妻共同生活的事实不再，可以是夫妻感情破裂的标志，调解无效，则表示夫妻之间的和好已无可能。但现实生活中，不像法律规定的这么简单。夫妻感情确已破裂是法律规定的离婚实体条件，调解无效则是法律规定的程序要件。夫妻感情确已破裂的，调解自然会无效。但调解无效的，未必就一定代表着夫妻感情破裂。该不该判决一对夫妻离婚，关键还是看夫妻感情是否确已破裂。任何一对夫妻关系的结束，都有着千差万别的原因和表现，很难找到对任何一对陷于离婚纠纷的双方都能适用的判断其感情破裂的标准。因此，应当针对每一离婚纠纷中夫妻感情的具体表现，全面考察其婚姻关系从建立到产生矛盾最后陷入离婚困境的发展路径，再来判断夫妻之间的感情是否破裂。从我国离婚纠纷案件审判的实践来看，对于夫妻感情是否破裂，可以从婚姻基础、婚后感情、夫妻关系现状、离婚原因及有无和好可能几方面综合判断。(1)看婚姻基础。双方在建立婚姻关系时，是否有坚实的感情基础，对后来的感情发展具有重要的作用。男女双方缔结婚姻关系，是自由恋爱，还是经人介绍，是双方完全自愿，还是父母等的包办强迫，是经过深思熟虑，还是草率结婚，是因为爱情的结合，还是为了金钱、地位，甚或是因为未婚先孕、生活窘迫、借婚姻逃离原本不好的家庭环境等的迫不得已。男女结婚的动机与原因虽各种各样，但有一点是至关重要的，即男女双方是否有感情。凡在扎实的感情基础上结婚的，在婚后的生活中，双方的互相包容、克服困难、抵御诱惑等的能力就强，出现矛盾解决的积极性也高。相反，婚姻基础不牢固的，出现并不严重的矛盾都很容易使夫妻本就脆弱的感情大厦坍塌，甚至以离婚惨淡收场。(2)看婚后感情。男女结婚之后，双方共同生活期间的感情发展，对于婚姻关系也是至关重要的。除共同应对日常生活外，还要经历两个人的工作、习惯、爱好、情趣、节奏等的磨合，怀孕、生儿育女、赡养老人等家庭大事的考验及与对方其他家庭成员的相处等，这些都会考验双方的感情、智慧和能力。在家庭的共同生活中，夫妻二人的平等、忠诚、敬重、呵护、包容、合作、体贴等，能继续加深彼此的感情。相反，则会消耗婚前的感情基础。每对夫妻除平凡的家庭生活外，还要应对不断变化的客观世界，如工作的变动、收入的增减、社会地位的升降等，这都要求夫妻二人互相鼓励、努力学习、共同进步，以适应快速发展的社会环境，否则，因为情投意合而走进婚姻殿堂的两个人，会在观念、思想的不断变化过程中逐渐成为陌生人。当两人的发展不在一个水平、思想不再同步时，彼此的相处就会出现问题。有许多夫妻因为彼此了解还不充分、对发生的变化思想准备不足、应变措施失当等，使两人境界、性格、情趣、品格及水平上的差距加大，演变成对彼此的失望、怨怼、指责，夫妻感情越来越差，直至走到了感情破裂的境地。夫妻婚后感情发展的轨迹，折射的是夫妻二人生命的质量。具有良好道德品质的男女，不会将婚姻当作儿戏，会在婚后经营好自己的家庭，当刚刚出现问题的时候，也会尽自己的努力或抗争、或让步、或妥协、或谅解等，直到一方认为没有希望的时候，才会提出离婚。如果双方都以为离婚能解决问题，达成协议登记离婚即可。凡一方提出离婚，而对方不同意的才会起诉至法院。主张离婚的一方，有自己的委屈，不愿离婚的一方，也有自己的理由，认真听取他们的诉求，从他们婚后夫妻感情发展的脉络，看他们感情发展的走向，判断夫妻感情是否确已破裂，有一定的道理。

(3)看夫妻关系现状。包含结婚时间的长短、是否育有子女、双方的工作状态、家庭收入的支配、子女的教育、家务的承担等，离婚纠纷发生的时候，夫妻是在一起生活还是分居，是在一个屋檐下分居，还是一方已经离开家庭，丈夫或妻子有了难处，对方是关心还是漠视，夫家或妻家有了诸如婚丧嫁娶、父母生病这些大事，对方是否还到场，对子女的生活、教育是关心还是不闻不问等。夫妻间的生活状态，能够反映出夫妻彼此有感情还是已形同陌路。其实，离婚纠纷的发生，有的是一时意气，也有的则积怨很久，有原则性的大问题，也有鸡毛蒜皮的小事。但无论是什么原因造成的离婚纠纷，夫妻之间的生活现状能够说明他们是感情破裂，还是有和好的可能。要求离婚的一方，会找出很多说明彼此感情不好的事实；不同意离婚的一方，也能找出许多彼此有感情的证据。他们都是站在自己的角度，选择陈述自己以为印象深刻的事实或者是对自己有利的事实，甚至为达到自己的目的，夸大、捏造、歪曲事实，掩盖真相，更不会承认自己的过错。作为旁观者的法官，从他们表达的夫妻二人的生活现状及他们表达的离婚或不离婚的动机、表达的方式、态度等，能够判断出他们是否还有感情，婚姻关系是否还有必要继续下去。(4)看离婚原因。离婚作为一种社会现象，产生的原因非常复杂。夫妻感情本来是主观的东西，但又与客观实际有着不可分割的联系。有的婚前了解不够，婚后生活暴露出两人如性格、情趣、爱好等的格格不入，谁都无法容忍对方的性格缺陷而不愿共同生活。有的因为婚前一方的承诺后来没有兑现，另一方认为受到了欺骗。有的是婚后生活发生诸如地位、收入、工作环境等的变化，夫妻之间的差距越来越大，彼此不能沟通、产生隔阂。有当事人道德品质的问题，喜新厌旧、见异思迁，包二奶、养小三，甚至不惜重婚犯罪，损害了夫妻感情。有的因为客观上发生了无法解决的问题，如一方因为意外事故身体严重伤害，无法有完整的夫妻生活，因为家庭生活负担过重，无力承受的一方要逃避自己的责任，甚至离家出走。有的因为处理不好婆媳、翁婿关系，在处理过程中严重伤害了夫妻感情。有的离婚原因单一，如一方与人通奸、重婚，破坏了夫妻感情，也有的离婚原因有多种，堆积在一起，缺少有效的办法一一化解。有的结婚登记时隐瞒家庭、工作、收入、身体健康等重要事实，欺骗对方进行结婚登记，婚后也没有建立起夫妻感情，难以共同生活等。(5)看有无和好可能。以感情为基础的夫妻关系的变化有很多无法用理性解释的特殊之处。有的夫妻间矛盾尖锐到看似你死我活，可经过双方的努力，感情恢复了，也有的看似没什么了不起的原则性问题，双方的感情却一直在向坏的方向发展。判断夫妻感情是否破裂，不能先入为主、偏听偏信，不能被表象迷惑，应当客观、理性地全面考察当事人的婚姻基础、婚后感情、夫妻关系现状、离婚原因和有无和好可能是必要的。在考察这些因素的时候，不能将它们割裂开来，而是要充分注意这些因素的紧密联系。婚前基础一般，婚后感情发展得很好也是有的。因为一方过错，造成夫妻感情的一度破裂，也不代表着永远没有和好的可能。夫妻感情一般，但因为生育了子女，双方都很在乎孩子的健康成长，也会放下自己心中的不快，愿意为了孩子作出妥协。

夫妻感情的有无、深浅，其实也不是家庭生活的全部，而且每一个体对感情的要求又不尽相同。即使感情出了一些问题，彼此愿意谅解对方，夫妻和好的可能还是存在的。在考察上述因素时，首先应当分清是非曲直，尤其不要混淆婚前与婚后的事实、无效婚姻与离婚理由、构成犯罪与夫妻间矛盾的不同。其次对于导致夫妻感情出现裂痕的一方，应当严肃批评，有过错的，要让其诚恳道歉、认识错误，表示悔改，对于在家庭生活中任性、刁蛮、自私、懒惰、不负责任的一方要严肃指出，令其改正。如果夫妻感情确已破裂，调解无效的，应当准予离婚。调解虽然无效，但夫妻感情尚未破裂或者尚未完全破裂的，不应立即判决离婚，应当给彼此一个缓和矛盾、修复感情的机会与时间。从婚前基础、婚后感情、夫妻关系现状、离婚原因及有无和好可能等方面，全面考量夫妻感情是否破裂，是我国几十年处理离婚纠纷案件的经验总结，但对于复杂的离婚纠纷案件，这些判断标准还是太抽象，给法官的裁量带来操作上的难度。现行法律为克服这些局限，将夫妻感情破裂的具体表现用列举的方式加以规定，作为夫妻感情破裂认定的具体标准，为这类案件的处理带来操作上的便利。

夫妻感情破裂认定的具体标准 在具体离婚纠纷中适用的认定夫妻感情破裂的具体标准。《中华人民共和国民法典》第1079条第3款规定："有下列情形之一，调解无效的，应当准予离婚：（一）重婚或者与他人同居；（二）实施家庭暴力或者虐待、遗弃家庭成员；（三）有赌博、吸毒等恶习屡教不改；（四）因感情不和分居满二年；（五）其他导致夫妻感情破裂的情形。"理解法律的这一规定，应当注意：(1)上述五种情形须发生在合法有效的婚姻关系中。(2)具备上述五种情形中的任何一种，都可以认定夫妻间的感情确已破裂。(3)即使具备上述五种情形之一的，人民法院还是要进行调解。只有调解无效的，才应当准予离婚。除上述五种情形外，还有以下两种情形。一种是我国民法典第1079条第4款规定的："一方被宣告失踪，另一方提起离婚诉讼的，应当准予离婚。"这也是法定的认定夫妻感情破裂的标准之一。夫妻一方被宣告失踪，证明夫妻双方至少有二年以上的时间没有共同生活，失踪人没有履行夫妻间的义务，他们的婚姻关系已名存实亡，失踪人配偶起诉离婚的，人民法院应当判决离婚。与前述规定的五种情形不同的是，因为夫妻一方被宣告失踪，另一方起诉离婚的，人民法院可以不经调解，当然也无法调解，直接判决离婚。另一种是我国民法典第1079条第5款规定的："经人民法院判决不准离婚后，双方又分居满一年，一方再次提起离婚诉讼的，应当准予离婚。"司法实践中，判决不准离婚后又起诉离婚的案件不少。这一规定对处理离婚案件具有很强的操作性，也避免了离婚案件久拖不决，给当事人带来的痛苦。

与他人同居 配偶一方与他人不以夫妻名义持久、稳定地共同居住生活的行为。我国法律规定的认定夫妻感情破裂，准予离婚的事实之一。认定"与他人同居"，需要注意以下几点：(1)与人同居的是有配偶的人。有配偶，即男人有妻，女人有夫，只要婚姻关系尚在存续，未经过法律规定的程序或者登记或者判决解除其婚姻关系的，都是有配偶者。同居的双方，可能是一方为有配偶者，也可能双方都是有配偶者，但都是与自己婚姻关系以外的人同居。(2)同居没有以夫妻的名义。此点与事实上的重婚相区别。有配偶者与他人以夫妻名义公开同居生活，他们给外人的观感是夫妻关系的，为事实上的重婚。(3)同居生活具有相对稳定的特点，且持续的时间较长。此点与偶尔发生的婚外性行为、通奸及婚外恋等不同。这种同居行为，不仅违背了夫妻间的忠诚义务，伤害了夫妻间的感情，也破坏了一夫一妻的婚姻制度，破坏了家庭、社会的和谐稳定。有配偶者与他人同居生活的毕竟不是重婚，一律用刑法来制裁，似乎又有将道德问题罪责化之嫌。我国民法典明确规定"禁止有配偶者与他人同居"，同时将有配偶者与他人同居作为人民法院判断夫妻感情破裂、准予离婚的依据之一。夫妻一方与他人同居，另一方以此为由提出离婚，经调解无效的，人民法院应当判决离婚。有配偶者与他人同居，严重伤害了夫妻感情，因此导致夫妻感情破裂离婚的，无过错的一方有权要求与他人同居的一方损害赔偿。

重婚 有配偶者与他人结婚的行为。我国法律规定的认定夫妻感情破裂，准予离婚的事实之一。构成重婚需要以下条件：(1)重婚的行为人是有配偶的人，即在法律上是与他人有着合法有效的婚姻关系的人。无论在何种情形下，只要他(她)与对方的婚姻关系没有在法律上解除，就是一个有配偶的人。包括：男女二人领取了结婚证，但还没有按照当地习俗办婚礼，或者没有同居生活；夫妻二人签订了离婚协议，但没有办理离婚登记手续，领取离婚证；夫妻分居已久，但没有进行离婚登记或者没有取得离婚判决；夫妻一方没有音讯、下落不明多年，另一方没有通过诉讼程序解除婚姻关系;离婚诉讼正在进行当中,甚至有的已经有了第一审离婚判决,但对方上诉,该离婚判决没有生效等。具有上述情形中的任何一种,夫妻二人都是有配偶的人。如果仅仅是男女有了婚约,不能认为是有配偶者。(2)重婚的构成,可以是双方都有配偶,也可以只是一方有配偶。只要这样的两人结婚或者虽未办理结婚登记,但以夫妻名义公开生活,都可以构成重婚关系。(3)重婚行为是故意行为。构成重婚,要么是自己有配偶还与他人结婚,要么是自己虽然没有配偶,但明知对方有配偶还与之结婚。无论是哪种情形,重婚行为都是行为人故意为之。如果自己没有配偶,被一个有配偶的人欺骗而与之结婚或者构成事实重婚的,虽不构成重婚罪,但该婚姻关系为重婚,应当依法宣告无效。(4)重婚行为已经完成,即一个有配偶的人,又和他人建立了婚姻关系。包括:前一婚姻关系未解除,又与他人办理了结婚登记;前一婚姻关系未解除,又与他人以夫妻名义共同、稳定地生活。前者被称之为"法律上的重婚",后者被称之为"事实上的重婚"。在实行婚姻登记制度的国家,已经结婚的人又与他人办理了结婚登记的,除非当事人弄虚作假,以假的身份、证件等欺骗了婚姻登记机关,否则在第二次办理结婚登记的时候很容易被查出来。因此,生活中法律上的重婚还是少数,较多的是事实上的重婚。重婚行为在婚姻关系上的法律后果有多方面:(1)重婚是犯罪行为。重婚行为,无论是事实上的重婚,还是法律上的重婚,都是严重破坏一夫一妻婚姻制度的违法行为,构成重婚犯罪的,应当被依法追究刑事责任。(2)重婚是夫妻感情破裂的标志之一。重婚行为严重伤害了夫妻感情,因此,在离婚诉讼中,重婚是人民法院判断夫妻感情破裂的依据之一。重婚是一复杂的社会现象,构成重婚的情形很多,因为重婚而发生离婚纠纷的案件处理,还是应当结合个案区别对待:夫妻一方重婚,并起诉与原配偶离婚,另一方则控告原告重婚犯罪的,人民法院应当依法解除原告非法的重婚关系,并依法追究原告重婚犯罪的刑事责任。重婚者坚持与原配偶离婚,而原配偶不愿离婚的,人民法院应当针对婚姻关系是否应当解除进行调解。调解不成的,应当判决离婚。夫妻一方重婚,另一方因此提出离婚的,人民法院可以据此判断出夫妻感情已经破裂,经过调解和好无望的,应当依法解除非法的重婚关系,并依法判决夫妻双方离婚。在处理因一方重婚而发生的离婚纠纷时，在财产分割、子女抚养等问题上，应当注重保护无过错方的利益。(3)重婚是无过错方要求离婚损害赔偿的事由之一。因为一方重婚导致夫妻离婚的，无过错方有权请求过错方损害赔偿，有过错的重婚者有赔偿的义务，以此来制裁违法者。

法律上的重婚 重婚的一种。详“重婚”(252 页)。

事实上的重婚 重婚的一种。前一婚姻关系未解除，又与他人以夫妻名义共同、稳定地生活的行为。与通奸、婚外同居等行为不同。通奸是有配偶的人与他人秘密保持婚外性关系。婚外同居是指有配偶者与婚外异性虽持续、稳定地共同生活，但不以夫妻名义。这两种行为与事实上的重婚最大的不同在于没有公开以夫妻名义对待。事实上的重婚存在认定上的困难，但如果有配偶的人与配偶以外的人举行婚礼的，或者虽未举行婚礼，但以夫妻相称、在固定的住所共同生活，甚至生儿育女的，都可被认为是事实上的重婚。参见“重婚”(252 页)。

通奸 双方或者一方有配偶的男女，自愿、秘密发生两性关系的行为。通奸不仅破坏婚姻、家庭，而且败坏社会风气，严重违反社会伦理道德。在我国，与他人通奸的，应当受到党纪、政纪的处分及社会舆论的谴责。

重婚罪 有配偶又与他人结婚或者明知他人有配偶而与之结婚的犯罪行为。《中华人民共和国刑法》第 258 条规定：“有配偶而重婚的，或者明知他人有配偶而与之结婚的，处二年以下有期徒刑或者拘役。”重婚罪有以下特征：(1)犯罪主体有两种：一是有配偶的人，其在婚姻关系存续期间又与他人建立了婚姻关系；二是没有配偶的人，其明知对方有配偶而与之建立婚姻关系。(2)主观上是故意的。这是构成重婚罪的主观要件，即重婚罪的行为人主观上具有重婚犯罪的故意。无论自己是有配偶的人，又与他人成立婚姻关系，还是自己虽然没有配偶，但明知对方有配偶还与之登记结婚或者与之以夫妻名义公开同居生活的，主观上都是故意的。如果自己没有配偶，对方谎称自己没有结婚而骗取其信任而结婚的，被欺骗结婚的人没有重婚犯罪的故意，该人不构成重婚犯罪。制裁重婚犯罪，一要注意罪与非罪的界限。按照刑法关于犯罪概念的规定，虽然故意所为的犯罪行为大都会被追究刑事责任，但是情节显著轻微危害不大的，不认为是犯罪。生活中，有的虽然构成重婚，但情节显著轻微，对社会危害不大的，不应当认定为重婚犯罪。如夫妻一方因不堪虐待外逃而重婚。这种重婚的发生往往是女方不堪丈夫的长期虐待、家庭暴力等逃离家庭，出逃在外又因生活所迫等与他人结婚，虽构成重婚，但社会危害性明显不大，不宜以重婚罪处罚。又如男女双方虽登记结婚，领取了结婚证，但因为对方承诺的结婚条件如彩礼没有收到、婚房的产权证没有加上自己的名字等没有满足，双方家庭产生矛盾，女方要求离婚回了娘家，之后又与他人以夫妻名义同居生活，这种情况下虽然构成重婚，但也属情节轻微，社会危害性不大，不应以重婚罪处罚。二要注意此罪与彼罪的界限。如一有配偶的男性利用暴力、胁迫等手段，强迫与某女性长期保持不正当的两性关系，甚至毫无避讳地公开以夫妻关系自居，而女方则由于某种原因不得不屈从。这种违背妇女意志，使用暴力、胁迫等手段，强行与女性发生性行为的，尽管表面上是以夫妻关系自居，其侵犯的却不是一夫一妻的婚姻制度，而是妇女的性权利，应当认定为强奸罪，而不是重婚罪。

破坏军人婚姻罪　明知是现役军人的配偶而与之同居或者结婚的犯罪行为。现役军人为完成自己的职责，往往夫妻长期分居两地，无法照顾家中配偶、子女、父母。为了国家安全、社会安宁和人民的幸福，军人和军人的配偶都在牺牲着自己的家庭幸福。破坏军人婚姻的行为，不仅破坏了一夫一妻的婚姻制度，破坏了军人的婚姻与家庭，还动摇军心，破坏军民团结。因此，法律对军人的婚姻给予特别保护，以保证军人没有后顾之忧地完成自己的使命。在我国，除婚姻家庭法对军人的婚姻予以特别保护外，刑法还专门规定了破坏军人婚姻这一罪名，并规定了相应的刑事责任。《中华人民共和国刑法》第259条第1款规定："明知是现役军人的配偶而与之同居或者结婚的，处三年以下有期徒刑或者拘役。"破坏军人婚姻的犯罪，需有如下要件才能构成：(1)同居或者重婚的对象是现役军人的配偶。现役军人，指正在中国人民解放军部队和中国人民武装警察部队服现役的拥有军籍的人，包括现役士兵和现役军官，但不包括转业、退伍、复员军人和预备役人员以及在军事部门工作但没有军籍的人员。现役军人的配偶是指与现役军人有着合法有效的婚姻关系的人。与现役军人有婚约的，正与现役军人谈恋爱的，不属该条规定的范围。(2)与现役军人配偶同居或者重婚的行为人为一般主体，即只要其具备刑事责任能力就可能构成本罪主体，甚至不论该行为人自己是否有配偶。(3)有与现役军人配偶重婚或者同居的行为。与现役军人配偶重婚，毋庸置疑是破坏军人婚姻的行为。与现役军人配偶同居，不论这种同居行为是公开的还是秘密的，是长期的还是短时间的，只要是与现役军人配偶同居一个屋檐下同食同眠，即构成对军人婚姻的破坏。(4)行为人主观上是故意的。明知对方是现役军人的配偶，还与之结婚或者同居的，即具有破坏军人婚姻的故意。与现役军人的配偶重婚的，不按重婚罪处罚，而是按照破坏军人婚姻罪处罚。如果对方承认自己有配偶，但却隐瞒了自己是现役军人配偶的事实，行为人与之结婚的，虽构成重婚，但不能以破坏军人婚姻罪处罚，只能按照我国刑法第258条重婚罪追究其刑事责任。破坏军人婚姻的犯罪，处三年以下有期徒刑或者拘役。可见，其刑期比重婚罪刑期(二年以下有期徒刑或者拘役)要长。参见“重婚罪”(254页)。

家庭暴力 对自己的家庭成员以殴打、捆绑、残害、限制人身自由以及经常性谩骂、恐吓等方式实施的侵害身体、精神等的行为。我国法律规定的认定夫妻感情破裂，准予离婚的事实之一。家庭暴力与其他暴力行为不同：(1)施暴者与受害人之间存在着特定的身份关系及共同的利益关系。如配偶、父母子女、兄弟姐妹、祖孙等。施暴者往往利用其身份的特殊关系、体力上的特点，如丈夫利用其身体强壮的优势施暴于弱势的妻子，父母利用其长辈的身份施暴于年幼的子女，成年子女施暴于年老体衰的父母等。施暴者与受害人是共同生活的家庭成员，具有特定的身份、感情与利益关系。单纯的惩戒对家庭暴力的干预不仅无法完全奏效，而且还会对家庭成员的共同利益造成损失，受害人也不愿或者不敢要求对加害人施加行政处罚或者刑罚，这又纵容了家庭暴力。(2)家庭暴力行为的表现有多种，如殴打、捆绑、残害、限制受害人人身自由及经常性谩骂、恐吓等，具有长期性、反复性的特点，严重侵犯了受害人的生命权、健康权、人身自由权、性的自主权及人格尊严等权利。(3)家庭暴力行为通常发生在施暴者与受害人共同生活的家庭之内，具有极强的隐私性和隐蔽性。对于家庭暴力，家人认为“家丑不能外扬”，会要求受害人忍让，受害人也没有勇气举报。他人则多以为是人家的家庭内部事务，外人不好过多过问，甚至有的人认为丈夫对妻子施暴，妻子一定是有问题，造成家庭暴力持续时间很长却无人过问、施暴者愈发变本加厉、受害人损害严重的恶果。许多家庭暴力只有演变为恶性刑事案件时才被发现、重视。(4)家庭暴力取证困难。我国公安机关在处理家庭暴力的过程中虽然做了大量的工作，如制止、劝解、训诫等，但这些工作大多采取口头的方式，没有留下书面的证据，受害人对家庭暴力取证意识薄弱，人民法院对家庭暴力的认定证据要求严格，受害人在离婚和离婚损害赔偿诉讼中因证据缺失而很难得到支持，这也更纵容了家庭暴力。家庭暴力的危害，不仅仅是使受害人的身体、精神受到巨大创伤，造成婚姻破裂、家庭解体，而且会直接影响到未成年子女的世界观、行为模式及价值观念的形成而为社会的长久安全与正常发展埋下隐患。因此，我国民法典将实施家庭暴力作为人民法院判断夫妻感情破裂、调解无效、准予离婚的依据之一。对正在实施的家庭暴力，受害人有权提出请求，居民委员会、村民委员会应当予以劝阻，公安机关应当予以制止。实施家庭暴力，受害人提出请求的，公安机关应当依照治安管理处罚的法律规定对施暴人予以行政处罚。对实施家庭暴力构成犯罪的，应当依法追究刑事责任。受害人可以依照刑事诉讼法的有关规定，向人民法院自诉，以追究施暴者的刑事责任；公安机关应当依法侦查，人民检察院应当依法提起公诉。因为实施家庭暴力导致离婚的，无过错方有权请求离婚损害赔偿。2016 年 3 月 1 日《中华人民共和国反家庭暴力法》生效实施，为预防和制止家庭暴力，维护家庭成员的人身权益提供了法律武器。

中华人民共和国反家庭暴力法 我国预防和制止家庭暴力的基本法律。2015 年 12 月 27 日第十二届全国人民代表大会常务委员会第十八次会议通过，自 2016 年 3 月 1 日起施行。该法为了预防和制止家庭暴力，保护家庭成员的合法权益，维护平等、和睦、文明的家庭关系，促进家庭和谐、社会稳定而制定。共有总则、家庭暴力的预防、家庭暴力的处置、人身安全保护令、法律责任及附则等 6 章 38 条。该法明确了家庭暴力的概念和家庭暴力的范围，家庭暴力的预防，家庭暴力的处置，以及不同部门、单位和公民个人的预防和制止家庭暴力的责任，特别规定了强制报告、告诫书、人身安全保护令三项重要措施。《中华人民共和国反家庭暴力法》的制定与实施，是我国社会文明进步的重要体现，是弘扬家庭美德，形成平等、和睦、文明家庭关系的有效途径，是尊重人权、保障妇女儿童老人合法权益的重要举措。2001 年修正后的《中华人民共和国婚姻法》就以立法的形式明确禁止家庭暴力。此后《中华人民共和国妇女权益保障法》《中华人民共和国未成年人保护法》《中华人民共和国残疾人保障法》《中华人民共和国治安管理处罚法》《最高人民法院关于适用〈中华人民共和国婚姻法〉若干问题的解释(一)》,最高人民法院、最高人民检察院、公安部、司法部《关于依法办理家庭暴力犯罪案件的意见》等反家庭暴力的法律和相关司法解释相继实施,取得了一定的成效。但总体而言,法律规定过于原则,可操作性不强,也没有建立系统干预家庭暴力的体系。由于缺乏有力的法律支撑,缺乏足够的司法干预,缺乏行之有效的社会救济渠道,家庭暴力受害者得到的支持十分有限。无论从现实还是从各国的立法实践来看,遏制家庭暴力需要纳入法治轨道。我国反家庭暴力法第3条第3款明确规定:"国家禁止任何形式的家庭暴力。"第2款规定:"反家庭暴力是国家、社会和每个家庭的共同责任。"第4条规定:"县级以上人民政府负责妇女儿童工作的机构,负责组织、协调、指导、督促有关部门做好反家庭暴力工作。县级以上人民政府有关部门、司法机关、人民团体、社会组织、居民委员会、村民委员会、企业事业单位,应当依照本法和有关法律规定,做好反家庭暴力工作。各级人民政府应当对反家庭暴力工作给予必要的经费保障。"第5条规定:"反家庭暴力工作遵循预防为主,教育、矫治与惩处相结合原则。反家庭暴力工作应当尊重受害人真实意愿,保护当事人隐私。未成年人、老年人、残疾人、孕期和哺乳期的妇女、重病患者遭受家庭暴力的,应当给予特殊保护。"

家庭暴力的预防 对家庭暴力的预先防控。反家庭暴力工作的基础。按照《中华人民共和国反家庭暴力法》的规定,反家庭暴力工作的基本原则之一是预防为主,教育、矫治与惩处相结合。要做好反家庭暴力工作,首先应当把工作的关口前移,超前防控,建立预教、预测、预报、预警、预防的递进模式,通过建设反家庭暴力的社会文化,健全反家庭暴力的机制、制度,落实反家庭暴力的社会责任,创造全社会的反家庭暴力的氛围与文化,夯实反家庭暴力的社会基础,进而预防家庭暴力的发生。我国反家庭暴力法第二章规定了家庭暴力的预防工作具体包括:(1)宣传教育。国家开展家庭美德宣传教育,普及反家庭暴力知识,增强公民反家庭暴力意识。工会、共产主义青年团、妇女联合会、残疾人联合会应当在各自工作范围内,组织开展家庭美德和反家庭暴力宣传教育。广播、电视、报刊、网络及学校、幼儿园等都应当开展上述宣传教育。(2)各级政府介入。县级以上人民政府有关部门、司法机关、妇女联合会应当将预防和制止家庭暴力纳入业务培训和统计工作。乡镇人民政府、街道办事处应当组织开展家庭暴力预防工作,居民委员会、村民委员会、社会工作服务机构应当予以配合协助。各级人民政府应当支持社会工作服务机构等社会组织开展心理健康咨询、家庭关系指导、家庭暴力预防知识教育等服务。(3)全社会参与。人民调解组织应当依法调解家庭纠纷,预防和减少家庭暴力的发生。用人单位发现本单位人员有家庭暴力情况的,应当给予批评教育,并做好家庭矛盾的调解、化解工作。未成年人的监护人应当以文明的方式进行家庭教育,依法履行监护和教育职责,不得实施家庭暴力。医疗机构应当做好家庭暴力受害人的诊疗记录。

家庭暴力的处置 对于家庭暴力的及时干预、有效处理。针对家庭暴力持续反复发生、不及时制止即会不断恶化升级的特点,国家有关机关应当依法采取及时、有效的措施干预、处理。出现家庭暴力,立即得到及时、有效处置,又会反过来起到警示、教育及威慑作用,对于全社会的反对家庭暴力有着至关重要的作用。如果不能及时处置家庭暴力,必然使违法、犯罪的人心无惧念、有恃无恐,家庭暴力只有愈演愈烈。2015年3月2日,我国最高人民法院、最高人民检察院、公安部、司法部联合发文《关于依法办理家庭暴力犯罪案件的意见》,针对家庭暴力案件犯罪事实难以发现、诉讼程序难以启动、定罪标准不够明确的特点,从办理家庭暴力犯罪案件的原则、受理程序、定罪处罚及其他措施四个方面提出了25条指导意见,意图建立起“四机关”联合应对家庭暴力的工作机制,以有效、及时地处置家庭暴力案件。《中华人民共和国反家庭暴力法》第三章具体规定了家庭暴力的处置。(1)报案、控告和举报。家庭暴力受害人及其法定代理人、近亲属可以向加害人或者受害人所在单位、居民委员会、村民委员会、妇女联合会等单位投诉、反映或者求助,也可以向公安机关报案或者依法向人民法院起诉。学校、幼儿园、医疗机构、居民委员会、村民委员会、社会工作服务机构、救助管理机构、福利机构及其工作人员在工作中发现无民事行为能力人、限制民事行为能力人遭受或者疑似遭受家庭暴力的,有权利也有义务及时向公安机关、人民检察院、人民法院报案、控告或者举报。公安机关、人民检察院、人民法院对于报案人、控告人和举报人不愿意公开自己的姓名和报案、控告、举报行为的,应当为其保守秘密,保护报案人、控告人和举报人的安全。(2)及时审查、立案。公安机关接到家庭暴力报案后应当及时出警,制止家庭暴力,按照有关规定调查取证,协助受害人就医、鉴定伤情。公安机关、人民检察院、人民法院接到家庭暴力的报案、控告或者举报后,应当立即问明案件的初步情况,制作笔录,迅速进行审查,按照刑事诉讼法关于立案的规定,根据自己的管辖范围,决定是否立案。对于符合立案条件的,要及时立案。对于可能构成犯罪但不属于自己管辖的,应当移送主管机关处理,并且通知报案人、控告人或者举报人;对于不属于自己管辖而又必须采取紧急措施的,应当先采取紧急措施,然后移送主管机关。经审查,对于家庭暴力行为尚未构成犯罪,但属于违反治安管理行为的,应当将案件移送公安机关,依照治安管理处罚法的规定进行处理,同时告知被害人可以向人民调解委员会提出申请,或者向人民法院提起民事诉讼,要求施暴人承担停止侵害、赔礼道歉、赔偿损失等民事责任。(3)注意发现犯罪案件。公安机关在处理人身伤害、虐待、遗弃等行政案件过程中,人民法院在审理婚姻家庭、继承、侵权责任纠纷等民事案件过程中,应当注意发现可能涉及的家庭暴力犯罪。一旦发现家庭暴力犯罪线索,公安机关应当将案件转为刑事案件办理,人民法院应当将案件移送公安机关;属于自诉案件的,公安机关、人民法院应当告知被害人提起自诉。(4)及时、全面收集证据。公安机关在办理家庭暴力案件时,要充分、全面地收集、固定证据,除了收集现场的物证、被害人陈述、证人证言等证据外,还应当注意及时向村民委员会、居民委员会、人民调解委员会、妇女联合会、共产主义青年团、残疾人联合会、医院、学校、幼儿园等单位、组织的工作人员,以及被害人的亲属、邻居等收集涉及家庭暴力的处理记录、病历、照片、视频等证据。(5)依法采取强制措施。人民法院、人民检察院、公安机关对实施家庭暴力的犯罪嫌疑人、被告人,符合拘留、逮捕条件的,可以依法拘留、逮捕;没有采取拘留、逮捕措施的,应当通过走访、打电话等方式与被害人或者其法定代理人、近亲属联系,了解被害人的人身安全状况。对于犯罪嫌疑人、被告人再次实施家庭暴力的,应当根据情况,依法采取必要的强制措施。对实施家庭暴力的犯罪嫌疑人、被告人取保候审的,为了确保被害人及其子女和特定亲属的安全,可以依照刑事诉讼法的相关规定,责令犯罪嫌疑人、被告人不得再次实施家庭暴力;不得侵扰被害人的生活、工作、学习;不得进行酗酒、赌博等活动;经被害人申请且有必要的,责令不得接近被害人及其未成年子女。(6)妥善救治、安置被害人。人民法院、人民检察院、公安机关等负有保护公民人身安全职责的单位和组织,对因家庭暴力受到严重伤害需要紧急救治的被害人,应当立即协助联系医疗机构救治。无民事行为能力人、限制民事行为能力人因家庭暴力身体受到严重伤害、面临人身安全威胁或者处于无人照料等危险状态的,公安机关应当通知并协助民政部门将其安置到临时庇护场所、救助管理机构或者福利机构。县级或者设区的市级人民政府可以单独或者依托救助管理机构设立临时庇护场所,为家庭暴力受害人提供临时生活帮助。(7)依法处理。经审查,对于家庭暴力情节较轻,依法不给予治安管理处罚的,由公安机关对加害人给予批评教育或者出具告诫书。对于家庭暴力行为尚未构成犯罪,但属于违反治安管理行为的,应当将案件移送公安机关,依照治安管理处罚法的规定进行处理。对于家庭暴力构成犯罪的,应当根据罪刑法定、罪刑相适应原则,兼顾维护家庭稳定、尊重被害人意愿等因素综合考虑,宽严并用,区别对待。对于故意杀人、故意伤害、强奸、猥亵儿童、非法拘禁、侮辱、暴力干涉婚姻自由、虐待、遗弃等侵害公民人身权利的家庭暴力犯罪,应当根据犯罪的事实、性质、情节和对社会的危害程度,严格依照刑法的有关规定追究施暴者的刑事责任。根据我国的司法实践,对于实施家庭暴力手段残忍或者造成严重后果,出于恶意侵占财产等卑劣动机实施家庭暴力,因酗酒、吸毒、赌博等恶习而长期或多次实施家庭暴力,曾因实施家庭暴力受到刑事处罚、行政处罚,或者具有其他恶劣情形的,可以酌情从重处罚。对于实施家庭暴力犯罪情节较轻,或者被告人真诚悔罪,获得被害人谅解,从轻处罚有利于被扶养人的,可以酌情从轻处罚;对于情节轻微不需要判处刑罚的,人民检察院可以不起诉,人民法院可以判处免予刑事处罚。在处理家庭暴力刑事案件的时候,还应当准确认定对家庭暴力的正当防卫。为了使本人或者他人的人身权利免受不法侵害,对正在进行的家庭暴力采取制止行为,只要符合刑法规定的条件,就应当依法认定为正当防卫,不负刑事责任。防卫行为造成施暴人重伤、死亡,且明显超过必要限度,属于防卫过当,应当负刑事责任,但是应当减轻或者免除处罚。认定防卫行为是否“明显超过必要限度”,应当以足以制止并使防卫人免受家庭暴力不法侵害的需要为标准，根据施暴人正在实施家庭暴力的严重程度、手段的残忍程度，防卫人所处的环境、面临的危险程度、采取的制止暴力的手段、造成施暴人重大损害的程度，以及既往家庭暴力的严重程度等进行综合判断。在处理家庭暴力的刑事案件时，应当充分考虑案件中的防卫因素和过错责任。对于长期遭受家庭暴力后，在激愤、恐惧状态下为了防止再次遭受家庭暴力，或者为了摆脱家庭暴力而故意杀害、伤害施暴人，被告人的行为具有防卫因素，施暴人在案件起因上具有明显过错或者直接责任的，可以酌情从宽处罚。对于因遭受严重家庭暴力，身体、精神受到重大损害而故意杀害施暴人，或者因不堪忍受长期家庭暴力而故意杀害施暴人，犯罪情节不是特别恶劣，手段不是特别残忍的，可以认定为刑法第 232 条规定的故意杀人"情节较轻"。在服刑期间确有悔改表现的，可以根据其家庭情况，依法放宽减刑的幅度，缩短减刑的起始时间与间隔时间；符合假释条件的，应当假释。被杀害施暴人的近亲属表示谅解的，在量刑、减刑、假释时应当予以充分考虑。(8)依法认定事实。人民法院审理涉及家庭暴力的案件，可以根据公安机关出警记录、告诫书、伤情鉴定意见等证据，认定家庭暴力事实。监护人实施家庭暴力严重侵害被监护人合法权益的，人民法院可以根据被监护人的近亲属、居民委员会、村民委员会、县级人民政府民政部门等有关人员或者单位的申请，依法撤销其监护人资格，另行指定监护人。(9)充分运用人身安全保护令。当事人因遭受家庭暴力或者面临家庭暴力的现实危险，向人民法院申请人身安全保护令的，人民法院应当受理，在查明事实的基础上及时作出人身安全保护令的裁定，并付诸执行。(10)充分运用社区矫正措施。社区矫正机构对因实施家庭暴力构成犯罪被判处管制、宣告缓刑、假释或者暂予监外执行的犯罪分子，应当依法开展家庭暴力行为矫治，通过制定有针对性的监管、教育和帮助措施，矫正犯罪分子的施暴心理和行为恶习。

家庭暴力强制报告制度 公民和组织发现无民事行为能力人或者限制民事行为能力人遭受或者疑似遭受了家庭暴力侵害的，必须向公安机关报案的制度。《中华人民共和国反家庭暴力法》第 14 条规定："学校、幼儿园、医疗机构、居民委员会、村民委员会、社会工作服务机构、救助管理机构、福利机构及其工作人员在工作中发现无民事行为能力人、限制民事行为能力人遭受或者疑似遭受家庭暴力的，应当及时向公安机关报案。”强制报告制度是我国反家庭暴力法设置的具有防范功能的预警和紧急救助的法律制度。因为家庭暴力具有的隐私性、隐蔽性特点，许多家庭暴力发生，并且对受害人已经造成了伤害，他人却未必能在第一时间发现。如果受害人又是没有自我保护能力的无民事行为能力人或者限制民事行为能力人，不具备举报的知识与能力，往往会使家庭暴力持续进行，伤害后果愈发严重却不能得到及时、有效制止。我国反家庭暴力法规定的家庭暴力强制报告制度，就是要求对无民事行为能力人、限制民事行为能力人具有教育、保护责任的学校、幼儿园、医疗机构、居民委员会、村民委员会、社会工作服务机构、救助管理机构、福利机构及其工作人员，能将在自己工作中发现的已经或者可能是家庭暴力造成的伤害及时报告给公安机关，便于及时处置、纠正和制止。公安机关接到家庭暴力报案后应当及时出警，制止家庭暴力，按照有关规定调查取证，协助受害人就医、鉴定伤情。人民法院审理涉及家庭暴力的案件，可以根据公安机关出警记录、告诫书、伤情鉴定意见等证据，认定家庭暴力事实。无民事行为能力人、限制民事行为能力人因家庭暴力身体受到严重伤害、面临人身安全威胁或者处于无人照料等危险状态的，公安机关应当通知并协助民政部门将其安置到临时庇护场所、救助管理机构或者福利机构。应当履行报告义务的学校、幼儿园、医疗机构、居民委员会、村民委员会、社会工作服务机构、救助管理机构、福利机构及其工作人员未依照反家庭暴力法有关规定向公安机关报案，造成严重后果的，由上级主管部门或者本单位对直接负责的主管人员和其他直接责任人员依法给予处分。负有反家庭暴力职责的国家工作人员玩忽职守、滥用职权、徇私舞弊的，依法给予处分；构成犯罪的，依法追究刑事责任。

家庭暴力告诫制度 对于家庭暴力情节较轻，依法不给予治安管理处罚的，由公安机关对加害人给予批评教育或者出具告诫书的制度。我国的家庭暴力告诫制度本质上是一种行政指导，与行政命令、行政处罚、行政强制以及公安机关对案件的口头调解处理等行政法律行为相比，具有其自身的特点：(1)非强制性。家庭暴力告诫制度不对行政相对人设置强制性义务，不具有强制力，不直接产生行政法律后果。(2)预防性。家庭暴力告诫制度的主要适用范围为依法不予行政处罚的轻微家庭暴力行为人，是对家庭暴力的靠前干预，防止家庭暴力的进一步恶化升级。(3)正式性。与公安机关通常的口头调解处理治安案件不同，家庭暴力告诫制度有严格的程序要求，由公安机关实施告诫，采取书面形式，送达加害人本人，其正式性更容易对加害人起到教育和警示作用。(4)教育、矫治和惩戒相结合。家庭暴力告诫制度将教育、矫治和惩戒紧密结合，以弥补法律强制性措施的不足。按照《中华人民共和国反家庭暴力法》的规定，家庭暴力告诫制度有其具体的运作机制：(1)教育警示。对情节特别轻微、主动消除或者减轻违法后果并取得受害人谅解、经公安机关调解达成协议等依法不予行政处罚的家庭暴力行为，由公安机关通过对加害人进行教育、警示，并送达书面家庭暴力告诫书，督促家庭暴力加害人改正违法行为。(2)矫治、救助。公安机关应当将家庭暴力告诫书送交加害人、受害人，并通知居民委员会、村民委员会。居民委员会、村民委员会、公安派出所应当对收到告诫书的加害人、受害人进行查访，监督加害人不再实施家庭暴力。(3)固定证据。家庭暴力告诫书应当包含加害人的身份信息、家庭暴力的事实陈述、禁止加害人实施家庭暴力等内容。人民法院依法受理涉及家庭暴力的民事案件，公安机关作出的家庭暴力告诫书可以作为人民法院认定实施家庭暴力事实的证据。受害人在提起离婚及人身伤害赔偿诉讼时，家庭暴力告诫书可以成为获得人民法院支持的重要证据。人民法院依法受理的家庭暴力人身伤害刑事案件，在该刑事案件发生之前公安机关曾对加害人进行过告诫的，可以作为人民法院处理该刑事案件的酌定从重情节。

人身安全保护令 我国人民法院为了保护家庭暴力受害人及其子女和特定亲属的人身安全而作出的民事裁定。人身安全保护令是一项民事强制措施。按照《中华人民共和国反家庭暴力法》第四章的规定，当事人因遭受家庭暴力或者面临家庭暴力的现实危险，有权向人民法院申请人身安全保护令，人民法院应当受理。当事人是无民事行为能力人、限制民事行为能力人，或者因受到强制、威吓等原因无法申请人身安全保护令的，其近亲属、公安机关、妇女联合会、居民委员会、村民委员会、救助管理机构可以代为申请。申请人身安全保护令应当以书面方式提出；书面申请确有困难的，可以口头申请，由人民法院记入笔录。人民法院作出人身安全保护令裁定的，应当具备下列条件：(1)有明确的被申请人；(2)有具体的请求；(3)有遭受家庭暴力或者面临家庭暴力现实危险的情形。人身安全保护令的申请必须向有管辖权的人民法院提出。人身安全保护令案件由申请人或者被申请人居住地、家庭暴力发生地的基层人民法院管辖。人民法院受理申请后，应当在七十二小时内作出人身安全保护令或者驳回申请；情况紧急的，应当在二十四小时内作出。人身安全保护令由人民法院以裁定形式作出。人身安全保护令可以包括下列措施：(1)禁止被申请人实施家庭暴力；(2)禁止被申请人骚扰、跟踪、接触申请人及其相关近亲属；(3)责令被申请人迁出申请人住所；(4)保护申请人人身安全的其他措施。人身安全保护令中采取的措施是有期限的，有效期不超过六个月，自作出之日起生效。人身安全保护令失效前，人民法院可以根据申请人的申请撤销、变更或者延长。申请人对驳回申请不服或者被申请人对人身安全保护令不服的，可以自裁定生效之日起五日内向作出裁定的人民法院申请复议一次。人民法院依法作出人身安全保护令的，复议期间不停止人身安全保护令的执行。人民法院作出人身安全保护令后，应当送达申请人、被申请人、公安机关以及居民委员会、村民委员会等有关组织。人身安全保护令由人民法院执行，公安机关以及居民委员会、村民委员会等应当协助执行。人身安全保护令是有法律效力的。被申请人违反人身安全保护令，构成犯罪的，依法追究刑事责任；尚不构成犯罪的，人民法院应当给予训诫，可以根据情节轻重处以 1 000 元以下罚款、十五日以下拘留。

禁止令 亦称“禁令”。我国人民法院下达的禁止当事人实施某种行为的命令。可分为在诉讼前颁发的临时禁止令、在诉讼后和判决前颁发的暂时禁止令以及判决时颁发的禁止令。对于人民法院依照当事人的申请作出的诉前禁止令，如果当事人没有在规定的时间向人民法院提起侵权诉讼的，人民法院会裁定解除禁止令。如果当事人向人民法院提起侵权诉讼的，该禁止令的效力会维持到人民法院的裁判文书生效时止。我国刑法中规定的禁止令为管制执行期间的禁止令和缓刑考验期间的禁止令。《中华人民共和国刑法》第 38 条第 2 款规定：“判处管制，可以根据犯罪情况，同时禁止犯罪分子在执行期间从事特定活动，进入特定区域、场所，接触特定的人。”第 4 款规定：“违反第二款规定的禁止令的，由公安机关依照《中华人民共和国治安管理处罚法》的规定处罚。”管制是不关押犯罪分子，但限制其一定行动自由的刑罚，可以根据犯罪的情况对被判处管制的犯罪分子发出管制执行期间的禁止令。违反管制执行期间禁止令的，由公安机关依照治安管理处罚法的规定处罚。多次违反，可以多次处罚。我国刑法第72条第2款规定："宣告缓刑，可以根据犯罪情况，同时禁止犯罪分子在缓刑考验期限内从事特定活动，进入特定区域、场所，接触特定的人。"缓刑是附有一定考验期，不予关押，暂缓执行或不予执行原判刑罚的制度。根据犯罪情况对被宣告缓刑的犯罪分子可以同时发布禁止令，禁止犯罪分子为特定的行为。如果犯罪分子违反禁止令的，由负责执行禁止令的社区矫正机构所在地的公安机关依照治安管理处罚法的规定处罚。违反禁止令情节严重的，撤销缓刑，执行原判刑罚。人民法院在处理实施家庭暴力构成犯罪被判处管制或者宣告缓刑的犯罪分子时，为确保被害人及其子女和特定亲属的人身安全，可以依据刑法的规定同时禁止犯罪分子再次实施家庭暴力，侵扰被害人的生活、工作、学习，进行酗酒、赌博等活动。刑法中的禁止令与《中华人民共和国反家庭暴力法》规定的"人身安全保护令"不同。禁止令是人民法院在对犯罪分子作出判处管制、宣告缓刑的刑事判决书中直接采取的措施；人身安全保护令则是家庭暴力的受害人及其子女和特定亲属向人民法院申请的，由人民法院裁定作出的。禁止令的依据是刑法，是人民法院在处理刑事案件时对被判处管制或宣告缓刑的犯罪分子作出的。

禁令 即"禁止令"。

虐待家庭成员 持续性、经常性地采取殴打、冻饿、拘禁、强迫过度劳动、限制人身自由、恐吓、侮辱、谩骂、讥讽等手段，对家庭成员的身体和精神进行迫害、摧残、折磨的行为。我国法律规定的认定夫妻感情破裂，准予离婚的事实之一。被虐待的对象是包括夫妻、父母、子女、儿媳、女婿、祖父母、外祖父母、兄弟姐妹等在内的家庭成员。如丈夫虐待妻子，父母虐待子女，养父母虐待养子女，继父母虐待继子女，儿媳虐待公婆，公婆虐待儿媳等。他们之间因为婚姻、血缘、收养而存在着一定的亲属、扶养等关系，共同生活在一起。施虐者往往是在家庭中占有经济、身体等优势地位，与被虐待者之间有着扶养、抚养等义务关系的人；被虐待者往往是需要施虐者扶养、照顾，且本身不具有自我保护能力的人。虐待行为严重侵害了受害人的人身权利，情节严重构成犯罪的，还要依法追究施虐者的刑事责任。当然，施虐者的虐待行为所造成的后果不仅仅是使受害人的身心受到严重摧残，整个家庭的安宁、幸福被破坏，家庭成员间的感情也会丧失殆尽。因此，《中华人民共和国民法典》第1079条将虐待家庭成员规定为人民法院判断夫妻感情破裂、准予离婚的依据之一。第1091条还规定，因为虐待家庭成员导致夫妻感情破裂离婚的，无过错方有权向另一方主张离婚损害赔偿。

虐待罪 对共同生活的家庭成员施以虐待，情节恶劣的犯罪行为。构成虐待罪，需要具备以下要件：(1)犯罪主体。本罪的主体为特殊主体，实施虐待行为的人，一定是与被虐待人共同生活在同一家庭内，对被虐待人因为婚姻、血缘、收养等而具有扶养义务，并且在家庭中占有优势地位的人。虐待非家庭成员，不构成虐待罪。如果因为虐待行为直接给被害人造成严重后果、构成其他犯罪的，可以按其他罪处罚。(2)犯罪客体。虐待行为侵犯了其他家庭成员的合法权益，尤其是被虐待人的人身权利。因为虐待行为，不仅使其他家庭成员所享有的在家庭中的平等权利被践踏，被虐待人的身心受到摧残，而且破坏了家庭的和睦团结和社会的稳定，对社会的危害后果严重。(3)犯罪的主观方面。虐待罪由故意构成，即实施虐待行为的人具有对被虐待人进行精神、肉体摧残、折磨的故意。至于行为人的虐待动机，很可能是多种多样的，但无论是何动机，都不妨碍虐待罪的构成。(4)犯罪的客观方面。虐待罪在客观方面的表现是虐待人经常、持续、长期地对其他家庭成员的身体、精神进行摧残、折磨，且情节恶劣。对家庭成员的虐待，虽是实践中较为多发的家庭暴力行为，与家庭暴力行为有交集，但与家庭暴力亦有不同。虐待可以是以暴力的方式进行，但一定具有持续时间较长、次数较多的特点。偶尔为之的暴力行为，虽构成家庭暴力，但不构成虐待。虐待可以是积极的行为，如殴打、谩骂、针刺、火烙、捆绑、禁锢等，也可以是以消极的、非暴力的方式进行，如对瘫痪在床的老人不闻不问，对其家庭成员不给吃饱，不给穿暖，患病不给治疗，甚至是恐吓、侮辱、讥讽等精神摧残。家庭暴力一定是积极的、暴力的方式。对于家庭暴力，我国虽有反家庭暴力法的颁行，但刑法中却没有家庭暴力罪的规定，实践中是根据家庭暴力行为的表现、危害后果及施暴者的主观过错等，构成如故意杀人、虐待、故意伤害、暴力干涉婚姻自由等罪名的，可以依据刑法相应的规定追究施暴者的刑事责任。虐待则是刑法明文规定的犯罪行为，虐待罪的构成需要符合法律规定的条件。行为人对家庭成员确有虐待行为，但虐待行为情节轻微，不构成犯罪的，应当进行批评、教育。构成人身伤害等侵权行为的，可以追究虐待人的民事责任，并可以作为人民法院判断夫妻感情破裂、准予离婚的依据之一。只有虐待行为属"情节恶劣"的才构成犯罪。司法实践中，对家庭成员的虐待行为，持续时间较长、次数较多，虐待手段残忍，虐待造成被害人轻微伤或者患较严重疾病，对未成年人、老年人、残疾人、孕妇、哺乳期妇女、重病患者等实施较为严重的虐待行为等情形，认定为《中华人民共和国刑法》第 260 条第 1 款规定的虐待行为的"情节恶劣"，以虐待罪定罪处罚："虐待家庭成员，情节恶劣的，处二年以下有期徒刑、拘役或者管制。"虐待犯罪，毕竟发生在家庭内部，虐待人与被虐待人之间存在着婚姻、血缘、收养等关系，往往虐待人对被虐待的受害人还有着抚养、扶养、赡养的法定义务。这种感情上、经济上的联系，使虐待行为人与受害人之间的关系变得不那么单纯和简单。被虐待的受害人不愿追究虐待人责任的有之，虐待行为人因为某种契机、缘由而决心悔改，受害人表示谅解的情形也不鲜见。因此，法律将追究虐待人刑事责任的权力交给了受害人，按照我国刑法第 260 条第 3 款的规定，犯第 1 款规定的虐待罪，"告诉的才处理"。可见，虐待罪是一种告诉才处理的犯罪。只有虐待行为的被害人起诉的，人民法院才会依法追究虐待人的刑事责任。被虐待人不告诉的，或者告诉后又撤回的，司法机关不再追究犯罪分子的刑事责任。当然，如果被害人不告诉，是因被害人受到了肉体或精神上的强制、威吓而不能告诉的，为维护被害人的合法权益，被害人的近亲属、人民检察院也可以告诉，依法追究犯罪分子的刑事责任。虐待家庭成员造成重伤、死亡的，不属"告诉才处理"的范围，必须依法追究犯罪分子的刑事责任。我国刑法第 260 条第 2 款明确规定："犯前款罪，致使被害人重伤、死亡的，处二年以上七年以下有期徒刑。"这里规定的刑事责任比告诉才处理的"虐待家庭成员，情节恶劣的，处二年以下有期徒刑、拘役或者管制"的刑事责任要重。同时要注意，有的虐待犯罪虽造成了被害人重伤、甚至死亡的严重后果，但虐待罪与故意伤害罪、故意杀人罪毕竟不同。虐待罪与故意伤害罪、故意杀人罪的区别，应当根据犯罪行为人的主观故意、所实施的暴力手段与方式、是否立即或者直接造成被害人伤亡后果等进行综合判断。因为虐待人实施虐待行为的时间长、连续多次，导致被害人的身体健康逐渐受到损伤直至发生重伤、死亡的后果，有的虐待行为导致被害人精神崩溃，因不堪忍受而自残、自杀，但虐待人主观上不具有侵害被害人身体、剥夺被害人生命的故意，其折磨、摧残被害人的目的就是要给被害人造成肉体和精神上的痛苦，即使因为虐待行为导致被害人重伤、死亡的，也是过失致人重伤或者死亡。所以，我国刑法规定犯虐待罪，致使被害人重伤、死亡的，处二年以上七年以下有期徒刑。故意伤害犯罪、故意杀人犯罪，其主观要件虽都是由故意构成，但故意的内容不相同。故意伤害罪侵害的客体是他人的身体权，其故意的表现是行为人明知自己的行为会造成损害他人身体的后果，而希望或者放任这种结果的发生。故意杀人罪侵害的客体是他人的生命权，其故意的表现是行为人明知自己的行为会造成他人死亡的后果，而希望或者放任这种结果的发生。在家庭暴力案件中，施暴者实施家庭暴力虽也具备虐待行为的经常、持续、反复的特点，但行为人在对被害人实施暴力时，主观上具有希望或者放任被害人死亡或者重伤的危害后果发生的故意，暴力手段残忍，暴力程度较强，直接或者立即导致被害人重伤或者死亡的，应当以故意伤害罪或者故意杀人罪定罪处罚。故意伤害罪、故意杀人罪的刑事处罚与虐待罪是不同的。我国刑法第 234 条第 1 款规定："故意伤害他人身体的，处三年以下有期徒刑、拘役或者管制。"第 2 款规定："犯前款罪，致人重伤的，处三年以上十年以下有期徒刑；致人死亡或者以特别残忍手段致人重伤造成严重残疾的，处十年以上有期徒刑、无期徒刑或者死刑。本法另有规定的，依照规定。"第 232 条规定："故意杀人的，处死刑、无期徒刑或者十年以上有期徒刑；情节较轻的，处三年以上十年以下有期徒刑。"可见，虐待罪的刑罚比故意伤害罪、故意杀人罪要轻得多。因此，在惩治犯罪的时候，要区分罪与非罪、此罪与彼罪的界限，保证无罪的人不被追究，有罪的人受到与其罪行相应的处罚。

遗弃家庭成员　负有扶养义务且具有扶养能力的人，对年老、年幼、患病或者其他没有独立生活能力的家庭成员拒绝履行扶养义务的行为。我国法律规定的认定夫妻感情破裂，准予离婚的事实之一。按照《中华人民共和国民法典》的规定，家庭成员间的扶养义务主要包括：夫妻有相互扶养的义务；父母对子女有抚养、教育和保护的义务；子女对父母有赡养、扶助和保护的义务；有负担能力的祖父母、外祖父母，对于父母已经死亡或者父母无力抚养的未成年的孙子女、外孙子女，有抚养的义务；有负担能力的孙子女、外孙子女，对于子女已经死亡或者子女无力赡养的祖父母、外祖父母，有赡养的义务；有负担能力的兄、姐，对于父母已经死亡或者父母无力抚养的未成年弟、妹，有扶养的义务；由兄、姐扶养长大的有负担能力的弟、妹，对于缺乏劳动能力又缺乏生活来源的兄、姐，有扶养的义务。首先，法律这样规定是有其伦理依据的。法律规定扶养义务的基础是扶养人与被扶养人之间存在着婚姻、血缘、收养等关系。其次，扶养义务是法定义务，义务人必须履行。不履行自己法定义务的人应当承担法律规定的后果。具有法定扶养义务的人在履行自己扶养义务的时候可能有瑕疵、不完美，或者被扶养人不需要义务人履行义务的情形都是存在的。不履行、不完全履行法定的扶养义务，不一定都构成遗弃。遗弃家庭成员，是指有扶养义务且有扶养能力的人，对于没有独立生活能力的人拒绝履行扶养义务的行为。所谓没有独立生活能力，是指不具有或者丧失劳动能力，因而没有生活来源；或者本人虽有经济能力，但生活不能自理，需要他人给予帮助、照料。所谓扶养，广义上包括对晚辈的抚养、对长辈的赡养及同辈人之间的扶养，其内容包括经济上的供养、生活上的照顾、精神上的慰藉等多方面，以保证被扶养人维持其基本生活，减轻被扶养人因为没有独立生活能力、生活不能自理等的痛苦。遗弃行为的表现有很多种，如拒绝照顾生病的被扶养人，拒绝支付医疗费用，抛弃生病的被扶养人离家出走，放任生活不能自理的被扶养人不管不顾，抛弃刚出生的被扶养人等。遗弃行为表现出的是遗弃人的极端自私、冷漠、不负责任和对法律及他人生命的漠视，不仅对被遗弃的人造成伤害，也必然对其他家庭成员带来无法弥补的伤害，因此，民法典将遗弃家庭成员作为为人民法院判断夫妻感情破裂、准予离婚的依据之一。因为夫妻一方遗弃家庭成员，对方要求离婚又调解无效的，人民法院应当判决离婚；因为遗弃家庭成员的行为，导致夫妻感情破裂离婚的，无过错的一方有权要求离婚损害赔偿；遗弃家庭成员，受害人提出请求的，公安机关可以依照治安管理处罚法的规定予以行政处罚；遗弃家庭成员构成遗弃罪的，应当依法追究遗弃人的刑事责任。

遗弃罪　负有扶养义务且具有扶养能力的人，对年老、年幼、患病或者其他没有独立生活能力的被扶养人拒绝履行扶养义务，情节恶劣的犯罪行为。《中华人民共和国刑法》第 261 条规定："对于年老、年幼、患病或者其他没有独立生活能力的人，负有扶养义务而拒绝扶养，情节恶劣的，处五年以下有期徒刑、拘役或者管制。”构成遗弃罪，需要具备以下要件：(1)犯罪主体。本罪的主体为特殊主体，是对被遗弃人有着法律上的扶养义务而拒绝履行扶养义务的人。对于没有法律上扶养义务的如解除了收养关系的养子女、没有扶养义务的继子女、远房亲属、近邻、关系好的朋友等，即使拒绝扶养，也不构成遗弃，不能成为遗弃罪的主体。(2)犯罪客体。本罪侵犯的是家庭成员间的相互扶养的权利义务关系，被遗弃的对象是因为年老、年幼、患病、伤残等原因失去独立生活能力的被扶养人。对这样的被扶养人负有法律上的扶养义务且具有扶养能力的人，拒绝履行扶养义务，不仅给被害人的健康、身体、生命造成严重危害，也会破坏家庭安宁、社会和谐与稳定。(3)犯罪的客观方面。本罪客观方面表现为行为人有能力对年老、年幼、患病或者没有独立生活能力的人履行扶养义务却拒绝履行、情节恶劣的行为。遗弃行为多表现为不作为，即扶养人对需要扶养的被扶养人，不理不睬、不闻不问，甚至有的扶养义务人离家出走，以拒绝履行自己的扶养义务，也有的遗弃行为表现为作为，如将刚出生的婴儿丢弃在广场、车站、码头、他人家门口，将失智、没有行动能力的老人抛弃在福利院门口，将需要抢救的重症病人丢弃在医院门口，将需要照顾的老人逐出家庭等，但并不是所有的遗弃行为都构成犯罪，按照《中华人民共和国刑法》第261条的规定，遗弃行为只有“情节恶劣的”才构成犯罪。按照我国的司法实践，具有以下情形之一的，即可认定为情节恶劣，应当依法以遗弃罪定罪处罚：对被害人长期不予照顾、不提供生活来源；驱赶、逼迫被害人离家，致使被害人流离失所或者生存困难；遗弃患严重疾病或者生活不能自理的被害人；遗弃致使被害人身体严重损害或者造成其他严重后果等。(4)犯罪的主观方面。行为人主观上为故意，即遗弃行为人明知自己有扶养义务而拒绝扶养。行为人拒绝扶养的动机有各种，有的将需要赡养的老人当成累赘、负担，以兄弟姐妹分担老人的赡养费不公平为由而拒绝对老人支付赡养费用；有的以已经离婚为由拒绝支付子女的抚养费用；有的未婚生育将刚出生的孩子抛弃；有的收养他人子女后自己又生育了子女，将收养的子女抛弃；有的为逼迫对方离婚而遗弃患病妻子或丈夫；有的为自己创造再婚条件而抛弃子女、老人等。但无论基于何种原因、何种动机遗弃被害人的，对于遗弃罪的构成没有影响。只要遗弃罪构成,遗弃人就要承担刑事责任,接受法律的制裁。当然,遗弃的动机可以作为法官量刑时的考量因素。认定遗弃罪,还要注意区分此罪与彼罪的界限。遗弃罪与虐待罪不同:遗弃罪的犯罪主体是对被遗弃的被害人具有法律上的扶养义务的人,并且与被遗弃人也可以是不在一个家庭生活,虐待罪的犯罪主体与受害人是在同一家庭中共同生活的成员;遗弃罪是遗弃人对被害人有法律上的扶养义务却拒绝履行并且情节恶劣的行为,多数表现为不作为,虐待罪的表现则是虐待人对受害人身体、精神长期、连续的折磨、摧残,多数表现为作为。遗弃罪与虐待罪的主观要件虽都是故意,但故意的内容不同:遗弃罪的故意是行为人明知自己有扶养义务却拒绝履行;虐待罪的故意则是虐待人以追求被害人遭受精神上、肉体上的痛苦为目的。因为遗弃,受害人受到身体、健康上的巨大损害,甚至有的失去生命,因此,遗弃罪会与故意杀人罪混淆。区分故意杀人罪与遗弃罪,应当从行为人的主观故意,实施行为的时间、地点,是否立即造成被害人死亡,行为人与被害人的依赖程度等综合判断。故意杀人罪的行为人其主观故意是为了剥夺他人的生命,与遗弃人主观上只是为了逃避自己的扶养义务,并没有希望或者放任被害人死亡后果发生的故意不同。如遗弃人将重病垂危的老人丢弃在医院门口,将刚出生的婴儿丢弃在社会福利院的门口或者其他如车站、广场、商场等人流密集的场所,主观上有希望被害人被他人发现以获得救助的动机,没有希望被遗弃人死亡的故意,应当以遗弃罪追究行为人的刑事责任。遗弃人将生活不能自理的被害人抛弃在荒郊野岭等人迹罕至的场所,对于生活完全没有自理能力的被扶养人不闻不问,放任被害人因为没有人照顾而死亡,行为人主观上有希望或者放任被害人死亡的故意,此种遗弃人的行为构成故意杀人罪,应当以故意杀人罪定罪处罚。

赌博、吸毒等恶习屡教不改

当事人具有赌博、吸毒等恶劣的习惯且屡教不改的行为。我国法律规定的认定夫妻感情破裂,准予离婚的事实之一。赌博是指以一定的财物为注赌输赢的行为。人们通过某种方式将有价值的东西作为赌注,以“撞数”运气来期望获取更大的价值,获得精神上的愉悦与满足。因为赌博的胜负是不规则的,带有极大的随机性和偶然性,正迎合了人们寻求刺激、期望参透神秘等冒险心理。赌博能以较少的投入获取较多的财富,甚至不劳而获、一夜暴富,也正迎合了许多人的投机与侥幸取胜心理,尤其在贪念的支配下,赌赢了,还想赢得更多,赌输了,想翻本,反复循环,不能自拔。因此,许多染上赌博恶习的人,理智全失。若输了又无赌资,就有可能诱发抢劫、盗窃、杀人、放火、挪用公款、贪污、侵占等犯罪行为,最后将自己送进监狱。因为赌博导致妻离子散、家破人亡的也不在少数。赌博不仅损害了人的心灵、意志、身体、家庭和前途,还影响到社会的稳定与和谐。吸毒是指用吸食、嗅闻、注射、食用等方式将毒品纳入人体的行为。我国刑法所称的毒品,是指鸦片、海洛因、甲基苯丙胺(冰毒)、吗啡、大麻、可卡因以及国家规定管制的其他能够使人形成瘾癖的麻醉药品和精神药品。毒品进入人体后作用于人的神经系统,形成在毒物作用下的平衡状态。吸毒者一旦停服毒物,生理功能就会发生紊乱,出现一系列严重的如流泪、流涕、恶心、出汗、呕吐、腹痛、腹泻、骨头痛、忽冷忽热等戒断反应,使人感到非常痛苦。吸毒者为了避免这些痛苦,就必须定时吸毒,并且不断加大剂量,千方百计地维持吸毒状态。这种对毒品的依赖一旦产生,即使经过戒毒治疗,要完全康复也往往需要数月甚至数年的时间。陷入吸毒陷阱的人,不仅其生理机能和身体健康受到严重破坏,染上传染病、艾滋病的几率增加,生命缩短,而且其为获得购买毒品的钱,会不顾亲情、不择手段、没有底线,卖淫、抢劫、杀人等犯罪行为也随之发生,严重影响社会的安宁。对家庭而言,吸毒者会耗尽这个家庭的财物和家庭成员间的亲情,甚至倾家荡产、妻离子散、家破人亡。《中华人民共和国民法典》第 1079 条规定,有赌博、吸毒等恶习屡教不改,调解无效的,作为准予离婚的依据之一。理解此项规定,应当注意:(1)此项规定中的赌博、吸毒等,不是指一般的赌博、吸毒行为,得是达到“恶习”的程度。恶习,是指恶劣的习惯,是在相当的时间内逐渐养成且不容易改变的恶劣行为模式、行为倾向。出于好奇,偶尔为之的赌博、吸毒行为,不能称之为恶习。(2)此项规定为例示性规范。这里所指的不仅仅只有赌博、吸毒恶习,还包括其他严重危害夫妻感情的恶劣习惯,如酗酒、嫖娼、卖淫、猥亵、淫乱等。有的人寻求刺激、不择手段地满足自己的低级趣味已成习惯,完全无视夫妻感情、家庭责任、人伦底线、社会公德。具有这样恶习的,绝对会严重伤害夫妻感情。(3)形成赌博、吸毒等恶习并且屡教不改。即使曾经形成了赌博、吸毒等恶习,但经教育、感化、戒毒、处罚等改正了的,也不能简单适用此项规定，应当给予当事人改过自新的机会，以挽救濒临破碎的婚姻和家庭。

夫妻因感情不和分居满二年

我国法律规定的认定夫妻感情破裂，准予离婚的事实之一。男女结婚之后建立夫妻关系，就是要在同一个住所共同生活，包括同屋生活、同桌吃饭、同床共枕，其中夫妻之间的性生活，夫妻间的互相慰藉、呵护、照顾等，是夫妻这一特殊社会关系的固有表现，是男女因为结婚而获得配偶身份后的权利和义务。如果夫妻之间长期不履行同居义务，与夫妻这一特殊社会关系的本质不符，与婚姻关系的宗旨相悖，只能表明夫妻感情出了问题。因此，许多国家和地区的婚姻家庭立法都将夫妻分居达到一定的年限作为法定的离婚条件。《中华人民共和国民法典》第1079条规定，夫妻因感情不和分居满二年，调解无效的，作为准予离婚的依据之一。理解此项规定，应当注意：(1)客观上存在着夫妻分居的事实，即夫妻双方完全失去了共同生活的状态，夫妻间不再同桌共餐、同床就寝，不再有性生活，彼此不再关心对方的生活起居。夫妻双方完全分开在不同的居所生活，这无疑是不再同居生活，即使夫妻还居住在一个屋檐下，但已没有了婚姻关系中的配偶间互相提供的夫妻义务，也属分居状态。(2)主观上夫妻因感情不和具有不愿共同生活的愿望。因为感情破裂，夫妻一方或者双方主观上具有了分居生活的愿望，可以是夫妻一方拒绝与对方同居，也可以是双方都有分居的要求，即夫妻的分居状态是他们一方或者双方主观上所期望的主动作出的选择，而不是客观上的不得已。如果夫妻分居是因为工作、生病等客观原因，即使夫妻间聚少离多，也不代表夫妻感情破裂，不属于法律规定的夫妻感情不和的分居。(3)夫妻因为感情不和分居得满二年。如果夫妻因为感情出现问题而分居，但分居不足以达到法律规定的二年时间，也不能作为判断夫妻感情破裂的标志而准予其离婚。此处规定的二年时间，应当从最后一次分居之日起计算。当然，这里的二年期间必须是不间断的持续满二年，既不是将各次分居的时间累加，也不是曾经有过的分居二年的经历。有的夫妻的确因为夫妻感情不和分居过二年，但后来又一起同居生活，在起诉离婚之前又分居的，而该次分居的时间不足二年，也不能将夫妻感情不和曾分居二年作为要求人民法院判决离婚的理由。因此，在离婚诉讼中，原告以夫妻感情不和分居满二年为由向人民法院起诉离婚的，必须提供证据证明在起诉前婚姻当事人因感情不和已连续分居满二年。以夫妻感情不和分居满二年作为判断夫妻感情破裂、准予离婚的依据，为审判实践中认定夫妻感情破裂这一复杂的问题提供了一个简单而明确的标准。作为离婚诉讼的法官，对于离婚诉讼当事人双方的说辞是否符合事实难以作出准确判断时，有了法律的这一规定，只要有夫妻因为感情不和分居满二年的事实存在，就证明他们彼此感情已经破裂，调解不成即可判决离婚。

其他导致夫妻感情破裂的情形 我国民法典第1079条关于认定夫妻感情破裂，调解无效的，应当准予离婚的情形的兜底条款内容。婚姻作为人类特有的社会现象，体现着人类自然属性与社会属性的双重结合，婚姻关系的缔结与解除，必然有着多样、复杂的原因，法律无法对于夫妻感情破裂的所有表现一一作出规定，只能在列举之后作出一兜底的规定，以便在面对各种各样的提出离婚的原因，判断夫妻感情是否破裂时能有依据可循。司法实践中，具备下列情形之一的，可以认定为“其他导致夫妻感情破裂的情形”：(1)一方患有重大疾病的。此处的重大疾病，如严重的遗传性疾病、传染病、与遗传有关的精神病等。如果婚姻当事人在婚前即患有重大疾病又没有如实告知对方的，应为可撤销婚姻，对方应当向人民法院请求撤销该婚姻。但撤销该婚姻的请求权必须是从被隐瞒的一方知道或者应当知道撤销事由之日起一年内行使。超过这一期限的，该请求权消灭。如果请求权人已经超过了该一年期限，或者是婚后才患有的重大疾病，当事人为此提出离婚的，从保护婚姻当事人及其后代的权益出发，经调解无效，应当准予离婚。(2)一方有生理缺陷或其他原因不能发生性行为，且难以治愈的。夫妻之间性的吸引、彼此性的满足，不仅是人类繁衍后代的需要，也是夫妻之间幸福生活的保证。一方有生理缺陷或者其他原因不能发生性行为，夫妻之间的性生活长期不能得到满足，夫妻之间的感情必然受到影响。因为夫妻之间不能发生性行为或者性生活不和谐而提出离婚的，在离婚纠纷中的比例也不在少数。但要注意的是，不能发生性行为的，有两种情况，一种是一方有生理缺陷，另一种是婚后因为事故、外伤或者疾病造成的性器官损伤。对于前者，在结婚时就向对方隐瞒的，是严重的欺骗行为，对方有权在知道或者应当知道该事由的一年内请求人民法院撤销该婚姻。如果被欺骗的人没有在规定的一年内行使请求权请求人民法院撤销该婚姻的，或者在结婚时已经知道对方有生理缺陷还坚持与之结婚的，现在为此要求离婚的，都应当做好调解工作，调解不成的，应当准予离婚。对于后者，不能简单地认为不能发生性行为即是夫妻感情已经破裂。对于能够治愈的，应当鼓励当事人积极治疗，确实不能治愈，并且严重影响夫妻感情的，经调解无效的，应当准予离婚。性生活的和谐，的确在夫妻生活中占有相当重要的地位，但夫妻之间性生活的不美满并不当然等于夫妻感情破裂。应当针对每一对夫妻如结婚时间长短，是否生育了子女，性器官损伤的时间、原因等具体情况作出判断。只有因为夫妻不能进行性生活的确造成了夫妻感情的破裂，才应当判决离婚。(3)婚前缺乏了解，草率结婚，婚后未建立起夫妻感情，难以共同生活的。婚前缺乏了解，草率结婚的，不能一概认为没有建立起夫妻感情。结婚后共同生活的男女，或多或少都会有一定的感情。应当针对每一对夫妻的个案，结合结婚动机、婚前基础、婚后生活现状、结婚时间长短、是否生育了子女、与对方家庭成员的关系、有无和好可能等多方面综合评估夫妻二人的感情现状。只有那些草率结婚后，又的确没有建立起夫妻感情、难以共同生活，经调解无效的，才应当准予离婚。(4)婚前隐瞒了精神病，婚后久治不愈；或者婚前知道对方患有精神病而与其结婚；或一方在夫妻共同生活期间患精神病，久治不愈的。精神病，是人的大脑机能活动发生紊乱，导致认识、情感、行为和意志等表现出不同程度障碍的疾病的总称。患有精神病的人有妄想、幻觉、木僵、意识障碍、行为混乱等症状，不能完全辨认或者完全不能辨认自己行为的性质、作用、后果等，在法律上被认定为限制民事行为能力人或者无民事行为能力人。就婚姻而言，患有精神病的一方，无法正常工作和生活，不仅不能履行夫妻义务，甚至会成为对方的沉重负担，更谈不上情感交流，自然会严重影响夫妻感情。因为导致精神病发生的因素有许多方面，如先天遗传、个性特征及体质因素、器质因素、社会环境因素等，况且精神病也有轻重之分，有能够治愈和不能治愈的区别。因此，虽然一方患有精神病，可以成为判决离婚的事由，但不等于只要一方患有精神病，就一定认为是夫妻感情破裂，应当判决离婚。对于婚前隐瞒了精神病，应当属于可撤销婚姻，被隐瞒了的一方可以在规定的时间内请求人民法院撤销该婚姻。如果婚前隐瞒了精神病，婚后发现后又没有及时行使撤销权，而且虽积极采取措施治疗，仍久治不愈的，势必严重影响夫妻感情。一方为此提出离婚的，经调解无效，应当准予离婚。对于婚前知道对方患有精神病而与其结婚的，说明一方对患病的对方有感情，对婚后精神病给生活带来的负担有心理准备。现在一方以对方患有精神病为由要求离婚的，应当对夫妻双方的生活现状作出慎重考察，如果因为一方的精神病确实对夫妻生活造成严重困扰，影响了夫妻感情的，应当准予离婚。对于一方在夫妻共同生活期间患有精神病，且久治不愈的，应当认真评估。对于一方患有的精神病的确影响了夫妻生活，造成夫妻感情破裂的，应当准予离婚。特别注意的是，因一方患有精神病引起的离婚诉讼，患有精神病的一方对是否同意离婚、子女如何抚养、财产如何分割等不能准确表达自己的意思。因此，这类离婚纠纷案件，当事人是否离婚，不能调解，只能由人民法院依法判决。至于精神病人的离婚纠纷案件涉及的子女抚养、财产分割等，可以由其监护人或者监护人委托的代理人代理进行。当事人双方达成调解协议的，应当将调解协议写入判决书，以判决的方式进行。(5)双方办理结婚登记后，未同居生活，无和好可能的。我国的结婚制度是在符合法律规定的实质要件的前提下，履行结婚登记程序，领取结婚证，婚姻关系才告成立。但在生活中，男女双方领取了结婚证，却因为某种原因没有一起同居生活。现在一方提出离婚，而另一方不同意的，到人民法院诉讼离婚的事例也不少见。对于这种情形，人民法院应当重点考察双方未在一起同居生活的原因，双方有无和好可能。如果没有和好可能的，证明双方没有感情，调解无效的，应当准予离婚。(6)包办、买卖婚姻，婚后一方随即提出离婚的，或者虽共同生活多年，但确未建立起夫妻感情的。结婚作为双方建立夫妻关系的民事法律行为，必须是双方在完全自愿的基础上达成建立夫妻关系的意思表示的一致。包办婚姻，是婚姻当事人双方父母的意思决定了他们的婚姻；买卖婚姻，是婚姻当事人以外的第三方主要是他们的父母借婚姻向对方索取大量钱财，都完全违反了婚姻是婚姻当事人的自由这一基本原则。如果是包办婚姻或者买卖婚姻，婚姻当事人之间完全没有感情基础，结婚后随即提出离婚的，经调解和好不成的，应当准予离婚。(7)一方与他人通奸，经教育仍无悔改表现，无过错方起诉离婚，或者过错方起诉离婚，对方不同意的，经教育甚至行政处分，或者在人民法院判决不准离婚后，过错方又起诉离婚，确无和好可能的。(8)一方被依法判处长期徒刑,或其违法、犯罪行为严重伤害夫妻感情的。

夫妻财产制终止 夫妻因为结婚而产生的财产关系,包括法定财产制和约定财产制结束。离婚的法律效力之一。夫妻离婚之后,夫妻财产制终止,需要进行夫妻财产的清算,包括确定夫妻共同财产,确定夫妻个人财产,区分夫妻共同财产与家庭财产;需要分割夫妻共同财产和清偿夫妻共同债务;需要解决夫妻离婚时的经济补偿等。

夫妻共同财产的确定 夫妻离婚时对夫妻共同财产、夫妻个人财产进行明确认定,对夫妻共同财产与家庭财产进行的区分。离婚分割的财产以夫妻共同所有的财产为限。按照《中华人民共和国民法典》第1062—1064条的规定,夫妻在婚姻关系存续期间所得的财产,为夫妻的共同财产;法律规定为夫妻一方的个人财产,归一方所有;夫妻对婚姻关系存续期间所得的财产、婚前财产归属有另外约定的,按照约定执行。我国法律虽规定婚姻关系存续期间的所得为夫妻共同财产,不代表在解除婚姻关系时夫妻名下的所有财产都为夫妻共同财产。确定夫妻共同财产,首先要区分夫妻婚前财产和婚后财产,婚后财产还要区分属于夫妻一方所有的财产和夫妻共同所有的财产、夫妻所有的财产和家庭所有的财产。凡在婚姻关系存续期间实行法定财产制的,分割的是夫妻婚后所得的财产,但法律规定为一方特有的财产除外。凡夫妻对婚姻关系存续期间所得的财产、婚前财产归属有约定的,或者约定为各自所有、共同所有、部分各自所有、部分共同所有的,应当按照约定执行。约定为夫妻一方所有的财产,自然归该个人所有,不能在离婚时分割。

家庭财产 亦称"家庭共有财产"。家庭成员共同所有的财产。在我国,家庭财产包括:家庭成员共同积累、购置、受赠等的财产,家庭成员交给家庭的财产以及家庭成员共同生活期间共同劳动的收入。如家庭成员共同投资建造的房产,家庭成员共同继承还未分割的财产,家庭共同经营的农、林、牧、渔、副业及工商业的收益,家庭共同购置的财产等。家庭财产包括夫妻共同财产在内,但不等于是夫妻共同财产。因此,家庭财产属于包括夫妻在内的家庭成员全体共同所有,处理家庭财产或者分家析产时,应依法保护各个家庭成员的合法权益。至于家庭中如无民事行为能力人、限制民事行为能力人通过继承、接受赠与、接受遗赠所得、获得的奖励、因受人身伤害获得的赔偿等属于该人个人所有，其监护人虽有权对该项财产进行管理，但不属于家庭共同财产。夫妻离婚时，首先应当将夫妻共同财产从家庭财产中分离出来，再依离婚程序进行分割。对于确实一时难以确定的，人民法院会告知离婚诉讼的当事人另案处理，或者中止离婚诉讼，待家庭析产后再恢复离婚诉讼。

家庭共有财产 即“家庭财产”。

夫妻共同财产的分割 夫妻离婚时依法将夫妻共同财产划分为各自所有的个人财产。《中华人民共和国民法典》第1087条第1款规定：“离婚时，夫妻的共同财产由双方协议处理；协议不成的，由人民法院根据财产的具体情况，按照照顾子女、女方和无过错方权益的原则判决。”依此规定，离婚时夫妻共同财产的分割方式有：(1)协议分割。离婚时，对于夫妻共同财产的分割，首先应当由夫妻二人协商解决。这是对当事人处分自己所有的财产意思的尊重。而且夫妻二人能在协商的基础上对夫妻共同财产的分割达成一致意见，也便于财产问题尽快解决，有利于离婚纠纷的处理。(2)判决分割。离婚时，如果夫妻双方对于财产分割不愿协商，或者协商后无法达成一致意见的，应当由人民法院依法判决分割。人民法院审理离婚纠纷案件对夫妻共同财产的处理，应当依照相关法律规定，分清个人财产、夫妻共同财产和家庭共同财产，坚持男女平等，按照照顾子女、女方和无过错方权益的原则，合情合法地予以判决。

夫妻共同财产的分割原则 我国人民法院判决分割夫妻共同财产时遵循的原则。夫妻共同财产，是男女二人在整个婚姻关系存续期间的共同积累，凝聚着夫妻二人的感情、汗水和心血，离婚时能否公平、合理地予以分割，关系双方的切身利益，应当谨慎处理。在分割夫妻共同财产时，应当遵循以下原则：(1)男女平等。这是整个婚姻家庭立法所坚持的基本原则。男女二人结婚之后组建家庭，多数是妻子负责家务、照顾子女，往往影响了妻子的收入。在农村，妻子料理家务，照顾老人、孩子，同时负责自留地、责任田，丈夫外出打工赚钱，似乎妻子对家庭没有任何贡献。这种无视妻子劳动价值的情况普遍存在。因此，夫妻离婚分割共同财产的时候，应当坚持男女平等原则，原则上应当均等分割，不能因为妻子收入不多或者没有收入而不分或者少分。在农村，尤其应当注意保护女方离婚后的责任田、口粮田、宅基地等所享有的使用权、收益权，不能因为离婚而剥夺、限制女方的权利，损害妇女的合法权益。(2)保护妇女、儿童的合法权益。在现阶段,妇女、儿童一直是弱势的一方。不论是人们头脑中残存的男尊女卑的旧观念,还是社会现实中的确存在的男女两性的差异,都使女性在接受教育、就业机会、劳动报酬、劳动保护等方面受到不公平的待遇。我国贫困地区和流动人口中的女性受教育程度总体上仍低于男性,部分甚至不能完成国家规定的义务教育。用人单位的招聘,企业或者事业单位的晋升、提级等都存在着歧视女性的现象。在农村,侵犯和剥夺出嫁或者离婚、丧偶妇女的土地承包权益,出嫁妇女难以平等取得股份分红或者收益分配,以村民自治章程、村规民约、村民会议等形式侵害出嫁妇女及其子女合法权益的现象普遍存在。在家庭中,妇女抚育子女、照料老人、协助丈夫工作的劳动价值普遍被无视。儿童没有生存能力,没有父母的抚养,他们无法生存,不接受正常的教育,他们也无法成长为一个对家庭、社会有用的人才。父母无论因何原因离婚,受害最深的其实是子女。在单亲家庭成长的儿童,身体、心理都会承受巨大的压力。处理不当,对孩子的成长极为不利,甚至可能发展为严重的社会问题。因此,在夫妻离婚分割共同财产的时候,要对处于弱势一方的女性和未成年子女给予特别的照顾,以体现对妇女、儿童的特别保护。(3)照顾无过错方。我国的离婚制度虽坚持的是夫妻感情确已破裂,不论双方谁有过错,都应当允许离婚的原则,但不等于放任导致离婚的过错方。如果夫妻感情的破裂是因为一方的过错造成的,如因为一方的重婚,与他人同居,通奸,实施家庭暴力,虐待、遗弃家庭成员,有酗酒、赌博等恶习屡教不改等,在离婚分割夫妻共同财产时,应当照顾无过错的一方,使无过错的一方多分。分割夫妻共同财产时对无过错一方的照顾,与离婚时受害一方的离婚损害赔偿责任不同,这种照顾不是民事责任,只是对因一方对感情的不忠实、对家庭的不负责任而在感情、精神上受到伤害一方的抚慰,借以表达我国婚姻家庭制度的价值取向。(4)尊重当事人意愿。夫妻离婚分割共同财产的时候,应当尊重离婚当事人的意愿,这是对私权主体意志的尊重。作为离婚当事人的双方,都是有独立意志的法律主体,他们对自己所有财产的处分有何意愿,是其拥有所有权的当然表现。因此,离婚的当事人愿意放弃自己的全部或者部分权利,只要不危害到他人如子女、老人、有利害关系的第三方的合法权益,法律就没有必要干预。(5)有利生产、方便生活。

离婚后的男女二人还要继续各自的生活，在分割夫妻共同财产时，也不该肆意损害财产的效用与价值，应当从有利生产、方便生活的角度采取合适的方法分割。如夫妻共同财产，原则上应当均等分割，但根据生产、生活的实际需要和财产的来源等情况，具体处理时可以有所差别。属于夫妻共同财产的生产资料，可分给有经营条件和能力的一方，分得该生产资料的一方对另一方应给予相当于该财产一半价值的补偿。对夫妻共同经营的当年无收益的养殖、种植业等，离婚时应从有利于发展生产和经营管理的角度考虑，予以合理分割或折价处理。对不宜分割使用的夫妻共有的房屋，应根据双方住房情况和照顾抚养子女方、照顾无过错方等原则分给一方所有，分得房屋的一方对另一方应给予相当于该房屋一半价值的补偿。

夫妻财产分割中的具体问题 判决离婚分割夫妻共同财产时应当注意的具体问题。夫妻共同财产的形成，每个家庭、每对夫妻都有不同，何况夫妻共同财产的来源、种类丰富，财产的使用、收益方式不同，分割夫妻共同财产的时候，除法律规定的一般原则与方式外，还会存在许多具体的问题。如夫妻之间赠与房产的、夫妻一方的父母出钱为子女购买房屋支付首付款的等，离婚分割共同财产的时候，应当如何处理，就是十分具体而且又需要认真对待的问题。除坚持离婚分割夫妻共同财产的一般原则外，也需要依法作出具体的处理，以公平合理地保护当事人的权益。

夫妻之间赠与的房产 有关婚前或者婚姻关系存续期间，夫妻一方赠与对方房产，离婚时要求返还的，应当如何处理的问题。我国夫妻离婚时财产分割的常见问题之一。夫妻一方赠与对方房产，离婚时赠与人能否要求返还，受赠人要求履行赠与合同，法院是否予以支持。如果支持赠与人的返还请求，意味着承认赠与人具有撤销赠与的权利。如果支持受赠人的继续履行请求，等于承认赠与人不能撤销赠与。司法实践中，对于婚前或者婚姻关系存续期间，当事人约定将一方所有的房产赠与另一方，赠与方在赠与房产变更登记之前撤销赠与，另一方请求判令继续履行的，人民法院可以按照民法典第 658 条的规定处理。《中华人民共和国民法典》第 658 条第 1 款规定："赠与人在赠与财产的权利转移之前可以撤销赠与。"第 2 款规定："经过公证的赠与合同或者依法不得撤销的具有救灾、扶贫、助残等公益、道德义务性质的赠与合同，不适用前款规定。"依据上述规定，赠与人有权撤销赠与的，须符合以下条件：(1)夫妻双方之间订有合法、有效的赠与合同。这一赠与合同的标的是房产，赠与合同的当事人是夫妻双方，即使赠与合同是婚前签订的，该纠纷发生的时候男女二人也已经成为夫妻。如果当事人间没有赠与合同，或者赠与合同未成立，或者赠与合同被确认为无效，不会涉及赠与的撤销问题。(2)赠与人赠与对方的房产没有办理过户登记，或者没有办理赠与合同公证。按照赠与合同的属性，赠与是转移赠与标的物所有权的合同，赠与成立的法律后果是原本属于赠与人所有的财产转移为受赠人所有。按照我国法律的规定，如果赠与的标的是动产的，即使该动产是昂贵的珠宝、收藏品，其所有权也是从赠与标的物交付时起转移为受赠人所有。如果赠与的标的是不动产的，该赠与标的的所有权应当在依法办理不动产过户登记手续，受赠人作为所有权人的事实记载在不动产登记簿上，赠与标的的所有权才转移为受赠人所有。对于已经办理了过户登记的房产赠与合同，赠与人不能撤销。赠与公证是公证机构经赠与合同当事人的申请，对赠与合同的真实、合法、有效所进行的证明。进行了赠与合同公证等于是赠与合同当事人双方对赠与的意思表示在第三人面前进行了明确表达，是赠与合同当事人主动要求的通过法律规定的形式对该赠与合同进行的确认，避免了合同双方对赠与合同的任意反悔。经过公证的赠与合同，即使没有办理房产过户手续，赠与人也不能任意撤销该赠与。如果赠与人认为该公证有错误，并能提供足够的证据推翻公证证明的，人民法院经审查可以不采信公证证明，支持赠与人行使撤销权。(3)赠与合同中没有赠与人放弃任意撤销权的约定。夫妻之间赠与房产的，有时当事人为了防止赠与人反悔，在赠与合同中特别约定了赠与人放弃任意撤销权的条款。该条款是赠与人对自己财产所有权的处分，符合意思自治的私法原则，对赠与人是有约束力的。因此，已经放弃了撤销权的赠与人就不能再行使撤销权来撤销自己的赠与，即使该赠与房产的合同没有被公证，受赠人据此要求履行赠与合同的，人民法院应当支持。总之，无论是婚前还是婚姻关系存续期间，婚姻当事人双方约定将一方所有的房产赠与对方，赠与的房产已经办理了产权过户登记，或者虽没办理过户登记但赠与合同办理了赠与公证，或者赠与人在赠与合同中明确放弃撤销权的，在离婚时，赠与人无权要求返还赠与的房产，受赠人要求履行赠与合同的，人民法院应当支持。

父母出资为子女购买的不动产 在离婚纠纷中,有关对婚姻关系当事人的父母为其购买并登记在子女名下的不动产,应当如何定性及处理的问题。我国夫妻离婚时财产分割的常见问题之一。随着城市商品房价格的上涨,许多年轻人没有能力承担自己的结婚、家庭用房的开支。由一方或者双方的父母资助他们购买房产,有的登记在自己子女的名下,有的登记在夫妻双方的名下。父母出资为子女购买不动产的情况,非常复杂。父母的出资,有的在子女结婚前,也有的在结婚后;有出资全部购房款,也有出资部分购房款;有单方父母出资,也有双方父母出资;有的出资是赠与给子女,也有的出资是借贷。司法实践中,最高人民法院曾为此于2004年和2011年作过两次解释。第一次解释,当事人结婚前,父母为双方购置房屋出资的,该出资应当认定为对自己子女的个人赠与,但父母明确表示赠与双方的除外。当事人结婚后,父母为双方购置房屋出资的,该出资应当认定为对夫妻双方的赠与,但父母明确表示赠与一方的除外。第二次解释,婚后由一方父母出资为子女购买的不动产,产权登记在出资人子女名下的,可视为只对自己子女一方的赠与,该不动产应认定为夫妻一方的个人财产。由双方父母出资购买的不动产,产权登记在一方子女名下的,该不动产可认定为双方按照各自父母的出资份额按份共有,但当事人另有约定的除外。可见,两次司法解释的关注点略有不同,前一司法解释仅强调了父母的出资,而后一司法解释将出资与不动产的登记衔接,更加强调不动产登记的效力。前一司法解释虽对父母为子女购买房产出资的适用体现了法律关于夫妻婚前、婚后财产归属的立法意图,但在实践中的适用效果并不好。在现实中,很少有父母在为已经结婚了的子女出资购买房屋时还会表示是赠与自己子女一方的,因为父母大多怕为此造成误会,影响子女的感情和婚姻,不愿甚至都不会设想自己的子女将来会离婚。现实生活是,结婚时间不长的小夫妻闹起了离婚,而被看作婚姻关系存续期间得到的房产,在没有特殊约定的情况下,被作为夫妻共同财产分割。父母积攒的差不多一生的财富,因为短暂的婚姻而被另一个人分走了一半,不仅当事人心中不平衡,社会对此也难认同。2007年10月1日《中华人民共和国物权法》施行,对不动产的占有、取得等有了更明确具体的规定。为了更准确地贯彻婚姻法、物权法,也为了平衡出资父母与婚姻当事人之间的利益关系，最高人民法院在后一司法解释中才对此问题进一步作了规范。理解这两次司法解释应当注意：(1)后一司法解释中父母出资为子女购买的是不动产，比前一司法解释中的房屋范围要宽。不动产除房屋之外，还包括附着在土地之上的不能移动的定着物，如建筑物、构筑物及林木等。这里父母的“出资”指的是与购买不动产的对价相联系的货币，而不是父母赠与的不动产。(2)按照我国法律的一般规定，夫妻的婚前财产为各自所有，婚后的夫妻财产实行的是法定财产制，即婚姻关系存续期间夫妻任何一方取得的财产除法律另有规定的以外，都为夫妻共同所有，即婚后父母为子女出资购买的房屋应为夫妻共同财产。但法律的一般规定，并不排斥对赠与人等自由意志的尊重。父母出资为子女购买不动产，如果出资人明确表示是赠与自己子女一方的，按照法律规定的“遗嘱或者赠与合同中确定只归一方的财产”为夫妻一方的个人财产，应当认定属于该子女个人所有。出资人虽没有明确的赠与自己子女一方的意思表示，但也可以从赠与人的行为判断赠与人内心的真实意图。如一方父母出资为结婚后的子女购买不动产，产权却登记在自己子女名下的，可以视为父母对自己子女一方的赠与。按照我国法律的规定，不动产物权的设立、变更、转让和消灭，应当依照法律规定登记，自记载于不动产登记簿时发生效力。所以，不动产登记在谁的名下，一般应当认定为谁是该不动产的权利人。(3)由双方父母出资购买的不动产，无论出资行为发生在婚前还是婚后，不动产产权登记在一方子女名下的，该不动产可以认定为双方按照各自父母的出资份额按份共有，但当事人另有约定的除外。按份共有是共有的一种，是两个或两个以上的共有人对其所有的财产按照份额享有所有权，其中的份额可以依照法律的规定产生，也可以依照当事人间的约定产生。一般来讲，确定各共有人的份额时采用的标准是各共有人的出资份额，各共有人的份额无法确定的，应当推定各共有人的份额均等。双方父母出资给子女购买不动产，即使登记在一方子女的名下，也能推定出该出资是父母对自己一方子女的赠与，将该不动产认定为双方按照各自父母的出资份额享有按份共有的产权，符合法律规定的精神，也是各方都能接受的结果。

一方婚前贷款所购的不动产 有关一方当事人婚前出资支付首付款按揭贷款购置不动产，产权登记在出资一方名下，婚后夫妻共同还贷，离婚时该不动产应当如何认定与分割的问题。我国夫妻离婚时财产分割的常见问题之一。所谓按揭贷款买房是指购房者以其所购的房屋作抵押向银行贷款，在约定的期限内按月偿还贷款本息的一种购房方式。如果是夫妻在婚后用这种方式购房，夫妻用共同财产还贷，房子为夫妻共同财产，离婚时按照法律的相关规定执行，没有疑问。但如果是一方婚前自己支付的首付款并贷款，购买的房屋登记在自己名下，结婚后夫妻二人用共同财产还贷，离婚时应当如何认定该房屋的归属，就成了很多离婚纠纷中的大问题。因为房价的持续上涨，许多夫妻离婚时房产分割的争议也会扩大。司法实践中，最高人民法院为此作了司法解释，夫妻一方婚前签订不动产买卖合同，以个人财产支付首付款并在银行贷款，婚后用夫妻共同财产还贷，不动产登记于首付款支付方名下的，离婚时该不动产由双方协议处理。双方不能达成协议的，人民法院可以判决该不动产归产权登记一方，尚未归还的贷款为产权登记一方的个人债务。双方婚后共同还贷支付的款项及其相对应财产增值部分，离婚时由产权登记一方对另一方进行补偿。理解这一司法解释应当注意：(1)适用这一司法解释的，得是夫妻一方婚前签订房屋买卖合同和房产抵押贷款合同，并以个人财产支付首付款，婚后用夫妻共同财产还贷的情形。缺少其中任何一个环节，都不能适用这一司法解释。如男女二人并未结婚，仅仅是同居关系，即使其他环节都与该司法解释相同，也不能适用该司法解释。(2)婚后用夫妻共同财产还贷，是指从婚姻关系有效成立开始，以夫妻的婚后所得偿还贷款。这里的婚后所得指的是他们的婚后财产实行夫妻法定财产制的情形，即他们对婚后所得财产没有特别的约定，自然也与夫妻二人的收入多少无关。那种认为应当从夫妻二人对偿还贷款的贡献大小来考虑分割份额的观点不符合法律对婚后夫妻共同财产制的规定。(3)即使完全符合这一司法解释的情形，如何分割也允许夫妻二人协商，协商不成的，才需要人民法院判决。要注意的是，这一司法解释中，人民法院可以判决该不动产归产权登记一方，用的是“可以”一词，即不能排除人民法院作出另外的判决。如因为经济情况的变化，当年支付首付款并将不动产登记在其名下的一方，现在没有能力承担后续的还款及给对方的补偿，人民法院也可以将此不动产判决给另一方。当然，取得该不动产产权的一方，就成为了尚未归还部分贷款的债务人。(4)双方婚后共同还贷支付的款项及其相对应的财产增值部分，应由取得房屋产权的一方对另一方进行补偿。在考虑补偿的时候，应遵循我国民法典所规定的离婚分割夫妻共同财产应当按照照顾子女、女方和无过错方权益的原则处理。至于不动产是否有增值、增值多少，可以由当事人双方协商达成共识，否则，应当由房地产评估机构进行评估。

一方擅自出售夫妻共有的房屋 有关夫妻一方擅自出售夫妻共同所有的房屋，离婚时能否追回已经出卖的房屋；因为夫妻一方的擅自处分造成了对方损失，离婚时要求其赔偿的，能否给予支持的问题。我国夫妻离婚时财产分割的常见问题之一。这里涉及两个重要的法律问题。(1)夫妻一方擅自出售夫妻共同所有的房屋，该买卖房屋的合同是否有效，买受人能否取得房屋的所有权。在买卖纠纷中，没有处分权的人作为出卖人与买受人签订买卖合同的情形时有发生。对此，《中华人民共和国民法典》第597条明确规定："因出卖人未取得处分权致使标的物所有权不能转移的，买受人可以解除合同并请求出卖人承担违约责任。"第311条还规定，"无处分权人将不动产或者动产转让给受让人的，所有权人有权追回"。依此规定，转让人以自己的名义转让自己没有处分权的财产，该买卖合同有效。但是，如果出卖人在应当交付所出卖的房产于买受人时依然没有取得处分权的，买受人可以解除合同并请求出卖人承担违约责任。即使出卖人已经将出卖物交付于买受人的，所有权人也有权要求返还，以维护自己所有权的完整。因此，夫妻一方擅自出售夫妻共同所有的房屋，该买卖房屋的合同虽然有效，买受人不能依此合同取得房屋的所有权。但买受人却可以要求解除买卖合同，追究出卖人的违约责任。其实，交易行为发生的前提是出让财产的一方拥有其交易财产的处分权，为了交易安全，法律不允许对财产没有处分权的人进入市场交易。这也造成了进入市场的任何人在没有调查清楚出卖人是否具有处分权之前不敢贸然交易，势必又加大交易成本，影响交易效率。为平衡交易效率与财产安全的关系，法律设计了善意取得制度，即无权处分他人财产的让与人，在将该财产转让给不知情的第三人时，第三人作为受让人依法取得该财产的所有权，该财产的原所有权人不得请求第三人返还，而只能要求无权转让人赔偿损失。我国法律也规定了善意取得制度。民法典第311

条规定："无处分权人将不动产或者动产转让给受让人的，所有权人有权追回；除法律另有规定外，符合下列情形的，受让人取得该不动产或者动产的所有权：（一）受让人受让该不动产或者动产时是善意；（二）以合理的价格转让；（三）转让的不动产或者动产依照法律规定应当登记的已经登记，不需要登记的已经交付给受让人。受让人依据前款规定取得不动产或者动产的所有权的，原所有权人有权向无处分权人请求损害赔偿。"按照这一规定，善意取得必须具备以下条件：①转让人须是无权处分人。夫妻一方擅自处分的是夫妻共同所有的房子。在没有法律特别规定或当事人特别约定的情况下，夫妻婚姻关系存续期间的所得为夫妻双方共同所有，即夫妻作为共有人对其共有的财产不分份额地共同享有所有权，夫妻对共有财产的占有、使用、收益和处分的权利都及于共有财产的全部，处分共有财产包括出卖、出租、设定担保等必须经对方同意。夫妻任何一方未经另一方同意处分夫妻共有的财产包括房子，都是无权处分。我国民法典第 1062 条第 2 款规定："夫妻对共同财产，有平等的处理权。"房屋在夫妻共同财产中无疑是价值较大且对家庭生活至关重要的财产。夫妻对于处分房屋这样的财产，属于对夫妻共同财产所作的重要决定，应当由夫妻双方协商决定。否则，都为无权处分。②受让人受让该财产时是善意的，即受让人受让该财产时不知道或者不应当知道转让人无处分权。否则，即为恶意。行为人是否为善意，是其所为行为时的心理状态，外人很难对其进行深入的探究。好在房屋作为不动产，其所有权的发生、变更、转移等都需要进行登记。不动产登记簿上的记载是以国家信誉为保障的，具有最高的公信力。通常人们信赖不动产登记簿的记载应当推定为善意，除非有证据证明受让人知道不动产登记簿上的记载是错误的。当然，无论法律的规定多么精准、细致，总有人不按法律的规定去做，从而埋下纠纷的隐患。如房屋产权证上记载的权利人是夫妻二人，受让人竟然与夫妻中的一人签下该房产的买卖合同。这时的受让人应当知道出卖人处分的是夫妻共同财产，没有两个权利人的签字，该房产买卖合同的出让人应当为无权处分。又如房屋产权证上记载的权利人是一人，与受让人签订买卖合同的却是登记权利人的夫或者妻，受让人应当知道出卖人为无权处分。根据物权登记公示原则，受让人没有理由怀疑该房产不是登记权利人的个人财产，作为买受人信赖不动产登记簿的记载与权利人签订买卖合同，应为恶意。房产的真实权利人主张受让的第三人不具有善意，应当承担举证责任，如果不能证明其有恶意，应当推定其为善意。从避免共同财产被某一共有人处分，避免善意取得的发生给自己造成损失，拥有不动产的权利人，应当关心不动产登记的状况。发现登记错误的应当及时更正，权利人不同意更正的应当及时进行异议登记，并通过诉讼由人民法院确定权属。③以合理的价格转让。善意取得制度的立法宗旨是维护交易安全，而适用善意取得制度的都是有偿的交易行为。至于交易的价格是否合理，一般认为买卖双方认可的价格且已完成了给付，应当推定为合理。如果擅自转让房屋的配偶对方举证证明合同中的价格与市场中交易的同类房屋的价格相差悬殊、不合情理，或者法官根据其生活经验等判断交易价格的确不合常理的，可以请专业评估机构对争议的房屋进行评估。如果评估价格与合同价格相差不是特别明显的，应当认为是合理价格。④受让的房产已经按照法律的规定完成了不动产转让登记，即该转让的不动产已经完成了交付，受让人已经取得了所有权。对于夫妻一方未经另一方同意擅自出卖夫妻共有的房屋，第三人善意购买、支付合理对价并办理了产权登记手续，另一方主张追回该房屋的，人民法院不予支持。(2)夫妻一方擅自出售夫妻共同所有的房屋给另一方造成损失，能否要求其赔偿。司法实践中，夫妻一方擅自处分共同共有的房屋造成另一方损失，离婚时另一方请求赔偿损失的，人民法院应予支持。但应当注意：①夫妻一方因另一方擅自处分共同共有房屋要求其赔偿自己损失的，须以提出离婚诉讼为前提。这是因为婚姻关系存续期间的财产除法律有特别规定和夫妻之间有特别的约定以外，都为夫妻共同财产。如果婚姻关系还在存续，夫妻一方要求另一方赔偿，用的还是夫妻共同财产，没有实际意义，而且此时提出赔偿要求，还会损害夫妻感情，造成新的夫妻矛盾。②这一赔偿与离婚损害赔偿不同，不涉及精神损害的赔偿。尽管这一赔偿也要在夫妻离婚时提出，但与离婚损害赔偿的性质、赔偿范围等不同。离婚损害赔偿是夫妻一方存在法律规定的重大过错行为导致离婚的，由过错方对无过错方的赔偿，是对过错方的惩罚，对无过错方的救济与安慰。因此，过错方的赔偿范围包括财产损害和精神损害。因夫妻一方擅自处分夫妻共同共有的房屋导致的赔偿，是因为夫妻一方未经另一方同意，擅自处分夫妻共同财产的行为侵害了配偶的财产权，已经出卖了的房产无法追回，只能由擅自处分的一方赔偿因其侵犯财产权的行为给另一方造成的财产损失。

夫妻用共同财产出资购买的房改房 有关婚姻关系存续期间，夫妻双方用共同财产出资购买房改房，或者购买以一方父母名义参加房改的房屋，离婚时另一方主张按照夫妻共同财产分割房屋的，应当如何处理的问题。我国夫妻离婚时财产分割的常见问题之一。房改房是指在城镇居民住房改革中购买的其原来承租的住房。原来实物分配的承租住房由承租人购买成为自己拥有独立产权的商品房，该房产的购买资格、价格、房产登记的主体与程序等，都是由政府文件具体规定的，与市场中的商品房买卖合同的签订有着本质的不同。离婚纠纷中，对于房改房的归属、分割也就成了棘手的问题。司法实践中，这类问题应当区别以下情况进行处理：(1)婚前一方购买自己承租的公有住房。婚前，夫或妻一方以自己的个人财产购买其承租的国家或者单位的公有住房，产权登记在自己的名下。该房产权应为夫或者妻一方的婚前财产，属法律规定的个人特有财产。在夫妻对此没有特别约定的情况下，夫妻离婚时，对方无权分割婚姻当事人的婚前财产。(2)夫妻用共同财产购买夫或者妻一方婚前承租的国家或者单位的公有住房。婚前以夫或者妻一方的名义承租的公有住房，婚后参加房改时用夫妻双方的共同财产购买，房产登记在承租人一方的名下，离婚时，另一方要求分割该房产，是否应当得到支持。按照我国法律的规定，房子属于不动产，应当进行产权登记。不动产的产权证书上记载着的人应当是该不动产的所有权人。我国法律还规定，婚姻关系存续期间的所得除法律明文规定为一方的特有财产、夫妻对婚后财产没有特别约定的以外，都实行法定的共同财产制，即属夫妻双方共同所有。该不动产的产权证书记载的权利人虽是夫或者妻一人，但不能据此就认定该不动产只能属于夫或者妻一方所有。原因有三：一是房改时我国还没有物权法，不动产的登记还不是很规范。二是我国长期的计划经济，法制观念淡薄，个人权利意识更差。许多家庭里的大事小情都是丈夫作为户主一人对外代表。三是房改时依据的是国家的政策性文件。按照1994年7月18日发布的《国务院关于深化城镇住房制度改革的决定》及各地相关政策，职工按照成本价购买已经租住的公有住房，其购买资格是公房的承租人，购买价格是综合夫妻双方的工龄、职级、家庭人口等多种因素确定的，而且每个家庭只能享受一次。可见，购买房改房，实质是之前福利分房待遇的延续，不是该房屋的市场价格。因此，只凭房屋产权证上的记载就认定该房产属于记载的权利人所有是不准确的，很可能损害配偶一方的利益。因此，由夫或者妻一方承租，婚后由夫妻共同财产出资购买的房改房，房屋产权虽登记在夫或者妻一方名下的，应当认定为夫妻共同财产，这符合法律的规定和当时房改的政策。(3)婚前由夫或者妻一方承租的公有住房，婚后由夫或者妻用其个人财产购买的房改房。这类问题其实更复杂。我国法律规定的夫妻财产实行夫妻共同财产制，是与夫妻特有财产制和约定财产制并存的。也就是说，即使在婚姻关系存续期间，还是存在着属于夫或者妻的个人财产的，即夫妻之间对婚后财产有属于一方所有的特别约定，或者符合法律规定的属一方所有的特有财产的，是属于夫或者妻一方所有的财产。如果在房改时，虽是婚姻关系存续期间，承租公房的夫或者妻一方用自己的财产购买房改房的情况还是会存在的。但是，这种情况下购买的房改房是否就一定属于夫或者妻一方所有，有两种完全对立的观点。反对属于一方所有的观点，主要是因为房改房的性质，含有福利、政策的属性，在购房价格中就包含了夫妻双方的工龄、职级、家庭人口等因素，而且各地的政策规定还不完全一致，如果认定婚姻关系存续期间，公房承租人以自己的名义用自己的财产购买房改房就属于其个人所有，势必损害夫或者妻一方的权益。赞成属于一方所有的观点，主要是认为夫或者妻都应该知道房改房购买中的政策，夫妻一方在以自己的名义用自己的财产购买时，另一方不反对的，应当视为夫妻对房改房归属的一种约定，法律应当予以尊重。实际是，对于此种情况还没有法律的明确规定或者司法解释。(4)夫妻用共同财产出资购买父母名义下的房改房，产权登记在一方父母名下。婚姻关系存续期间，父母具有购房资格却由子女出资的情况很多。夫妻离婚时，一方主张该房屋的产权、要求作为夫妻共同财产分割的纠纷也不少。司法实践中，婚姻关系存续期间，双方用夫妻共同财产出资购买以一方父母名义参加房改的房屋，产权登记在一方父母名下，离婚时另一方主张按照夫妻共同财产对该房屋进行分割的，人民法院不应当支持。购买该房屋时的出资，可以作为债权处理。这是因为，参加房改、有资格购买房改房的是夫或者妻一方的父母，不是离婚纠纷中的夫妻；该房屋产权登记在购房者即夫妻一方的父母名下，即该房屋已经取得了产权，且已经进行了不动产登记，产权人是夫妻一方的父母。这种房改房，虽购房的资金是夫妻用他们的共同财产支付的，但房改房的产权应当属于购房者即夫妻一方的父母所有，不属离婚纠纷中的夫妻共同财产。因此，夫妻的一方主张按照夫妻共同财产对该房屋进行分割的，人民法院不应当支持。但是，该夫妻为该房所付出的购房款，可以作为债权处理，债权人为夫妻双方，债务人为房子的所有权人。

军人的伤亡保险金、伤残补助金等及复员费、自主择业费等的分割 有关在配偶一方或者双方为军人的离婚诉讼中，涉及军人的伤亡保险金、伤残补助金、医药生活补助费、复员费、自主择业费等，是否属于夫妻共同财产，能否对其进行分割的问题。我国军人夫妻离婚时财产分割的常见问题。这里应当区别对待：(1)军人的伤亡保险金、伤残补助金、医药生活补助费等，属军人个人所有的财产，不能作为夫妻共同财产分割。我国的军人保险是依据2012年7月1日施行的《中华人民共和国军人保险法》规定的包括军人伤亡保险、退役养老保险、退役医疗保险、随军未就业的军人配偶保险的保险制度。这是国家为保护军人合法权益，弥补军人因职业风险而造成的损失，以维护军队的稳定和国家的安全，对于军人在遇到死亡、伤残等风险时，以保险的方式给予经济补偿而建立的制度。依照军人保险法的规定，享受军人伤亡保险的军人主体有因战、因公死亡或者致残的军人，以及因病致残的初级士官和义务兵。军人因战、因公死亡的，按照认定的死亡性质和相应的保险金标准，给付军人死亡保险金。军人因战、因公、因病致残的，按照评定的残疾等级和相应的保险金标准，给付军人残疾保险金。参加军人退役医疗保险的军官、文职干部和士官，每月按规定数额缴纳军人伤亡保险费，义务兵、供给制学员不缴纳军人伤亡保险费，军队给予同等数额的补助。军人退役时，将退役医疗保险资金转移到地方社会保险经办机构。已经评定残疾等级的因战、因公致残的军人退出现役参加工作后旧伤复发的，依法享受相应的工伤待遇。国家还为随军未就业的军人配偶建立了养老保险、医疗保险等。随军未就业的军人配偶参加保险，应当缴纳养老保险费和医疗保险费，国家给予相应的补助。从上述规定可以看出，军人的伤亡保险金、伤残补助金等，是具有军人身份的人才能参加的保险险种，保险赔偿是参保军人享有的保险赔偿，具有特定的人身属性，应当属于军人一方的个人财产，不能作为夫妻共同财产分割。这样认定，与《中华人民共和国民法典》第1063条关于夫妻一方的个人财产的第2项“一方因受到人身损害获得的赔偿或者补偿”的规定吻合。国家对患有慢性病的复员士官，视病情轻重发给医药生活补助费，这种补助费是为补贴患病军人的治疗和生活而专门设置的，应当属于军人个人的财产，不应作为夫妻共同财产分割。（2）军人的复员费、转业费、退役金、自主择业补助费等，属附条件的夫妻共同财产。①复员费、转业费。复员费、转业费是由部队一次性发给退出现役的军官、文职干部、士官的包括生活补助费和安家补助费等在内的专门费用，为的是保障他们复员、转业后的生活和安家的基本需要。复员费、转业费都是按照批准复员、转业军官、文职干部的服现役时间、职务等级及批准复员、转业时的本人原工资等的一定标准计发的。复员费、转业费应该属于夫妻共同财产，还是退役军人的个人财产，一直有不同意见。有人认为复员费、转业费是由军队一次性发给退役军人的，属于军人离开部队到地方工作的生活补助和安家补贴等，体现的是对军人退役后生活的照顾，也是对军人服役期间牺牲、奉献的褒奖和抚慰，应该属于军人的个人财产。也有人认为，军人常年在部队服役，无法照顾自己的家庭。军人的配偶除自己的正常工作之外，还要在家里照顾子女、赡养老人、操持家务。如果将复员费、转业费规定为军人一方的个人财产，配偶为家庭的付出被无视不说，在地方工作的收入等却认定为夫妻共同共有的财产，对军人配偶是不公平的。②退役金。我国从2001年1月1日起，对批准转业的师级、团级军官，处级文职干部和相当待遇的专业技术干部，军龄满二十周年的营职军官、科级文职干部和相当待遇的专业技术干部，还实行自主择业的安置方式。对批准自主择业的军队转业干部，由安置地政府逐月发给退役金。2021年1月1日起施行的《中华人民共和国退役军人保障法》以法律的形式，对退役的军人规定了国家采取多种形式安置予以保障，其中规定：对退役的军官、军士，服现役满规定年限，以逐月领取退役金方式安置的，按照国家有关规定逐月领取退役金；对退役的军士，服现役不满规定年限，以自主就业方式安置的，领取一次性退役金；对退役的义务兵，以自主就业方式安置的，领取一次性退役金。退役金作为退役军人的基本生活保障,有点类似于“退休金”。③自主择业补助费。退役后的军人不要国家在地方上分配工作,而要求自主择业的还有由部队一次性计发的自主择业补助费。这是军人以其放弃稳定的工作和收入为代价获得的,这笔费用除了是对其自主择业的经济支持外,还是对其自主创业的鼓励。其实军人放弃了国家分配工作的机会,选择自主创业,等于让配偶与自己一起承担了退役后工作、收入不稳定,创业失败等给家庭生活造成影响的风险。如果仅强调自主择业补助费是只有退役军人以退役后不要国家安排工作为代价才能领取的生活、安置的补贴,就认定自主择业补助费为退役军人一方的个人财产,对配偶另一方是不公平的。综合,对于复员费、转业费、退役金、自主择业补助费认定为夫妻共同财产似乎更恰当,但在离婚时分割这种共同财产时,应当兼顾考虑军人的服役期限、结婚时间等因素,尽量公平、合理地维护双方的权益。人民法院审理这类离婚纠纷案件,涉及分割发放到军人名下的复员费、自主择业费等一次性费用的,以夫妻婚姻关系存续年限乘以年平均值,所得数额为夫妻共同财产。所称年平均值,是指将发放到军人名下的上述费用总额按具体年限均分得出的数额。其具体年限为人均寿命七十岁与军人入伍时实际年龄的差额。将军人退出现役时一次性获得的复员费、自主择业补助费等费用的总额与夫妻婚姻关系的存续年限挂起钩来,综合平衡双方的利益来认定属于夫妻共同财产的数额再进行分割,较为合理。

股票、债券、投资基金份额等有价证券的分割 有关夫妻共同财产中的股票、债券、投资基金份额等有价证券以及未上市股份有限公司股份如何分割的问题。我国夫妻离婚时财产分割的常见问题之一。随着社会的进步与发展,夫妻共同财产的表现形式也愈加丰富,除传统意义的家庭财产外,一些投资性的财产在家庭财产中的比重越来越大。这些投资性的财产为离婚纠纷中夫妻共同财产的分割带来许多难题。如依照法律规定暂时还不能上市交易的股票,如何认定其价值;因为碍于持有股票、债券等有价证券的人的身份,还不能转让自己的有价证券的,应当如何认定;以夫妻共同财产或者家庭财产出资与他人组建的有限责任公司、合伙企业、独资企业等,其资产该如何计算等。司法实践中,夫妻双方分割共同财产中的股票、债券、投资基金份额等有价证券以及未上市股份有限公司股份时，先由夫妻二人按市价协商，协商不成或者按市价分配有困难的，由人民法院根据数量按比例分配。这里应当需要注意：(1)双方分割的是夫妻共同财产中的股票、债券、投资基金份额等有价证券以及未上市股份有限公司的股份。尽管这类资产多是以夫或者妻一人的名义登记或者持有，但投资时若是使用夫妻双方的共同财产，则应当认定为是夫妻共同所有的资产；若是夫或者妻用个人所有的财产投资的，应当认定为夫或者妻的个人财产。分割这类资产首先要分清是夫妻的个人财产还是夫妻共同财产。夫妻离婚时分割的得是夫妻共同财产。(2)尽量协商分割。如果当事人协商不成或者按照市价分配确有困难的，人民法院可以根据数量按比例分配。(3)分割时应当遵守法律的规定。如《中华人民共和国公司法》第141条规定："发起人持有的本公司股份，自公司成立之日起一年内不得转让。公司公开发行股份前已发行的股份，自公司股票在证券交易所上市交易之日起一年内不得转让。公司董事、监事、高级管理人员应当向公司申报所持有的本公司的股份及其变动情况，在任职期间每年转让的股份不得超过其所持有本公司股份总数的百分之二十五；所持本公司股份自公司股票上市交易之日起一年内不得转让。上述人员离职后半年内，不得转让其所持有的本公司股份。公司章程可以对公司董事、监事、高级 管理人员转让其所持有的本公司股份作出其他限制性规定。"如果夫妻持有的是上述规定中不能自由转让的股票，应当符合法律的规定，人民法院的判决也不能违反这些规定。为此，当事人可以在符合法律规定的转让条件时再向人民法院起诉。

夫妻共同财产中以一方名义在有限责任公司的出资额的分割　在离婚诉讼中涉及分割的夫妻共同财产是以夫妻一方的名义在有限责任公司的出资额，另一方不是该公司股东的，应当如何认定和处理的问题。我国夫妻离婚时财产分割的常见问题之一。如果离婚纠纷发生的时候，夫妻双方都是同一家公司股东的，可以按照《中华人民共和国公司法》第71条的规定处理，因为"有限责任公司的股东之间可以相互转让其全部或者部分股权"。如果离婚纠纷发生时，夫妻的一方是该公司股东，而另一方不是股东的，就意味着分割这类财产，涉及向公司股东以外的人转让全部或者部分出资，根据我国的司法实践，应当注意：(1)夫妻双方协商一致将出资额部分或者全部转让给该股东的配偶，过半数股东同意、其他股东明确表示放弃优先购买权的，该股东的配偶成为该公司股东。（2）夫妻双方就出资额转让份额和转让价格等事项协商一致后，过半数股东不同意转让，但愿意以同等价格购买该出资额的，人民法院可以对转让出资所得财产进行分割。过半数股东不同意转让，也不愿意以同等价格购买该出资额的，视为其同意转让，该股东的配偶成为该公司股东。用于证明上述过半数股东同意的证据，可以是股东会决议，也可以是当事人通过其他合法途径取得的股东的书面声明材料。

夫妻共同财产中以一方名义在合伙企业中的出资的分割 在离婚诉讼中涉及分割的夫妻共同财产是以一方名义在合伙企业中的出资，另一方不是该企业合伙人的，应当如何认定和分割的问题。我国夫妻离婚时财产分割的常见问题之一。合伙是两个或者两个以上的人以共同经营为目的，共同出资、合伙经营、共担风险、共享收益，并对合伙债务承担无限连带责任的一种经营形式。合伙企业，是指自然人、法人和其他组织依法在中国境内设立的普通合伙企业和有限合伙企业。合伙企业是在合伙协议的基础上设立的，彼此熟悉的合伙人之间容易取得经营上的一致意见、合伙人内部为连带责任、合伙对外承担无限责任。这些特点使合伙企业在市场中具有较为可靠的信用和较强的竞争能力。因为合伙的对内与对外责任的特点，合伙具有较强的人合特性，能成为合伙人的都是彼此间信任、熟悉的人。这也为分割夫妻共同财产中的合伙财产带来了难度。司法实践中，人民法院审理离婚纠纷案件，涉及分割夫妻共同财产中以一方名义在合伙企业中的出资，另一方不是该企业合伙人的，夫妻双方协商一致，将其合伙企业中的财产份额全部或者部分转让给对方时，按以下情形分别处理：（1）其他合伙人一致同意的，该配偶依法取得合伙人地位；（2）其他合伙人不同意转让，在同等条件下行使优先受让权的，可以对转让所得的财产进行分割；（3）其他合伙人不同意转让，也不行使优先受让权，但同意该合伙人退伙或者退还部分财产份额的，可以对退还的财产进行分割；（4）其他合伙人既不同意转让，也不行使优先受让权，又不同意该合伙人退伙或者退还部分财产份额的，视为全体合伙人同意转让，该配偶依法取得合伙人地位。

夫妻以一方名义投资设立的独资企业的分割 在离婚诉讼中涉及分割的夫妻共同财产是以夫妻一方的名义投资设立的独资企业，应当如何认定和处理的问题。我国夫妻离婚时财产分割的常见问题之一。个人独资企业，是指依法在中国境内设立，由一个自然人投资，财产为投资人个人所有，投资人以其个人财产对企业债务承担无限责任的经营实体。这种最古老、最简单的企业组织形式，因为其具有的企业资产所有权、控制权、经营权、收益权高度统一，业主的自负盈亏和对企业的债务承担无限责任的特点，使企业经营的好坏同业主个人的经济利益乃至身家性命紧密相连，成为到今天依然盛行的企业形式。按照我国法律的规定，自然人在婚前以个人资产作为出资设立的独资企业，为其个人的婚前财产，应当属于其个人所有，但该独资企业经营所得的收益，为婚姻关系存续期间所得，应当为夫妻共同所有。自然人在其婚后投资设立的独资企业，如果是以其个人的婚前财产、婚后的个人财产或者约定属于其个人的财产出资设立的，应当为其个人所有，该人对独资企业的财产拥有管理、使用、收益和处分的权利，但该独资企业的经营收益，应当属于夫妻共同财产。夫妻离婚时应当对共同财产进行分割。除上述两种情形外，还要解决夫妻结婚后，用夫妻共同财产却以夫妻一方的名义设立的独资企业应当如何认定的问题。在我国，个人独资企业大多是以夫妻共同财产或者家庭共同财产出资设立的，但受制于《中华人民共和国个人独资企业法》第 8 条的规定，设立个人独资企业必须具备的条件之一就是“投资人为一个自然人”，个人独资企业都登记在夫或者妻一人的名下，导致离婚纠纷发生的时候，双方对该独资企业的归属及分割产生争议。尽管《中华人民共和国个人独资企业法》第 17 条规定了“个人独资企业投资人对本企业的财产依法享有所有权，其有关权利可以依法进行转让或继承”，但按照婚姻家庭法的规定，夫妻对其共同财产享有的权利是不分份额的共同共有，以夫妻共同财产出资设立的独资企业，不论是以夫还是妻的名义，都是夫妻对其共同共有的财产行使处理权。因此，该独资企业的财产仍属于夫妻共同财产。我国个人独资企业法第 18 条对此也作了规定：“个人独资企业投资人在申请企业设立登记时明确以其家庭共有财产作为个人出资的，应当依法以家庭共有财产对企业债务承担无限责任。”在离婚纠纷中，对属于夫妻共同所有的独资企业的财产进行分割的时候，常常是一方或者双方主张该企业的经营权，但如何补偿有不同意见，还有的是双方都不愿意继续经营企业。司法实践中，人民法院分割夫妻在该独资企业中的共同财产时，按照以下情形分别处理：(1)一方主张经营该企业的，对企业资产进行评估后，由取得企业一方给予另一方相应的补偿；(2)双方均主张经营该企业的，在双方竞价基础上，由取得企业的一方给予另一方相应的补偿；(3)双方均不愿意经营该企业的，按照《中华人民共和国个人独资企业法》等有关规定办理。按照我国个人独资企业法第27—29条的规定，个人独资企业解散，由投资人自行清算或者由债权人申请人民法院指定清算人进行清算。个人独资企业解散的，财产应当按照所欠职工工资和社会保险费用、所欠税款、其他债务的顺序依次清偿。个人独资企业解散后，原投资人对个人独资企业存续期间的债务仍应承担偿还责任，但债权人在五年内未向债务人提出偿债请求的，该责任消灭。

对房屋价值及归属无法达成协议的处理 离婚纠纷中夫妻双方对共同财产中的房屋价值及归属无法达成一致意见时，应当如何处理的问题。我国夫妻离婚时财产分割的常见问题之一。夫妻共同财产中的房屋，包括购买的商品房、房改房、经济适用房及旧时遗留的私有房屋，往往是许多夫妻共同财产中价值最大的部分，也是离婚分割财产时争议最大的部分。司法实践中，双方对夫妻共同财产中的房屋价值及归属无法达成协议时，人民法院按以下情形分别处理：(1)双方均主张房屋所有权并且同意竞价取得的，应当准许；(2)一方主张房屋所有权的，由评估机构按市场价格对房屋作出评估，取得房屋所有权的一方应当给予另一方相应的补偿；(3)双方均不主张房屋所有权的，根据当事人的申请拍卖房屋，就所得价款进行分割。至于离婚时双方对尚未取得所有权或者尚未取得完全所有权的房屋有争议且协商不成的，人民法院不宜判决房屋所有权的归属，应当根据实际情况判决由当事人使用。当事人就前款规定的房屋取得完全所有权后，有争议的，可以另行向人民法院提起诉讼。

离婚时正在继承的遗产的分割 婚姻关系存续期间，夫妻一方作为继承人依法可以继承的遗产还没有实际分割，夫妻离婚时要求分割的，应当如何处理的问题。我国夫妻离婚时财产分割的常见问题之一。按照《中华人民共和国民法典》关于继承的规定，继承从被继承人死亡开始。从被继承人死亡开始，遗产已经属于所有的继承人共同所有。但很多时候，被继承人死亡，未必就立刻分配遗产，有的可能要拖延多年。按照法律的规定，婚姻关系存续期间，夫或者妻无论是因法定继承还是遗嘱继承所取得的财产，除遗嘱确定只归夫或者妻一方所有的情形外，应当认定为夫妻共同财产。但在夫妻离婚时，该遗产还没有被作为继承人的夫或者妻实际取得，涉及应当如何分割。司法实践中，对于婚姻关系存续期间，夫妻一方作为继承人依法可以继承的遗产，继承人之间尚未实际分割，起诉离婚时另一方请求分割的，人民法院可以暂时不予处理。离婚纠纷的当事人可以在实际取得遗产后另行起诉。至于应当接受遗产的继承人放弃继承的，有人认为这是一方配偶滥用权利、损害对方财产权的行为。这种理解是不正确的。继承人在继承开始后、遗产处理前都有权放弃继承，只要这种放弃不影响放弃继承的人履行自己的法定义务即为正当。

夫妻间借款的处理 婚姻关系存续期间，以夫妻共同财产出借给配偶一方从事个人经济活动或者用于其他个人事务的，该借款应当如何认定和处理的问题。我国夫妻离婚时财产分割的常见问题之一。对夫妻婚内借贷行为的性质有不同看法：有的认为这是夫妻之间对其共同财产的一种处分，应当予以尊重；有的认为这就是一种民间借贷，借款一方应当按照约定归还钱款；有的认为这是夫妻对婚后共同财产约定的一种表达形式；最极端的观点认为夫妻是共同生活的终身伴侣，如果夫妻一方使用夫妻共同财产还得向另一方借贷的话，就是将夫妻间的感情变成了赤裸裸的金钱关系，法院不应当支持。上述观点值得探讨。夫妻二人本是独立的个体，即使婚姻关系有效存在，也不应抹杀这种独立属性。结婚了的人仍然有权利按照自己的兴趣、爱好做自己喜欢的事情，甚至是要实现自己的某种梦想，但不能因此而危害家庭生活。夫妻婚姻关系存续期间所得的财产为夫妻共同所有，双方有平等的处理权，除满足家庭日常生活之外使用夫妻共同财产应当双方协商。不能取得一致意见的不能使用。夫妻一方想做一些个人的投资、经营或者其他个人事务，对方从家庭生活的角度不想承担相应风险，但同意将夫妻共同财产借与对方使用，借款一方按照约定归还。这也是很好的一种帮助方式，即满足了个人需求，又不损害夫妻共同财产，当然也谈不上损害夫妻感情。至于说这一借款是夫妻对共同财产的约定，更是没有根据。《中华人民共和国民法典》第 1065 条规定的夫妻对共同财产的约定，都是需要用书面形式固定下来的。司法实践中，夫妻之间订立借款协议，以夫妻共同财产出借给一方从事个人经营活动或用于其他个人事务的，应视为双方约定处分夫妻共同财产的行为，离婚时可按照借款协议的约定处理。这与市场中的借款合同没有任何本质的不同，可以按照协议的约定处理，借款的一方应当按照约定归还借款。

养老保险金的分割 离婚时夫妻对养老保险金个人账户中已经用夫妻共同财产缴纳的养老保险费如何认定和分割的问题。我国夫妻离婚时财产分割的常见问题之一。保险在我国可以分为社会保险和商业保险两种。商业保险是以营利为目的的保险形式，由专门的保险公司经营。投保人与保险公司自愿订立人身或者财产保险合同，根据合同约定，投保人向保险公司支付保险费，当合同约定的事故发生造成财产损失时由保险公司按约定承担赔偿责任，或者当被保险人死亡、伤残、疾病或达到约定的年龄、期限时保险公司承担给付保险金的责任。社会保险是由社会成员缴纳保险费，形成社会保险基金，用来对其中因年老、疾病、生育、伤残、死亡和失业而导致丧失劳动能力或失去工作机会的成员提供基本生活保障的一种社会保障制度。在我国，养老保险基金的来源主要有统筹资金和个人账户资金组成。统筹的部分由用人单位和政府的补贴组成，个人账户由员工个人缴纳。夫妻离婚时，如果双方都已经退休，开始领取养老金，无论该养老金是实际取得还是应当取得的，都是夫妻共同财产。至于离婚时，夫妻一方或者双方尚未退休，将来领取的养老金数额还不能准确预知，尤其是有的是按照政策一次性结算养老金的，更不可能知道养老金的具体数额，应当如何认定、如何分割。司法实践中，离婚时夫妻一方尚未退休、不符合领取养老保险金条件，另一方请求按照夫妻共同财产分割养老保险金的，人民法院不予支持；婚后以夫妻共同财产缴付养老保险费，离婚时一方主张将养老金账户中婚姻关系存续期间个人实际缴付部分作为夫妻共同财产分割的，人民法院应予支持。夫妻离婚时，已经领取的养老金，或者是应当领取的养老金因为某种原因暂时还没有实际领取的，都应当是婚姻关系存续期间的所得，为夫妻共同所有的财产，离婚时按照夫妻共同财产分割。离婚时还没有退休，不能领取养老金，将来退休时才能获得的财产，不是夫妻共同财产，离婚时一方要求按照夫妻共同财产分割的，人民法院不应当支持。

离婚时夫妻共同债务的清偿 离婚时夫妻共同债务如何清偿处理

的问题。我国夫妻离婚时财产分割的常见问题之一。何谓夫妻共同债务，一直有争议。学界的不同观点，使这一本就难以认定的问题变得更复杂。一种观点认为，我国实行的是婚后所得夫妻财产共同共有的制度，凡以家庭名义欠下的债务，就应当认定为夫妻共同债务，用夫妻共同财产偿还。另一种观点则认为，每个人都是各自独立的个体，即使结婚了的男女也不能否认其独立的法律地位。既然具有独立的法律地位，就应当信守意思自治、行为自由、责任自负的法律准则，对自己的行为承担责任。因此，在家庭中，不是夫妻双方意思表示一致所产生的债务，就应当由行为人个人负责。后一观点更符合法律的精神。在家庭中，夫妻法律地位平等，更多地表现在对于夫妻共同财产拥有平等的使用、收益、处分权上，对于以家庭名义所产生的债务等自然也应当有知情权、同意权。任何一方都不能漠视另一方的这些权利。在现实生活中，因为配偶一方为炒股、理财、投资等，超出本人的支付能力大额举债，在配偶完全不知情的情况下，让家庭背上了巨额债务，使生活陷入困境的案例并不少见。至于还有的人瞄准了定力不足、经验欠缺但家庭有房有车、双方父母有一定积蓄的夫妻一方，精心设计理财、赌博等骗局，诱惑其以家庭的名义签下大额借条，在其无力还债的时候，再以夫妻共同债务的名义向其配偶、父母追债。为摆脱危机，有的夫妻一方还会强迫不知情的对方与自己合谋用各种理由逃避债务、损害债权人、合伙人等的合法利益。这不仅影响夫妻感情、引发家庭矛盾，还影响社会安定。从法律的角度，明晰夫妻共同债务的概念，界定清楚夫妻共同债务和夫妻个人债务的界限是非常必要的。《中华人民共和国民法典》第 1064 条第 1 款规定："夫妻双方共同签名或者夫妻一方事后追认等共同意思表示所负的债务，以及夫妻一方在婚姻关系存续期间以个人名义为家庭日常生活需要所负的债务，属于夫妻共同债务。"依此规定，夫妻共同债务主要有两种。一种是夫妻意思表示一致所产生的债务，如夫妻共同签名的债务，或者夫妻一方签名、另一方事后追认的债务。这就是人们常说的"共债共签"。没有夫妻双方的意思表示一致产生的债务，为行为人的个人债务。另一种是夫妻一方为家庭日常生活需要所产生的债务，即夫妻一方行使家事代理权所发生的债务。夫妻在婚姻关系存续期间，为了家庭日常生活，都不可避免地与第三人进行民事活动，由此所产生的债务为夫妻共同债务。因为在家事代理权的范围内，夫妻享有互为代理人的权利，虽然是以夫或者妻一方的名义所欠下的债务，自然也是夫妻共同债务。至于夫妻一方以个人名义所欠的债务，名义上是为了家庭生活或者为了家庭共同生产经营的需要，但另一方否认的，能否认定为夫妻共同债务，是司法实践中争议最多的问题。我国民法典第1064条第2款对此也作了规定："夫妻一方在婚姻关系存续期间以个人名义超出家庭日常生活需要所负的债务，不属于夫妻共同债务；但是，债权人能够证明该债务用于夫妻共同生活、共同生产经营或者基于夫妻双方共同意思表示的除外。"依此规定，债务虽是夫妻一方以个人名义欠下的，并且已经超出了家庭日常生活需要，不属于家事代理的范围，但债权人有足够的证据证明该债务是用于夫妻共同生活、共同生产经营或者基于夫妻双方共同意思表示的，依然是夫妻共同债务。其实在现实生活中，还有一些债务，如未成年子女造成他人损害的，父母承担民事责任所产生的债务也是夫妻共同债务。夫妻共同债务具有如下特点：(1)夫妻共同债务是法定的连带债务，即对外效力上，债权人对夫妻享有的债权为连带债权，即债权人有权利向夫妻双方或者任何一方同时或先后主张债权，作为债务人的夫或者妻不能以任何理由拒绝履行债务。同理，夫妻对于其共同债务具有连带的履行义务，即夫妻双方都有偿还全部债务的义务。当然，该共同债务也因为夫妻双方的共同履行或者夫妻一方的履行而消灭。(2)夫妻对其共同债务的连带清偿义务，不因离婚而终止。我国民法典第1089条规定："离婚时，夫妻共同债务应当共同偿还。共同财产不足清偿或者财产归各自所有的，由双方协议清偿；协议不成的，由人民法院判决。"可见，夫妻离婚时，原为夫妻共同生活所负的共同债务，应当用共同财产清偿。债务清偿后还有剩余的共同财产，由双方分割。共同财产不足清偿的，或者夫妻本来约定财产归各自所有的，由双方协议清偿。当然，因为夫妻对共同债务承担的连带责任，双方清偿债务的协议，应当经债权人同意。夫妻双方协议不成的，由人民法院判决。人民法院判决双方对共同债务的清偿，也要充分考虑双方的经济负担能力及照顾子女和女方的权益。人民法院判决确定的双方对共同债务的清偿，可以是双方负担的具体数额，也可以是双方负担债务的比例，但这一判决所确定的还是只对夫妻之间的内部有效，不会改变夫妻共同债务为连带债务的对外效力。当事人的离婚协议或者人民法院的判决书、裁定书、调解书已经对夫妻财产分割问题作出处理的，债权人仍有权就夫妻共同债务向男女双方主张权利。一方就共同债务承担连带清偿责任后，基于离婚协议或者人民法院的法律文书向另一方主张追偿的，人民法院应当支持。

对生活困难一方的经济帮助 夫妻离婚时因一方生活困难，由有条件的另一方给予对方适当帮助的制度。离婚时一方对另一方的经济帮助，是以一方的生活确有困难为前提，不以一方有过错为要件。因此，它不同于离婚的损害赔偿制度。《中华人民共和国民法典》第1090条规定："离婚时，如果一方生活困难，有负担能力的另一方应当给予适当帮助。具体办法由双方协议；协议不成的，由人民法院判决。"夫妻离婚时，一方确有生活困难，即其依靠个人财产和离婚时分得的财产，无法维持其当地基本生活水平。另一方应当具有帮助对方的经济能力。至于经济帮助的具体方法等，双方可以协商，协商不成的，由人民法院判决。

离婚时一方对另一方的经济补偿 夫妻离婚时一方对另一方进行经济补偿的制度。婚姻关系成立之后组建家庭，必然面临着生儿育女、照顾老人及一日三餐等家务劳动。夫妻在家庭中既然有平等的法律地位，也就应当平等地承担家务。因为夫妻的工作性质、收入等的不同，在家庭中抚养、教育子女、照顾老人生活起居及日常家务劳动的往往是女方承担的较多，甚至有的家庭里女方辞去了自己的工作，作为全职太太负责所有的家务劳动。表面上看，承担家务劳动的一方似乎没有收入，岂不知家务劳动也是有价值的。一方抚育子女、照料老人、照顾家庭的日常，让出去工作的一方没有后顾之忧地从事自己的事业，也是对家庭的贡献，是在协助另一方工作。本来应当是双方共同承担的家务劳动，现在由一方负担了全部或者大部分，等于分担了另一方的义务，让另一方享受了对方提供的服务。尤其是全职家务的夫或者妻一方，为照顾家庭而使自己脱离社会、脱离自己的事业，离婚时，已经失去了回归社会的勇气与能力，而且还要被另一方说成是对夫妻共同财产没有任何贡献，这对承担了较多甚至是全部家务劳动的一方是不公平的。对此，《中华人民共和国民法典》第1088条规定："夫妻一方因抚育子女、照料老年人、协助另一方工作等负担较多义务的，离婚时有权向另一方请求补偿，另一方应当给予补偿。具体办法由双方协议；协议不成的，由人民法院判决。”依此规定，夫妻离婚时，为家庭付出较多义务的一方，有权要求另一方对其进行经济补偿，而对方有义务支付这一补偿。这是从公平和权利义务一致的原则出发，对家庭付出较多一方的救济与安慰，对家务劳动价值的尊重，是对甘愿为对方、为子女、为父母付出劳动和感情的人的尊重。经济补偿与夫妻离婚时一方对另一方的适当帮助不同。一方对另一方的适当经济帮助，以夫妻离婚时一方的生活困难为前提；离婚后的经济补偿，则以在婚姻关系存续期间一方抚育子女、照顾老人、协助对方工作尽了较多义务为前提。夫妻离婚时，为家庭付出较多的一方得提出补偿请求。如果当事人没有提出这一要求，人民法院不会强迫对方支付这项补偿。至于补偿多少、用何种方式补偿等，应当由当事人双方协商。协商不成的，由人民法院根据请求补偿一方为家庭付出义务的多少、自己因为这种付出受到的损失及对方受益的情况及经济能力等作出判决。

离婚后的财产纠纷 夫妻离婚以后所发生的财产纠纷。在实际生活中，夫妻离婚后双方还有许多问题需要面对，可能还有财产问题需要处理。在我国，夫妻离婚后的财产纠纷主要有：(1)离婚时没有对其共同财产进行分割，离婚后分割财产发生纠纷的。(2)夫妻协议离婚时达成了财产分割协议，离婚后协议履行时发生纠纷的。(3)离婚时，一方隐藏、转移、变卖、毁损、挥霍夫妻共同财产，或者伪造夫妻共同债务企图侵占另一方财产的，离婚后，另一方发现上述行为的。(4)协议离婚或者诉讼离婚中有漏分的共同财产。(5)双方协议离婚后一年内就财产分割协议反悔，请求变更或者撤销财产分割协议而发生纠纷的。(6)按照当事人约定或者有关规定可以另案处理的情形，如离婚时夫妻一方作为继承人继承遗产，但因为遗产还没有实际分割而未作共同财产分割处理，在遗产实际分割后另行起诉分割的；离婚时对尚未取得所有权或者尚未取得完全所有权、仅由人民法院判决由当事人使用的房屋，在该房屋取得所有权后向人民法院起诉要求分割的；以夫妻共同财产投资的企业因为经营的需要，当事人约定离婚时暂不作分割；夫或者妻持有的股票因为法律的规定暂时不能转让的，当事人约定或者人民法院判决暂时不作分割，待股票可以转让时再行起诉分割等。对于这些离婚后因为共同财产分割产生的纠纷，无论是当事人主观上的还是客观上的原因，是合法的还是不合法的原因起诉到人民法院的，人民法院都应当区别不同情况，依法作出处理。

离婚后尚未处理的夫妻共同财产 离婚后一方以尚有夫妻共同财产未处理为由，请求法院予以分割的问题。我国婚姻家庭法对于离婚夫妻共同财产分割规定的原则较为抽象，且还涉及民事诉讼法规定的程序，致使如何认定“尚未处理的共同财产”、当事人主张分割“尚未处理的共同财产”有无时间上的限制等成为司法实践中存在的具体难题。司法实践中，对于离婚以后一方以尚有夫妻共同财产未处理为由向人民法院起诉请求分割的，经审查该财产确属离婚时未涉及的夫妻共同财产，人民法院应当依法予以分割。应当注意的是：(1)当事人双方必须是曾经的合法夫妻，现已离婚。如果是协议离婚的，应当有离婚证；诉讼离婚的，应当有人民法院判决书或者调解书。曾经是男女同居关系，或者是不符合法律规定的所谓事实婚姻的，人民法院不会受理。(2)已经离婚的男女请求人民法院予以分割的得是“离婚时未涉及的夫妻共同财产”。即双方的离婚协议、人民法院的离婚判决书或者调解书未涉及的夫妻共同财产。如男女双方的离婚协议漏分的财产；离婚诉讼时，人民法院判决书或者调解书中漏分的夫妻共同财产；离婚诉讼时，被一方隐藏、转移、变卖、毁损、挥霍的夫妻共同财产；离婚诉讼时，一方以伪造夫妻共同债务的方式侵占的夫妻共同财产；按照当事人约定或者有关规定可以另案处理的财产等。(3)正确界定提起诉讼和申请再审的关系。提起诉讼是当事人认为自己的权利受到侵害而向人民法院请求国家司法保护的行为。原告提起民事诉讼，人民法院受理后进行审理，可以通过调解或者判决结案。对第一审判决不服的，当事人有权在法定期间上诉，请求第二审人民法院纠正第一审判决在认定事实或者适用法律上的错误。当事人提起上诉的，第一审判决不能生效执行。当事人不提起上诉的，第一审判决生效执行。我国实行两审终审制，第二审判决为终审判决，判决一经宣告即生效，应当依法执行。对于没有在法定期间提起上诉的第一审判决或者对第二审的终审判决不服的，当事人不能再上诉，但可以向人民法院申请再审。再审是审判监督程序，当事人对已经发生法律效力的判决、裁定，认为有错误的，可以向上一级人民法院申请再审，但不停止原判决、裁定的执行。对于离婚诉讼中已经处理的关于夫妻共同财产分割的生效判决、调解协议不满意的，按照民事诉讼“一事不再理”的原则，当事人不能再向人民法院起诉，而只能向人民法院申请再审，通过审判监督程序来纠正人民法院判决或者调解中的错误。对于协议离婚但对离婚协议中分割夫妻共同财产的约定反悔的，当事人双方可以在协议离婚后一年内向人民法院提起诉讼，请求变更或者撤销财产分割协议。当然，人民法院受理当事人的起诉，不一定会支持当事人的诉讼请求。因为婚姻当事人双方在离婚协议中关于财产分割的条款或者就财产分割达成的协议，是双方在自觉自愿基础上意思表示一致的产物，对男女双方都具有法律约束力，不能随意反悔，应当按照协议履行。但人民法院发现当事人在订立财产分割协议时确实存在欺诈、胁迫等可撤销情形的，可以依法撤销这一协议，重新分割夫妻共同财产。

再次分割共同财产的诉讼时效 离婚后一方以尚有夫妻共同财产未处理为由，请求法院予以分割的，是否应当受到请求时间的限制，即是否适用诉讼时效的规定的问题。在我国的离婚纠纷中，对于夫妻离婚后，如果允许当事人请求人民法院再次分割共同财产而不受时间的限制，等于承认当事人具有了任何时候都可以向人民法院请求再次分割共同财产的权利，必然使离婚后的当事人永远没有安定生活的可能，这与民事司法争取达到的“案结事了”的目标相悖，对于稳定婚姻与家庭关系、保护善意第三人的权益、保护交易安全和社会稳定都不利。离婚时未涉及的夫妻共同财产有多种情形，一律要受到诉讼时效的制约，似乎又与诉讼时效制度不符。诉讼时效制度是法律针对权利人能行使权利而不行使的状态，持续经过一定的时间的事实所规定的权利人丧失了请求国家司法强制保护的制度。设立诉讼时效制度，是法律以给怠于行使权利的人带来不利益的方式，督促权利人行使权利，促使义务人及时履行义务，保证权利义务关系的确定，从而保护交易安全，维护社会经济关系的稳定。适用诉讼时效制度的基本都是请求权。请求权是请求他人为一定行为或者不为一定行为的权利，请求权人权利的实现需要义务人的为或者不为一定行为的配合，对于被请求的义务人来讲就是一种负担，这种负担无限期地存在下去，对义务人不公平，对社会经济生活的稳定也不利。从另一角度看，如果权利人自己都不在乎其权利的实现，法律也没有必要非要保护他的利益。因此，请求权人在能够主张而不主张自己权利的事实达到法律规定的时间的，就应当接受诉讼时效带给他的不利后果。当然，请求权又有债权请求权和物权请求权两类。基于债的关系所产生的债权请求权适用诉讼时效当无疑问，但基于对物权的保护所产生的物权请求权，是否适用诉讼时效，理论上则有不同争论。否定的观点认为，物权在性质上属支配权，是权利人直接支配物的权利，物权的实现不需他人的协助。物权请求权是当物权受到侵害的时候，权利人制止侵害从而实现物权支配的圆满的权利，本质上是物权的权能之一，甚至够不上一独立的请求权，物权当然不应当适用诉讼时效。肯定的观点则认为，物权请求权虽然从属于物权，但有其相对的独立性，出于督促权利人及时行使权利，以保护物权的完整和圆满，应当适用诉讼时效。我国的民事立法采取了区别对待的方法，将不能适用诉讼时效的物权请求权作出列举，除此之外的物权请求权应当适用诉讼时效。按照《中华人民共和国民法典》第196条的规定，请求停止侵害、排除妨碍、消除危险，不动产物权和登记的动产物权的权利人请求返还财产，请求支付抚养费、赡养费或者扶养费及依法不适用诉讼时效的其他请求权，不适用诉讼时效的规定。依照诉讼时效的基本原理和法律的相关规定，下列请求权是否适用诉讼时效应当区别对待：(1)夫妻离婚时请求分割夫妻共同财产，不应当适用诉讼时效。共有是所有权的一种表现形式，当财产不分份额地属于两人或者两人以上所有的，即为共同共有。对于夫妻财产的共同共有而言，其产生的基础是夫妻的共同生活关系。夫妻关系不终止，其共同共有的财产关系就一直存在。只有夫妻一方死亡，或者夫妻离婚、共同生活关系解除，其共同共有财产的基础不存在了，才能将属于夫妻共同共有的财产分割为男女二人分别的独立所有。因此，作为所有权人的共有人对共同共有财产的分割请求权，不应当受诉讼时效的限制。(2)已经离婚的男女在离婚后再次要求人民法院予以分割的是双方的离婚协议、人民法院的离婚判决书或者调解书未涉及的夫妻共同财产。如男女双方订立的离婚协议中漏分的财产；离婚诉讼时，人民法院判决书或者调解书中漏分的夫妻共同财产等。这些财产没有因为夫妻离婚而被分割，依然处于夫妻共同共有的状态，离婚后的男女请求再次分割处理的，不应受到诉讼时效的限制。(3)对于离婚时，一方隐藏、转移、变卖、毁损、挥霍的夫妻共同财产，或者通过伪造夫妻共同债务的方式侵占的夫妻共同财产，当事人发现后请求人民法院予以处理的，则应当受到诉讼时效的限制。

这是因为上述夫妻共同财产，在形式上，或者已属于他人所有，或者已经被转卖给第三人，或者已经被毁损、消费，而且因为夫妻已经离婚，对于这些原本属于夫妻共同共有的财产，现在既已失去了夫妻共同财产得以存在的共同关系基础，也不具有属于夫妻共同所有的外观形态。当事人一方隐藏、转移、变卖、毁损、挥霍夫妻共同财产，或者伪造夫妻共同债务侵占夫妻共同财产的行为，实质是在侵害另一方的夫妻财产共有权，受害的一方向人民法院起诉，请求再次分割这些离婚时被对方侵吞的夫妻共同财产，其本质是在制止侵权人的侵害行为，维护自己合法的共同财产权益。对此，当事人向人民法院提起诉讼，请求再次分割夫妻共同财产的诉讼时效为三年，从当事人一方发现另一方隐藏、转移、变卖、毁损、挥霍夫妻共同财产，或者伪造夫妻共同债务等行为之次日起计算。

离婚时侵犯夫妻共同财产的行为 离婚时一方隐藏、转移、变卖、毁损、挥霍夫妻共同财产，或者伪造夫妻共同债务企图侵占夫妻共同财产的行为。在我国的离婚纠纷中，一方当事人利用自己控制家庭财产的便利，或者利用另一方的信任、没有经验等，有预谋、有计划地隐藏、转移、变卖、毁损、挥霍夫妻共同财产，甚至与他人串通，伪造夫妻共同债务将夫妻共同财产据为己有。在因为重婚、与他人同居、与他人通奸等案件中，这类行为更多。为保护私人的合法财产权不受侵犯，创造诚实、守信的社会及家庭环境，我国民法典、民事诉讼法等都对离婚时侵犯夫妻共同财产权的行为规定了相应的制裁等措施。《中华人民共和国民法典》第1092条规定："夫妻一方隐藏、转移、变卖、毁损、挥霍夫妻共同财产，或者伪造夫妻共同债务企图侵占另一方财产的，在离婚分割夫妻共同财产时，对该方可以少分或者不分。离婚后，另一方发现有上述行为的，可以向人民法院提起诉讼，请求再次分割夫妻共同财产。"依照我国民法典及相关的法律规定，在离婚分割夫妻共同财产时，对隐藏、转移、变卖、毁损、挥霍夫妻共同财产，或者伪造夫妻共同债务企图侵占另一方财产的一方可以少分或者不分。如果离婚时不知道对方的上述侵权行为，离婚后发现的，受害的一方有权在发现侵权行为的次日起三年内向人民法院起诉，请求再次分割夫妻共同财产。对于可能因当事人一方的隐藏、转移、变卖、毁损、挥霍夫妻共同财产的行为，使离婚诉讼中的财产分割判决难以执行或者造成另一方当事人其他损害的，根据另一方当事人的申请，人民法院可以裁定对其财产进行查封、扣押、冻结、清点并责令其保管等保全措施。在离婚诉讼时实施隐藏、转移、变卖、毁损、挥霍夫妻共同财产等行为的，不仅是对另一方财产权的侵犯，也是妨碍民事诉讼的行为。对于此种行为，人民法院有权依法予以制裁。《中华人民共和国民事诉讼法》第114条规定，诉讼参与人或者其他人有隐藏、转移、变卖、毁损已被查封、扣押的财产，或者已被清点并责令其保管的财产，转移已被冻结的财产的，人民法院可以根据情节轻重予以罚款、拘留；构成犯罪的，依法追究刑事责任。

离婚后的父母子女关系 夫妻离婚对父母与子女关系的法律后果之一。子女有亲生子女、养子女、有抚养关系的继子女的区别，因此，夫妻离婚后的父母子女关系也有不同。（1）离婚后的父母与亲生子女的关系。夫妻离婚后，作为父母与其亲生子女的权利义务关系依然存在。《中华人民共和国民法典》第1084条第1款规定："父母与子女间的关系，不因父母离婚而消除。离婚后，子女无论由父或者母直接抚养，仍是父母双方的子女。"夫妻关系因为离婚而解除，但夫妻双方作为自己子女的父母，与其子女之间的权利义务关系仍然存在。这是因为男女双方的婚姻关系与父母子女之间的权利义务关系是性质完全不同的两种社会关系。男女两性通过自愿所为的结婚行为而成为夫妻，产生婚姻关系。父母孕育子女，基于子女出生这一事实而产生父母子女关系。夫妻关系可以通过离婚行为而终止，而父母与子女的权利义务关系则是由血缘联结的直系血亲关系，这种血缘联系是一种客观存在，除法律特别规定的以外，父母与子女间的权利义务关系是不可能解除的。如将自己的子女送与他人收养，是法律规定的当没有血缘联系的养父母与养子女间建立起与亲生父母子女相同的权利义务关系之后，亲生父母子女间的权利义务关系解除。即使这样，父母与其亲生子女间的血缘联系也不会消除，法律对血亲关系的禁忌在父母子女权利义务关系已经解除的生父母与其送给他人收养的子女之间还是存在的。所以，离婚了的父母虽没有了夫妻关系，但法律赋予父母对子女的权利依然存在，父母对子女的义务依然要履行。我国民法典第1084条第2款专门规定："离婚后，父母对于子女仍有抚养、教育、保护的权利和义务。"（2）离婚后的养父母与养子女的关系。因为养父母与养子女具有生父母与生子女间相同的权利义务关系，原则上，离婚了的养父母与养子女的权利义务关系不会改变，养子女依然是养父母的养子女，养父母对养子女依然有抚养、教育、保护的权利与义务。但是，收养关系是通过收养行为成立的，应当允许通过法律规定的形式予以解除。如果离婚了的养父母与养子女的送养人协商一致，并得到年满八周岁的养子女的同意，可以解除收养关系。收养关系解除后，养子女与养父母的权利义务关系消除，与其生父母的权利义务关系自行恢复，但成年养子女与生父母的权利义务关系是否恢复，可以协商确定。另外，1992 年 4 月 1 日之前，即《中华人民共和国收养法》施行前，夫或者妻一方收养的子女，对方未表示反对，并与该子女形成事实收养关系的，离婚后，应由双方负担子女的抚养费；夫或者妻一方收养的子女，对方始终反对的，离婚后，应由收养方抚养该养子女。收养法施行后，收养必须是夫妻双方共同收养，夫或者妻单独收养子女的现象已不存在。(3)离婚后的继父母与继子女的关系。关于抚养关系，生父与继母或者生母与继父离婚后，继父或者继母抚养继子女的权利义务关系消除，对于未成年的继子女，继父或者继母不同意继续抚养的，仍应由生父母抚养；继父或者继母愿意继续抚养未成年的继子女，并取得生父母同意的，继父母抚养继子女的权利义务关系不变。关于身份关系，继父母与继子女之间之所以具有了父母子女间的身份关系，是因为除父母再婚形成的姻亲关系外，还因为继父母抚养教育了未成年的继子女。继父母抚养教育继子女的事实，并不会因为自己的生父或者生母与继母或者继父的离婚而被抹煞。因此，对于由继父母抚养教育成年的继子女，与其继父或者继母已经形成的拟制血亲关系不因继父与其生母或者继母与其生父的离婚而自然解除。子女对抚养教育其成年的继父或者继母，在他们年老、失去劳动能力的时候，仍应当承担赡养的义务。当然，这种拟制血亲关系可以通过继父母与继子女双方协议解除，协议不成的，可以通过诉讼程序解除。

离婚后父母对未成年子女的直接抚养 夫妻离婚对子女的法律后果之一。父母离婚后，依然享有抚养、教育和保护子女的权利，也依然要履行抚养、教育和保护子女的义务。但是，离婚了的父母不会一起同居生活，父母双方与其子女共同生活也就成为不可能，因而首先要解决子女随父母哪一方生活的问题。父母离婚后，与未成年子女一起生活的父亲或者母亲为直接抚养人。《中华人民共和国民法典》第

1084 条第 3 款规定："离婚后，不满两周岁的子女，以由母亲直接抚养为原则。已满两周岁的子女，父母双方对抚养问题协议不成的，由人民法院根据双方的具体情况，按照最有利于未成年子女的原则判决。子女已满八周岁的，应当尊重其真实意愿。"夫妻离婚后，子女是随父亲还是母亲生活，即是由父亲还是母亲直接抚养，考虑的最高原则只有一个，即最有利于子女的身心健康。(1)不满两周岁的子女，以随母亲生活为原则。但如果母亲患有久治不愈的传染性疾病或其他严重疾病的，或者母亲有抚养条件却不尽抚养义务，而父亲要求子女随其生活的，或者确有其他原因，子女无法随母亲生活的，不满两周岁的子女也可以随父亲一起生活。(2)两周岁以上的子女与谁一起生活，可以由父母双方协商，协商不成的，应当由人民法院判决确定。人民法院确定子女的直接抚养人是父亲还是母亲，应当全面考察父亲或者母亲的品德、修养、抚养能力、生活环境及与子女的感情联系、一起生活的时间等，一切还是从有利于子女的健康成长为出发点。子女已满八周岁的，在法律上已属限制民事行为能力人，应当听取子女的意见，尊重子女与谁一起生活的意愿。在司法实践中，父亲和母亲均要求子女随自己生活的，如果一方有下列情形之一的，可予优先考虑：已做绝育手术或者因其他原因丧失生育能力的；子女随其生活时间较长，改变生活环境对子女健康成长明显不利的；无其他子女，而另一方有其他子女的；子女随其生活，对子女成长有利，而另一方患有久治不愈的传染性疾病或者其他严重疾病，或者有其他不利于子女身心健康的情形，不宜与子女共同生活的。如果父亲和母亲抚养子女的条件基本相同，双方均要求子女与其共同生活，但子女单独随祖父母或者外祖父母共同生活多年，且祖父母或者外祖父母要求并且有能力帮助子女照顾孙子女或者外孙子女的，可作为子女随父或者母生活的优先条件予以考虑。(3)在有利于保护子女利益的前提下，父母双方轮流抚养子女，只要双方协商一致的，也可予以准许。

直接抚养人的变更 因为某种法律事实的出现，变更已经确定了的未成年人直接抚养人的行为。在我国的离婚纠纷中，当事人需要在离婚协议中或者由人民法院在判决中确定离婚之后未成年子女是随父亲还是母亲一起生活。直接抚养人确定之后，也不是绝对不变的。当抚养条件发生了重大变化，或者发生了某些不利于未成年人成长的重要事实，父母双方可以协议变更子女的直接抚养关系，也可以向人民法院起诉，申请变更直接抚养人。父母双方协商变更直接抚养人的，应当在自觉自愿的平等基础上进行，任何一方不能欺骗、胁迫对方或者以暴力手段强迫对方变更直接抚养人。一方要求变更子女直接抚养关系的有下列情形之一的，人民法院应予支持：(1)直接抚养人因患严重疾病或者因伤残无力继续抚养子女的；(2)直接抚养人不尽抚养义务或者有虐待子女行为的，或者直接抚养人对子女身心健康确有不利影响的；(3)八周岁以上的未成年子女愿意随另一方生活，该方又有抚养能力的；(4)有其他正当理由的，如与子女共同生活的一方因为犯罪等被羁押，或者因为某些原因需要出国较长时间，无法抚养、教育子女的。

父母离婚后子女的抚养费
夫妻离婚对子女的法律后果之一。《中华人民共和国民法典》第1085条第1款规定："离婚后，子女由一方直接抚养的，另一方应当负担部分或者全部抚养费。负担费用的多少和期限的长短，由双方协议；协议不成的，由人民法院判决。"依此规定，无论子女随父亲还是母亲生活，另一方都应当承担子女的包括生活费、教育费、医疗费在内的抚养费的一部或全部。抚养费的数量、给付的方式与期限，直接关系到子女的切身利益，可以由父母双方协商确定，协商无法取得一致意见的，可以由人民法院主持达成协议，也可以由人民法院判决。(1)子女抚养费的数额，可根据子女的实际需要、父母双方的负担能力和当地的实际生活水平确定。在现行的司法实践中，有固定收入的，抚养费一般可按其月总收入的20%～30%的比例给付。负担两个以上子女抚养费的，比例可适当提高，但一般不得超过月总收入的50%。无固定收入的，抚养费的数额可依据当年总收入或者同行业平均收入，参照上述比例确定。有特殊情况的，可适当提高或者降低上述比例。(2)子女抚养费的给付方式。抚养费应定期给付，如按月、按季或者按年给付。对于有固定收入的父母，按月给付最好。这符合大部分父母收入的领取时间和子女的实际需要。有条件的也可以一次性给付。对于一次性给付抚养费的，虽然可以减少因为父母收入的变化而无力给付抚养费的风险，但也给了与子女共同生活的一方滥用抚养费的机会。如果该子女的直接抚养人取得子女抚养费后肆意挥霍、浪费，直接损害的就是子女的利益。一次性给付抚养费的方式，应当慎重使用，并且应当有适当的监管措施。对一方无经济收入或者下落不明的，可用其财物折抵子女的抚养费。(3)抚养费的给付期限。抚养费的给付，一般至子女十八周岁为止。十六周岁以上不满十八周岁的子女，能以其自己的劳动收入为主要生活来源，并能维持当地一般生活水平的，父母可停止给付抚养费。尚未独立生活的成年子女，如果丧失劳动能力或者虽未完全丧失劳动能力，但其收入不足以维持生活的，或者尚在校就读的，或者确无独立生活能力和条件的，父母又有给付能力的，仍应负担必要的抚养费。父母双方可以协议子女随一方生活并由直接抚养人负担子女全部的抚养费。但经查实，直接抚养人的抚养能力明显不能保障子女所需费用，影响子女健康成长的，不予准许。(4)抚养费的变更。对父母协议商定的或者人民法院判决确定的子女抚养费的数量、给付方式等，因为子女的需要、父母经济情况的变化等，可以有适当的调整，如追加或者减少。事实是因为物价上涨、学习必需的费用也在增加，或者因为子女患病、遭受意外伤害等，绝大多数情形是抚养费的增加。我国民法典第1085条第2款规定："前款规定的协议或者判决，不妨碍子女在必要时向父母任何一方提出超过协议或者判决原定数额的合理要求。"依此规定，子女在必要时，有要求父母增加抚养费的权利。父母双方对子女增加抚养费的要求，应当首先进行协商；协商不成的，可以向人民法院提起增加抚养费的诉讼。人民法院在查明事实的基础上，对于具有下列情形之一，而父亲或者母亲又有给付能力的，应当予以支持：原定抚养费数额不足以维持当地实际生活水平的；因子女患病、上学，实际需要已超过原定数额的；有其他正当理由应当增加的。当然，给付子女的抚养费，还是要以父母具有的给付能力为前提。如果父母因为患病、意外事故伤残影响劳动能力等，自己的生活都无力维持的，自然也没有能力给付子女的抚养费。如果直接抚养人有抚养能力，也可以适当减少或者免除无抚养能力一方的抚养费。如果应当给付抚养费的一方因为犯罪被羁押，没有了收入来源，也不能给付子女的抚养费的，其给付义务也得暂时中止，待其恢复自由、有了收入之后，再行给付。至于直接抚养人再婚，该子女与父亲或者母亲和继母或者继父共同生活，即使继母或者继父有很好的经济条件，对该子女有给付抚养费义务的一方，也不能以此为由减轻或者免除自己的给付义务。因为抚养自己的子女，是父母的法定义务，必须认真履行。

探望权 亦称"探视权""会面交

往权”。父母离婚后，不直接抚养子女的一方所享有的对其子女进行探视、看望、短暂生活的权利。《中华人民共和国民法典》第1086条第1款规定：“离婚后，不直接抚养子女的父或者母，有探望子女的权利，另一方有协助的义务。”我国在2001年修正《中华人民共和国婚姻法》时首次规定了探望权制度。国内外的立法与司法经验及我国多年的实践都充分表明，探望权制度对于离婚了的父母履行对子女的抚养教育义务，对于子女的身心健康成长，妥善处理离婚矛盾和纠纷，稳定社会关系都有重要意义。探望权作为与父母的直接抚养权相对应的民事权利具有其自身特点。(1)权利主体为未直接抚养子女的父母一方。父母离婚后，终止了夫妻间的同居义务，子女也失去了与父母共同生活的机会，只能由父亲或者母亲一方直接抚养。父母婚姻关系的解体，受害最深的往往是子女。而父母子女间天然的血缘联系与挚爱亲情，并不会因为父母的离婚而少一分，法律有理由为不与子女共同生活的父亲或者母亲创造一个让他们见面、交流，表达爱与亲情的机会。因此，探望权是不直接抚养子女的一方所享有的权利。(2)义务主体是直接抚养子女的父母一方。义务是为权利的实现而设计的。为保证探望权的实现，作为义务主体的直接抚养子女的父母一方，应当按照约定的探望时间、地点、方式等，予以配合、协助，以保证探望权人实现其探望权。探望权是受法律保障的权利，直接抚养人配合实现探望权的义务也就是受法律强制的，义务人必须履行。义务人不履行义务，实质上是对探望权的侵犯。(3)探望权的行使不得损害子女的身心健康。探望权的设立，虽有满足父母对子女、子女对父母亲情的愿望，但更重要的是为不与子女共同生活的一方创造的履行父母抚养、教育子女的法定义务的机会、方式，其目的还是为了子女的健康成长。因此，法律要求探望权的行使以不损害子女的身心健康为底线。凡因父亲或者母亲的探望，对子女的身心健康造成不利影响的，探望权中止。离婚了的父母依法对其未成年子女所享有的探望权受法律的保护，任何人不能任意阻碍、限制甚至剥夺。拥有探望权的人也应珍视这一对自己、对子女都有重要意义的权利，依法行使，不能滥用，与子女的直接抚养人一起，弥补因为父母离婚给子女的身心发展带来的缺憾，创造对子女健康成长的环境，维护子女的合法权益。

探视权 即“探望权”。

会面交往权 即“探望权”。

探望权的行使 探望权的实施、实现。探望的方式包括直接会面，接送孩子上学、放学，接到家里短时间地一起生活，互通电话、视频等。探望的方式与时间可以是到约定的地点会面、吃饭、游玩，可以一起度周末、过节日，可以是简短的看望，也可以是一起休假、旅游等一段时间的生活。《中华人民共和国民法典》第 1086 条第 2 款规定："行使探望权利的方式、时间由当事人协议；协议不成的，由人民法院判决。"依此规定，探望权的行使方式、时间等有两种确定的方法，一是父母双方协商确定，二是在父母双方无法协商或者协商不能达成一致意见的情况下，由人民法院判决确定。夫妻离婚时，当事人要求对探望权行使作出判决的，人民法院应当根据有利于子女身心健康，有利于子女学习生活的原则，对行使探望权的方式、时间、次数、地点、交接等作出判决。对于八周岁以上的未成年子女，人民法院可以在征求其意见后再对探望权的行使作出判决。无论是父母双方形成的探望协议，还是人民法院关于探望权行使的判决，当事人都有义务信守，没有特别情况不能随意变更。如果在离婚诉讼中，人民法院作出的离婚判决中没有涉及探望权，当事人有权就探望权问题单独提起诉讼，人民法院应当受理。当事人向人民法院提起探望权诉讼的，与子女共同生活的父亲或者母亲为被告。

探望权的中止与恢复 发生一定的法定事由致使探望权不能继续行使的，由利害关系人申请，法院依法暂时停止探望权的行使，待法定事由消失之后，探望权可以继续行使的制度。探望权是法律为不与子女一起生活的父母所设计的权利，探望权人应该珍惜，充分利用这一权利，尽自己对子女抚养、教育、保护的义务，照护好子女的健康成长。如果因为探望权的行使，给其子女的身心健康带来了不利的影响，法律就要对探望权的行使作出必要的限制，探望权的中止就是这种限制措施之一。《中华人民共和国民法典》第 1086 条第 3 款规定："父或者母探望子女，不利于子女身心健康的，由人民法院依法中止探望；中止的事由消失后，应当恢复探望。"关于探望权的中止，应当注意：(1) 中止探望权行使的事由是法定的。按照我国民法典的规定，能引起探望权行使中止的事由是"父或母探望子女，不利于子女身心健康"。何谓不利于子女的身心健康，法律并未作明确规定，需要在司法实践中不断地认识和完善。一般来讲，不直接抚养子女的一方有下列情形之一的，可以认为"不利于子女的身心健康”：患有严重精神疾病或者尚未治愈的烈性传染性疾病的；拒付抚养费、对子女实施家庭暴力或者虐待子女的；道德品行特别恶劣的；探望权人与子女感情严重恶化，子女拒绝其探望等。(2)中止探望权须有人提出请求。离婚后不直接抚养子女的父亲或者母亲享有的对其子女的探望权是法律赋予的，任何人都无权限制其行使，如果没有人主动提出申请中止探望权的行使，人民法院不会主动干预。未成年子女、直接抚养子女的父或者母及其他对未成年子女负担抚养、教育、保护义务的法定监护人，有权向人民法院提出中止探望权的请求。(3)由人民法院作出裁定中止探望权的行使。当事人在履行生效判决、裁定或者调解书的过程中，请求中止行使探望权的，人民法院在征询双方当事人意见后，认为需要中止行使探望权的，依法作出裁定。探望权的中止，是在限制探望权人的法定权利，除未成年子女、监护人或者利害关系人提出请求，由人民法院作出是否中止探望权的裁定，其他任何单位、个人都无权决定中止探望权的行使。(4)探望权的中止，也可以称作“暂停”，是在出现了不利于子女身心健康的事由后，暂时停止探望权的行使，不是取消、剥夺探望权人的探望权。待中止探望的事由消失后，人民法院根据当事人的申请并查明事实后，应当裁定恢复探望权的行使。

探望权的强制执行 法院对拒不履行探望子女义务的一方所采取的强制措施。探望权是不直接抚养子女的父亲或者母亲的权利，而探望权的实现，离不开直接抚养子女、与子女共同生活一方的协助和配合。生活中，确有父母将子女视为自己的私有财产。夫妻离婚，是因为夫妻双方的感情破裂，与子女没有关系，却将心里的怨气发泄在孩子身上，即使孩子已经明确表达了想与父亲或者母亲见个面、生活几天的愿望，他(她)就是不允许。也有的父或者母争到了子女的直接抚养权，就以为有了刁难、拿捏对方的手段，对方想按照离婚协议或者离婚判决书探望一下子女都不能得到允许。这种视探望协议、法院判决为儿戏的行为是违法行为。探望权设立的初衷是为了子女的健康成长，而且要延续到子女成年，时间会相对较长。长期不允许父亲或者母亲探望，对子女的成长极为不利。在我国，对拒不执行有关扶养费、抚养费、赡养费、财产分割、遗产继承、探望子女等判决或者裁定的，由人民法院依法强制执行。有关个人和单位应负协助执行的责任。至于如何强制执行，在司法实践中，对拒不执行有关探望子女等判决和裁定的，人民法院有权依法对拒不履行协助另一方行使探望权的个人采取拘留、罚款等强制措施。可见，人民法院采取的强制执行措施是对探望权拥有义务的人即与子女共同生活的父亲或者母亲的强制，对于被探望的子女没有任何强制行为。不顾及未成年子女的感受，强行将其拉到探望权人面前，让其实现探望权，违背法律设立探望权的初衷，也是对未成年人的人格、感情的伤害，这是不允许的。

离婚损害赔偿制度 夫妻因一方的严重过错行为导致离婚的，无过错方有请求过错方赔偿的权利，过错方有赔偿义务的制度。离婚损害赔偿制度是我国2001年修正后的婚姻法中规定的一项新制度。我国在很长的时间里，因为一方的严重过错导致离婚的，对于过错方除了离婚，并没有什么惩罚，违反婚姻家庭法的成本太低；对于受害的无过错方也没有任何安慰与救济，对受害方极不公平。《中华人民共和国民法典》第1091条规定："有下列情形之一，导致离婚的，无过错方有权请求损害赔偿：(一)重婚；(二)与他人同居；(三)实施家庭暴力；(四)虐待、遗弃家庭成员；(五)有其他重大过错。"离婚损害赔偿制度的建立，具有重要的现实意义。(1)符合婚姻家庭的本质要求。男女二人因为相爱而结婚。两人建立了婚姻关系，就意味着在享受爱情、婚姻美好的同时，接受婚姻所带来的约束，承担婚姻的义务与责任。如果婚姻当事人一方，对内不能认真履行尊重和爱护配偶对方、抚养教育保护子女、赡养扶助保护老人的义务，实施家庭暴力，虐待、遗弃家庭成员，对外不能抵制来自社会的各种诱惑，重婚、与他人同居等，很可能使原本美好的夫妻感情变质、破裂，最后导致离婚。过错方的行为，不仅背叛了二人的爱情，违背了结婚时的誓言，伤害了对方感情，也违反了法律对婚姻当事人的义务、责任的规定。导致婚姻解体的过错方，应当用自己的财产减少来填补无过错方因为离婚所受到的损失。这既是法律对离婚过错方的惩罚，也是对无过错方的救济与安慰，符合道德、法律对婚姻的义务、责任的内在要求。(2)符合保护离婚中无过错方权益的原则。婚姻是夫妻二人的共同事业。男女在结婚时就应当清楚对自己的婚姻所承载的法律、道德义务与责任。但是，当一方全身心地为自己的婚姻、家庭付出，而另一方肆无忌惮地挥霍对方的付出，伤害配偶的感情，破坏自己的婚姻，如重婚、通奸、与配偶以外的人同居，利用合法婚姻的外衣虐待、遗弃家庭成员，实施家庭暴力，甚至有人折磨自己配偶的目的就是要与自己的配偶离婚而与“插足”自己婚姻的第三人结婚。婚姻应当以感情为基础，根据我国法律的规定，夫妻感情确已破裂，是人民法院判决离婚的依据。当夫妻感情确已破裂而造成感情破裂的过错方坚持要求离婚的时候，人民法院并不会因为其过错导致夫妻感情破裂而判决不准离婚。此时，造成家庭解体、离婚悲剧的过错方在伤害了配偶、子女、父母等亲人之后，却达到了自己离婚的目的。这就给人造成一种错觉，似乎遵纪守法、爱护家庭的无过错方注定要吃亏，破坏家庭、婚姻的过错方不仅没什么损失，还可以达到自己的目的。离婚损害赔偿制度的建立，使无过错的当事人有了要求过错方赔偿的权利，过错方有了赔偿对方的义务。过错方承担的损害赔偿责任包括物质的损害赔偿和精神的损害赔偿，其赔偿的范围遵循全面赔偿原则，损失多少赔偿多少。在确定赔偿数额的时候要以能抚慰无过错方所受到的心灵上的创伤和精神上的痛苦为目的，当然在全面考察过错方的过错程度、行为性质、实施的场合、造成的后果和社会影响等因素外，还要注意过错方的经济承受能力，以达到有效制裁违法行为的目的。尽管无过错方被伤害了的感情、被耽误了的年华是用多少金钱都弥补不了的，但在现实中，金钱的赔偿对无过错方毕竟是一种弥补、安慰，对有过错的一方是一种制裁、惩罚，也能表达出法律对此种情形的态度与立场，使人们清楚违反婚姻义务的责任预期。司法实践证明，在处理具体的离婚案件时，由过错方承担损害赔偿责任，不仅对于缓和双方的矛盾，落实如子女抚养、经济帮助、补偿及顺利解决离婚纠纷等有帮助，而且对于平息无过错方的愤怒，帮助无过错方从恶劣情绪中走出来，重新开始新的生活都有好处。(3)对完善国家法制建设，综合治理婚姻家庭领域的违法、侵权问题有促进作用。与他人同居、重婚、通奸、嫖娼，实施家庭暴力，遗弃或者虐待家庭成员，赌博、酗酒、吸毒等违法行为，不仅败坏了社会风气，扰乱了家庭安宁，也破坏了法律所规范的婚姻家庭秩序。特别是有些掌握公权力的国家工作人员，为了达到玩弄异性或者利用异性搞权色交易、权钱交易的目的，贪污、受贿，利用职权侵占国家、集体和个人的财产等，不仅严重损害了国家、集体及私人的合法权益，破坏了国家机关正常职能的实现，败坏了党和国家的形象，也造成了许多家庭悲剧。这些破坏他人婚姻家庭的种种违法行为，从私权角度看，侵害的是配偶权，损害的是配偶及其家庭成员的合法权益；从整个社会看，则破坏了国家承认并保护的婚姻家庭秩序。因此，治理婚姻家庭领域的违法、侵权行为，需要在政治、经济、法律、文化等各领域，通过综合运用防范、打击、管理、教育、改造等手段、办法系统治理。即便在法律领域，也需要不同法律部门的协作配合。凡利用职权贪污、受贿，侵占国家、集体、私人财产的，与他人通奸、同居，不履行婚姻与家庭义务的政府官员，应当依其行为性质及时进行相应的党纪、政纪及法律责任处罚。对于任何人有如重婚、实施家庭暴力、虐待或者遗弃家庭成员等行为的，情节恶劣、构成犯罪的，应当依法追究行为人的刑事责任，情节较轻、不构成犯罪的，应当给予行政处罚。此外，还应当追究行为人对受害人损害的民事赔偿责任。离婚损害赔偿制度的建立，对于实事求是地解决婚姻家庭领域的违法侵权问题，引导社会成员建立平等、公平的夫妻关系，树立权利、义务与责任一致的婚姻理念，自觉维护和谐、稳定的婚姻家庭秩序与和谐的社会环境，都有重要作用。

婚姻侵权豁免原则 法律不承认婚姻关系存续期间夫妻之间存在侵权损害责任。流行于一些国家的一种理论，也被一些国家立法所采纳。该原则认为夫妻关系是特殊的社会关系。夫妻一体，他们具有相同的目标与利益，在共同生活中即使有加害行为，这种加害也不具有反社会性。因此，夫妻之间的加害行为不应当适用侵权法，不会产生损害赔偿责任。我国婚姻家庭立法从未确立过“婚姻侵权豁免原则”，理论上也从未直接否认过在婚姻关系存续期间夫妻之间的损害赔偿责任。但多数学者还是认为，夫妻婚姻关系存续期间的所得基本上都为夫妻共同所有，夫妻之间侵权行为所产生的赔偿责任，用的是夫妻的共同财产清偿，也没有多少实际意义，而且因为夫妻之间侵权赔偿责任的发生，还会加剧夫妻矛盾。我国在 2001 年修正的《中华人民共和国婚姻法》中增加了离婚损害赔偿制度。但要注意的是，离婚损害赔偿制度是婚姻家庭法规定的特有制度。夫妻间的侵权损害赔偿与离婚损害赔偿，无论是构成要件，还是适用的法律都不相同。离婚损害赔偿是在夫妻离婚时产生的无过错方因为过错方的法定过错而享有的损害赔偿请求权，它不是侵权法意义上的损害赔偿请求权，不需满足侵权责任的构成要件。只有过错方的过错行为造成了离婚后果的，离婚损害赔偿责任才能发生。

离婚损害赔偿请求权的主体 在离婚损害赔偿关系中享有赔偿请求权和承担赔偿义务的人。离婚损害赔偿请求权的主体是婚姻当事人。因为配偶一方在婚姻关系存续期间实施法定过错行为导致离婚时,法律赋予无过错方享有请求过错方离婚损害赔偿的权利,同时要求过错方对无过错方承担损害赔偿的义务。离婚损害赔偿制度的设立,是对导致婚姻关系破裂的过错一方的法律制裁,对无过错一方的救济与安慰,是有过错的配偶对无过错的配偶所承担的损害赔偿责任。享有离婚损害赔偿请求权的是婚姻当事人的无过错方,而且请求权人也只能向有过错的对方主张损害赔偿。在我国的司法实践中,确有未成年子女以其父亲经常实施家庭暴力导致父母离婚,损害其母亲和自己的利益为由,在其父母的离婚诉讼中对其父亲提出了损害赔偿请求。也有的在离婚损害赔偿诉讼中,离婚损害赔偿请求权人将过错方与破坏其婚姻家庭的第三人一起作为共同被告起诉,要求他们共同承担离婚损害赔偿责任。离婚损害赔偿责任是婚姻家庭法中特别规定的民事责任,与一般侵权赔偿责任的构成要件、适用的法律、责任形式等都有不同。离婚损害赔偿请求权是婚姻家庭法为制裁夫妻中的实施了严重过错行为并导致离婚后果的过错一方而专门赋予无过错一方的权利,并不以具备侵权责任的构成要件为必要。只要配偶一方实施了如重婚、与他人同居、实施家庭暴力、虐待或者遗弃家庭成员等行为并且导致离婚的即为过错方,其配偶即能主张赔偿。侵权损害赔偿请求权是基于行为人实施了侵害他人人身、财产权利的行为,造成人身、财产损害时而依法产生的请求侵权人赔偿的权利,目的是用侵权人的财产减少来填平因为侵权行为所造成的损失,以救济被侵权人。在侵权赔偿责任中,侵权行为是造成损害后果的原因,侵权人对其侵权行为所造成的损失承担全部赔偿责任。而在离婚损害赔偿责任中,并不是因为离婚的原因构成侵权才承担的赔偿责任,而是因为过错方符合法律规定的过错行为导致了离婚后果才产生的损害赔偿责任,离婚本身即是离婚损害赔偿请求权的产生原因。因此,离婚损害赔偿请求权的权利人是离婚纠纷中的无过错方,即使因为过错方的行为也给其家庭成员造成了损害,除配偶以外的受害人也不能在离婚损害赔偿纠纷中向过错方主张赔偿。承担离婚损害赔偿义务的是离婚纠纷中的过错方,无过错的婚姻当事人只能向过错方主张赔偿,而不能向婚姻关系以外的其他人如破坏他人婚姻家庭、造成离婚后果的婚姻关系第三人主张。

离婚损害赔偿请求权的成立要件 离婚损害赔偿责任的构成要件。离婚损害赔偿请求权能成立，就意味着离婚损害赔偿责任构成要件已齐备，因为这是同一问题的不同角度。按照《中华人民共和国民法典》第1091条的规定，离婚损害赔偿请求权的成立，须符合下列条件：(1)婚姻当事人的一方须具有法定的过错行为。这是离婚损害赔偿请求权成立的前提条件。没有过错，或者虽有过错，但不是法律所规定的能够产生离婚损害赔偿责任的过错，不能产生离婚损害赔偿请求权。按照我国民法典的规定，婚姻关系存续期间，配偶一方须有如重婚、与他人同居、实施家庭暴力、虐待或者遗弃家庭成员及其他重大过错等过错行为导致离婚的，配偶的另一方才享有请求过错方离婚损害赔偿的权利。至于其他重大过错，只是我国民法典规定的一兜底条文，法律并未作具体解释。生活中，配偶一方有通奸、嫖娼、卖淫、赌博、吸毒等恶习，并且屡教不改，严重影响夫妻感情、破坏家庭，导致了离婚后果的，可以认定为“重大过错”。至于配偶一方严重自私、对对方漠不关心，性格暴躁、粗鲁，严重影响夫妻感情、夫妻双方性格不同无法共同生活等，虽也导致了双方感情破裂离婚的，但不属法律规定的能产生离婚损害赔偿请求权的过错行为，不会成立离婚损害赔偿请求权。(2)婚姻当事人的对方无过错。离婚损害赔偿请求权的设立，是对在婚姻关系存续期间实施了严重危害配偶对方及家庭行为的过错方的制裁，是对因为过错方的行为深受伤害的配偶对方的救济与安慰。因此，凡在婚姻关系存续期间没有我国民法典第1091条规定的过错行为的，即为无过错方，享有离婚损害赔偿请求权。凡在婚姻关系存续期间实施了我国民法典第1091条规定的过错行为之一的，即为过错方，承担离婚损害赔偿的责任。如丈夫与他人同居，妻子要求离婚并主张离婚损害赔偿。丈夫则辩称妻子脾气暴躁，没有修养，一言不合就吵架，他是受不了妻子的脾气才在外面寻找安慰的。他认为妻子对于离婚也有过错，不肯承担离婚损害赔偿责任。丈夫与他人同居，属法律规定的应当承担离婚损害赔偿责任的过错行为，而妻子没有这样的过错，即便妻子在家庭生活中有不妥当、不正确的行为。因此，该案夫妻离婚时妻子有权要求丈夫对其承担离婚损害赔偿责任，丈夫有承担离婚损害赔偿的责任。

如果夫妻双方均有法律规定的过错情形且不论是何动机，即为双方有过错。一方或者双方向对方提出离婚损害赔偿请求的，人民法院不应当支持。如丈夫长期实施家庭暴力，妻子苦不堪言，偷偷离家出走，在外地打工期间与他人相识，他人给了她温暖，她便与其同居。这里的夫妻双方都实施了法律规定的严重过错行为，虽动机有异，但属双方都有过错，任何一方都不会产生离婚损害赔偿请求权。(3)无过错方有损害事实的存在。这是离婚损害赔偿请求权成立的后果要件。享有请求权的一方所受到的损害，包括财产损害，如用夫妻共同财产给重婚或者同居的对象购买首饰、衣物等，因为家庭暴力造成的身体伤害所带来的医药费等损失等；也包括非财产损害，如对无过错的配偶造成的名誉损害、对夫妻感情的伤害等。非财产损害包含精神损害，对于精神损害，无需离婚损害赔偿请求权人负举证责任，只要有民法典第1091条规定的严重过错行为并且导致离婚发生的，即可以推定这种精神损害的存在。(4)过错方的过错行为与离婚损害之间有因果关系，即离婚损害的发生，是配偶一方实施的严重过错行为造成的，是配偶一方的严重过错行为导致了夫妻感情的破裂，并因此给无过错的一方造成了财产上的损失和精神上的痛苦。我国民法典规定的离婚损害赔偿制度是非常清楚、容易操作的，在婚姻关系存续期间夫妻一方实施了该条规定中的任何一种行为的，即具有离婚损害赔偿责任构成中的过错，行为人即为过错方，无过错方即依法享有离婚损害赔偿请求权，有权要求过错方赔偿因为离婚给自己带来的损害。

离婚损害赔偿责任的构成要件 见“离婚损害赔偿请求权的成立要件”(320页)。

离婚损害赔偿责任的范围及数额 有关离婚损害赔偿责任的范围及具体赔偿数额的确定。离婚损害赔偿请求权行使的重要问题。《中华人民共和国民法典》第1091条规定的“损害赔偿”，包括物质损害赔偿和精神损害赔偿。对于物质损害赔偿，我国法律规定和司法实践坚持的是全部赔偿原则，即因婚姻当事人过错方的行为造成了对方多少财产损害，就应承担多少赔偿责任。精神损害是非财产损害，指婚姻关系中的无过错方因为过错方的重婚、与他人同居、实施家庭暴力、虐待或者遗弃家庭成员等严重违反婚姻家庭法的行为导致离婚所遭受的精神痛苦。精神损害没有统一的计量标准。为了在审理民事侵权案件中正确确定精神损害赔偿责任，司法实践中适用 2001 年 2 月 26 日通过的《最高人民法院关于确定民事侵权精神损害赔偿责任若干问题的解释》。当事人基于民法典第 1091 条规定请求精神损害赔偿的，可以适用这一司法解释。根据该司法解释第 10 条的规定，确定精神损害的赔偿数额时可以根据过错方的过错程度，侵害的手段、场合、行为方式等具体情节，离婚给无过错方造成的痛苦及其他后果，过错方承担责任的经济能力，受诉人民法院所在地平均生活水平等因素确定。至于离婚损害赔偿金的支付方式，可由当事人双方协商确定，协商不成的，由人民法院判决决定。原则上离婚损害赔偿金应当一次性给付，如果一次性给付有困难的，可以分期给付，但责任人应当签保证书，或者提供有效担保，以保证赔偿责任的落实。

离婚损害赔偿请求权的行使期限 有关权利人行使离婚损害赔偿请求权的法定期限。在我国的司法实践中，权利人的离婚损害赔偿请求权，原则上必须与离婚诉讼同时进行。离婚损害赔偿请求权是因为配偶一方的法定过错行为导致离婚才产生的权利，在离婚纠纷中请求离婚与请求离婚损害赔偿是必要的合并之诉，没有离婚就没有离婚损害赔偿。婚姻关系中的无过错方作为原告向人民法院提起离婚损害赔偿请求的，必须在离婚诉讼的同时提出。如果当事人不起诉离婚，仅以《中华人民共和国民法典》第 1091 条为依据要求过错方损害赔偿的，人民法院不予受理。如果无过错的原告提出了离婚和离婚损害赔偿请求，人民法院判决不准离婚的，其离婚损害赔偿的请求也不会支持。如果无过错方作为原告向人民法院提出离婚诉讼请求，没有提出离婚损害赔偿请求的，经人民法院告知后仍不主张离婚损害赔偿的，视为其放弃离婚损害赔偿请求权。符合民法典第 1091 条规定的无过错方作为被告的离婚诉讼案件，第一审时被告既不同意离婚，也未提出离婚损害赔偿请求，第二审期间才提出的，人民法院应当进行调解，调解不成的，告知当事人在离婚后一年内就离婚损害赔偿另行起诉。

离婚损害赔偿的证据与举证责任 有关离婚诉讼中离婚损害赔偿的证据提出与证明的问题。所谓举证责任，指诉讼中无法提出证据证明其诉讼请求依据的事实的存在时，对当事人产生的其所主张的诉讼请求不被支持的后果。在民事诉讼中，当事人负有举证义务，在没有特别规定的时候，谁主张，谁举证。在我国，离婚损害赔偿的举证则是件既复杂又困难的事情。主张离婚损害赔偿的一方，首先必须提供证据证明对方具有民法典第1091条规定的严重过错行为之一种或者一种以上的，证明对方为离婚损害赔偿中的过错一方；然后再证明自己因为对方的严重过错行为受到了损害，据此以主张损害赔偿。在现实生活中，无过错的配偶一方，几乎都处于举证的弱势一方。婚姻生活的私密性特点，决定了法律规定的严重破坏婚姻家庭的过错行为，都不容易取得证据。婚姻当事人能刻意保留证据的本来就很少，何况婚姻关系存续期间发生的许多事情，如家庭暴力、虐待家庭成员等，连配偶、家人都会认为是家丑，不愿为外人知道，不到万不得已都不会报警，更不会有意识地固定、保留证据。至于重婚、与他人同居等，当事人本人就尽力做得隐蔽，让其配偶获得证据的概率更小。所有的诉讼包括离婚诉讼在内，都需要以事实为根据，而对已经发生过的事实，就需要相应的证据来证实或者证伪。在离婚诉讼中，请求权人要求对方承担离婚损害赔偿责任，应当提供证据证明对方实施了法律规定导致离婚的严重过错行为、自己因为对方的行为受到了损害。这些证据包括：过错行为人自己承认错误的文字或者口头陈述，口头陈述需要通过录音、录像等一定的载体将其固定下来；婚姻登记机关出具的过错方与他人结婚的证明；过错方住所或者居所所在地的居民委员会、村民委员会等出具的过错方与他人同居生活或者与他人以夫妻名义共同生活的证明；公安机关接到家庭暴力、虐待家庭成员等的报案后出警、调查取证、制止家庭暴力或者虐待行为、协助受害人就医等的记录；医院出具的无过错方被家庭暴力伤害的诊断或者验伤单；公安机关依法对实施家庭暴力的过错方出具的告诫书；人民法院作出的过错方构成虐待罪、遗弃罪或其他家庭暴力犯罪的刑事判决书；能够证明过错方过错行为的图片、照片、X光片等；左邻右舍的证词等。凡能证明案件事实的证据都是有价值的。但要注意：证据的来源须合法，通过非法手段取得的证据没有证明效力；证据须真实，伪造的证据不但不能取得证据效力，提供伪证还要承担法律责任。

财产保全措施 为了保护当事人的合法权益免受损失而由法院决定采取的保护性措施。在我国的离婚纠纷案件中，尤其在因为重婚、与他人同居、非婚生育子女等原因离婚的案件中，当事人一方往往采取隐藏、转移、变卖、毁损、挥霍夫妻共同财产，或者伪造夫妻共同债务企图侵占另一方财产，还有的当事人因为有酗酒、赌博、吸毒等不良恶习且屡教不改而导致离婚的，用夫妻共同财产赌博、吸毒、挥霍，不仅使人民法院分割夫妻共同财产的判决成为不能执行的一纸空文，还会严重影响抚养子女、赡养老人等法定义务的履行，影响夫妻共同债务的清偿，损害债权人的利益。为了防止这类情况的发生，当事人可以申请人民法院采取财产保全措施。按照《中华人民共和国民事诉讼法》的规定，人民法院对于可能因当事人一方的行为或者其他原因，使判决难以执行或者造成当事人其他损害的案件，根据对方当事人的申请，可以裁定对其财产进行保全。当事人没有提出申请的，人民法院在必要时也可以裁定采取保全措施。人民法院采取的财产保全措施有查封、扣押、冻结或者法律规定的其他方法。财产保全仅限于申请保全请求的范围，或者与本案有关的财物。当事人申请财产保全，可以在诉讼过程中，也可以在起诉之前。因情况紧急，不立即申请保全将会使其合法权益受到难以弥补的损害的，可以在提起诉讼前向被保全财产所在地、被申请人住所地或者对案件有管辖权的人民法院申请采取保全措施。人民法院采取保全措施，可以责令申请人提供担保，申请人不提供担保的，裁定驳回申请。夫妻一方申请对配偶的个人财产或者夫妻共同财产采取保全措施的，人民法院可以在采取保全措施可能造成损失的范围内，根据实际情况，确定合理的财产担保数额。如果申请有错误的，申请人应当赔偿被申请人因保全所遭受的损失。被申请人如果提供担保的，人民法院应当裁定解除保全。人民法院接受财产保全申请后，必须在四十八小时内作出裁定。裁定采取保全措施的，应当立即开始执行。对于诉前提出保全申请的，申请人应当在人民法院采取保全措施后三十日内依法提起诉讼，否则，人民法院应当解除保全。当事人对保全的裁定不服的，可以申请复议一次。复议期间不停止裁定的执行。

先予执行　法院审理民事案件，在作出判决执行前，因权利人难以或者无法维持正常生活、生产经营以及发生其他紧急情况时，裁定义务人先行给付一定款项等或者停止实施一定行为，并立即执行的措施。按照《中华人民共和国民事诉讼法》第109—111条的规定，人民法院对追索赡养费、扶养费、抚养费、抚恤金、医疗费用、劳动报酬的及因情况紧急需要先予执行的案件，可以根据当事人的申请，裁定先予执行。人民法院裁定先予执行的，应当符合以下条件:(1)当事人之间权利义务关系明确,不先予执行将严重影响申请人的生活或者生产经营的;(2)被申请人有履行能力。当事人申请先予执行的,人民法院可以责令申请人提供担保,申请人不提供担保的,驳回申请。申请人败诉的,应当赔偿被申请人因先予执行遭受的财产损失。当事人对先予执行的裁定不服的,可以申请复议一次。复议期间不停止裁定的执行。

强制执行 对于拒不执行法院已经生效的判决、裁定、调解书、支付令等,由法院依据法定程序采取强制性方法使这些法律文书内容得以实现。涉及执行程序的案件,其执行标的多为财产的给付,如支付欠款、交付货物等,也有行为义务的履行。在我国,婚姻家庭的纠纷案件有不少涉及如扶养费、抚养费、赡养费的给付,夫妻共同财产的分割,继承案件中遗产的给付,离婚后的探望子女等。人民法院作出的判决、裁定、调解书,都是具有法律效力的,当事人应当严格执行。拒不执行的,对方当事人有权请求人民法院强制执行。对于生效的判决、裁定,审判员也可移送执行员执行。按照《中华人民共和国民事诉讼法》第三编"执行程序"及相关司法解释的规定,应当重点注意:(1)当事人应当在法律规定的时限内申请强制执行。当事人申请执行的期间为二年,该期间从法律文书规定履行期间的最后一日起计算;法律文书规定分期履行的,从最后一期履行期限届满之日起计算;法律文书未规定履行期间的,从法律文书生效之日起计算。申请执行时效的中止、中断,适用法律有关诉讼时效中止、中断的规定。申请执行人超过申请执行时效期间向人民法院申请强制执行的,人民法院应予受理。被执行人对申请执行时效期间提出异议,人民法院经审查异议成立的,裁定不予执行。被执行人履行全部或者部分义务后,又以不知道申请执行时效期间届满为由请求执行回转的,人民法院不予支持。(2)当事人申请强制执行,应当向有管辖权的人民法院提出。发生法律效力的民事判决、裁定,以及刑事判决、裁定中的财产部分,由第一审人民法院或者与第一审人民法院同级的被执行的财产所在地人民法院执行。法律规定由人民法院执行的其他法律文书,由被执行人住所地或者被执行的财产所在地人民法院执行。(3)人民法院在收到申请执行书或者移交执行书十日内发出执行通知,并可以立即采取强制执行措施。人民法院在执行中采取的执行措施主要有:向有关单位查询被执行人的存款、债券、股票、基金份额等财产情况；根据不同情形扣押、冻结、划拨、变价被执行人的财产；扣留、提取被执行人应当履行义务部分的收入，但应当保留被执行人及其所扶养家属的生活必需费用。被执行人不履行法律文书确定的义务并隐匿财产的，人民法院有权发出搜查令，对被执行人及其住所或者财产隐匿地进行搜查。被执行人未按判决、裁定和其他法律文书指定的期间履行给付金钱义务的，应当加倍支付迟延履行期间的债务利息。被执行人未按判决、裁定和其他法律文书指定的期间履行其他义务的，应当支付迟延履行金。在执行中，需要办理有关财产权证照转移手续的，人民法院可以向有关单位发出协助执行通知书，有关单位必须办理。被执行人不履行法律文书确定的义务的，人民法院可以对其采取或者通知有关单位协助采取限制出境，在征信系统记录、通过媒体公布不履行义务信息以及法律规定的其他措施。被执行人不履行法律文书确定的义务的，人民法院除对被执行人予以处罚外，还可以根据情节将其纳入失信被执行人名单，将被执行人不履行或者不完全履行义务的信息向其所在单位、征信机构以及其他相关机构通报。在执行中，如果有下列情形之一的，人民法院裁定终结执行：申请人撤销申请的；据以执行的法律文书被撤销的；作为被执行人的公民死亡，无遗产可供执行，又无义务承担人的；追索赡养费、扶养费、抚养费案件的权利人死亡的；作为被执行人的公民因生活困难无力偿还借款，无收入来源，又丧失劳动能力的；人民法院认为应当终结执行的其他情形。

词目笔画索引

说　明

1. 本索引收录本辞典中的所有词目，词目右边的数字表示该词目在正文中的页码。
2. 本索引按词目首字的笔画数排列，首字笔画数相同的，按起笔笔形依横（一）、竖（丨）、撇（丿）、点（丶）、折（乛）的顺序排列。
3. 首字笔画数和起笔笔形相同的，按第二笔的笔形排列，余类推。
4. 首字相同的，按第二字的笔画数、起笔笔形排列；第二字相同的，依第三字，余类推。
5. 关于横（一）、竖（丨）、撇（丿）、点（丶）、折（乛）以外的笔形处理：提（㇀）作横（一），捺（㇏）作点（丶），笔形带顺钩的（如亅）作竖（丨），笔形带逆钩或曲折的（如㇙㇗）作折（乛）。

六画

〔一〕

〔丨〕

〔丿〕

〔丶〕

〔乛〕

七画

〔一〕

〔丨〕

〔丿〕

〔丶〕

八画

〔一〕

九画

十画

〔一〕

十一画

〔一〕

十二画

图书在版编目(CIP)数据

婚姻家庭法律辞典/吕淑琴编著.—上海:上海辞书出版社,2023
ISBN 978-7-5326-5506-9

Ⅰ.①婚…　Ⅱ.①吕…　Ⅲ.①婚姻法-中国-词典
Ⅳ.①D923.9-61

中国版本图书馆 CIP 数据核字(2020)第 061734 号

婚姻家庭法律辞典

吕淑琴　编著

责任编辑　苏轶颖
装帧设计　杨钟玮
责任印制　曹洪玲

出版发行　上海世纪出版集团
　　　　　上海辞书出版社(www.cishu.com.cn)
地　　址　上海市闵行区号景路 159 弄 B 座(邮政编码:201101)
印　　刷　浙江临安曙光印务有限公司
开　　本　787 毫米×1092 毫米　1/32
印　　张　11
字　　数　344 200
版　　次　2023 年 1 月第 1 版　2023 年 1 月第 1 次印刷
书　　号　ISBN 978-7-5326-5506-9/D·148
定　　价　48.00 元